蓬江年鉴

江门市蓬江区人民政府地方志办公室　编

PENGJIANG NIANJIAN

2020

华南理工大学出版社
SOUTH CHINA UNIVERSITY OF TECHNOLOGY PRESS
·广州·

图书在版编目（CIP）数据

蓬江年鉴. 2020 / 江门市蓬江区人民政府地方志办公室编. —广州：华南理工大学出版社，2020.11
ISBN 978-7-5623-6500-6

Ⅰ. ① 蓬… Ⅱ. ①江… Ⅲ. ①区（城市）-江门-2020-年鉴 Ⅳ. ① Z526.54

中国版本图书馆CIP数据核字（2020）第208369号

蓬江年鉴·2020
Pengjiang Nianjian·2020
江门市蓬江区人民政府地方志办公室　编

出 版 人：卢家明
出版发行：华南理工大学出版社
（广州五山华南理工大学17号楼，邮编510640）
http://www.scutpress.com.cn　E-mail:scutc13@scut.edu.cn
营销部电话：020-87113487　87111048（传真）
责任编辑：周　芹
责任校对：刘惠林　梁樱雯
印 刷 者：广州市新怡印务股份有限公司
开　　本：889mm×1194mm　1/16　印张：23　插页：23　字数：613千
版　　次：2020年11月第1版　2020年11月第1次印刷
册　　数：1～500册
定　　价：260.00元（含光盘）

《蓬江年鉴》编纂委员会

《蓬江年鉴》编辑部

编辑说明

一、《蓬江年鉴》根据国务院颁发的《地方志工作条例》“以县级以上行政区域名称冠名的地方志书、地方综合年鉴，分别由本级人民政府负责地方志工作的机构按照规划组织编纂，其他组织和个人不得编纂”的规定，由江门市蓬江区人民政府主办，江门市蓬江区人民政府地方志办公室组织编纂。

二、《蓬江年鉴》编纂坚持以马克思列宁主义、毛泽东思想、邓小平理论、“三个代表”重要思想、科学发展观和习近平新时代中国特色社会主义思想为指导，旨在全面、系统、准确地反映蓬江区自然、政治、经济、文化、社会等方面的基本情况，为读者了解和研究蓬江区提供基本资料。

三、《蓬江年鉴》采用分类编辑法，主体内容设类目、分目、次分目、条目4个结构层次，以条目为表现内容的基本形式。全书条目的标题统一用黑体加【 】表示，个别包含多方面资料的条目则用楷体标题标明各段资料的主题。

四、《蓬江年鉴》于2012年出版第一卷，以后每年出版一卷。《蓬江年鉴·2020》为蓬江区第九卷年鉴，主要记述2019年蓬江区历史进程，系统反映全区各项工作的新变化、新进展和新情况。全书设蓬江概貌、蓬江之最、蓬江大事记、年度关注、政治、经济、文化、社会生活、镇·街道、人物与荣誉、文献专载、社会经济统计资料、附录等13个类目，共70个分目、53个次分目、675个条目。

五、本年鉴所载录的内容和数据分别由本区各单位、各镇街提供，并经单位审核。由于统计口径、时限范围不一，条目中有些数据与统计部门的数据不一致，使用时应以统计部门公布的数据为准。

六、本年鉴配备双重检索系统：书前刊有目录，书后配有按字母顺序排列的主题索引，方便读者查阅，随书附送包含全书内容的光盘。

蓬江名片

- 全国中小城市综合实力百强区
- 全国和谐邻里建设示范城区
- 全国法治社区建设示范城区
- 全国百佳国税地税合作县级示范区
- 全国健康促进区
- 全国绿色发展百强区
- 全国特色小镇（棠下镇）
- 全国百佳乡镇卫生院（杜阮镇卫生院）
- 全国文明校园（紫茶小学）
- 国家农产品质量安全县
- 国家历史文化名村、中国传统村落（良溪村）
- 国家一级图书馆（陈垣图书馆）
- 国家农产品地理标志产品（杜阮凉瓜）
- 戴爱莲舞蹈传承基地
- “诗词中国”创作基地
- 广东中华诗词之乡
- 广东省教育强区
- 广东省“双拥”模范区
- 广东省村民自治模范区
- 广东省公共文化服务体系示范区
- 广东省“四好农村路”示范县
- 广东省第二批新时代文明实践中心试点县（市、区）
- 广东省群众文艺作品（舞蹈）创排基地（蓬江区文化馆）
- 广东省十佳法治文化主题公园（蓬江区法治·平安文化园）

蓬江数字·2019

- 土地面积324.3平方千米
- 年末常住人口77.27万人
- 年末户籍人口52.05万人
- 地区生产总值712.95亿元

  第一产业增加值5.46亿元

  第二产业增加值249.78亿元

  第三产业增加值457.71亿元
- 第一、第二、第三产业构成：0.8：35：64.2
- 人均地区生产总值92754元
- 农业总产值11.12亿元
- 规模以上工业增加值203.66亿元
- 固定资产投资同比增长4.1%
- 社会消费品零售总额303.87亿元
- 居民消费价格指数（CPI）同比上涨3.0%
- 外贸进出口总额383.7亿元

  外贸进口总值57.6亿元

  外贸出口总值326.1亿元
- 实际利用外资1.62亿美元
- 地方一般公共预算收入27.54亿元
- 地方一般公共预算支出43.32亿元
- 税费收入202.81亿元
- 居民人均可支配收入47900.9元

蓬江区地图

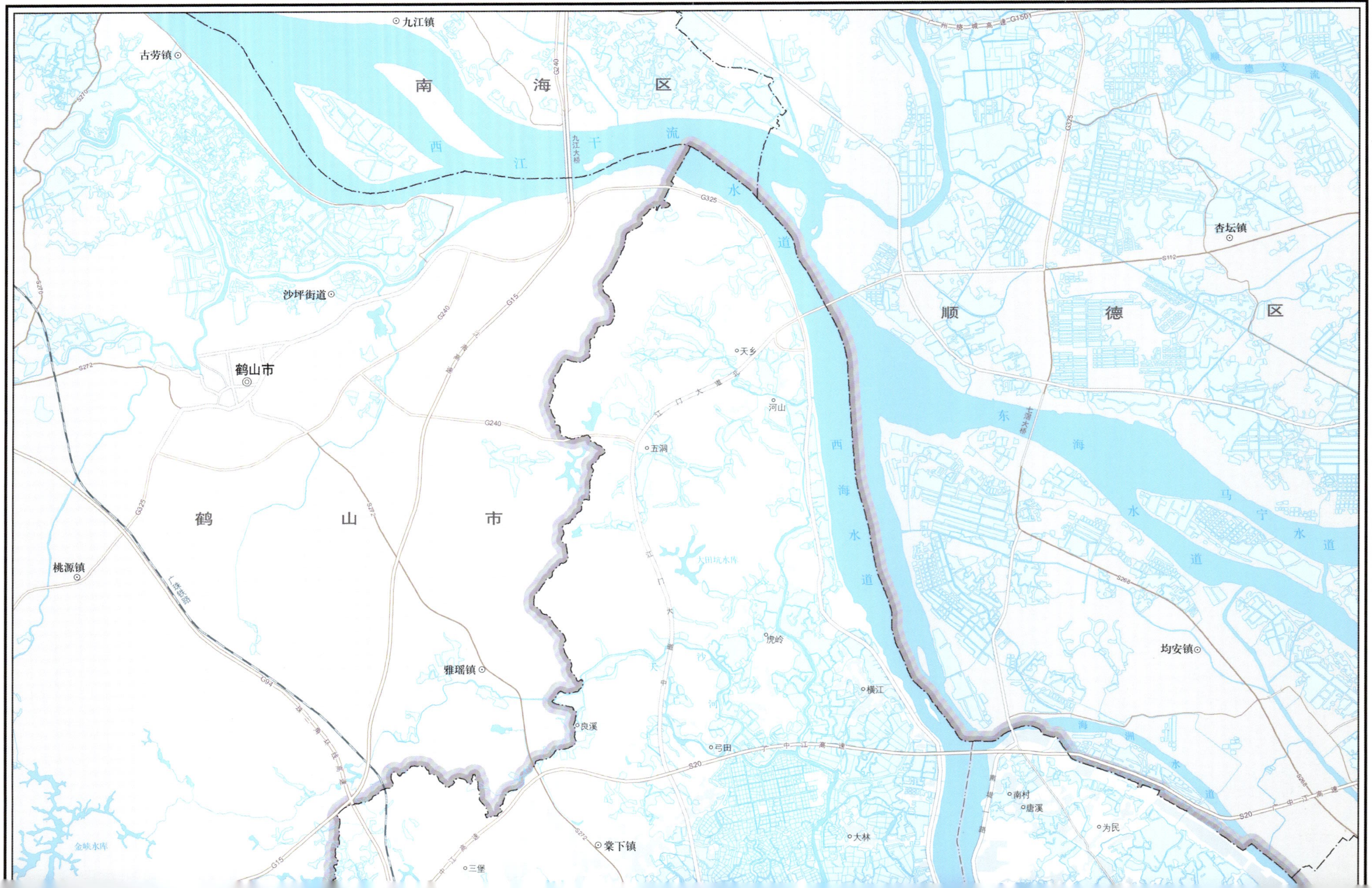
九江镇
古劳镇
南
海
区
西
江
干
流
九江大桥
水
道
G325
G240
S270
沙坪街道
鹤山市
S272
G15
杏坛镇
S112
顺
德
区
顺德支流
G1501
天乡
河山
五洞
江门大道
西
海
水
道
东
海
水
道
马宁水道
S268
均安镇
鹤
山
市
桃源镇
雅瑶镇
大田坑水库
虎岭
横江
良溪
弓田
S20
南村
唐溪
为民
大林
棠下镇
三堡
金峡水库
G94

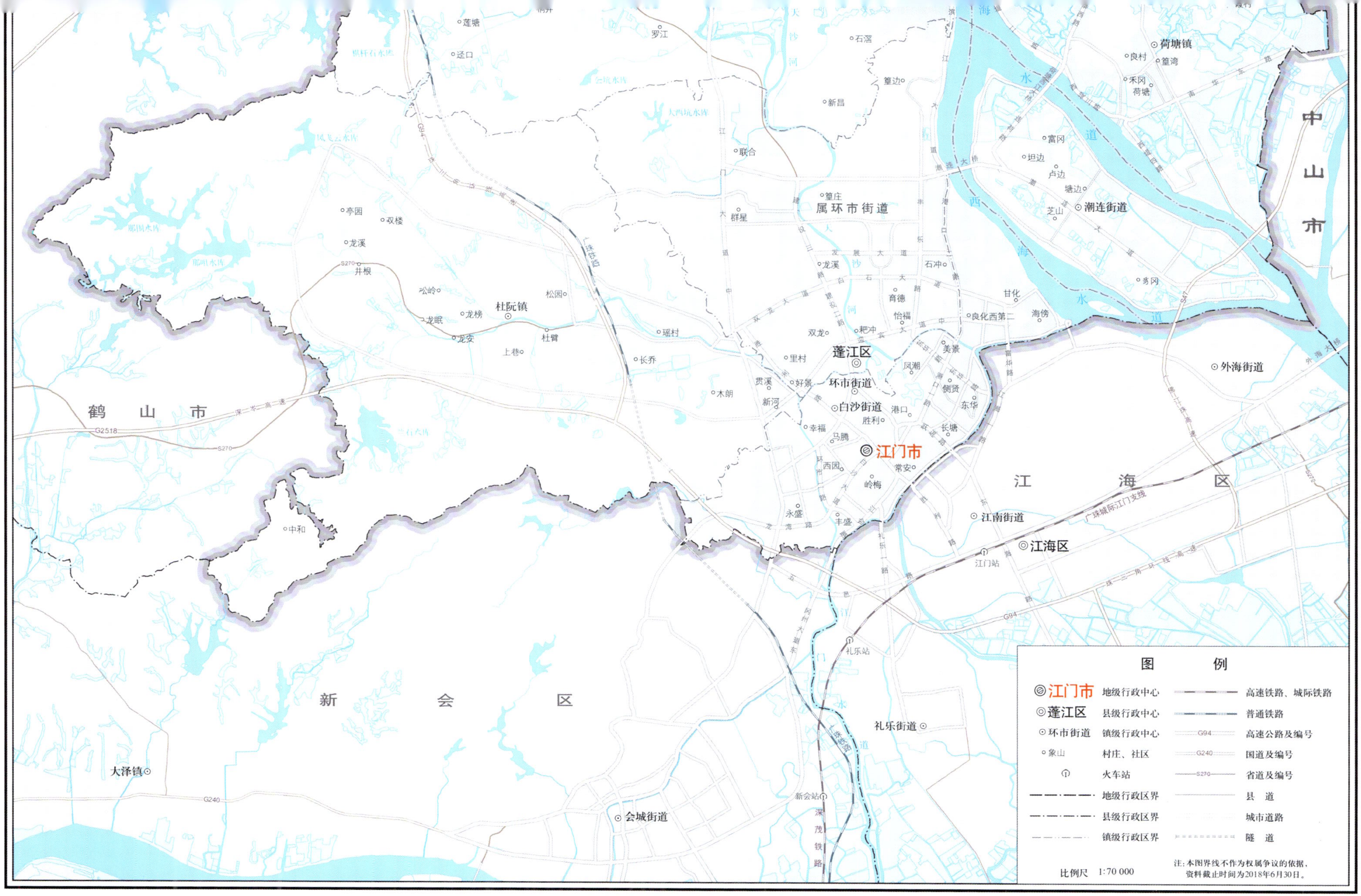

审图号：粤S（2018）135号

广东省国土资源厅 监制

城区风光

CHENGQU FENGGUANG

◆ 江门河北岸

◆ 江门体育中心夜景
（蓬江区委宣传部　供图）

（蓬江区委宣传部　供图）

◆ 山城相融

◆ 胜利桥夜景　（江门市城市品质提升行动工作领导小组办公室　供图）

（郭永乐　摄）

◆ 天沙河岸夜景　（蓬江区委宣传部　供图）

大事要闻

DASHI YAOWEN

◆ 2019年1月21—22日，召开中国人民政治协商会议第四届江门市蓬江区委员会第四次会议 （李伟杰 摄）

◆ 2019年1月21—23日，江门市蓬江区第十届人民代表大会第四次会议在蓬江会堂召开 （李伟杰 摄）

◆ 2019年1月31日，蓬江区领导组队到江门海关开展工作交流暨优化营商环境座谈会

（李伟杰　摄）

◆ 2019年5月11日，蓬江区举办“新时代　新力量——凝聚青年力量融入粤港澳大湾区建设”交流活动。图为江港澳三地青年代表到珠西创谷科技园参观　　（李伟杰　摄）

◆ 2019年5月17日，香港特别行政区行政长官林郑月娥（前排居中）到珠西创谷科技园考察

（白沙街道办事处　供图）

◆ 2019年6月4日，蓬江区召开科技创新大会，为创新先进单位颁发牌匾

（蓬江区委宣传部　供图）

◆ 2019年6月26日，以“筑梦新时代　无毒创未来”为主题的“6·26”国际禁毒日活动在江门职业技术学院启动。图为江门人才岛彩色跑活动

（曾宏达　摄）

◆ 2019年7月25日，蓬江区在全市率先推行环卫一体化和市场化改革。图为蓬江区中心城区环卫一体化保洁作业项目签约仪式

（蓬江区委宣传部　供图）

◆ 2019年8月2日，江港澳科技金融发展论坛暨独角兽培育·企业飞跃计划发布会在珠西创谷科技园举行

（白沙街道办事处　供图）

◆ 2019年8月6日，粤港澳大湾区校园歌手大赛江门市海选赛在蓬江区文化馆启动　　（李伟杰　摄）

◆ 2019年9月5日，华为签约蓬江，全面参与江门人才岛建设。图为华为技术有限公司分别与蓬江区政府、江门职业技术学院签署合作协议现场 （李伟杰　摄）

◆ 2019年9月6日，“中国先进激光在摩托车应用技术大会”开幕式在江门市会展中心举行 （李伟杰　摄）

◆ 2019年9月18日，蓬江区第二届扫黑除恶城市定向赛在棠下镇良溪村举行
（蓬江区扫黑除恶办公室　供图）

◆ 2019年10月30日，中国共产党江门市蓬江区第九届委员会第十次全体会议在蓬江会堂召开　（李伟杰　摄）

◆ 2019年11月1日，江门人才岛同步动工智慧城市展示中心、科创中心、科技产业园（一期）、玫瑰园人才公寓等项目。图为江门、蓬江两级人民政府携手腾讯，推进“WeCity未来城市”在江门人才岛融合落地的重要成果——智慧城市展示中心　（李伟杰　摄）

◆ 2019年11月，蓬江区税务局联合中国建设银行江门分行举办"诚信纳税进万家　银税互动促发展"普惠金融政策宣讲活动　（陈敏聪　摄）

◆ 2019年12月6日，蓬江区委书记伍培进（左一）带队到白沙街道西园社区调研蓬江区以西园社区为试点的"党建+N　全科网格"基层治理工作（刘文意　摄）

◆ 2019年12月14日，2019年"粤菜师傅"技能大赛（江门）暨"粤菜师傅"工程展示会在东湖广场启动

（蓬江区人力资源和社会保障局　供图）

◆ 2019年12月18日，江门市蓬江区举行第四季度重大项目集中签约、动工（投产）活动——联东U谷·江门蓬江国际企业港奠基仪式，现场有22个项目集中签约　　（李伟杰　摄）

◆ 2019年12月，粤港澳大湾区（江门）名特优新农产品推介暨农业重大项目签约系列活动在五邑华侨广场会展中心举行　　（蓬江区农业农村和水利局　供图）

◆ 2019年，蓬江区高标准打造兴盛、雅怡、滨江等一批示范社区，提升社区党建整体水平。图为兴盛社区党群服务中心　　（蓬江区委组织部　供图）

庆祝中华人民共和国成立70周年系列活动

QINGZHU ZHONGHUA RENMIN GONGHEGUO CHENGLI 70 ZHOUNIAN XILIE HUODONG

◆ 2019年5月15日，“我和我的祖国”——2019“5·15”百姓健康舞全国展演活动（广东江门）在珠西国际会展中心上演　（李伟杰　摄）

◆ 2019年5月19日，弹响“爱心之城”献礼“新中国70华诞”大型古筝弹奏活动（江门分会场）在五邑华侨广场举办　（李伟杰　摄）

◆ 2019年5月24日，由中共江门市委宣传部主办的“我和我的祖国”江门市百姓故事宣讲会暨五邑华侨爱国故事分享会在蓬江区新时代文明实践中心举行（李伟杰　摄）

◆ 2019年6月15日，蓬江区组织320多名环卫工人、40多辆环卫作业车在五邑华侨广场开展“唱响《我和我的祖国》快闪”活动（蓬江区环境卫生管理处　供图）

◆ 2019年9月26日，蓬江区举行庆祝2019年“中国农民丰收节”活动启动仪式

（李伟杰　摄）

◆ 2019年9月27日，“蓬江情·祖国颂”蓬江区庆祝中华人民共和国成立70周年文艺晚会在珠西国际会展中心举行

（蓬江区委宣传部　供图）

◆ 2019年9月30日，蓬江区庆祝中华人民共和国成立70周年大型交响音乐会在珠西国际会展中心举行

（蓬江区委宣传部　供图）

◆ 2019年10月1日，蓬江区在区政府举行升国旗仪式　（蓬江区委宣传部　供图）

科教·医疗

KEJIAO · YILIAO

◆ 2019年4月12日，蓬江区首个博士后科研工作站在嘉宝莉化工集团有限公司揭牌 （苏劲 摄）

◆ 2019年4月30日，“市区共建平安校园‘070（零欺凌）’行动启动仪式暨蓬江区2019年入团宣誓活动”在蓬江区培英初级中学举行 （蓬江区委宣传部 供图）

◆ 2019年5月4日，广东实验中学附属江门学校在滨江新区奠基开工 （李伟杰 摄）

◆ 2019年6月5日，蓬江区中小学生钢笔手书“好家风·好家训”作品颁奖暨展览开幕式在陈白沙书院举行

（蓬江区委宣传部 供图）

◆ 2019年6月11日，蓬江区委书记伍培进（前右二）一行专题调研蓬江区教育工作，实地走访怡福中学、紫茶小学（北校区）和棠下中学

（李伟杰　摄）

◆ 2019年7月12日，蓬江区举行万象华府配套幼儿园移交协议签约仪式暨支持范罗冈小学（华盛校区）办学启动仪式　（李伟杰　摄）

◆ 2019年7月25日，蓬江区召开创建省级慢性病综合防控示范区启动会议　（李伟杰　摄）

◆ 2019年8月23日，蓬江区举行革命老区2019年高考成绩优秀子弟奖励仪式　　（李伟杰　摄）

◆ 紫茶中学（蓬江区教育局　供图）

◆ 2019年9月，潮连中心学校升级改造工程竣工，并通过验收。图为学校新貌　（潮连街道办事处　供图）

◆ 2019年9月6日，2019年蓬江区庆祝教师节暨首届“工匠杯”中小学（幼儿园）教师技能大赛特等奖颁奖仪式在五邑大学吕志和礼堂举行（李伟杰　摄）

◆ 2019年11月15、17日，蓬江区科学技术协会分别在江华小学和永思小学开展“我是侨都小院士”系列科普实验活动（蓬江区科工商务局　供图）

◆ 2019年11月19日，蓬江区教师发展中心在潮连中心学校挂牌成立（李家富　摄）

◆ 2019年12月14日，蓬江区2019年乡村学校少年宫年度成果展暨优秀义教分享交流活动在棠下镇天河小学举办

（蓬江区委宣传部　供图）

◆ 2019年12月31日，江门市蓬江区人民政府、江门市中心医院、江门市第二人民医院共建医联体签约仪式在蓬江区政府举行

（李伟杰　摄）

文体旅发展

WENTILV FAZHAN

◆ 2019年2月1日，“我的中国梦——文化进万家”活动在东湖广场上演。图为荷塘纱龙表演

（李伟杰　摄）

◆ 2019年4月17日，蓬江区在培英初级中学体育馆举办“2019年蓬江区中小学‘体育彩票杯’乒乓球比赛”

（蓬江区委宣传部　供图）

◆ 2019年4月23日，蓬江区洁梅书屋在潮连街道启用（李伟杰　摄）

◆ 2019年5月16—17日，第二届"戴爱莲杯"人人跳全国群众舞蹈展演启动仪式在蓬江区举行（蓬江区文化广电旅游体育局　供图）

◆ 2019年5—6月，世界排球联赛在江门体育中心举办　　（蓬江区文化广电旅游体育局　供图）

◆ 2019年7月6日，蓬江区第四届"中国体育彩票杯"校园足球联赛开幕式在元宝山体育公园举行　　（李伟杰　摄）

◆ 2019年8月8日，2019年蓬江区第三届体育节开幕式在江门市体育馆举行　　（李伟杰　摄）

◆ 2019年9月7日，蓬江区小学生“开笔礼”暨五邑优秀传统家训诵读活动在陈白沙书院举行　　（李伟杰　摄）

◆ 2019年9月28日，蓬江区举办创建中华诗词之乡启动仪式暨文艺界庆祝中华人民共和国成立70周年系列活动

（蓬江区文联　供图）

◆ 2019年10月18日，江门市蓬江区游泳协会成立新闻发布会暨第一届理事会授牌仪式在江门市名冠金凯悦酒店举行　（李伟杰　摄）

◆ 2019年10月20日，“中国美·劳动美——广东工人艺术团‘走进棠下工业园区’”文艺晚会在棠下镇陈垣文化广场举行　（蓬江区总工会　供图）

◆ 2019年11月16日，2019中国侨都（江门）华侨华人嘉年华蓬江分会场之“侨乡欢乐行·万人游蓬江”启动仪式暨“中国体育彩票杯”珠三角龙狮邀请赛在江门体育中心排球馆举行　　（蓬江区委宣传部　供图）

◆ 2019年11月22—24日，“2019棠下镇乡村文化旅游节暨‘棠下牛肉’美食节”在棠下镇良溪村后珠玑巷纪念广场举行　　（蓬江区委宣传部　供图）

◆ 2019年11月28—29日，蓬江区纪念罗贵建基良溪888周年活动在棠下镇良溪古村举行

（棠下镇文体服务中心　供图）

民生·公益

MINSHENG · GONGYI

◆ 2019年2月3日，庆新春长者团年饭活动在蓬江区居家养老服务中心举行　　（李伟杰　摄）

◆ 2019年3月21日，蓬江区委书记伍培进（前左二）一行到蓬江区居家养老服务中心调研　　（梁永超　摄）

◆ 2019年3月27日，白沙街道甘化社区人大代表工作站举办蓬江区首次“民生无小事，代表来议事”主题实践活动，围绕“规范停车管理、和谐甘化齐商议”主题开展交流讨论 （刘文意　摄）

◆ 2019年5月19日，蓬江区残疾人联合会举办“相伴同行　最美的你我”无障“爱”体验活动 （欧阳安琪　摄）

◆ 2019年7月17日，蓬江区重度失能老人照护补贴项目签约仪式在蓬江区民政局举行　（蓬江区民政局　供图）

◆ 2019年10月31日，“义工情，祖国颂”蓬江区义工联庆祝中华人民共和国成立70周年文艺晚会在江门市东湖影剧院举行。图为小品表演节目《一粥一饭总关情》　（李伟杰　摄）

◆ 2019年11月2日，蓬江区秋季企业用工大型公益招聘会在五邑华侨广场举办　　（秦子杰　摄）

◆ 2019年12月12日，新时代文明实践江门“七个一百”精品项目第三批下基层活动（蓬江会场）在良溪村举行。图为志愿者们为村民义务理发　　（蓬江区委宣传部　供图）

◆ 2019年12月，蓬江区完成对启明里历史建筑及周边环境整治　　（周华东　摄）

◆ 改造后的育德社区公共卫生间（蓬江区住房和城乡建设局　供图）

◆ 白沙街道胜龙里旧居民楼完成电梯加装
（蓬江区住房和城乡建设局　供图）

◆ 建成后的环岛公园示范段　　（潮连街道办事处　供图）

◆ 改造后的江门河北岸夜景　　（蓬江区住房和城乡建设局　供图）

扶贫协作

FUPIN XIEZUO

◆ 2019年3月30日，广西天等县农产品展销暨民俗文化活动推介会在五邑华侨广场开幕，来自天等县20余家农业企业和农民合作社携当地特色产品参展（李伟杰　摄）

◆ 2019年5月9—10日，蓬江区委领导一行到广西崇左天等县参观考察和深化推进对口扶贫协作项目。左图为蓬江区—天等县高层联席会议现场；右图为蓬江区援助天等县建设项目场地（梁永超　摄）

◆ 2019年6月28日，"决胜脱贫攻坚·助力乡村振兴"——2019年江门市蓬江区"扶贫济困日"慈善公益专题活动晚会在广东珠西国际会展中心举行 （李伟杰　摄）

◆ 2019年9月27日，由蓬江区文化广电旅游体育局主办的"献爱心·助扶贫"广西崇左天等县扶贫旅游专线首发团启动仪式在江门公汽中心站举行 （蓬江区委宣传部　供图）

◆ 2019年10月23日，广西天等县驻蓬江区招商工作办事处在蓬江区政府挂牌成立，协助开展天等县在粤港澳大湾区的产业招商工作

（李伟杰　摄）

◆ 2019年12月18日，蓬江区委副书记、区长文丽（右排居中）带队到恩平市，参观考察蓬江—恩平结对挂钩扶贫工作的最新情况

（李伟杰　摄）

乡村振兴

XIANGCUN ZHENXING

◆ 2019年8月21日，蓬江区乡村振兴工作现场会暨2019年区委实施乡村振兴战略领导小组第一次会议在荷塘镇政府召开

（李伟杰　摄）

◆ 棠下镇农村水电升级改造施工现场
（曾宏达　摄）

◆ 棠下镇良溪古村　（郭永乐　摄）

◆ 杜阮镇长乔文化广场　（李慧卿　摄）

◆ 潮连街道卢湾村新貌 （李伟杰　摄）

◆ 荷塘镇南村村一角 （李伟杰　摄）

目 录

蓬江概貌

蓬江之最

2019年蓬江大事记

年度关注

政　治

经 济

文 化

镇・街道

人物与荣誉

文献专载

社会经济统计资料

附 录

蓬江概貌

PENGJIANG GAIMAO

基本情况

【建置沿革】 清光绪三十年（1904年）设立江门镇，1925年江门改为省辖市，1931年撤销江门市建制，改为镇，复归新会县辖。1951年江门改为省辖地级市。1953年3月，成立市郊区办事处，为市政府派出办事机构，管辖白沙、紫莱、水南、石冲、滘头、滘北等6个乡。1956年1月，新会杜阮的华龙里、沂水里、凤溪里、石子潭4个自然村划归紫莱乡管辖。1958年10月，撤销郊区办事处，成立郊区人民公社，为"政社合一"政权机构。1959年11月，新会杜阮的新民、篁庄、丹灶及棠下的篁边4个生产大队划归郊区人民公社。1967年3月，郊区公社更名为江门市郊区人民公社革命委员会。1977年9月，郊区公社更名为环市人民公社；同年，增辖新会县的外海公社、荷塘公社潮连片的6个生产大队，11月，潮连公社成立。1983年6月，成立江门市人民政府郊区工作委员会，为市政府派出机构，下辖环市、外海、潮连3个人民公社。同年8—12月，撤销环市、外海、潮连3个人民公社，分别设立环市、外海、潮连区，设区公所，归中共江门市郊区工作委员会管辖。1984年10月，中共江门市郊区工作委员会成立。1984年12月，郊区人民政府成立。1987年2月，撤区建乡（镇），环市区更名为环市乡，外海区、潮连区分别改为镇，设立乡、镇人民政府，为基层一级政权机构。1988年6月，环市乡改设环市镇。同年10月，郊区所属37个村民委员会改为管理区，作为镇政府的派出管理机构。1994年2月，区划调整，郊区的外海镇和环市镇的滘头、滘北2个管理区划归城区政府管辖；城区的仓后、沙仔尾、堤东及北街4个街道划归郊区政府管辖。同年8月，郊区更名为蓬江区。2002年6月，潮连镇撤镇设街道；同月，原新会市的棠下、荷塘、杜阮3个镇划归蓬江区管辖。2004年10月，环市镇撤镇设街道。2015年6月，撤销仓后、堤东、北街3个街道办事处，将其行政区划并入白沙街道办事处。2018年12月，白沙街道办事处原有53个社区，合并为44个社区。2019年12月，白沙街设立甘棠社区，白沙社区与丰盛社区合并，海傍社区拆分，分别并入甘化社区、良化北社区和甘棠社区，现有43个社区。

【位置 面积】 蓬江区地处北纬22°56′～22°79′，东经112°47′～113°15′，位于珠江三角洲西翼，江门市区蓬江河以北。北与鹤山市沙坪镇、南海区九江镇相连，西与鹤山市雅瑶镇、共和镇相连，东与中山古镇隔江相望，南与江海区相连。辖区面积324.3平方千米。

【地质 地貌】 蓬江区地处珠江三角洲西部，属于冲积平原。从西北向东南倾斜，西北部多为丘陵和山地。山地海拔标高小于500米或切割深度小于200米，多分布于西江流域。境内最高峰为位于杜阮镇的叱石山，海拔453.5米。东南多平原和河流阶地。在西江江门段有荷塘、潮连和古猿洲3个岛。境内土壤类型分为丘陵山地土壤、平原宽谷土壤两种。丘陵山地土壤属南亚热带赤红壤，主要分布在环市街道和杜阮镇，表土易受雨水侵蚀流失，酸性较大，酸碱度为4.5～5.5，是壤土或黏壤土；平原宽谷土壤分布在棠下镇、荷塘镇、潮连街道，属珠江三角洲冲积土壤和宽谷冲积土壤，酸碱度为6.4～7.0。

（区地方志办）

【河流】 辖区位于西江下游，区内河道属西江流域，境内水系非常发达，河涌密布，水域面积50.95平方千米，主要河道有西江蓬江段（25.4千米），江门河蓬江段（7.34千米），天沙河干流（31.78千米），杜阮河干流（13.74千米），其余小支流、小河涌数量众多，2019年水资源总量约为3.93亿立方米（2019年用水总量控制指标为2.696亿立方米，全区实际用水总量为2.0175亿立方米）。

【气候】 蓬江区地处北回归线以南，属亚热带海洋性季风气候。冬短夏长，气候宜人，雨水充沛，光照充足。无霜期在360天以上，全年无雪。2019年，全年平均气温27.3℃，降雨量1931.3毫米，较常年同期略为偏少；其中最大日降雨量为119毫米，出现在5月29日。全年有5个台风影响蓬江区，分别为“木恩”“韦帕”“白鹿”“杨柳”“剑鱼”，台风个数与常年相近，无重大人员伤亡事故及重大财产损失。 （区农业农村和水利局）

【自然资源】 辖区有较丰富的石矿和石英砂，石矿多产于西部，石英砂储藏于东北侧的西江河床，含泥量较高。森林面积13万亩，资源丰富，有蕨类、裸子植物和被子植物3大类，108科、413种，主要品种有南洋杉、银杏、竹柏、阴香、紫薇、乌梅、垂盘草、宝巾等。野生动物主要有斑鸠、白头翁、钓鱼郎、猫头鹰、麻雀、黄灵等。江河常见鲫、鲤、鳙、鳟、鲶、生鱼、塘虱、泥鳅、鳖、龟等。

（区地方志办）

【环境质量】 城市空气质量 2019年，蓬江区空气质量达标天数比例为76.7%。二氧化硫（SO_2）年平均浓度为8微克/立方米，二氧化氮（NO_2）年平均浓度为34微克/立方米，可吸入颗粒物（PM_{10}）年平均浓度为52微克/立方米，一氧化碳（CO）日均值第95百分位数浓度（CO–95per）为1.2毫克/立方米，细颗粒物（$PM_{2.5}$）年平均浓度为27微克/立方米，以上5项指标的平均浓度均符合国家二级标准限值要求。臭氧（O_3）日最大8小时平均第90百分位数浓度（O_3–8h–90per）为198微克/立方米，未能达到国家二级标准限值要求。

水环境 2019年，蓬江区西江篁边集中式饮用水源地水质达标率均为100%。区列入省考核的水污染防治行动计划的上浅口水质现状为良好，达到Ⅲ类水质要求，各市控断面水质均稳步提升。

声环境 2019年，市区昼间区域环境噪声等效声级平均值56.98分贝，优于国家声环境功能区2类区（居住、商业、工业混杂）昼间标准；道路交通干线两侧昼间噪声质量处于较高水平，等效声级为69.94分贝，达到国家声环境功能区4类区（城市交通干线两侧区域）昼间标准。

2019年蓬江区空气主要指标监测表

区域	二氧化硫（微克/立方米）	二氧化氮（微克/立方米）	PM_{10}（微克/立方米）	一氧化碳（毫克/立方米）	臭氧（微克/立方米）	$PM_{2.5}$（微克/立方米）	优良天数比例（%）	综合指数	综合指数同比变化率（%）
蓬江区	8	34	52	1.2	198	27	76.7	4.03	2.5

（林家瑜）

【人口　语言】　人口　2019年，蓬江区家庭户17.78万户，同比增加4.94%。户籍总人口52.05万人，同比增加1.3%，其中男性25.51万人，女性26.54万人。年内出生人口6027人，出生率11.58‰；年内死亡人口2706人，死亡率5.2‰；年内人口自然增长率6.38‰。年内迁入人口4573人，其中省外迁入2633人、省内迁入1940人；迁出人口2690人，其中迁往省外1206人、迁往省内1484人。

语言　蓬江方言属于汉语粤方言四邑话，与广州话基本相通。区内广播、电视等领域也通用广州话。蓬江方言以江门话为代表，还有杜阮话、棠下话、潮连话、荷塘话等。　（区地方志办）

【民族　宗教】　民族　2019年，蓬江区有38个少数民族，共计17743人，其中少数民族户籍人口4693人，流动人口13050人，以壮族、土家族、苗族、瑶族、侗族、布依族、彝族、仫佬族、回族、蒙古族、满族为主。

宗教　全区有佛教、基督教、伊斯兰教等宗教活动场所8处。其中，佛教场所4处，分别是杜阮叱石观音寺、杜阮叱石济公禅寺、棠下公坑寺、荷塘智莲舍；基督教场所3处，分别是基督教北街堂、基督教荷塘活动点、基督教棠下临时活动点；伊斯兰教临时礼拜点1处，位于白沙街道东华路祈安街5号。　（古健龙）

【行政区划】　2019年，蓬江区辖棠下、荷塘、杜阮3个镇和环市、潮连、白沙3个街道，行政村55个，社区78个。

2019年蓬江区行政区划表

镇（街道）	行政村（个）	社区（个）
棠下镇	23	3
荷塘镇	13	1
杜阮镇	19	4
环市街	—	21
潮连街	—	6
白沙街	—	43

（周礼兰）

社会经济发展

【国民经济综述】　2019年，蓬江区实现地区生产总值712.95亿元，同比增长3.6%。其中，第一产业增加值5.46亿元，同比增长3.6%；第二产业增加值249.78亿元，同比增长0.3%；第三产业增加值457.71亿元，同比增长5.6%。人均地区生产总值92754元，同比增长2.3%。地方一般公共预算收入27.54亿元，同比增长3.66%。固定资产投资同比增长4.1%。社会消费品零售总额303.87亿元，同比增长5.6%。外贸进出口总额383.7亿元，同比增长3%。居民人均可支配收入4.79万元，同比增长9.5%。

【固定资产投资】　2019年，蓬江区固定资产投资同比增长4.1%。分产业看，第二产业投资同比下降26.6%；第三产业投资同比增长17.4%。全区房地产开发投资144.47亿元，同比增长21.2%。商品房施工面积697.7万平方米，同比下降14.9%；商品房竣工面积69.1万平方米，同比下降54.5%。商品房销售面积90万平方米，同比下降23.4%；商品房销售金额

85.83亿元，同比下降31.9%。商品房待售面积81.6万平方米，同比增长9.02%。 （周志坚）

【工业】 2019年，蓬江区规模以上工业企业实现增加值203.66亿元，同比增长0.1%。分注册类型看，国有及国有控股企业同比增长18.4%，外商及港澳台投资企业同比增长8.4%，股份制企业同比下降2.8%，集体企业同比增长16.5%；分轻重工业看，轻工业增加值同比下降4%，重工业增加值同比增长3.1%；分企业规模看，大型企业同比增长6.5%，中型企业同比下降9.8%，小型企业同比增长1.3%，微型企业同比下降22%。高技术产业增加值同比增长26.4%，占规模以上工业增加值的比重为9.05%，比上年提高27.3个百分点。其中，电子及通信设备制造业同比增长26.4%。先进制造业增加值同比下降0.7%，占规模以上工业增加值的比重为31.68%。其中，先进装备制造业同比下降26.7%，高端电子信息制造业同比增长26.7%，石油化工产业同比下降10%。先进装备制造业中，智能制造装备同比下降52.1%，节能环保装备同比增长17.9%，新能源装备同比下降34.8%，汽车制造同比下降71.1%，卫星及应用同比增长8.3%，重要基础件同比下降4%。优势传统产业增加值同比下降2%。其中，纺织服装同比下降32.1%，食品饮料同比增长86.8%，家具制造业同比下降67.3%，建筑材料业同比增长15.5%，金属制品业同比下降19.4%，家用电力器具制造业同比增长0.3%。六大高耗能行业增加值同比增长9%，其中，非金属矿物制品业同比增长25.2%，有色金属冶炼及压延加工业同比增长4.2%。 （何丽华）

【农业】 2019年，蓬江区实现农业总产值11.12亿元，同比增长6.6%。其中种植业产值3.03亿元，同比下降0.96%；林业产值0.22亿元，同比下降22.87%；牧业产值1.87亿元，同比下降6.14%；渔业产值4.44亿元，同比增长6.81%；农林牧渔服务业产值1.56亿元，同比增长19.39%。全年粮食作物种植面积6794亩，油料种植面积1201亩，蔬菜种植面积4.58万亩。粮食产量1883吨，同比增长12.6%；油料产量236吨，同比下降8.9%；蔬菜产量6.88万吨，同比增长5.5%；水果产量3254吨，同比增长1.6%；水产品产量1.88万吨，同比增长7.16%；肉类产量5832吨，同比下降19.08%。 （林晓云）

【建筑业】 2019年，蓬江区有资质等级以上建筑企业87家，同比增加3家，实现总产值45.76亿元，同比增长18.74%；增加值25.87亿元，同比增长1.9%。建筑业企业竣工产值15.45亿元，同比增长22.81%；新签合同额49.59亿元，同比增长8.16%；施工面积238.09万平方米，同比下降4.43%；竣工面积46.39万平方米，同比下降16.31%；竣工价值7.05亿元，同比增长1%。 （周志坚）

【商业】 2019年，蓬江区实现社会消费品零售总额303.87亿元，同比增长5.6%。分行业看，批发和零售业零售额288.87亿元，增长5.49%；住宿和餐饮业零售额15.01亿元，同比增长8.23%。在限额以上批发和零售业商品零售额中，粮油、食品、饮料、烟酒类同比增长11.86%，服装、鞋帽、针纺织品类同比下降9.56%，化妆品类同比下降9.08%，金银珠宝类同比下降16.05%，日用品类同比增长37.02%，体育、娱乐用品类同比下降30.78%，电子出版物及音像制品类同比下降35.16%，书报杂志类同比增长8.6%，家用电器和音像器材类同比下降12.36%，中西药品类同比增长16.02%，文化办公用品类同比增长49.83%，通信器材类同比增长115.89%，石油及制品类同比下降9.48%，家具类同比增长93.68%，汽车类同比增长0.66%，建筑及装潢材料类同比下降48.81%。（陈嘉敏）

【旅游业】 2019年，蓬江区旅游业收入75.8亿元，其中国内旅游收入69.31亿元，旅游外汇收入9668万美元。全区有星级酒店2家，旅行社总社34家、分社14家，旅行社网点49家；全年接待游客859万人次，其中过夜游客488万人次、一日游游客371万人次。开拓旅游市场，举办“侨乡欢乐行·万人游蓬江”启动仪式暨“中国体育彩票杯”珠三角龙狮邀请赛，棠下镇乡村文化旅游节暨牛肉美食节，2019年侨乡美食嘉年华暨蓬江区“粤菜师傅”工程展示等活动。（刘志辉）

【对外经济贸易】 2019年，蓬江区外贸进出口总额383.7亿元，同比增长3%，其中进口总额57.6亿元，同比下降7.9%；出口总额326.1亿元，同比增长5.2%。全区进出口总额在全市排名第一，占全市进出口总值的26.92%。新批准外商直接投资企业80个，增资项目21个；合同外资2.63亿美元，同比下降43.47%；实际利用外资1.62亿美元，同比增长4.21%，完成总量和进度排名均列全市第二。全年新引进或增资扩产投资总额超千万美元的外资项目3个，投资总额9465万美元。（李　丹）

【财政】 2019年，财政收入稳定增长，全区地方一般公共预算收入27.54亿元，比上年增长3.66%；地方一般公共预算支出43.32亿元，比上年增长7.58%。其中，教育支出9.95亿元，比上年增长8.28%；社会保障和就业支出5.79亿元，比上年增长12.11%；医疗卫生与计生支出3.66亿元，比上年增长10.38%；科学技术支出1.92亿元，比上年增长22.18%。（区统计局）

【税务】 2019年，蓬江区组织税费收入2 028 092万元，同比增长9.26%，增收171 841万元。其中国内税收收入1 219 191万元，同比增长1.37%，增收16 506万元；海关代征收入105 121万元，同比下降25.47%，减收35 924万元；费金收入703 780万元，同比增长37.32%，增收191 259万元。是年，共组织区库收入19.29亿元，同比（可比口径）下降1.66%，减收0.32亿元。（邓彦俊）

【金融】 2019年，蓬江区有金融机构117家，其中保险机构61家、证券公司53家、小额贷款公司3家；全区有上市企业15家。蓬江区对互联网金融风险开展专项整治，按照《关于进一步排查辖内互联网金融风险的通知》要求进行排查，全年出动执法人员375人次，执法车辆170车次，检查经营户750户次，排查网络经营户294家，未发现相关的互联网金融风险问题。开展涉嫌非法集资风险专项排查、企业风险排查、涉嫌非法集资广告咨询信息排查清理、防范和处置非法集资宣传教育等活动，对各类P2P网贷借贷、投资理财、股权投资、第三方支付、小额贷款等机构进行风险排查，对14家涉嫌非法集资机构立案侦查，并依法进行严厉打击。（林家豪）

【人民生活】 2019年，蓬江区全体居民人均可支配收入47 900.9元，同比增长9.5%。居民消费价格同比增长3.0%。城乡最低生活保障对象583人；发放低保救济金531.15万元，同比下降31.02%。实施医疗救助13 115人次，同比减少19.6%，减少3197人次；发放救助金337.81万元，同比减少46.41%。全区特困供养192人，比上年增加54人，落实供养经费315.75万元，同比增长45.23%。全年城镇新增就业8950人，城镇失业人员再就业5110人。城镇登记失业率2.01%，同比下降0.37%。促进创业1083人，共发放就业创业补贴2296.73万元，其中发放企业补贴1165.95万元，惠及企业1559家；发放个人补贴1130.78万元，惠及6798人。（区地方志办）

【个体私营经济】 2019年，蓬江区私营企业2.13万户，从业人员14.39万人，注册资金484.04亿元。个体工商户6.55万户，从业人员12.74万人，注册资金19.68亿元。全区实有市场主体总数94 308户，同比增长4.5%。新登记市场主体总数13 324户（不含外资），新增注册资金733 465.24万元（不含外资），其中新设立企业3139户，新设立个体工商户10 185户。（区市场监督管理局）

【社会各项事业】 2019年，蓬江区中小学73所，其中公办中小学65所，民办学校8所。中等职业技术学校招生82人，在校学生241人，毕业生129人。普通高中招生1447人，在校学生3844人，毕业生1051人。初中招生8016人，在校学生22 563人，毕业生6490人。小学招生11 360人，在校学生63 267人，毕业生9172人。幼儿园入园儿童7855人，在园幼儿21 052人。小学学龄儿童入学率103.44%，小学升学率100%，初中适龄少年入学率107.76%，初中升学率100%，高中升学率98.85%。（邹细萍）

是年，全区地方财政科学技术支出1.92亿元，比上年增长22.18%。全区高新技术企业377家。年末发明专利拥有量999件。全区累计省级新型研发机构1家，市级新型研发机构8家。通过认定国家级高新技术企业127家，认定省级工程技术研发中心4家，市级科技企业孵化器1家，工程技术研究院（中心）316家，发明专利申请量889件，专利申请量6519件，发明专利授权量948件，专利授权量3545件，其中发明专利161件。（李丹　吕颖珊）

是年，蓬江区有医疗卫生机构（含各类门诊，下同）181个，其中医院2个、卫生院3个、社区卫生服务机构6个、村卫生室33个、其他医疗卫生机构137个。医疗卫生机构实有床位2006张，其中医院床位1241张。医疗卫生机构在岗职工2809人，其中卫生技术人员2482人。卫生技术人员中执业医师782人、执业助理医师196人、执业护士1032人、药剂人员170人、检验人员96人，卫生技术人员高级职称119人、中级职称301人。全区医疗机构收入4.86亿元，同比增长10.29%；门诊总人次237.45万人次，同比增长8.47%；出院病人40 156人，同比增长17.3%。（陈舒畅）

是年，蓬江区社会保险基金收入49.29亿元，其中企业养老保险24.85亿元，基本医疗保险12.84亿元。城镇职工基本养老保险参保人数28.61万人，城乡居民基本养老保险参保人数8.1万人，城乡居民基本医疗保险参保人数20.80万人，城镇职工基本医疗保险参保人数38.79万人，失业保险参保人数25.64万人，工伤保险参保人数27.93万人，生育保险参保人数27.04万人。年末领取养老金的离休、退休人数8.53万人，养老、失业、医疗、工伤、生育保险基金支出48.49亿元。（何　伟）

领导机构党派团体镇（街）领导名单

（2019年1月1日至12月31日）

中国共产党江门市蓬江区委员会

书　记：伍培进（1月任职）

副书记：文　丽（女）

林伟勤

郑丹辉（挂任）

常　委：邹　强

林建中

何　莲（女，任至3月）

张文新

关志钒

何惠能（任至11月）

余登伟

梁凤琼（女，3月任职）

李青峰（任至11月）

黎国新（挂任）

郭　强（任至3月）

江门市蓬江区人民代表大会常务委员会

主　任：赵　全

副主任：黄锡炎

张长齐（女）

何瑞鹏

张沃芬

林贤光

江门市蓬江区人民政府

区　长：文　丽（女，1月任职）

副区长：张文新（3月任职）

亢雁直

李达成

黄达斌

李泗玲

谢树浓

董应虎（任至5月）

中国人民政治协商会议广东省江门市蓬江区委员会

主　席：杜振飞

副主席：赵洪辉

谢雁平（女）

吕国荣

黄月嫦（女）

林永康

廖炳华

中国共产党江门市蓬江区纪律检查委员会（江门市蓬江区监察委员会）

纪委书记、监委主任：邹　强

纪委副书记、监委副主任：罗家国

赵妍娉（女）

江门市蓬江区人民法院

党组书记、院长：傅志坚

江门市蓬江区人民检察院

党组书记、检察长：李权威

民主党派和工商联

中国国民党革命委员会江门市蓬江区总支部委员会

正主委：林命彬

中国民主同盟江门市蓬江区总支部委员会

正主委：王良平

中国民主建国会江门市蓬江区总支部委员会

正主委：林扶波

中国民主促进会江门市蓬江区基层委员会

正主委：阳　帆

中国农工民主党江门市蓬江区支部委员会

正主委：林伟玲（女）

中国致公党江门市蓬江区总支部委员会

正主委：张中强

九三学社江门市蓬江区基层委员会

正主委：徐春红（女）

江门市蓬江区工商业联合会

党组书记：李长会

人民团体

江门市蓬江区总工会

党组书记、主席：张长齐（女）

江门市蓬江区妇女联合会

党组书记、主席：林彩云（女）

中国共产主义青年团江门市蓬江区委员会

党组书记：李靖雄

江门市蓬江区残疾人联合会

党组书记、理事长：林　晖（9月任职）

江门市蓬江区文学艺术界联合会

党组书记、主席：赵一翰

各党政机关

中国共产党江门市蓬江区委员会办公室

主　任：余登伟

中国共产党江门市蓬江区委员会组织部

部　长：关志钒

中国共产党江门市蓬江区委员会宣传部

部　长：梁凤琼（女，4月任职）

中国共产党江门市蓬江区委员会统一战线工作部

部　长：林建中

中国共产党江门市蓬江区委员会政法委员会

党组书记：林伟勤

江门市蓬江区人民政府办公室

主　任：余登伟

江门市蓬江区发展和改革局

党组书记、局长：谢栋华（2月任职）

江门市蓬江区教育局

党组书记、局长：林倩仪（女）

江门市蓬江区科工商务局（科技、经促、商务）

党组书记、局长：梁永辉（2月任职）

江门市蓬江区民政局

党组书记、局长：魏　瑛（女）

江门市蓬江区司法局

党组书记、局长：王　丽（女）

江门市蓬江区财政局

党组书记、局长：刘民欣

江门市蓬江区人力资源和社会保障局

党组书记、局长：张　玉（女）

江门市蓬江区自然资源局（规划、国土、林业）

党组书记、局长：莫锡灿

江门市蓬江区住房和城乡建设局

党组书记、局长：欧健雄（2月任职）

江门市蓬江区农业农村和水利局

党组书记、局长：李　夏（2月任职）

江门市蓬江区文化广电旅游体育局

党组书记、局长：李茂槐（2月任职）

江门市蓬江区卫生健康局（卫生、计生）

党组书记、局长：胡永耀（2月任职）

江门市蓬江区退役军人事务局

党组书记、局长：王惠雄

江门市蓬江区应急管理局

党组书记、局长：吉文锋（2月任职）

江门市蓬江区审计局

党组书记：何其灵（任至6月）
陈子宁（6月任职）

局　　长：何其灵（任至7月）
陈子宁（7月任职）

江门市蓬江区国有资产监督管理局

党委书记、局长：尹健瑜（女，2月任职）

江门市蓬江区市场监督管理局

党组书记、局长：石锦明（任至9月）
张怀业（9月任职）

江门市蓬江区统计局

党组书记、局长：陈伟腾（任至9月）
王　兵（9月任党组书记，10月兼任局长）

江门市蓬江区城市管理和综合执法局

党组书记、局长：吕文光（2月任职）

江门市蓬江区政务服务数据管理局

党组书记、局长：李园强（2月任职）

江门市蓬江区民族宗教事务局

局　长：欧阳祝荣

江门市公安局蓬江分局

局　长：李泗玲

江门市生态环境局蓬江分局

党组书记、局长：刘　屹（11月任职）

江门市医疗保障局蓬江分局

局　长：罗显芳（5月任职）

国家税务总局江门市蓬江区税务局

党委书记、局长：李立生

江门市蓬江区环境卫生管理处

党组书记、主任：陈　凯（8月任职）

江门市蓬江区档案局、蓬江区档案馆（蓬江区人民政府地方志办公室）

局　长：黄景盛

馆　长：（空缺）

主　任：（空缺）

镇、街道

棠下镇

党委书记：谢树浓（5月任职）

镇　　长：何锡基

荷塘镇

党委书记：区林杰（任至12月）

镇　　长：卢永生（任至6月）

杜阮镇

党委书记：张颂和（任至5月）

卢永生（6月任职）

镇　　长：卢健春（任至5月）

石锦明（9月任职）

环市街道办事处

党工委书记：张文新（任至6月）

李志华（6月任职）

主　　　任：张怀业（任至9月）

陈伟腾（9月任职）

潮连街道办事处

党工委书记：雷梓超（任至6月）

温国宁（7月任职）

主　　　任：吉文锋（任至2月）

刘壮昌（2月任职）

白沙街道办事处

党工委书记：谢强伟

主　　　任：庄伟雄

蓬江之最

PENGJIANG ZHIZUI

2019年蓬江之最

1月8日，蓬江区人大常委会机关被评为“广东省县乡人大工作和建设先进集体”，是江门市唯一入选的县级人大机关。

1月30日，蓬江区发出首张外资企业营业执照。

3月26日，蓬江区法人一门式服务中心举行“开办企业一天办结示范点”启动仪式，广东天晟教育投资有限公司成为首家开办企业一天办结服务的申请机构。

3月26日，蓬江区培英小学入选江门市唯一一家“全国青少年集邮活动示范基地”。

3月，江门市第八中学团校、江门市第一中学团校被中国共产主义青年团广东省委员会、广东省教育厅评选为首批广东省中学示范团校。

4月12日，蓬江区首个国家级博士后科研工作站揭牌仪式暨博士后开题答辩会在嘉宝莉化工集团有限公司举行。

6月6日，江门市首个“城管110”应急指挥中心在蓬江区城市管理和综合执法局启动运行。

6月25日，蓬江区市场监督管理局发出全区首张通过微信办理的营业执照。

7月25日，蓬江区在全市率先推进环卫一体化和市场化改革。

8月7日，蓬江产业转移工业园被广东省工信厅列入2019年广东省循环化改造试点园区，是江门市唯一一个新增循环化改造园区。

9月6日，2019年蓬江区庆祝教师节暨首届“工匠杯”中小学（幼儿园）教师技能大赛颁奖大会在五邑大学吕志和礼堂举行。

10月21日，蓬江区文化馆获授“2019—2021年度广东省文化和旅游厅舞蹈创排基地”牌匾，是全省唯一一个县区级获此荣誉的单位。

12月，蓬江区在江门市首创全天候河长制水质自动化监测系统。

2019年，江门市植保公司获得绿色食品生产资料（农业类）认证，标志着全市首家绿色食品生产资料（农业类）企业在蓬江区培育成功。

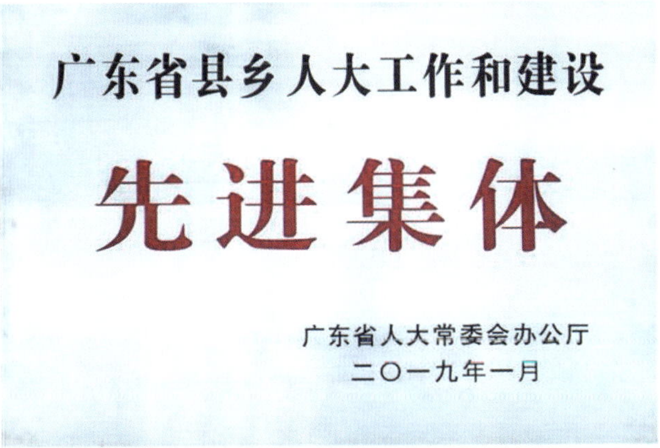

2019年蓬江大事记

2019NIAN PENGJIANG DASHIJI

1月

10日 蓬江区委宣传部开展“红色文化大讲堂”第一期活动，约400人参加学习。

△ 蓬江区辖区内广东国晖（江门）律师事务所和广东祥兴律师事务所先后举行党支部成立揭牌仪式。

14日 中共江门市蓬江区第九届委员会第八次全体会议在区政府三楼会议室召开。

△ 由蓬江区文化馆主办、各镇（街）文体服务中心协办“春涌蓬江 共迎新春——2019蓬江区文化进万家文艺演出”活动在各镇（街）举行，为期15天，约5000人次观看。

15—18日 江门市邑榕公益慈善会携手蓬江区民政局、蓬江区慈善会、江门市侨商总会青年会及社区工作人员、爱心人士等开展为期3天的击剑公益慈善活动。

17日 中华全国总工会副主席江广平、中国职工对外交流中心秘书长彭勇、省总工会副主席杨敏到东堤湾转运站环卫工友驿站慰问环卫工人。

△ 蓬江区举行生活垃圾分类工作动员会暨公共机构生活垃圾分类培训班，全区50个机关单位代表参加培训。

18日 清远阳山供电局党委书记何国华一行到江门蓬江供电局现场对标学习首个智能化装配式配电站——江门蓬江供电局10千伏群星丹井公用配电站的经验做法。

20—22日 蓬江区政协四届四次会议在逸豪酒店召开。

21—23日 蓬江区第十届人民代表大会第四次会议在蓬江会堂三楼召开。

22日 广东省住建厅副巡视员余云枢率慰问组到区城市管理和综合执法局开展2019年春节送温暖活动。

△ 增值税普通发票代开功能在蓬江区法人一门式微信公众号正式上线，并开出广东省首张“代开增值税电子发票”。

26日 蓬江区图书馆在图书馆宣传文化长廊首次举办“迎新年·送春联”活动，联合市书法家协会的5名书法家为近200名居民送上手写春联。

28日 蓬江区第九届纪律检查委员会第四次全体会议在蓬江会堂三楼召开。

△ 蓬江区消防救援大队举行集体宣誓仪式。

29日 蓬江区、广西天等县在天等县天椒广场联合举办2019年天等县“春风行动”暨企业用工专场招聘会，蓬江区人力资源和社会保障局组织40家优质企业和9家人力资源机构赴天等县参加专场招聘会，提供3300余个就业岗位。

2月

11日 中共江门市蓬江区委九届九次全会召开。

△ 蓬江区第九届纪律检查委员会第三次全体会议在蓬江会堂三楼召开。

12日 蓬江区第一批新组建党政机构集中挂牌。

15日 《中国残疾人杂志社》副主编陈曦到蓬江区残疾人服务中心棠下站，就蓬江区社区康园中心实现标准化管理进行调研采访。

20日 蓬江区第二批13个新机构挂牌成立，改革后蓬江区设置区级党政机构29个，其中区委机构8个、区政府机构21个。

22日 蓬江区法院开庭审理蓬江区开展扫黑除恶专项斗争以来破获的全市首例“套路贷”案件。

26日 广东省农业农村厅副厅长江毅到蓬江区检查非洲猪瘟防控工作，重点检查全区各高速公路出入口设卡检查工作，以及重点场所清洁消毒、非洲猪瘟检测、实验室建设工作，并提出指导性意见。

△ 蓬江区税务局联合区工商联及各商会和行业协会举办“减税降费齐宣传、政策红包共分享”系列宣讲活动。

是月 农林小学、港口中学、棠下镇实验中心小学、荷塘镇三良小学被评为“广东省安全文明校园”。

△ 蓬江区中西医结合医院新大楼建成，并完成整体搬迁工作，首期开放床位450张。

3月

1日 蓬江区成功入选第三批广东省公共文化服务体系示范区创建名单，成为全省入选该名单的四个区县之一。

6日 由江门市科学技术协会、江门市教育局主办，蓬江区科学技术协会协办的2019年江门市“大手拉小手——科普报告希望行”活动在紫沙小学启动。活动邀请中科院白武明、徐德诗、孙万儒、李建军、金雅芬、张德良、高登义、傅前哨等8位科学家到蓬江区进行巡回演讲。

8日 蓬江区召开三清三拆三整治暨黑臭水体治理攻坚现场会。

11日 广东省残联副理事长陈宏宇、广东省司法厅副厅长王光辉率队到蓬江区就《广东省残疾人就业办法》立法开展调研。

12日 广东省教育厅厅长景李虎率调研组到紫茶小学和紫茶中学实地调研。

13日 共青团江门市蓬江区第七次代表大会在蓬江会堂召开。

15日 蓬江区召开九届区委第五轮巡察工作动员部署会，启动第五轮巡察工作。

△ 广东省计生协会秘书长苏力到潮连街道调研评估蓬江区潮连街道青春健康俱乐部建设工作。

17日 江门市第八中学团校被中国共产主义青年团广东省委员会、广东省教育厅评选为首批“广东省中学示范团校”。

19日 蓬江区2019年香港投资推介会在香港举行。

20日 蓬江区区长文丽带队到澳门考察交流，拜访澳门江门同乡会。

25日 蓬江区实行学校行政领导陪餐制度，要求各学校、幼儿园陪餐人员，对所食用饭菜的外观、口味、质量等进行评价记录。

26日 蓬江区工商联非公企业党员活动中心揭牌。

△ 广东省人才服务局局长何启谋、广东省人才市场主任黄科钧一行8人到江门市人力资源服务产业园开展人才服务的相关调研工作。

28日 蓬江区工商联（总商会）在逸豪酒店召开四届三次执委会暨粤港澳大湾区背景下江门发展机遇与挑战讲座。

△ 蓬江区召开国家卫生城市复审迎检工作动员会议。

29—31日 蓬江区范罗冈小学、紫茶小学、怡福中学、荷塘镇三良小学、荷塘镇篁湾小学、环市丹灶小学、环市甘光仪小学在汕头市举办的第三十四届广东省青少年科技创新大赛上喜获佳绩。其中，丹灶小学曹倚菲、紫茶小学陈俊曦、三良小学唐钰淇等3人获专利申请奖，紫茶小学梁凌菲获十佳创新设计奖和科创精英奖，范罗冈小学梁慧泓获科创精英奖；紫茶小学获广东省十佳优秀组织单位奖。

30日　蓬江区举行推进粤港澳大湾区首批重大项目暨市重点项目一季度集中开工活动，计划总投资超35亿元的7个重大项目正式开工。

△—31日　2019年广西天等县农产品展销暨民俗文化活动推介会在五邑华侨广场举行，为期2天，天等县20余家农业企业和农民合作社携当地特色农产品参展。

4月

1日　广东省国家卫生城市复审专家组到蓬江区进行国家卫生城市明察，对蓬江区城市卫生管理工作表示肯定。

2日　蓬江区举行危险化学品事故和森林火灾扑救联合“双盲”应急演练。

3日　蓬江区《粤港澳大湾区发展规划纲要》宣讲会在区政府三楼会议厅召开，市委宣讲团成员、市发展改革局总经济师陈小曼作专题宣讲报告。

4日　由广东省文化馆副馆长郑小阳带队的专家检查组到蓬江区检查图书馆文化馆总分馆制建设情况。

△　江门市副市长林飞鸣带队到蓬江区城区排涝泵站远程监控调度中心、北郊泵房实地调研检查。

△　江门市委书记、市人大常委会主任林应武到蓬江区调研港澳青年创新创业基地建设工作。

△　蓬江区杜阮镇为烈属、军属和退役军人等家庭举办悬挂光荣牌仪式暨上门悬挂光荣牌活动。

10日　区退役军人事务局、区武装部、白沙街道社会事务办相关负责人到现役军人方兴宇家送立功喜报（三等功），通报其在部队立功受奖情况。

11日　驻厅纪检监察组副组长、综合室主任王锦昌等一行4人对蓬江区养老机构服务质量基本规范执行情况进行监督调研，先后实地调研杜阮颐养院、白石托老服务中心、蓬江区长者饭堂“益食堂”环市街天福站点。

△—13日　美景小学参加“平凡杯”2019年第十七届香港国际武术比赛获集体太极拳、集体蔡李佛拳两项第一名，优秀团体第一名，个人项目37枚金牌、10枚银牌、7枚铜牌。

12日　蓬江区人民法院联合区市场监督管理局、区工商联共同挂牌成立“江门市知识产权司法保护服务中心摩托车行业（蓬江）服务站”。

15日　蓬江区组织60余家企业参加第125届中国进出口商品交易会。

17日　清华大学深圳国际研究生院副院长、清华—伯克利深圳学院院长张林教授一行到访蓬江区，前往蓬江产业转移工业园和珠西智谷智能装备产业园参观考察。

20日　滨江管理公司首个合作开发项目越秀滨江·盛悦项目示范区正式开放。

23日　蓬江区洁梅书屋在潮连街道启用。

24日　广东省政协第十二届农业和农村委员会专职副主任廖鹏洲率调研组到荷塘镇禾冈村开展“加快推进城乡基本公共服务均等化助力乡村振兴”专题调研，实地调研农村基本公共服务情况。

29日　广东省市场监管局刘映辉副处长率领专项督导检查组到杜阮镇松园景观石场、环市街龙马项目、棠下镇云上西棠和天乡白鸽看护房共4个“大棚房”问题项目开展“回头看”现场督导检查。

是月　蓬江区陈白沙墓、潮连洪圣殿、卢边卢氏宗祠入选第九批广东省文物保护单位名录。

△　潮连民间传说、杜阮凉瓜外婆茶、荷塘煎鱼饼、梁家拳、罗贵率众南迁故事入选蓬江区第五批非物质文化遗产名录。

5月

4日　广东实验中学附属江门学校在滨江新区奠基开工。

6日　广西壮族自治区防城港市残联党组成员、副理事长率队到蓬江区进行工作交流，到位于蓬江区居家养老服务中心的伍威权庇护工场参观，了解蓬江区残疾人日间托养和辅助性就业机构运营情况。

9日　蓬江区在区人武部办公大楼前举行2019年度基干民兵分队点验暨授旗仪式，区直机关、企事业单位和各镇（街）28支基干民兵分队干部骨干及民兵代表200余人接受点验。

△—10日　蓬江区委书记伍培进带队到广西崇左天等县，参观考察和深入推进对口扶贫协作项目，与天等县主要领导联席座谈。

10日　江门市生态环境局蓬江分局举行挂牌仪式。

△　蓬江区环市街道东风、天福两个社区综合党委揭牌并举办主题党日活动。

11日　蓬江区人民政府承办、江门市减灾委组织开展2019年江门市“5·12防灾减灾宣传活动”启动仪式暨台风灾害应急救援演练，包括海陆空应急救援队员在内近300人参与演练。

△　江门市第八中学无人机Super Elite队参加首届粤港澳大湾区青少年无人机选拔赛，分别获一等奖、二等奖各1个、三等奖2个。

13日　由江门市委宣传部、江门市文明办主办，中共江门市蓬江区委宣传部、蓬江区文明办承办，2019年第一季度“江门好人”发布会暨现场交流活动在蓬江区文明实践中心举办，并为11名“江门好人”颁发荣誉证书。

16日　广西崇左天等县委副书记、县政协主席潘滔率领天等县扶贫协作考察团，到蓬江区实地考察对接粤桂扶贫协作项目。

18日　2019第二届蓬江区“扫黑除恶”城市定向赛在棠下镇良溪村举办，300多支队伍1000人参加活动。

19日　弹响“爱心之城”献礼“新中国70华诞”大型古筝弹奏活动（江门分会场）在五邑华侨广场举办，500多名古筝弹奏者参加活动。

22日　江门市委副书记、市长刘毅到蓬江区督导扫黑除恶专项斗争工作。

24日　由江门市委宣传部主办、蓬江区委宣传部承办“我和我的祖国”江门市百姓故事宣讲会暨五邑华侨爱国故事分享会在蓬江区新时代文明实践中心举行。省委宣传部讲师团有关专家，以及来自四市三区（台山市、开平市、恩平市、鹤山市、蓬江区、江海区、新会区）宣传文化系统的相关人员参加。

29日　广西壮族自治区残联党组副书记、副理事长杨一万带领南宁、柳州、桂林、百色、贺州各市残联理事长等一行11人到蓬江区调研粤桂两省残疾人扶贫协作工作。

31日 2019年世界排球联赛（广东·江门）在江门体育中心体育馆举办。

6月

1日 由国家体育总局青少年体育司指导、广东省体育局主办，江门市文化广电旅游体育局承办，蓬江区文化广电旅游体育局、江门市青少年体育联合会协办，2019全国青少年体育冬夏令营“亲子夏令营”（广东江门站）在元宝山体育公园开营，广东省体育局副局长许建平宣布夏令营开营。

2日 由广东省公共文化促进会、广东省文化馆、广东省立中山图书馆、江门市文化广电旅游体育局联合举办，“风雅颂”第五届广东省朗诵大赛（江门市复赛）在蓬江区文化馆举行。

3日 蓬江区在江门万达广场开展“传承销烟精神 共享无毒生活”蓬江区“6·3”虎门销烟纪念日大型禁毒宣传教育活动，全区70所中小学校的法制副校长、环市街社区经联社代表、禁毒社工以及志愿者400多人参加活动。

4日 蓬江区退役军人服务中心举行挂牌仪式暨区双拥办军民联谊包粽子活动。

△ 蓬江区召开创建全国双拥模范城工作领导小组全体会议暨区委退役军人事务工作领导小组一次全会。

5日 滨江新区二期建设工程正式启动，总投资额30亿元。

10日 广东省第三批“四好农村路”省级示范县现场核查会召开。

15—16日 由广东发明协会、广东省知识产权研究会、广东教育学会、广东省少先队工作学会联合主办，“第十七届广东省少年儿童发明奖优秀作品展”在广州市第六中学举行。范罗冈小学四（4）班梁慧泓荣获二等奖和专利申请鼓励奖。

20日 蓬江区青年企业家联合会成立大会暨第一届理事会就职典礼在蓬江区举行，选举产生166名第一届理事会成员，聘请荣誉会长、名誉会长17名，顾问23名。

24日 蓬江区举行“慈善一日捐”活动，当天募集善款20 800元，善款将用于蓬江区扶贫济困慈善公益事业。

27日 蓬江区委书记、区推进粤港澳大湾区建设领导小组组长伍培进主持召开推进粤港澳大湾区建设领导小组第一次全体会议。

28日 蓬江区委召开庆祝中国共产党成立98周年暨“七一”表彰大会，表彰一批优秀共产党员、优秀党务工作者和先进党组织。

7月

1日 蓬江区退役军人事务局举行蓬江区关爱退役军人协会、协会党委揭牌暨讲党课活动。

3日 广东省委常委、统战部部长黄宁生到蓬江区中山公园中山纪念堂参观。

12日 2019中国男子手球超级联赛在江门体育中心体育馆开赛，为期3天。

16日 蓬江区环市街道举办天福社区综合党委“不忘初心跟党走，牢记使命勇担当”庆祝建党98

周年系列活动，宣布全区首个业委会党支部育德社区业委会联合党支部成立，并举行揭牌仪式。

25日　蓬江区召开创建省级慢性病综合防控示范区启动会议。

△　蓬江区科工商务局在蓬江区白沙街道甘化社区举办蓬江区社区科普大学成立暨揭牌仪式。

27日　蓬江区一门式服务中心启动“5+X”（指申请人在周五下午5:30前以微信公众号预约方式提出周六办事预约申请，并在预约的时段内到各一门式服务中心办理预约业务）预约服务。

是月　江门市阳邦智能科技有限公司与西安交通大学合作建立广东省博士后创新实践基地。

△　蓬江区“罗贵率众南迁故事”入选江门市第七批市级非物质文化遗产名录。

8月

1日　蓬江区城市管理和综合执法局正式接管群星公园、丰乐公园、兰石公园。

6日　蓬江区委、区政府法律顾问聘任仪式在蓬江区司法局举行，国信信扬（江门）律师事务所、广东巨信律师事务所、广东凌志律师事务所、广东明思律师事务所等4家律师事务所受聘为蓬江区委、区政府法律顾问。

△　江门市委书记、市人大常委会主任林应武到江门人才岛检查项目进展情况。

6—14日　蓬江区农业农村和水利局联合杜阮镇、棠下镇农办，以畜禽养殖环节为监管重点，开展农用沼气项目和危旧畜禽栏舍安全生产检查工作。

10日　蓬江区组队参加江门市第二十届体育节暨2019“中国体育彩票杯”江门市第九套广播体操展示活动，荣获“优秀奖”“优秀组织奖”“体育道德风尚奖”，以总分第一的成绩代表江门市参加省赛。

21日　蓬江区乡村振兴工作现场会暨2019年区委实施乡村振兴战略领导小组第一次会议在荷塘镇政府召开。

27日　蓬江籍运动员熊桂艳在全国第十届残疾人运动会暨第七届特奥会比赛上获乒乓球TT8-TT9级女子团体赛、TT9的女子双打比赛和女子单打比赛3枚金牌。

30日　腾讯集团与江门市蓬江区人民政府签署合作协议，携手加速腾讯“WeCity未来城市”在江门人才岛融合落地。

△　蓬江区检察院在全区13个派出所设立的侦查监督工作室正式挂牌。蓬江区检察院、江门市公安局蓬江分局有关负责人出席挂牌仪式。

9月

1日　蓬江区特殊教育学校建成并招生，学校占地面积2500平方米，建筑面积4469平方米，设有9个班，每班8人，共72人。

△　江门九中教育集团人才岛寄宿校区举行开学典礼。

5日　华为技术有限公司与蓬江区政府签署全面合作协议。华为技术有限公司还与江门职业技术学院签订校企合作协议。

△　蓬江区召开法治政府建设示范区创建活动动员会。

6日　“中国先进激光在摩托车应用技术大

会”开幕式在江门市会展中心举行。

7日 2019年蓬江区小学生“开笔礼”暨五邑优秀传统家训诵读活动在陈白沙书院举行。

8日 广东省文化和旅游厅公共服务处相关负责人及专家到蓬江区检查指导“创排”工作。

9日 蓬江区重度失能老人照护补贴项目首批定点机构揭牌仪式分别在蓬江区白石养老服务中心和杜阮镇颐养院举行。

10日 蓬江区召开全区“不忘初心、牢记使命”主题教育工作会议。

20日 蓬江区区长文丽带领区府办、区科工商务局及参展企业相关负责人前往佛山市参加“珠洽会”开幕式。

△ 江门市公安局蓬江分局联同江门市公安局、江门市海关缉私局、江门市场监督局、江门市自然资源局、江门市烟草专卖局、蓬江区环市街道办在江门市汽车总站开展打击走私暨预防毒品犯罪集中宣传活动。

21日 蓬江区启动“党建+N 全科网格”管理机制。

24日 由广东省立中山图书馆、广东广播电视台联合主办，书香暖山区“悦读·为祖国喝彩”主题活动暨第100间爱心阅览室活动启用仪式在杜阮镇杜阮小学（松园校区）举行。

26日 蓬江区举行庆祝2019年“中国农民丰收节”活动。

27日 由蓬江区文化广电旅游体育局主办“献爱心·助扶贫”广西崇左天等县旅游专线团首发仪式在江门公汽中心站举行。

28日 蓬江区组织两支队伍参加“2022年广东省第十六届运动会（群众体育组）江门市足球选拔赛”并夺得冠、亚军。

10月

14日 由广东省农业农村厅委派，广东省农科院核查专家组一行到蓬江区开展创建国家农产品质量安全县中期核查。

15日 香港能源矿产与大宗商品联合会、绿色投资推广协会秘书长伍荣德带队8人到访蓬江区。

16日 江门陈白沙祠经国务院核定为全国重点文物保护单位。

18日 江门市蓬江区游泳协会成立大会暨第一届理事会授牌仪式在江门市名冠金凯悦酒店举行。

23日 广西天等县驻蓬江区招商工作办事处在蓬江区政府正式挂牌，协助开展天等县在粤港澳大湾区的产业招商工作。

28日 江门市爱卫办率领专家组一行5人到蓬江区杜阮镇开展病媒生物预防控制效果评估工作，认定达到国家C级标准，通过评估。

30日 蓬江区召开区委九届十次全会。

是月 江门市公安局蓬江分局成功破获蓬江区首例网络黑客攻击案件。

△ 祖籍棠下镇的中国工程院院士、复旦大学附属中山医院心内科教授陈灏珠获中共中央、国务院、中央军委授予“庆祝中华人民共和国成立70周年纪念章”。

△ 蓬江区荷塘镇、荷塘镇南村村、荷塘镇高村村、荷塘镇良村村、荷塘镇禾冈村等5个村镇被江门市精神文明建设委员会命名为2019年江门市特色文明村镇。

11月

1日　江门人才岛科创中心、科技产业园、智慧城市、人才公寓等4个项目动工。

△　棠下镇周郡村举行自来水管网交接仪式，并将该村自来水管网交由市融浩水业统一管理，标志着该村的自来水管网正式接入城市管网。

2日　江门市被农业农村部正式命名为国家农产品质量安全市，蓬江区成功创建国家农产品质量安全县。

6日　广东省教育厅学校后勤管理处处长程五一带队到蓬江区开展履行教育职责评价实地核查工作。

10日　“江门市慈善公益十五周年主题活动暨蓬江区第三届城市定向赛”在江门万达广场举办。市、区相关部门领导与1400多名市民参加活动。

14日　“江门市妇联平安家园社会治理服务点”揭牌仪式在蓬江区白沙街道侧贤社区公共服务站举行。

16日　由江门市蓬江区委宣传部、江门市蓬江区文化广电旅游体育局主办，2019中国侨都（江门）华侨华人嘉年华蓬江分会场之“侨乡欢乐行·万人游蓬江”启动仪式暨“中国体育彩票杯”珠三角龙狮邀请赛在江门体育中心排球馆举行。

19日　蓬江区教师发展中心在潮连中心学校挂牌成立。

20—22日　蓬江区委书记、滨江新区党工委书记伍培进带领招商考察团到深圳、东莞开展招商对接和暖企安商活动。

22日　2019棠下镇乡村文化旅游节暨“棠下牛肉”美食节在棠下镇良溪村后珠玑巷纪念广场启动。

△　蓬江区委组织部召开蓬江区博硕人才座谈会。

23日　蓬江区纪念陈垣先生诞辰139周年语言艺术大赛暨颁发“陈垣奖学金”活动在江门市实验中学报告厅举行。

26日　蓬江区召开全区安全生产、消防、森林防灭火工作会议。

29日　江门市委书记、市人大常委会主任林应武到江门人才岛调研。

△　由蓬江区委宣传部、蓬江区棠下镇人民政府联合主办“蓬江区纪念罗贵建基良溪888周年活动”在良溪珠玑纪念广场举办。

△—12月1日　蓬江区“谁执法谁普法”履职报告评议团通过实地参观、查阅台账、座谈交流等形式，先后对蓬江区检察院、蓬江区农业农村和水利局、蓬江区妇联、荷塘镇、蓬江区供电局5家被评议单位开展实地考察。

30日　“江门市第七届健走马拉松嘉年华蓬江赛区”在万达广场举行启动仪式，约2万人参加活动。

12月

1日　广东省东仓里美术馆与江门开放大学合作项目“校馆携手，传承侨乡文化”，荣获全国“终身学习品牌项目”。

3日　江门市委书记、市人大常委会主任林应武到蓬江区检查河长制工作。

4—6日　由中央电化教育馆主办，第二十三届全国教育教学信息化交流活动在北京市举行。蓬江区农林双朗小学报送的参赛作品《用编程猫敲响古诗词的大门——编程与小学古诗词融合的教学案例》，荣获全国一等奖。

5日　广东省法院副院长钟健平带队到区法院调研，了解审判业务用房及诉讼服务中心建设情况。

11日　江门市委副书记、市长刘毅率队到重点企业开展“暖企”行动，督导工业经济主要指标进展情况。

13日　蓬江区“益食堂”潮连站点举行揭牌仪式。

14日　2019年江门市蓬江区侨乡美食嘉年华暨“粤菜师傅”工程展示活动在东湖广场启动，区人社局有关负责人为5家荣获“江门市蓬江区粤菜师傅培训点”的餐饮单位颁奖，活动为期3天。

17日　海关总署企管司负责人带领广州、青岛、上海、天津、厦门、南京、济南等多地海关加贸科室负责人到广东海信电子有限公司进行考察。

18日　江门市蓬江区第四季度重大项目集中签约、动工（投产）活动——联东U谷·江门蓬江国际企业港奠基仪式在蓬江产业转移工业园举行。

△　蓬江区乡村振兴“百企扶百村”村企帮扶协议在蓬江区企业家培训学院举行签订仪式，20家企业和商（协）会结对帮扶20个村。

△　江门市第八中学刘太阳入选2019年广东“新时代好少年”。

21日　蓬江区2019年第三季度“蓬江好人”分享会暨志愿楼长年度分享会在蓬江区文化馆举行。大会为8名第三季度“蓬江好人”，以及10名志愿楼长“年度特别贡献奖”获奖者颁发荣誉证书。

25日　蓬江区推动“1+N”（1是社区党组织，N是社区居委会、基层群团组织、企事业单位、社会组织、义工组织、居民等）多方主体参与社区治理方案入选广东省十大创新经验。

26日　臻宝集成电路及半导体项目在滨江新区管委会签约落户。

31日　成立学习贯彻党的十九届四中全会精神蓬江区委宣讲团。

△　荷塘镇篁湾村等7个村被蓬江区文明委命名为“蓬江区文明村”，三良小学和良山小学被命名为“蓬江区文明校园”，高德松等320户家庭被命名为“蓬江区星级文明户”。

△　江门市蓬江区人民政府、江门市中心医院、江门市第二人民医院共建医联体签约仪式在区政府举行。

是月　蓬江区被列为全省第二批新时代文明实践中心试点县（市、区）。

年度关注

NIANDU GUANZHU

构建“党建+N 全科网格”管理体系

蓬江区为进一步提升社会治理水平的决策部署，以“党建引领”为主线，创新性地开展“党建+N 全科网格”管理体系建设，打造共建共治共享的社会治理格局。

一是明确工作目标，推进体系架构搭建。蓬江区“党建+N 全科网格”管理体系建设以维护国家政治安全、确保社会大局稳定、促进社会公平正义、保障人民安居乐业为整体目标，是提升党的执政能力、建设服务型政府不可或缺的有效手段。为落实“党建+N 全科网格”工作理念，区委成立以区委书记为总召集人，区委副书记、政法委书记为常务召集人的“党建+N 全科网格”管理联席会议，搭建区、镇（街）、村（社区）三级组织架构，区成立管理中心指挥部，下设十个专责工作组，镇（街）设置管理分中心，村（社区）建立管理工作站。

二是制定运行机制，确保体系正常运行。根据区委《蓬江区“党建+N 全科网格”工作方案》的要求部署，抓好机制建设，制定一系列工作机制和内容，包括《蓬江区“党建+N 全科网格”制度汇编》等26份文件及《蓬江区“党建+N 全科网格”工作内容汇编》等三大部分内容，将具体工作融入机制建设，依托机制把多部门快速联动处置、基层基础数据采集录入、入格事件规范处置和监督考核、奖惩等工作做到实处，以确保“党建+N 全科网格”工作顺利推进。

三是完善平台建设，整合各级资源力量。完成全科网格化系统、信访维稳系统建设，完善“一键视频”和网格员定位功能，实现对网格员的指挥调度。同时利用“综治视联网”整合公安3276路公共安全视频资源，实现对全区政治安全、社会面安全有效管理，初步建立起区“立体化”指挥体系。在国庆安保、“1220”安保等重大特防期间，做好区委主要领导对于各镇（街）、村（社区）维稳工作会议及视频点名、基层汇报社会情况等工作的技术保障，采用区、镇（街）、村居三级远程会议模式，由基层“有事报事，无事报平安”，实现多部门实时“远程会议”工作模式，信息传播快、共享效率高、部门联动密切，能及时、快速地协调、会商事件解决方案并落实方案。在重阳节安保活动中，落实由蓬江区应急局牵头的指挥平台技术保障工作，也承担区创文会议、心理服务体系培训会议、依法治区工作会议、扫黑除恶会议等技术保障工作。

四是抓好党建引领，统筹整合社会资源。全区有133个村（社区），划分为419个网格，管理中心通过与十个专责工作组、镇（街）和试点村居的会商及培训，各工作组及部门单位按照“巡办分离、各履其职、务实高效”的方式，收集并标准化入格事件，网格员发现和上报入格事项，通过“受理—转派—处理—督办—反馈—归档”的工作闭环，由职责部门进行处置，实现社会面日常问题事务治理，最大限度地整合基层社会服务和治理资源，构建“上面千条线，下面一张网”的基层社会治理格局。

（区委政法委）

蓬江区实施乡村振兴战略

实施乡村振兴战略，是党的十九大作出的重大战略部署，是决胜全面建成小康社会、全面建设社会主义现代化国家的重大历史任务。推动城乡融合发展，建立健全城乡融合发展体制机制和政策体系，是实现乡村振兴的有力举措。

蓬江区坚持以习近平总书记提出的“产业振兴、人才振兴、文化振兴、生态振兴、组织振兴”为指引，以“产、村、人”融合为路径，发挥农村产业优势，凝心聚力盘活乡村振兴发展大棋局。以创建市级城乡融合发展先行区为重点，围绕“产业兴旺、生态宜居、乡风文明、治理有效、生活富裕”20字方针，切实提高发展平衡性和协调性，探索低碳、环保、绿色、循环的蓬江特色城乡融合发展新路径，统筹推进全区乡村振兴工作。

产业振兴取得新突破。产业兴旺是乡村振兴的根基，让农业龙头企业做“火车头”，带动农业农村现代化，是乡村振兴的根本出路。蓬江区积极发展新型农业经营主体，引导培育鲜美种苗、鸿豪实友、江门种业等农业龙头企业，促进农业发展方式转变。2019年1月，广东汇海成为全市首家国家级重点农业龙头企业，并建立全市饲料领域首个院士工作站，实现全市国家级重点农业龙头企业“零的突破”。

人才振兴取得新成效。蓬江区实施乡村振兴博硕人才引育工程，加快建立一支高学历、高素质和专业性强的高层次基层人才队伍。聘用第一批乡村振兴博硕人才，涵盖产业经济、城市规划、环保、社会工作、区域发展等专业。有9名博硕人才陆续报到，其中棠下镇6人、杜阮镇1人、潮连街道2人，累计已按政策发放相关补贴29.475万元。为打造农村发展人才支撑体系，为乡村振兴战略稳步实施打好人才基础，连续两年开展新型职业农民培育工作。全区获“江门市农业名家”认定2人，占全市25%，培育新型职业农民179名，认定广东省新型职业农民培育示范基地4家。

文化振兴迈上新台阶。2019年高标准完成首批4个乡村振兴区级示范村建设，全区现有省级文明村1个、文明镇1个，市级文明村17个、文明镇2个，区级文明村8个，达到区级文明村创建标准的行政村11个。建成镇村级综合性文体服务中心63个、免费对外开放陈垣书屋（自助图书馆）15间。全区55个行政村全部制定村规民约和成立村民理事会，覆盖率100%。

生态振兴迈出新步伐。蓬江区以“三清三拆三整治”和“三清一改”、春季村庄清洁战役为抓手，持续推进农村人居环境整治，补齐农村基础设施短板。累计完成“三清理”超4.2万宗（处），清理杂草杂物、积存垃圾约4.7万吨；“三拆除”超4.6千宗（处），拆除面积约20万平方米；“三整治”超5.5千宗（处），梳理“三线”乱搭乱建约16.9千米。农村面貌得到有效改善。

组织振兴激发新活力。蓬江区坚持党建引领，实施“头雁”工程，向棠下镇三堡村、周郡村，潮连街豸冈社区3个村（居）选派第一书记，撤换“四不”村（居）党组织书记1名，调整58岁以上村（居）党组织书记5名。实施南粤党员先锋工程，基本建成杜阮镇松岭村、棠下镇周郡村、棠下镇石头村等3个红色示范村，并逐步建设成全区党员教育基地。

是年，蓬江区制定“八个最优”标准（村庄规划最优、清拆整治最优、生态环境最优、基础设施最优、管护机制最优、产业发展最优、文化特色最优、公共服务最优），选取4个村（居）作为乡村振兴示范村。（区地方志办）

珠西创谷建设“粤港澳大湾区青年创新创业示范基地”

蓬江区认真贯彻执行《江门市关于加强港澳青年创新创业基地建设实施方案》，紧抓粤港澳大湾区和深圳建设中国特色社会主义先行示范区的“双区驱动效应”机遇，“珠西创谷（江门）科技园”（以下简称“珠西创谷”或“园区”）作为江门市首家获省认定的粤港澳台科技企业孵化器，一直致力打造“粤港澳大湾区青年创新创业示范基地”，成为吸引港澳台以及海外青年创新创业的重要“桥头堡”。

一、完善基础设施，力创优质舒心环境

珠西创谷位于江门市蓬江区胜利路152、154号，占地面积16亩①，有2.2万平方米的甲级写字楼，配套接待处、会议室、产品展示中心、大型培训室、空中花园及露天茶座、智能停车场等，2019年新建立体停车大楼增加100多个车位。园区位于市中心城区，方便的交通、宽敞明亮的办公场地为港澳创业青年提供舒适、安心、便利的创业及就业环境。

二、引入专业运营团队，构建全链条服务体系

珠西创谷引入原香港科技园运营团队，采用全美企业孵化器协会（NBIA）及国际科技园协会（IASP）为蓝图的科创运营模式，团队曾在美国NBIA每年一度的孵化器大赛中，两度获颁发最佳科技创新孵化器大奖。园区现建立管理服务团队31人，其中博士6人，孵化器从业资格6人，创业导师拥有国家级资格4人，为港澳创业团队提供政策、管理、税务、融资、法律、知识产权、市场推广和培训等全方位服务，构建无障碍的全链条服务体系。

三、强化优惠服务，协力降低创业成本

珠西创谷减免租金、减低港澳企业和青年的营业成本，如符合入驻要求的企业拥有优质项目，属于园区重点发展的IEEE相关技术行业，经过审核达到技术或销售等要求的企业可享受最高8个月的免租优惠。珠西创谷还为入驻企业提供免费注册公司、人才招聘、创业辅导培训、政策支持申请、住宿交通等中介服务，降低港澳青年创业门槛，解决其创业成本高、办证烦、招人难、不懂政策、人生地疏办事难等一系列问题。2019年，园区孵化创业团队成功注册企业132家。

四、推动创业扶持，促进创新创业集聚

珠西创谷不断革新举措，大力吸引港澳青年到江门创业。一是建立创业平台。与香港职业训练局及香港澳门18个青年协会、青年组织签订合作协议，合作建设港澳青年学生实习就业基地，定期组织港澳青年到园区参观交流、就业实训和实习见习，建立合作机制。二是提供辅导培训。建立创业导师工作机制，为在孵企业提供创业导师团队，实现每10家在孵企业至少拥有1名创业导师。开设创业大学、企业大学的专业辅导课程，提供创业培训、创业实训、经营管理指导、政策指引等服务。举办

注：①1亩≈667平方米。

创业大赛、创业项目路演、创业沙龙、创业讲堂等活动，加强创业经验交流。三是加强沟通交流。定期举办港澳交流会、分享沙龙、创业交流讲座、论坛等活动，每年组织园区企业与市外、省外创业孵化基地、工业园区、高等院校、大型企业开展交流活动，帮助青年创业者拓宽视野、加强合作。2019年，园区开展各类创业活动30多场，参加人数超过1900人次。

五、加强人才引领，提升人才服务水平

珠西创谷坚持把人才工作放在核心地位，完善人才工作机制，主动为港澳企业和青年到江门创业提供优质人才服务。在园区建设全国博士后创新（江门）示范中心蓬江分中心，为高层次人才及港澳青年提供“一站式”服务。2019年，帮助12人通过江门市高层次人才认定和评定，一级人才1名，二级人才11名，其中8人为港澳人士。与广东高端人才创业创新发展促进中心及广东省博士俱乐部建立合作关系，为高端人才的创业提供本地化人才服务。

2019年，在香港成立“联络蓬江”服务中心，宣传推介蓬江区的营商环境及招才引智的政策：聘请6名博士为海外专家，引导港澳青年来江门创业，并提供咨询和帮助；设立官方网站及微信公众号，借力新媒体配合发布相关信息、政策、公告；建立人才信息库，收集38项来自人工智能、先进制造、物联网、新能源、大数据、健康产业等科研创新、技术开发方面的高层次人才团队信息；通过组织海外及港澳人才项目对接洽谈会，引入高层次人才及优质项目，在香港举办招商推介会2次，在蓬江区举办7场，参与人数127人次；与海内外多家高校研究院建立科技转移合作，从而引进更多优质项目落户蓬江区，申请进驻的海外项目17个，完成审核注册公司并落地蓬江区的项目13个。

六、积极融资对接，助力企业快速成长

珠西创谷积极为初创企业及创业团队提供融资支持，加强融资对接，帮助港澳企业解决资金困难问题。一是加大政策扶持。认真落实江门市“招商引资激励政策十二条”“民营经济十条”“实体经济新十条”等，积极组织企业申报省、市专项资金，获得江门市2019年省级促进经济高质量发展专项资金（知识产权）项目资助15万元用于科技企业孵化器知识产权能力提升和集群管理项目，更好地协助企业加强知识产权保护。香港理工大学工程学博士冯威棠的“无人药房+共享药盒”项目获得国家级留学归国人员创业项目资助20万元。珠西创谷一直为入驻的香港、澳门青年创业项目对接香港特别行政区、澳门特别行政区政府和江门市的相关创业就业扶持政策；年初，珠西创谷和香港五邑总会联合申请香港特别行政区政府的“粤港澳大湾区创新创业基地体验资助计划”，邀请香港创业青年到江门进行创业考察、培训讲座，以推动江、港两地青年创新创业交流。二是成立初创基金。与第三方机构合作，成立1.95亿元投资基金，用于发展珠西创谷优质高新科技项目，并为初创企业成立“孵化专项投资资金”，孵化专项资金初期启动规模300万元。金融服务合作伙伴包括香港金融发展局、香港生产力促进局、广东股权交易中心、上海证券交易所南方中心，香港及内地的风投基金、专业金融服务企业等。三是加强服务对接。积极开展各类创业论坛、路演活动，2018—2019年共帮助初创企业及港澳企业对接社会资金超过500万元，其中举办“江港澳科技金融发展论坛暨独角兽培育·企业飞跃计划发布会”“天利新科技与S4 Lights签约仪式”路演活动等。引进大湾区有经验的基金公司及第三方服务商，提供香港主板及创业板上市和融资方面的服务。

七、强调技术优先，加快科技成果转化

珠西创谷与广东省数字广东研究院、北京科技大学、香港理工大学、香港中文大学等建立联盟及科技转移合作，通过培养相互激发的科技集群以及跨地区的扶持服务及业务发展，配合政、产、学、研四方面紧密合作，帮助港澳企业及青年加快科技成果转化，助力创新发展。引进三大创新平台，即南方东盟物流平台、一带一路跨境电商网上平台、粤港澳5G大数据技术应用开发中心，开发人工智能、大数据的技术应用，帮助企业把产品开拓到非洲及东盟市场，支持企业技术和产品快速发展。与广东高端人才产业创新发展促进中心、香港产学研合作促进会、澳门科学技术协进会等合作，实施“独角兽培育·企业飞跃计划”，为8家首批参与计划的企业提供战略制定、产品开发、商业合作、融资支援等服务，大力培育“独角兽”企业。

珠西创谷重点发展工业2025及人工智能、环保及能源、电子及医疗产品、电子商贸及物联网行业相关技术，园区一批港澳企业的“科创新星”迅速崛起。2019年，江门市西特智能科技有限公司获得国家高新科技企业认证。江门市云讯电子设备有限公司的“药盒，分药及服药监察系统——物联网、共享药盒”创业项目入选2018年度中国留学人员回国创业启动支持计划，该项目获得优秀奖配套资金资助20万元，并在第二十三届全国发明展览会“一带一路暨金砖国家技能发展与技术创新大赛”中获“发明创业奖项目奖”银奖，该公司还被评为“中国科技创新先进单位”。江门市蓬江区轻绿包装有限公司研发的环保纸质包装制品及相关环保设备，获取环保绿色卷标及低碳卷标，获江门市2018年留学归国人员创新创业项目资助10万元，获第八届中国创新创业大赛港澳台赛新材料初创企业组一等奖。江门马杰伦科技有限公司的便携式X-射线外围骨密度检测方法及成像系统专利技术，获得2018年第七届中国创新创业大赛（广东赛区）暨第六届“珠江天使杯”科技创新创业大赛决赛生物医药初创组三等奖，奖金35万元。江门市邑青科技有限公司香港青年创业团队，作为公司核心团队拥有多年的软件开发经验，获得第七届中国创新创业大赛（广东江门赛区）暨2018年江门市“科技杯”创新创业大赛初创组三等奖及最佳人气奖，奖金10万元。江门市蓬江区天利新科技有限公司的无线载波远程路灯控制技术达到业内领先水平，与北美地区最大的圣诞灯工程设计公司S4签署合作协议以拓展全球市场。微电电子（江门）有限公司的易维修智慧节能风机盘管及微电永磁同步电机节能技术获得第47届日内瓦国际发明展金奖。

园区企业已申请或获得知识产权共87个，其中2019年新增24个；园区企业共获得国内外各类奖项28个，其中2019年新增18个；获得国家认定的高新技术企业有2家。现已探索出固体废物处理技术、“无人药房+共享药盒”商业模式、智能LED灯饰研发、仿生机器人、便携式X-射线外围骨密度检测方法及成像系统专利技术、3D-VR技术、易维修智慧节能风机盘管及微电永磁同步电机节能技术、“ACORN”大数据平台独特专家算法等重点创新成果。

八、社会媒体聚焦，提升品牌影响力

珠西创谷创业创新示范基地自2017年开园至今，一直受到各级政府单位的关注。2019年，国务院办公厅调研组到园区进行实地考察和全面调研；省委常委、统战部部长黄宁生率省委统战部调研组前来园区考察，了解粤港澳台孵化器的建设发展情况；香港特别行政区行政长官林郑月娥在省港澳办主任廖京山等领导的陪同下到园区参观考察，特别关心及深入了解珠西创谷对接港人港企创新创业的情况；中央人民政府驻香港特别行政区联络办公室主任王志民等领导与刘毅市长一同到园区参观交流，江门市委书记林应武到访珠西创谷深入了解情况并积极推进港澳青年创新创业基地建设。园区也接待多地的政协、协会等机构的访问交流：省政协副主席李心率领的调研组、武汉市政协副秘书长丁顺清带领的武汉市政协交流团、省生产力促进中心书记陈志祥及澳区省级政协委员联谊会等前来参观，就如何融入粤港澳大湾区建设等进行探讨与交流。

2019年4月，新华社、人民日报、央广网、中国改革报、中国报道、中央广播电视总台国际在线、中国青年报、光明日报、凤凰新闻、香港商报、澳门商报、广东广播电视台、南方日报、广州日报、深圳卫视等20多家主流媒体组团到访珠西创谷，共同聚焦珠西创谷在创新创业建设方面取得的成果；5月，人民日报社广东分社刘磊社长及政文部台港澳侨组组长王尧主编一行到园区调研与采访；7月，中央广播电台到园区采访调研；10月，园区迎来“2019海上丝绸之路沿岸国家主流媒体看广东”活动，来自阿富汗、巴基斯坦、马尔代夫、孟加拉国、尼泊尔等14个海上丝绸之路沿线国家的主流媒体到园区参访。

九、创新示范带动，驱动经济升级提档

园区经济实现快速增长。2018年，珠西创谷园区企业产值1.29亿元，实际缴纳税金超过800万元，完成指标任务的184%，安排就业人数700人。2019年，园区在孵企业114家，入驻率90%，其中港澳台青年创业占比41%。

珠西创谷是广东省认定的四个粤港澳台科技企业孵化器之一。2017年获得《江门市科技企业孵化器》与《江门市小微企业众创空间》称号以及通过广东省科技厅审查和专家评审被认定为广东省“粤港澳台科技企业孵化器”。2018年珠西创谷被认定为“江门市蓬江区区级创业孵化基地”；被江门市蓬江区人力资源和社会保障局认定为“江门市蓬江区珠西创谷创业孵化基地”。2019年6月珠西创谷被认定为“广东省小型微型企业创业创新示范基地”。

（白沙街道办事处）

蓬江区完成十项民生实事

2019年，蓬江区以“不断满足人民日益增长的美好生活需要”为工作目标，推进教育、医疗、食品安全、底线民生保障、就业、脱贫、公共文化服务、“四好农村路”、政务便民服务、“厕所革命”等十项民生实事项目工作有序开展。全年财政用于民生支出28.99亿元，占一般公共预算总支出67.77%，同比增长7.57%，其中投入3.7亿元完成十项民生实事。

一、提升基础教育服务水平

补齐教育经费保障机制短板，建立学前教育、公办普通高中生均拨款制度及逐步增长机制，全年按不低于300元/（人·年）的补助标准划拨到公办（含公办性质）幼儿园、各普惠性民办幼儿园使用；普通高中生均公用经费按500元/（人·年）共160万元下达预算给学校使用。继续落实义务教育公用经费生均拨款制度，全年按小学不低于1150元/（人·年）、初中不低于1950元/（人·年）的标准下达预算（划拨）到各学校使用。推进义务教育学校建设，基本完成里仁小学4幢教学楼主体建设。

二、提升居民医疗卫生服务能力

加大基层补贴，划拨403.2万元落实棠下镇卫生院、荷塘镇卫生院、杜阮镇卫生院、潮连街道社区卫生服务中心的基层医疗卫生机构事业费补助；划拨69万元落实棠下镇、荷塘镇、杜阮镇农村卫生站医生补贴。实施农村妇女“两癌”免费检查，全年完成“两癌”筛查任务1800人。加强基层医疗卫生人才队伍建设，选派8人参加全科医生规范化培训，选派57人参加全科医生转岗培训，选派15人参加乡村医生定向培养项目培训。加大基层医疗基础设施建设，推动棠下镇卫生院住院大楼建设工程，完成主体框架结构搭建，砌体工程形象进度100%，外墙饰面工程形象进度100%。

三、提高市场食品质量安全水平

全面加强食品质量安全监督管理，在辖区内10个重点快检市场开展以蔬菜、水产品等为主的快速检测，累计快检56 412批次，完成率125.36%，合格率99.33%，不合格产品处置率100%。制定蓬江区2019年每千人5批次食品抽检方案，计划抽检生产、流通、餐饮环节的食品（含食用农产品）的检验量任务为2200批次，已抽检食品2334批次；及时开展节假日应节食品抽检专项任务，完成全年任务的105.61%。

四、提高底线民生保障水平

逐步提高低保、特困、孤儿、残疾人两项补贴标准，全区孤儿基本生活最低养育集中供养标准提高到1990元/（人·月）、分散供养1240元/（人·月）；困难残疾人生活补贴标准提高到1980元/（人·年），重度残疾人护理补贴标准提高到2640元/（人·年），并将非重度智力、精神残疾人纳入重度残疾人护理补贴范围；城乡最低生活保障标准提高到850元/（人·月）；特困供养人员标准提高到1360元/（人·月）。提高区城乡居民基础养老保险，基础养老金最低标准提到195元/（人·月），全年享受区城乡居民基本养老保险待遇26 906人，发放待遇率100%。为符合条件的残疾人提供儿童抢救性康复、成人肢体康复、精神住院及送药、假肢矫形器装配、视力康复、托养等32项精准康复资助服务，共投入738.53万元，接受康复服务2234人（例），有康复需求的残疾儿童和持证残疾人接受基本康复服务比例达86.5%。推进蓬江区长者饭堂建设运营工作，在各镇（街）布点，实现全覆盖，完善相关配餐配套设施，累计服务长者2万多人次。

五、加大力度促进就业创业

深入推进“圆梦计划”，择优推荐在区内务工的优秀新时代工人参加学历继续教育的本、专科学习，全区有300多人参加，超额完成目标任务。按照江门市的文件要求，全区工伤保险在执行八类行业基准费率和浮动费率的基础上，各参保单位缴费费率统一阶段性下调50%，实施至2021年4月；2019年前三季度，全区工伤保险降低成本，累计为各参保单位减负1566.35万元。

六、加大精准脱贫攻坚力度

开展低收入人口精准识别，在全区范围重点组织开展低收入人口对象认定，经入户核查，全区低收入人口843户1603人，入户率100%。全力巩固2016—2018年精准扶贫脱贫工作成效，完成市对区2019年扶贫工作要求，城镇重点帮扶对象年人均可支配收入达14 832元，农村重点帮扶对象年人均可支配收入达8905元，全区330户952名帮扶对象按2019年标准实现脱贫，脱贫率100%。落实区级扶贫开发资金300万元，资金指标通过区财政局下达到各镇（街）。

七、加快提升公共文化服务水平

完善区、镇（街）、村（社区）三级文化设施网络，蓬江区文化中心建设已启动，完成勘察和初步设计工作。蓬江区图书馆已建成分馆4个，服务点18个；蓬江区文化馆已建成分馆3个，服务点18个。蓬江区新时代文明实践中心场地布置已完工。建立包括科普、法律、农科、基层党建、家庭教育、文化文艺等专业志愿服务队伍15支，以约1200名志愿者为主力，广泛开展基层实践所（站）宣讲和志愿服务活动近100场，受惠群众3万多人。举办群众性文体活动，打造“十分钟文化圈”，开展“百姓文化大舞台”活动800场次，完成“送戏下乡”50场次、“送电影下乡”672场次；在原有的6个“村居欢乐送”示范村（居）基础上，增设4个示范村（居）；先后开展“蓬江情　祖国颂”蓬江区庆祝中华人民共和国成立70周年文艺晚会、合唱音乐会、“侨乡欢乐行·万人游蓬江”系列活动、良溪建基888周年暨“棠下牛肉”美食节系列活动、2019年陈白沙文化节等大型文化活动。

八、建设“四好农村路”

全力推进“四好农村路”示范路建设，完成省级“四好农村路”示范县申报工作，并通过省交通运输厅的评定和公示，获得“四好农村路”省级示范县称号。完成示范路乡道Y166乐公线、乡道Y169棠良线、乡道Y165杜叱线、乡道Y114东堤路4条共16.15千米的大修项目以及棠下、杜阮8条村道路面硬化改造工作。

九、加大政务便民服务力度

实施“数字政府”综合改革，拓展“一网通办”和“一窗通办”，推进“马上办、网上办、就近办、一次办”的“四办”便民服务。蓬江区法人一门式服务中心自“开办企业1个工作日示范点”启动以来，已提供服务3800多人次，新增登记企业2284户，为企业提供“一日办”专人全程导办服务55次。整合原分散在9个镇（街道）市场监管所的法人一门式服务窗口资源，把法人事项调整进驻到各镇（街道）公共服务中心，实现镇（街）一级法人事项与自然人事项一门办理。选取白沙街农林社区、象山社区及永盛社区作为基层减负便民专项工作试点社区，开展基层减负便民专项试点工作，尝试推动市政务服务一体化平台延伸至村居；各村（社区）一门式服务站可办理业务达84项。在全区范围铺设150台“侨都之窗”自助服务终端，新增奥园广场、区法援处、区人社大厅等“侨都之窗”自助服务终端布点，试点在江门农商银行的杷冲支行、环市支行投放“侨都之窗”自助服务终端；“侨都之窗”共处理业务17.85万件。

十、大力推进“厕所革命”

加快老城区公厕建设，提升城市公厕服务管理水平，完成38座公厕的升级改造任务；投入资金313万元，完成12座乡村公厕建设工作。

（区地方志办）

政治

ZHENGZHI

中共江门市蓬江区委员会

区委

【区委全会】 2019年1月14日，中国共产党江门市蓬江区第九届委员会第八次全体会议召开，听取区委全会工作报告、经济工作专题报告以及抓党建工作情况报告，审议通过《中国共产党江门市蓬江区第九届委员会第八次全体会议决议》。

1月28日，中国共产党江门市蓬江区第九届委员会第九次全体会议召开，对蓬江区深化机构改革工作进行动员部署、推动落实，审议通过《中国共产党江门市蓬江区第九届委员会第九次全体会议决议》。

10月30日，中国共产党江门市蓬江区第九届委员会第十次全体会议召开，听取区委全会工作报告、经济工作专题报告，审议通过《中国共产党江门市蓬江区第九届委员会第十次全体会议决议》。

【区委常委会会议】 2019年，蓬江区委召开区委常委会会议及扩大会议47次。主要议题是研究审议《关于蓬江区政协第四届委员会调整和增补委员的请示》《关于召开蓬江区第六次归侨侨眷代表大会的请示》《蓬江区党（工）委（党组）理论学习制度（送审稿）》；听取六镇（街）主要负责人汇报2018年工作情况和2019年工作计划，听取三大板块工作负责人通报2018年工作情况和2019年工作计划、国土和土储工作情况（含2018年工作情况和2019年工作计划）、国资国企发展情况（含2018年工作情况和2019年工作计划）、财政工作和重点项目情况（含2018年工作情况和2019年工作计划）；传达学习贯彻中国共产党广东省第十二届委员会第六次全体会议精神，研究区委九届八次全会方案、全会报告；研究2019年区政府工作报告，传达贯彻江门市乡村振兴工作推进会精神，研究审议2019年督查计划，研究部署春节前区委、区政府各项会务活动安排，以及节前各项工作；传达学习贯彻江门市委十三届九次全会精神，传达市委张元醒代表市委的讲话精神，研究审议《关于调整南、北片区黑臭水体整治及水利工程项目建设模式的请示》《关于召开中国人民政治协商会议第四届江门市蓬江区委员会第四次会议的请示》，征求对区委九届八次全会报告的意见建议（书面）；研究确定干部人事问题，研究审议区委常委会2018年抓党建工作情况报告；传达学习贯彻江门市委常委会（扩大）会议传达贯彻省委主要领导在江门调研时的讲话精神；研究审议《江门市蓬江区机构改革方案（送审稿）》《蓬江区机关事业单位2018年绩效考核奖分配方案（送审稿）》；传达贯彻江门市委常委会（扩大）会议精神；研究确定干部工作，传达学习贯彻习近平总书记在中央政法工作会议上的重要讲话精神，传达学习贯彻市委书记林应武参加蓬江代表团分组审议时的讲话精神，研究审议《在区委九届九次全会上的讲话（送审稿）》《江门市蓬江区机构改革方案》《关于〈江门市蓬江区机构改革方案〉的说明（送审稿）》《中国共产党江门市蓬江区第九届委员会第九次全体会议决议（送审稿）》，研究审议《区纪委九届四次全会方案》《在区纪委九届四次全会上的讲话（送审稿）》《区纪委九届四次全会工作报告（审议稿）》，传达部署2019年市管干部个人有关事项报告工作暨两项法规学习要求；听取各镇（街）党（工）委书记、区直机关工委书记、区资产办党委书记抓基层党建工作述职；研究干部工作，研究对口广西天等县扶贫工作，研究《蓬江区直部门挂牌工作方案》；研究干部工作，研究审议《蓬江区领导同志分工调整方案》《区领导联系指导各镇（街）工作分工调整方案》，研究审议《蓬江区党政机构改革挂牌工作安排表》；传达学习贯彻习近平总书记在省部级主要领导干部坚持底线思维，着力防范化解重大风险专题研讨班开班式上的重要讲话精神，通报关于市联合工作组进驻蓬江区工作情况的报告，研究审议《蓬江区党委（党组）理论学习中心组学习制度》《2019年区委理论学习中心组学习计划》，传达全国、省、市安全生产电视电话会议精神，通报《关于蓬江区领导同志分工调整的通知》《关于区领导联系指导各镇（街）工作分工调整的通知》，研究区纪委监委议题，研究干部工作；传达学习习近平总书记关于实施乡村振兴战略重要论述精神，传达贯彻全省实施乡村振兴战略工作推进会等会议精神，研究部署有关工作，传达2019年江门市环境保护委员会全体会议精神，通报省、市相关会议精神，研究审议2019年蓬江区委、区政府主要工作任务分解的有关事项，研究审议共青团江门市蓬江区第七次代表大会的有关事项，研究区纪委监委议题，研究干部工作；传达学习《中国共产党支部工作条例》，听取2018年度镇（街）、区直机关党（工）委书记抓基层党建工作述职评议情况的汇报，研究审议蓬江区落实省基层党建《三年行动计划》2019年度考评方案，研究审议蓬江区镇（街）绩效考核评价实施意见和蓬江区公共部门绩效考核评价实施意见的有关事宜，传达市对《中共江门市蓬江区委2018年工作总结和2019年工作计划情况报告》意见，传达学习市委关于《粤港澳大湾区发展规划纲要》学习宣传报道的工作要求，听取2018年度综治平安考评工作及责任人履行职责结果情况汇报，研究干部工作；学习贯彻全省传达贯彻习近平总书记重要讲话精神暨全国“两会”精神干部大会精神及市委常委会（扩大）会议精神；传达上级森林防火工作会议精神，传达学习《中国共产党政法工作条例》，传达全市统战部长会议精神，传达市有关会议精神，听取防范政府债务和隐性债务风险工作的汇报，听取2018年全区落实党风廉政建设“两个责任”检查情况的汇报，听取区关于江门市国家卫生城市复审省级明查迎检工作情况汇报；研究干部工作，研究区纪委监委议题；传达学习习近平总书记在中央政治局第十三次集体学习时的重要讲话精神，传达胡钛督导蓬江区扫黑除恶专项斗争讲话精神，传达全市组织部长会议精神，书面传达全市老干部工作会议精神，研究审议黑臭水体整治和实施方案，研究区纪委监委议题，听取区委巡察机构有关工作情况汇报，研究干部工作；学习贯彻《党政领导干部选拔任用工作条例》，听取中央扫黑除恶第8督导组反馈意见整改落实情况的有关汇报，听取扫黑挂牌及整改方案的有关情况汇报，听取扫黑工作阶段性完成情况的通报，研究审议区关于中央宗教工作督查反馈意见整改工作方案，研究审议蓬江区农村集体经济组织管理制度及指导意见的有关事项，研究区领导分工事宜，研究干部工作；传达学习习近平总书记在中共中央政治局第八次集体学习时的重要讲话精神，传达上级总工会会议精神，研究审议江门市蓬江区水环境综合治理项目（一期）——黑臭水体治理工程实施方案和招标文件的有关事项；传达学习《中国共产党农村基层组织工作条例》，通报周郡村情况，布置有关工作，研究干部工作；书面传达学习市纪委书记项天保到蓬江调研情况的报告，研究区纪委监委议题，研究干部工作；书面传达学习《中国共产党党组工作条例》，研究干部工作，书面传达省市维稳工作会议精神，研究审议江门市蓬江区中心城区环卫一体化保洁作业实施方案和江门市蓬江区中心城区环卫一体化保洁作业项目可行性研究报告的有关事宜；学习贯彻《中共中央办公厅关于解决形式主义突出问题为基层减负的通知》，抓好区为基层减负工作的落实，传达贯彻做好2019年市县巡察质量提升年工作的有关事宜，书面传达市审计会议有关精神，传达刘毅调研区扫黑除恶专项斗争工作的讲话精神和胡钛在重点行业重点领域打击整治行动动员部署会上的讲话精神，研究审议蓬江区强化基层基础保障的工作方案，研究区领导分工事宜，研究干部工作；传达学习习近平总书记对民政工作的重要指示精神，通报2018年市（区）建设“四个走在全国前列”示范城市绩效考核结果情况，研究审议蓬江区新时代文明实践中心（所、站）建设工作实施方案，研究部署区意识形态工作，研究审议蓬江区全面推行河长制湖长制工作考核方案，通报江门市管干部2018年度考核等次情况；传达学习贯彻习近平总书记在“不忘初心、牢记使命”主题教育工作会议上的重要讲话精神以及全省开展“不忘初心、牢记使命”主题教育工作会议精神，传达学习防范化解隐性债务风险的有关精神，传达全省公务员工作座谈会暨学习贯彻新修订公务员法和推进公务员职务与职级并行制度培训班主要精神，书面传达全省编办主任会议精神，研究部署违建别墅清查整治有关工作，研究蓬江区解决形式主义突出问题为基层减负的有关事项，审议2019年蓬江区党政领导班子以及人大、政协主要领导专题民主生活会对照检查材料，部署专题民主生活会相关事宜，研究蓬江区2019年“七一”表彰工作；传达上级有关文件精神，传达学习省、市防汛抢险救灾工作会议精神，听取省、市政法系统有关会议的通报，书面传达全市财政收支管理工作会议精神，研究审议蓬江区农村集体经济组织管理制度及指导意见的有关事项，研究审议市、区（蓬江）联合收储土地实施方案，传达全市教育工作会议精神，研究干部工作；传达贯彻习近平总书记在全国公安工作会议上的重要讲话精神，传达省扫黑除恶办重点问题打击整治情况汇报会精神，研究公务员职务职级并行有关工作，通报有关人事任命；听取区自然资源局、区住建局挂牌整治专题汇报；传达学习宪法精神并提出区贯彻意见，传达学习省委全会、市委常委会会议精神并提出区贯彻意见，传达学习市委人大工作会议精神并提出区贯彻意见，研究审议深化区级预算编制执行监督管理改革意见的有关事宜，传达江门市人民政府关于支持江门人才岛建设发展的实施意见，通报江门人才岛建设情况，研究审议《蓬江区实施公务员职务与职级并行制度工作方案》，研究干部工作；传达学习《中国共产党宣传工作条例》并提出区贯彻意见，传达省区市维稳工作会议精神，研究审议蓬江区国庆70周年特防期维稳工作计划和方案，研究审议江门市蓬江区关于全面推行法律顾问工作的指导意见，研究审议《蓬江区关于贯彻落实广东省市级以下事业单位领导人员暂行办法的意见》，研究干部工作；研究审议区“不忘初心、牢记使命”主题教育工作的有关事项，研究审议2019年上半年绩效考核评价结果的有关事项，研究干部工作；传达省委第七巡视组巡视江门情况反馈会议精神和市委相关会议及林应武讲话精神，部署区整改落实工作，传达省市维稳工作会议精神，传达学习《地方党政领导干部食品安全责任制规定》《中共中央国务院关于深化改革加强食品安全工作的意见》，研究审议蓬江区“党建+N 全科网格”管理中心工作方案；传达贯彻习近平总书记关于垃圾分类工作重要指示精神，提出区贯彻意见，研究经济指标有关工作，传达江门市委副书记胡钛到区开展中华人民共和国成立70周年维稳安保暨扫黑除恶工作督导检查会议上的讲话精神，提出区贯彻意见，书面传达省、市防御台风工作会议精神，布置近期全区三防工作，研究审议《中共江门市蓬江区人民政府党组工作制度》《中共江门市蓬江区委、江门市蓬江区人民政府工作制度汇编》和《关于进一步落实“三重一大”事项集体决策制度的通知》，研究区纪委监委议题，听取蓬江区出席江门市妇女第十四次代表大会代表候选人初步人选的情况汇报，研究干部工作，研究审议《2019年教师节表彰先进个人和先进集体的请示》；传达学习习近平总书记关于“不忘初心、牢记使命”重要论述，传达省、市“不忘初心、牢记使命”主题教育有关会议精神，研究区委“不忘初心、牢记使命”主题教育工作有关事项，传达市惩治涉黑涉恶腐败和“保护伞”工作座谈会会议精神，提出区贯彻意见，研究审议区委区政府向老干部通报情况会议方案，听取第五轮巡察工作综合情况汇报，研究干部工作；传达学习习近平总书记在中央和国家机关党的建设工作会议上的重要讲话精神，传达省国庆期间有关工作会议精神并提出区贯彻意见，传达省、市反恐会议精神并提出区贯彻意见，传达省、市信访工作会议精神并提出区贯彻意见，传达市有关会议精神并提出区贯彻意见，研究审议江门市蓬江区庆祝中华人民共和国成立70周年活动的有关事项，研究优化协同运转机制，推动蓬江区与滨江新区“区区融合”实施方案有关事项及相关干部人事安排事宜，研究区领导分工事宜；传达学习习近平总书记在中央政协工作会议暨庆祝中国人民政治协商会议成立70周年大会上的重要讲话精神，提出区贯彻意见，研究审议八个方面突出问题专项整治工作方案及区委、区政府、滨江新区领导班子检视问题和整改落实清单有关事项，研究审议区委九届十次全会有关事项，研究审议深化区级预算编制执行监督管理改革意见的有关事项，研究审议蓬江区区直机关事业单位合同制工作人员员额核定管理方案和蓬江区区直机关事业单位合同制行政辅助人员管理办法的有关事项，听取软弱涣散日常整顿和集中整顿情况汇报，研究审议2019年江门市劳动模范（先进工作者）和先进集体推荐评选的有关事项，研究区管干部公务员职级套转问题，研究干部工作；传达学习习近平总书记在中央政协工作会议暨庆祝中国人民政治协商会议成立70周年大会上的重要讲话精神并提出区贯彻意见，传达市委十三届十次全会会议精神并提出区贯彻意见，研究审议《在区委九届十次全会上的报告（送审稿）》《在区委九届十次全会上的专题讲话（送审稿）》《中国共产党江门市蓬江区第九届委员会第十次全体会议决议（草案）（送审稿）》，研究审议调整九届区委委员和终止区党代表资格事项；传达学习党的十九届四中全会精神和省、市学习贯彻党的十九届四中全会精神的会议精神，提出区贯彻意见；传达学习习近平总书记在河南、北京香山革命纪念地考察和中青班开班式上的重要讲话精神，提出区贯彻意见，研究关于省委巡视整改落实工作的有关事项，听取区自然资源局和区住房和城乡建设局有关挂牌整改情况汇报，听取统战相关工作情况汇报，研究审议区委、区政府、滨江新区领导班子检视问题和整改落实清单有关事项；传达学习《习近平关于“三农”工作论述摘编》主要精神，提出区贯彻意见，传达全省农村“厕所革命”垃圾污水治理现场会会议精神，部署全区“厕所革命”垃圾污水治理工作，听取区应急管理局近期工作情况的汇报，听取九届区委第六轮巡察工作综合情况汇报；传达学习中国共产党广东省第十二届委员会第八次全体会议精神及市委常委会会议学习贯彻中国共产党广东省第十二届委员会第八次全体会议精神，提出区贯彻意见；传达学习习近平总书记关于弘扬新时代爱国主义精神的重要论述并提出区贯彻意见，传达学习党中央关于民主生活会的有关要求并提出区贯彻意见，研究审议《蓬江区委领导班子“不忘初心、牢记使命”主题教育暨省委巡视整改专题民主生活会工作方案》，传达学习《中共中央 国务院 中央军委关于加强新时代退役军人工作的意见》文件精神，提出区贯彻意见，研究干部工作；传达学习《中国共产党农村工作条例》主要精神，提出区贯彻意见，研究审议2019年部分计划指标调整的有关事宜，研究审议《江门市蓬江区北街、堤东、仓后、沙仔尾等4个政务服务中心体制调整（机构撤并）方案》；传达学习习近平总书记关于审计工作的重要论述精神，提出区贯彻意见，研究审议《关于围绕学习贯彻党的十九届四中全会精神开展“深调研”工作方案》，研究蓬江区请求市委市政府协调解决事项，研究审议区委九届十一次全会的有关事项，研究审议蓬江区第十届人民代表大会第五次会议的有关事项，研究审议蓬江区政协第四届委员会第五次会议的有关事项，研究违建别墅清查整治有关工作，研究区领导分工事宜，研究审议设立江门市蓬江区第十届人民代表大会社会建设委员会的有关事项，研究审议蓬江区政协第四届委员会拟增补委员和常委人选建议的有关事项，研究区纪委监委议题，研究干部工作。（潘伟珊）

【政策调研】 2019年，蓬江区深入贯彻落实“大学习、深调研、真落实”活动，区四套领导班子、滨江新区领导班子成员以及各镇（街）、区直各部门围绕区委、区政府中心工作，整理年度调研课题70个。积极开展专项调研，形成重构良好政治生态、抓基层党建推动乡村振兴、“三旧”改造、“数字政府”建设等一批调研报告成果，编印《蓬江调研》35期。

【改革工作】 改革计划与方案 2019年，围绕中央决策部署和省委、市委、区委工作安排，成立区委全面深化改革委员会，印发“两规则一细则”，制定《区委全面深化改革委员会2019年改革工作安排》，明确182项重点改革任务，在推进粤港澳大湾区建设、经济指标、重点项目、招商引资、创新驱动、江门人才岛、滨江新区CBD、江门蓬江产业转移工业园、融通资金、土地整理、载体建设、乡村振兴、污染防治、扫黑除恶等重点领域，部署推进一批重大改革任务。组织召开区委全面深化改革委员会会议3次，办文46份，其中包括工作安排1份、总结及计划4份、报告8份，组织撰写改革简报21期。配合做好省委改革办督察工作1次，配合省、市做好专题调研3次。

重点改革项目 2019年，蓬江区全面完成机构改革任务。按照中央决策部署和省委、市委工作安排，3月完成本级机构改革任务，29个涉改部门全部完成机构挂牌、干部任免、人员转隶，制定20多份配套改革文件，印发“三定”规定方案和机构编制调整文件；涉及各类职能划转56项，承接市级下放职能7项，涉及人员转隶121名；同时，调整理顺区直39间事业单位隶属关系及机构设置，进一步精简事业机构、盘活优化事业编制。推进乡村振兴综合改革试点。棠下镇良溪村、荷塘镇南村村、潮连街道塘边社区卢湾村和杜阮镇长乔村4个示范村已完成区级考核验收；成功创建省级“四好农村路”示范县，行政村和村小组100%通达硬底化公路，区县道年平均好路率达95%以上，乡村道年平均好路率达90%以上；新改建农村公厕102座，启动棠下镇供水一体化“村村通”自来水工程，解决5766户饮用水安全问题；深化农村集体产权制度改革，梳理修订现行“9+1”“三资”管理制度体系，出台13个农村集体经济组织管理制度。推进“数字政府”综合改革试点。推行“5+X”工作日服务模式，梳理出89项市民常办业务，推行周六上午预约办事工作模式，累计受理周末业务2967宗；加强蓬江区应急指挥信息系统整合，完成8个部门19个系统接入以及15个部门17类基础数据整理，实现“一站式”访问、“一张图”作战；建立“城管110”指挥中心，加快“数字城管”系统平台建设，办理各类事项问题7776件；基本完成电子政务外网“一张网”建设，铺设230多条政务专线，实现区、镇（街）、村（社区）三级政务专网全覆盖。推动经济高质量发展。江门人才岛累计完成收储土地4852亩，已动工建设项目46个，腾讯、华为相继签约落户，科创中心、智慧城市等项目加快建设；滨江新区启动区二期道路及水环境治理项目（“十路一湖”项目）创新建设模式，从明确定位到动工仅用100天时间，创造“蓬江速度”，全年投资完成率超700%；蓬江产业园加快扩园提质，成功申报蓬江区产业集聚地，使纳入省产业园管理并享受省产业转移政策的园区面积从原来的7000多亩扩大至16 000多亩，征地工作和配套工程全面提速，江沙园区主干道堡莲路南段建成通车；文旅产业方面，成功举办2019年世界排球联赛（广东·江门）、2019年国际男子篮球对抗赛（江门站）、谭咏麟演唱会、第二届“戴爱莲杯”人人跳全国群众舞蹈展演等会展文体活动；同时，加强经济精细化分析，建立招商引资、项目准入、重点项目、财税分析、园区建设等五大联席会议制度。持续优化营商环境。推进“证照分离”改革，将高频审批事项纳入改革范围，先后实施第一、第二批共134项事项分类改革，群众跑窗口次数平均压减80%，一般行业最快10分钟可开办企业；在全市率先打造开办企业1个工作日示范点，实现企业设立登记0.5个工作日、印章刻制备案2小时、符合条件的新办纳税人申领发票即办的服务模式，为新开企业提供“一日办”服务2718余次；深化投资项目承诺制改革，推行“先承诺后审、边建边批”管理模式，将试点审批事项由12个增至16个，是年1—10月累计完成承诺制试点项目9个，完成容缺审批事项54个，项目审批时长缩短1～2个月；为港澳居民在蓬江区就业创业提供便利，博士后创新（江门）示范中心蓬江分中心接待到访人才团队、企业团体等近1000人，为2000余人次提供政策咨询、认定评定等业务受理和配套服务，已安排1300余名港澳居民随迁子女在区学校就读；推进减税降费改革落实，在全省率先实现委托第三方机构代开增值税普通发票“无纸化”“立即取”“零成本”服务，全区享受小微企业普惠政策免征增值税小规模纳税人45 395户，覆盖面达74.95%。加强民主及法治领域改革。推进依法治区，大力推动示范区创建工作；发挥人大职能，区十届人大常委会第二十八次会议听取和审议区政府关于2019年上半年政府性债务管理情况报告；深化司法体制综合配套改革，打造新型办案团队，组建13个简易程序审判团队，从庭审到裁判文书制作等各个环节构建起速裁模式，推行合议庭法官直接签署裁判文书，确保合议庭独立行使审判权；以“6+2”模式加快区人民检察院内设机构改革，并试行由同一个检察官负责同一个案件的审查逮捕和审查起诉工作，实行“谁捕谁诉”；深化法律顾问服务，组建镇级法律顾问团，是年全区法律顾问为村（社区）和辖区群众提供法律服务2253次；构建“线上30秒，线下半小时”公共法律服务工作平台，在全区134个村（社区）建成公共法律服务工作室，其中17个村（社区）作为“枫桥经验”模式示范点。提升社会治理水平。探索“党建+N 全科网格”综合治理管理机制，建立集“网格化”巡查、信息收集、研判、联合处置为一体的指挥平台，形成“区、镇（街）、村（社区）”三级组织架构；以环市街天福社区、白沙街西园社区为试点，划分10个网格党支部，结对党组织8个，结对党员95人，双报到双服务人数501人；以实施乡镇（街道）社会工作服务站建设运营示范项目（广东社工“双百计划”（第二批））为契机，申报“社会工作服务站建设运营示范项目”2个；探索创新城乡社区治理模式，实施社区协商治理试点工作、城乡社区治理示范点创建工作。深化教育领域综合改革，推进区域内城乡义务教育一体化发展，落实教师“县管校聘”管理改革；江华小学、紫茶小学、紫茶中学、棠下中学等4所学校被选为广东省创建国家教师教育创新实验区示范性教师教育基地学校，里仁小学等9所学校建设有序推进，6个教育集团均达到有场所、有牌子、有人员、有制度、有方案、有活动的“六有”要求；深化医药卫生体制改革，建立健全基层医疗卫生机构财政补偿机制，稳步推进市第二人民医院与市中心医院“医联体”建设试点工作，推动“互联网+医疗健康”信息平台建设；开展医养结合科技养老试点工作，推进杜阮镇颐养院智慧院舍试点建设；推行环卫一体化和市场化改革，采取政府购买服务方式，实施环卫一体化保洁作业项目，实现一个主体负责、一个团队管理、一体化运作；推进国家农产品质量安全县创建工作，落实创建省食品安全示范城市工作；推进机关事业单位养老保险制度改革，至10月16日，已提前完成省确定的目标任务。积极创建国家生态文明建设示范区。大力整治黑臭水体，制定“1+4”整治方案，每条黑臭水体建立“6个一”工作制度；创新开发模式，蓬江区水环境综合治理项目（一期）——黑臭水体治理工程项目施工进展顺利，已开工子项目30个；压实区、镇、村三级河长责任制，区级河（湖）长巡河76次，镇级河（湖）长巡河1923次，村级河（湖）长巡河6194次；推进“散乱污”专项整治工作，9月底全区纳入省考核清单的892家“散乱污”企业已全面完成整治，其中关停取缔426家、升级改造466家；全市首创建立全天候河长制水质自动化监测系统，在区内6条主要河流交汇口建立全天候太阳能自动化水质监测站，定期通报水质监测结果。深入构建良好政治生态。实施“七个抓”，全面加强党的建设；抓干部教育，开展专题研讨19场（次）、宣传宣讲50多场（次），依托6个镇（街）党校和142个分教点，开展干部培训班212场次；运用江门市党风廉政建设“两个责任”电子监察平台信息化手段，细化落实述责述廉、约谈工作制度；出台《蓬江区“三重一大”集体决策制度（试行）》，印发《中共江门市蓬江区委、江门市蓬江区人民政府工作制度汇编》《江门市蓬江区领导干部廉政档案管理实施办法（试行）》；开展巡察8轮，覆盖党组织111个；把中央八项规定精神问题作为日常监督、巡察监督和专项检查重点内容，聚焦扶贫、环保、工程等重点领域，查处违反中央八项规定精神问题案件39件；坚持有案必查、有腐必肃、精准问责，坚决惩治涉黑涉恶腐败和“保护伞”行为，加强扶贫领域监督执纪问责工作；坚持火线考察、沙场点兵，选派13名科级干部和34名股级干部到基层镇（街）、重点工作、重点任务一线锤炼，选派新录用的公务员担任驻社区第一书记，抽调11名专业化年轻干部进驻江门人才岛。

（胡晓珊）

【重大活动】 蓬江区2019年香港投资推介会 2019年3月19日，蓬江区2019年香港投资推介会在香港举行。区委书记伍培进、区人大常委会主任赵全、区政协主席杜振飞，区四套班子有关领导，各镇（街）、区直有关部门主要负责人，与港澳台地区、国内外在蓬江区投资和有意向在蓬江区投资的企业家代表、香港社团首长和社会各界知名人士共谋美好发展前景。

蓬江区推进粤港澳大湾区首批重大项目暨市重点项目一季度集中开工活动 2019年3月30日上午，蓬江区举行推进粤港澳大湾区首批重大项目暨市重点项目一季度集中开工活动，包括江门人才岛全岛水系改造工程在内的七大项目正式开工，计划总投资超35亿元。蓬江区将在加快推动“1+3”（“1”是江门人才岛，“3”是江门蓬江产业转移工业园、滨江新区总部基地、会展文体中心）产业平台建设的同时，全面提升服务水平，与粤港澳大湾区各城市开展全面对接合作。

广西天等县农产品展销暨民俗文化活动推介会 2019年3月30日上午，为期2天的广西天等县农产品展销暨民俗文化活动推介会在五邑华侨广场开幕，来自天等县的33家农业企业和农民合作社携当地特色的名特优农产品前来参展，展销产品囊括指天椒酱、天等土鸡、美食小吃、保健药酒、手工艺品等300多种，现场还有壮族特色旅游产品，吸引数千市民前来选购。此次展销会是蓬江区大力协助天等县宣传展示名特优农产品、旅游文化产品，提升天等县的知名度和市场竞争力，助力天等县脱贫攻坚的一大举措。

广东实验中学附属江门学校奠基开工 2019年5月4日，广东实验中学附属江门学校在滨江新区正式奠基开工。该校的落户，既把先进的治学理念引入蓬江，又提供大量的优质学位资源，对提升全区整体教育水平，促进区域教育优质均衡发展起到重要作用。学校选址在滨江新区启动区丰乐路沿线与华泰路交叉口南侧地块，总占地面积205.61亩。该校为十二年一贯制中小学，先筹建中学。按照规划，广东实验中学附属江门学校总建筑面积约23万平方米，除教学楼、食堂、学生宿舍和教师宿舍外，还有实验楼、艺术楼、演艺中心等。建成后规模为初中48个班共2400人，高中72个班共3600人，将于2020年上半年建成并在9月1日正式开学。

蓬江区珑湖湾社区服务中心养老机构公建民营运营服务项目签约仪式 2019年6月下旬，蓬江区举行珑湖湾社区服务中心养老机构公建民营运营服务项目签约仪式，标志着蓬江区首个公建民营项目正式启动。项目将以广东省五星级养老服务机构的标准，在珑湖湾社区服务中心打造一家可提供200个以上床位的区级示范性福利型五星级养老服务中心，为收住的老年人提供生活照料、康复护理、精神危机化解、文化娱乐等养老服务，优先满足蓬江区辖区内特困供养对象入住需求，并对入住的蓬江区户籍社会老年人给予相应的折扣优惠。

蓬江区在全市率先推行环卫一体化和市场化改革 2019年7月25日下午，蓬江区举行中心城区环卫一体化保洁作业项目签约仪式，以购买服务模式实施环卫清扫保洁一体化作业。改革体现“管干分离、市场运作”的原则，利于构建起“全方位覆盖、无缝隙对接、市场化运作、一体化管理”的新格局，尤其将实现环卫“一把扫”，卫生无死角，破解此前存在多年的多头管理、真空地带等老大难问题。市场化改革后，环卫工人的劳动关系需要移交。7月17—19日，纳入范畴的1500多名环卫工人分批相继与原单位解约，并与江门京环环境服务有限公司签约。

腾讯“WeCity未来城市”、华为落地江门人才岛 2019年8月30日，腾讯集团与蓬江区政府签署合作协议，推动腾讯“WeCity未来城市”在江门人才岛的融合落地，助力江门人才岛打造成为珠三角高品质人才培养示范基地、粤港澳大湾区创新发展示范区、国际人才云基地。9月5日，华为技术有限公司与蓬江区政府签署全面合作协议，依托江门人才岛建设契机，推进信息通信技术基础设施、人工智能、物联网、大数据、视频云、融合通信等新一代信息技术在江门人才岛开发建设过程中深度融合，共同将江门人才岛打造成为中小型智慧城市建设标杆。

蓬江区庆祝中华人民共和国成立70周年文艺晚会 2019年9月27日晚，“蓬江情·祖国颂”蓬江区庆祝中华人民共和国成立70周年文艺晚会在珠西国际会展中心举行。副市长赖燕芬、区委书记伍培进、区长文丽，以及市委宣传部、市文广旅体局、市文联、江门广播电视台等有关负责人，区四套班子领导，各镇（街）、区直各单位负责人观看晚会。

2019中国侨都（江门）华侨华人嘉年华蓬江分会场之“侨乡欢乐行·万人游蓬江”启动仪式暨“中国体育彩票杯”珠三角龙狮邀请赛 2019年11月16日，2019中国侨都（江门）华侨华人嘉年华蓬江分会场之“侨乡欢乐行·万人游蓬江”启动仪式暨“体育彩票杯”珠三角龙狮邀请赛在江门体育中心排球馆举行。现场有3600多名游客参加，领导嘉宾还为获“体育彩票杯”珠三角龙狮邀请赛一、二、三等奖的龙狮队伍颁奖。此次活动由蓬江区委宣传部、区文广旅体局主办，持续至12月中旬，旨在全面立体地展示蓬江形象，宣传蓬江文化，推介蓬江旅游。

蓬江区纪念罗贵建基良溪888周年活动 2019年11月29日，蓬江区纪念罗贵建基良溪888周年活动在良溪村举行。广府人联谊会执行会、香港黎氏宗亲会、江门（五邑）炎黄文化研究会、蓬江区炎黄文化研究会代表，及江门市、蓬江区、棠下镇相关部门领导嘉宾，以及海内外罗氏宗亲等上千人参加。广州市原市长、广府人联谊会创会会长黎子流，广州市广播电台原副台长、全国城市电视台新闻委员会特别顾问罗远峰，江门市政协原副主席、江门（五邑）炎黄文化研究会会长林锦清，江门市委政法委调研员王庆辉，江门市委宣传部副部长招文娟，蓬江区委常委、宣传部部长梁凤琼，蓬江区副区长、棠下镇镇委书记谢树浓等出席活动。此次活动由蓬江区委宣传部、蓬江区棠下镇人民政府联合主办。活动当天，在良溪村海内外宗亲、社会各界热心人士的支持下，筹得现金总额774 208元，受物捐赠价值56 608元，合计830 816元，善款将全部用于良溪村各项建设事业。

蓬江区第四季度重大项目集中签约、动工（投产）活动 2019年12月18日，蓬江区举行第四季度重大项目集中签约、动工（投产）活动——联东U谷·江门蓬江国际企业港奠基仪式。活动现场，22个项目集中签约、动工（投产），计划总投资额超150亿元。其中，8个签约项目计划总投资超68亿元，12个动工项目计划总投资超85亿元，2个项目集中投产。联东U谷·江门蓬江国际企业港项目主要引进智能装备、电子信息和新材料等优质企业，助力打造产业发展新平台，建成区域型示范性项目。项目占地面积约18万平方米，首期占地面积6600多平方米，规划总建筑面积约10万平方米，总投资超过20亿元。

蓬江区政府、市中心医院、市二院共建紧密型医联体　2019年12月31日，江门市蓬江区人民政府、江门市中心医院、江门市第二人民医院共建医联体签约仪式在区政府举行，标志着蓬江区探索深化医疗改革进入新征程。（黄健荣）

【办文办会】　办文工作　2019年，蓬江区委办公室文电法规股接收办理文件15 825份，其中办理传阅件5597份、跟踪件4929份、会议通知3815份、请示报告1327份、外出157份。以区委、区委办公室名义印发文（函）件794件，以区政府、区政府办公室名义印发文（函）件2052件，共2846件。重点精简文件数量比上年同期减少30.6%。是年，印发《中共江门市蓬江区委办公室　江门市蓬江区人民政府办公室印发〈关于解决形式主义突出问题为基层减负的若干具体措施〉的通知》，文电法规股严格按照文件要求，做好发文把关、发文规格、发文数量、文件篇幅等工作，进一步压实各级各部门解决形式主义突出问题的主体责任。（余丽萍）

办会工作　2019年，蓬江区委办公室秘书股办理会议1400多次，重点保障省、市有关领导会议调研70多次，跟进安排区委书记调研会议活动50多次，组织协调2019年香港投资推介会、蓬江区推进粤港澳大湾区首批重大项目暨市重点项目一季度集中开工活动、蓬江区庆祝中华人民共和国成立70周年文艺晚会等重要或大型活动60余次。

（黄健荣）

【督查督办】　2019年，蓬江区委督查室紧扣市委“1+1+5”工作举措和区委、区政府“1+3”平台建设部署，扎实推动党委和政府决策部署、民生实事、重点项目落地，全力做好人大政协建议提案办理工作，狠抓省委巡视整改落实工作，推动重构良好政治生态。是年，跟进督办市、区重点工作（含民生实事）475项，市、区领导交办批示事项238项，组织开展专项督查10多个，刊发《蓬江督办》《督查通报》68期。区委关于省委巡视整改落实74个具体问题205条整改措施、区政府党组关于省委巡视整改落实55个具体问题153条整改措施，全部按节点要求完成整改，对账销号。落实“第一议题”制度，督查政治要件办理，进一步完善政治要件办理工作机制，制定5个方面16大项27条细化落实措施。印发《关于解决形式主义突出问题为基层减负的若干具体措施》，制定基层减负措施41条；制定《蓬江区2019年督查检查考核年度计划》，在上年督查检查考核数量压减58.33%的基础上，统筹全年督查工作再压缩到34项。（涂尚城）

【信息工作】　2019年，蓬江区委调研信息股印发《〈蓬江信息〉征稿工作指引（2019）》，完善信息工作制度和流程。全年编印《蓬江信息》125期，上报市委办、市府办各类信息133篇，被省、市采用及领导批示件69篇。（胡晓珊）

【保密工作】　2019年7月12日，召开蓬江区委保密委员会全体会议暨全区保密工作会议，会议传达学习中央、省、市有关保密工作会议精神，总结全区

2018年及2019年上半年保密工作情况，安排部署下半年主要任务。8月2—6日，区委保密委办公室对全区政法系统开展保密专项检查，通过单位委派人员参与交叉检查的形式，强化保密检查效果。开展保密工作绩效考核检查，随机抽取5个单位，各考核单位提交《涉密岗位确定备案表》《涉密人员汇总备案表》《定密责任人备案表》及信息公开保密审查管理制度作为考核材料，首次对全区各部门的计算机管理情况开展抽查，抽检计算机超过549台，现场扣分单位2个，自评扣分单位7个，及时发现问题和管理漏洞，达到考核的预期目标。11月14日，举办蓬江区保密工作培训会，参加培训90人，并派发《机关单位保密管理实务手册》《领导干部和涉密人员保密行为手册》。进一步巩固年度《保密工作》杂志通联发行成果，全年全区共订阅《保密工作》《保密科学技术》杂志158本。区委保密办联合区普法办印制《“五法”普法宣传手册》3000份。

（陈美娟）

组织

【概况】 2019年，蓬江区委组织部严格落实《中国共产党党组工作条例》《中国共产党工作机关条例（试行）》，结合机构改革对蓬江区本级党组设置进行调整，新设立16个、改设2个、撤销12个。制定《关于推行“一二三”工作法实现“机关党建走在前头”的意见》，强化机关党建责任意识，明晰各级党组织及其负责人职责，实现机关党建工作有序运行。全年全区发展党员258人，其中区直单位党组织102人、非公有制党组织5人、国资党组织12人、镇街党组织139人，完成率100%。全区有基层党组织1234个，其中党委77个、党工委5个、党总支89个、党支部1063个。

【“两学一做”学习教育】 2019年，蓬江区抓好区委理论学习中心组学习制度建设、区委理论学习中心组示范引领和意识形态工作责任制落实，保证学习的完整性和持续性；做到“两结合”，即中心组学习与主题教育结合、与“第一议题”结合，落实中心组学习“五个一”，即落实1个学习制度和学习计划、年度学习总结，落实每季度不少于1次集体学习研讨，落实1个集体学习笔记本和个人学习笔记本，落实中心组成员每年撰写1篇理论学习文章，落实党委（党组）书记每年上党课不少于1次。全年区委常委会安排学习45次，区委理论学习中心组开展专题学习17次，各镇（街）部门单位理论学习中心组学习480多场次，参加学习党员干部9800多人次。组织发动全区31 000多名党员群众注册安装和使用“学习强国”APP。全年举办各类党员干部教育专题培训班16期，参训35 000多人次。举办“蓬江区红色文化大讲堂”4期，制作大讲堂视频提供给全区新时代文明实践中心（所、站）学习使用。以“理论直通车”为载体，组织《粤港澳大湾区发展规划纲要》基层宣讲活动80多场次，组织广东经济形势报告会（国资监管局和企业专场）。组建党的十九届四中全会精神区委宣讲团，成员11人；组织驻村（居）“第一书记”90人讲中国制度故事，助力推动全会精神宣讲“六进六入”，即进企业、入车间，进农村、入农户，进机关、入科室，进校园、入课堂，进社区、入家庭，进网络、入终端。

【基层党组织建设】 2019年，蓬江区“亿元保障计划”资金投入2973万元，比上年增加2000多万元，解决42个村（社区）办公及活动场所不达标问题。落实村（社区）办公经费、服务群众专项经费、党员活动经费、村务监督委员会成员补贴。制定出台《蓬江区落实省基层党建〈三年行动计划〉2019年度考评方案》考评机制，试行“四议两公开”工作法，编印《蓬江区基层组织标准化建设工作指引》，对延伸至基层的各项业务工作提供清晰指引。安排800万元启动区级示范村建设，棠下镇良溪村、荷塘镇南村村、杜阮镇长乔村和潮连街道塘边社区卢湾村完成“美丽乡村”示范创建。深入整顿11个软弱涣散党组织，撤换村（社区）党组织书记14名，补选村委会主任3名，清退17个村34名不合格的村务监督委员会成员。以白沙街西园社区、环市街天福社区、棠下镇滨江社区3个社区为试点，强化党建引领作用，加快构建和运行网络综合系统。扩大党建覆盖面，成立17个社区“大党委”，小区、业委会建立党支部，实现小区建支部零的突破。

【干部队伍建设】 2019年，蓬江区委常委会结合区级党政机构改革，启动提拔调整区管干部20批次266人次，其中提拔60人次、交流调整206人次；完成机构改革182名转隶公务员调整安置和公务员职务与职级并行制度实施，完成公务员职级套转939人，其中含科级干部217人。制定《蓬江区管干部任前公示办法》等制度和《股级干部选拔流程》《转任操作流程》等工作指引，规范干部选拔任用工作。结合机构改革，提拔4名40岁以下优秀年轻干部担任部门正职，进一步优化党政部门领导班子年龄结构。充分利用区委重点项目、重点任务等工作平台锻炼干部，优选7名科级干部和20名股级干部到基层镇（街）、“1+3”产业平台进行一线锤炼，抽调11名专业化年轻干部进驻江门人才岛驻岛办公，选派70名新录用公务员担任驻社区第一书记。

【干部教育培训】 2019年，蓬江区委组织部全面推进干部教育培训工作，组织6200名党员干部参加党建工作专题培训班和江门市领导干部学习贯彻党的十九届四中全会精神专题研讨班。组织干部参加江门市领导干部学习贯彻《粤港澳大湾区发展规划纲要》专题研讨班、粤港澳大湾区创新战略实施专题培训班和江门市领导干部学习贯彻《关于支持深圳建设中国特色社会主义先行示范区的意见》专题研讨班，举办“奋进新时代、筑梦大湾区”蓬江区2019年高层次人才国情研修班。严格按照上级调训要求，解决重要部门、关键岗位、工作骨干调训难问题，调训各级干部169人次。充分发挥镇（街）党校和分教点基层党员干部教育培训主阵地作用，举办培训班252场次，参训干部24 700人次。

【干部监督管理】 2019年，蓬江区委组织部深入贯彻干部任用条例，把好分析研判和动议、民主推荐、考察、讨论决定、任职“五个关口”，修订《区管干部任前公示办法》，提拔流程严格遵循相关规范程序和制度规定。加强对权力集中、资金密集、资源富集的重点部门、关键岗位的监督，管好关键人、管到关键处、管住关键事、管在关键时。全年审批33个单位55份领导班子成员分工调整报备，全面落实从严报备、从严审批。强化对领导班子和领导干部日常综合分析研判，充分运用巡察、经济责任审计结果，对干部中苗头性、倾向性问题，坚持抓早抓小、抓常抓细。全年收到信访件8件，涉及干部8名，对其中3名干部进行函询了解情况。针对巡视巡察发现的问题，结合蓬江区实际列出相应的问题整改任务清单及细化制定整改措施19

项，明确整改任务、措施、责任和时限。开展干部“带病提拔”倒查，领导干部“不作为、不尽责”问题整治，任职回避制度不严整治，超职数配备干部整治，“裸官”整治，干部档案专项审核“回头看”行动，学习习近平新时代中国特色社会主义思想和党的十九大精神上热下冷、逐层递减问题等七大专项整治行动。

【公务员招录及培训】 2019年，蓬江区设置公务员招录岗位18个。其中区直部门职位8个，占招考岗位的44.4%；乡镇职位10个，占招考岗位的55.6%。区公安机关面向公安院校公安专业毕业生进行招录，设置招考岗位2个。举办“不忘初心、牢记使命”公务员初任培训班，34名新录用公务员参加培训。

【人才工作】 2019年，蓬江区委组织部结合机构改革及时调整蓬江区人才工作领导小组成员及成员单位，明确24个成员单位职责分工；制定蓬江区镇（街）绩效考核人才工作考核评分标准，推动人才工作向基层延伸。加快人才载体建设，珠西创谷（江门）科技园被广东省工业和信息化厅认定为“广东省小型微型企业创业创新示范基地”，园区企业江门市蓬江区轻绿包装有限公司获第八届中国创新创业大赛港澳台赛新材料行业初创企业组一等奖；高质量运营江门人力资源服务产业园，累计引入国内、省内知名人力资源服务机构25家，服务江门市各类企业1.3万家，入库人才信息60万条；新增广东省博士后创新实践基地2家；高新技术企业累计达到380家。推动人才服务提质增效，强化领导干部联系服务高层次人才机制，区领导通过上门拜访、电话慰问等方式与结对的高层次人才加强联系，听取并收集人才工作建议；发挥博创蓬江分中心人才服务窗口作用，协助办理高层次人才认定（评定）、补贴申请等业务160多宗，成功推选蓬江区广东盈骅新材料科技有限公司入选国家2019年度“最具成长潜力的留学人员创业企业”名单；举办一系列人才专题调研座谈会、人才主题沙龙、迎春茶话会等活动，为人才搭建良好的交流平台。是年，区财政安排人才发展专项资金预算2864万元，支出2697.7万元。全区累计456人通过江门市高层次人才认定或评定，其中一级高层次人才8人、二级高层次人才67人、三级高层次人才381人；高技能人才4.69万人，专业技术人员3.8万人，新增博士19人、硕士94人。

【人事档案管理】 2019年，蓬江区委组织部修订印发《江门市蓬江区区管以上干部人事档案管理工作制度》，明确区委组织部干部人事档案管理范围和档案查（借）阅、档案日常管理、纪律和监督等工作。开展区干部人事档案专项审核“回头看”工作，全面梳理干部人事档案专项审核遗留问题，并组成工作调研组深入各镇（街）、区直各单位开展干部人事档案专项审核回头看检查，抽查24家单位127本干部人事档案。举办“蓬江区干部人事档案业务培训班”1期，参加培训95人。启动区委组织部干部人事档案管理信息系统建设及档案整理数字化建设工作。完善档案室配套设施，调整布局，加强库房管理安全，加装防盗报警系统，落实“八防”管理措施，每天对库房进行温湿度调控，定期更换箱柜防霉驱虫药物，对库房进行除尘清洁和消防设备检查。按照档案专项审核要求，任前审核职务晋升干部人事档案79卷，审核军转干部人事档案2卷，审核划转干部档案48卷。补充区管干部档案材料9900多份。配合公务员职务与职级并行情况摸排、机关养老信息登记等工作，查阅利用干部人事档案719卷次。

【老干部工作】 2019年，蓬江区继续落实好老干部“两个待遇”和关怀送暖、活动保障等各项措施。召开区委、区政府向老干部通报情况会议2次，开展中华人民共和国成立70周年和改革开放40周年主题学习会、《粤港澳大湾区发展规划纲要》学习报告会、主题教育老党员培训示范班。组织老干部到人才岛、良溪村等地开展党建、经济社会发展等专项工作调研。10月和11月分别举办“不忘初心、牢记使命”主题教育文艺晚会和书画展。落实各项活动和保障经费，向30名老干部支部书记发放工作经费，向700名老干部发放活动经费。坚持做好重大节日走访慰问以及住院探访工作，慰问和探访老干部150余人次。依托老干部活动中心和老干部大学“两个阵地”建设，成立近10个学习活动小组，开办学习班22个，吸引近500名老干部到校学习。

【镇（街）级实绩考核体系】 2019年3月，蓬江区出台《蓬江区镇（街）绩效考核评价实施意见》和《蓬江区公共部门绩效考核评价实施意见》，针对公共部门行政职能、服务对象、服务性质和镇（街）的区域定位、发展基础等，进一步细化完善考核指标和考评内容，配套制定评分办法，成立考评领导小组，引入社会机构开展工作评价和满意度调查，每半年考核一次并及时发布考核结果。考核还设置末尾倒逼机制，按梯度考核等次，考核结果纳入领导干部任用、干部年度考核等方面。

【选聘（调）生工作】 2019年，蓬江区面向国内“双一流”高校、广东省内部分高校2018年、2019年全日制大学本科及以上优秀毕业生，以及国（境）外部分知名院校优秀留学回国人员选调7名优秀大学毕业生到区机关部门工作。按照选调生工作办法要求，安排市、区两级18名选调生到村任职2年进行基层锻炼。全年新招录村（社区）书记（主任）助理28名。

【关心下一代工作】 2019年，蓬江区委组织部加强学习培训，组织区关工委全体委员参加市关工委主任（骨干）培训班，定期（每月、每季度）召开全区关工委工作会议。继续完善“一镇街一品牌”建设，杜阮镇创办的青少年宫丰富青少年寒暑假活动，促进学生全面发展；杜阮镇青少年科学农耕教育基地于9月挂牌，该基地通过组织青少年参加实践体验活动，普及科学农耕知识，学习劳动技能，进行劳动锻炼；环市街道的“430学堂”，解决部分外来工子女放学后“失管、失教”问题。区教育局关工委引导青少年开展“十个一”主题教育活动，对青少年进行社会主义荣辱观教育，全年全区青少年读好书74 051本，为国家、社会、集体做好事69 041件，写好人好事文章54 046篇，做扶危济困的事54 631件，帮助生活、学习有困难的人51 549人次，参与尊老爱幼活动57 844人次，参加法制教育72 883人次，参与一次公益劳动或每周至少做一次家务劳动71 176人，做勤俭节约的事69 242件，改正一个不良行为或不良生活习惯69 188人。由区委老干部局、区教育局主办，区老干部活动中心、区关工委、区老干部大学承办，以“不忘初心、牢记使命”为主题的大手牵小手书法、美术、摄影作品展，参展作品300幅，展现了“五老”（老干部、老战士、老专家、老教师、老劳模）和青少年的文化艺术创作成果。

【“两新”组织党建工作】 2019年，蓬江区委组织部制定“两新”党组织“不忘初心、牢记使命”

主题教育主要工作安排和办好事实事清单、“五个一”任务清单，专题调研报告《关于提升“两新”组织党建工作质量的思考》在区委常委会议上作成果交流。全年全区“两新”组织共有2.6万家，新建“两新”党组织42家，处理问题党支部52个，开展“组织力提升”系列活动237场，参与人数超5700人次，率先在四市三区中成立首个律师行业党委。

（李若峤）

宣传

【理论学习】 2019年，蓬江区委宣传部结合“不忘初心、牢记使命”主题教育和新时代文明实践中心（所、站）建设，举办“蓬江区红色文化大讲堂”4期。跟进落实省委巡视反馈意见整改任务中的政治学习整改工作和中宣部“学习强国”学习平台推广应用及广东学习平台供稿工作，推送蓬江区稿件42篇，组织发动全区30 000多名党员和群众注册安装使用“学习强国”APP，区委宣传部代表四市三区参加省学习强国工作调研座谈，受到上级表扬。印发全区中心组2019年专题学习重点内容安排及四个季度学习计划，区委理论学习中心组率先专题研讨《粤港澳大湾区发展规划纲要》，组织在区专题民主生活会前集中学习党内法规和主题教育专题学习研讨会7期。1月，“红色文化大讲堂”首期邀请习近平总书记视察广东重要讲话精神广东省委宣讲团成员、省委党史研究室主任杨建伟作题为“发扬优良传统，传承红色基因”的专题讲座。2月，举办区委理论学习中心组（扩大）专题学习会，邀请市国安局局长程文宏讲授“贯彻总体国家安全观，坚决守好意识形态安全‘南大门’”，巩固干部队伍国家安全观，增强意识形态安全观念；区委印发《蓬江区党委（党组）理论学习中心组学习制度》，推进区中心组学习规范化制度化。3月，区委召开区委理论学习中心组（扩大）学习贯彻《粤港澳大湾区发展规划纲要》学习会，邀请粤港澳大湾区发展战略研究课题组组长、原国家发改委巡视员陈宣庆作辅导报告，全区干部400多人参加。4月，区委理论学习中心组举行专题学习会，集体学习研讨加强党的建设和推进粤港澳大湾区建设。5月，省委宣传部讲师团到区调研百姓宣讲活动。6月，区委宣传部举办“我和我的祖国——践行新思想 同筑中国梦”百姓故事宣讲大赛；区委理论学习中心组开展“正确认识中美贸易斗争，集中精力办好自己的事”专题学习。7月，全区各镇、街、部门单位订阅《习近平新时代中国特色社会主义思想学习纲要》。8月，区委理论学习中心组举行“不忘初心、牢记使命”主题教育前期学习专题学习会。9月，区委理论学习中心组（扩大）专题学习习近平总书记关于“不忘初心、牢记使命”重要论述、党史和新中国史。10月，区委理论学习中心组（扩大）专题学习习近平总书记关于加强党的建设坚决做到“两个维护”重要论述、习近平新时代中国特色社会主义思想蕴含的世界观方法论、习近平总书记对广东重要讲话和重要指示批示精神、《粤港澳大湾区发展规划纲要》和《关于支持深圳建设中国特色社会主义先行示范区的意见》《运用各领域攻坚克难的典型案例》《率先垂范、春风化雨——习近平总书记和中央政治局其他同志调研指导“不忘初心、牢记使命”主题教育纪实》。12月，江门市学习贯彻党的十九届四中全会精神研讨班开班，课程内容列入区委理论学习中心组集中学习内容；学习贯彻党的十九届四中全会精神蓬江区委宣讲团成立，11位区委宣讲团成员及驻全区村（社区）第一书记在市委党校进行宣讲培训。是年，全区5项社科成果在2019年江门市加强未成年人思想道德建设理论研讨会上获奖励，组织申报市哲学社会科学规划课题获立项5项，成为全市唯一获课题立项的区，2014—2018年度市哲学社会科学规划结项课题8项。

【新闻宣传和舆论引导】 2019年，蓬江区委宣传部印发《江门市蓬江区新闻发言人工作意见（试行）》和《江门市蓬江区新闻宣传工作意见（试行）》，实现蓬江区新闻宣传工作的制度化、规范化。协调全区各部门、各单位大力开展庆祝中华人民共和国成立70周年宣传工作，全区悬挂横幅标语300多条，制作主题宣传画1000平方米。主次干道以及区内企事业单位、商户悬挂国旗25 000面，制作（建设）主题景观7个。加强与区委各部门的沟通协作，收到各部门提供的新闻线索（通讯稿）2528条，85%的新闻线索被采用经加工成为新闻报道文章。加大红色文化挖掘宣传力度，对辖区内红色文化资源进行深度调研整理，制定《蓬江区红色文化（名人）资源保护利用工作实施方案》，举办“蓬江革命老区巨变”诗书画摄影文献展开幕式暨《江门市蓬江区革命老区发展史》首发仪式。全年在中央（国家）级媒体发稿50篇，在省级媒体发稿413篇，在市级媒体发稿1896篇，为全区各项事业的发展营造良好的舆论宣传环境。

【新媒体宣传】 2019年，蓬江区委宣传部在“南方+”APP平台开设蓬江频道，融合纸媒和新媒体采编技术，传播蓬江“好声音”。设有自营新媒体2个，分别为“蓬江发布”微信公众号、“蓬江之窗”抖音号。其中“蓬江发布”公众号粉丝量13万，年均发稿约1500条，年均点赞量160万条；“蓬江之窗”抖音号以视频形式，全方位推介蓬江特色。围绕区委、区政府中心工作，营造良好的宣传舆论氛围，设有宣传版面和栏目4个，即蓬江新闻、南方都市报“蓬江版”、蓬江视界、蓬江之声。“蓬江新闻”与《江门日报》合作，逢周二、周五推出；“蓬江版”与《南方都市报》合作，逢周二推出；“蓬江视界”“蓬江之声”两档节目与江门广播电视台合作，“蓬江视界”逢周六在江门广播电视台公共频道《新闻新时空》栏目后播出，“蓬江之声”逢周二、周四中午12:30在FM100.2江门新闻综合台首播，逢周三、周五上午8:30在FM93.3江门旅游之声重播，2个平台的新闻资源同时在“邑网通”APP和江门广播电视台官方网站、微信、微博转播，实现信息资源共享。

【网络宣传与管理】 2019年，蓬江区委宣传部加强网络舆情阵地建设，成立网络舆情信息中心，做好网络舆情监控工作。制定并出台《蓬江区网络舆情管控工作机制》《蓬江区维护网络意识形态安全工作方案》等工作制度，指导全区网络意识形态工作，确保网络意识形态安全。做好网络舆情实时监控工作，对敏感事件实行24小时实时监控，及时跟进《江门每日舆情》涉蓬江区负面网络舆情处置工作，高效处理全区负面网络舆情事件124件。进一步强化网络舆情关键部门协同工作机制，做好网络安全防范和应急处置工作，建立每季度召开意识形态和网络舆情分析研判会议工作机制，召开季度舆情分析研判会议4次、重大舆情分析研判会议1次。加强网络舆情队伍建设，强化网络意识形态安全工作领导责任制，组建106人的网评员队伍。组织举办全区网络舆情工作培训班，参加人数有150多人次。

【文艺精品创作】 2019年，蓬江区委宣传部根据文化强市等相关文件精神和要求，加强舞蹈《少年智》《乒乓小将》、音乐剧《戴爱莲》等作品立项经费的监管，持续推动《相思染》（舞蹈）、《古韵良溪写生作品集》两个作品的创作。是年，完成《海上花》《许我一片绿意》（器乐合奏，原名《踏梦》）两个作品的立项结题工作。

【文明城市建设管理】 2019年，蓬江区组建区领导创文专项督查小组8个，召开全区创文指挥部会议4次，制定《蓬江区深化全国文明城市创建工作总体方案（2019—2021年）》和全年创文提质专项整治行动计划，狠抓市场及周边环境卫生、共享单车乱停乱放、户外广告乱立、“牛皮癣”乱张贴、机动车乱停放、校园周边环境等六项突出问题的整改；提高城市精细化管理水平，持续推进城市“美化、绿化、亮化、净化”行动，在全市率先推行环卫一体化和市场化作业改革，在全省率先推行“城管110”、城管进社区等网格化管理模式，提升蓬江区城市管理效能；成立区级创文常态化督查队伍，发出区督查通知书34期，涉及创文工作问题3204条；分解跟踪市创文督办81期，问题5643条；下发创文红黑榜3期、创文整改率通报4期。9月，完成中央文明办委托省文明办以暗访方式对江门市文明城市创建工作的年度测评，得到省文明办的肯定。

【公民道德教育】 2019年，蓬江区培育和践行社会主义核心价值观，通过广泛评选“身边好人”、群众性精神文明创建活动、文明大讲堂、宣传学习文明公约等形式，全面提高公民道德素养。开展“我们的节日”系列传统文化活动，在春节、清明节、端午节、七夕节、重阳节及国庆节期间，举办主题活动近230场，弘扬优秀传统文化。以“文明蓬江 爱心之城”为目标，做好每季度“蓬江好人”的遴选工作，评选出“蓬江好人”38人，其中3人获评为“江门好人”、1人获评为“广东好人”；举办区级“蓬江好人”分享会2场。

【群众性精神文明建设】 2019年，蓬江区进一步深化群众性精神文明创建活动，评选市级“星级文明户”40户、区级“星级文明户”914户。全区打造省级文明村镇2个、市级文明村镇25个、区级文明村镇15个。推动文明进社区，开展《市民公约》《村规民约》宣传活动，印制入户宣传单10万份。

【未成年人思想道德建设】 2019年，蓬江区推进未成年人思想道德建设工作，开展“我的中国梦”“扣好人生第一粒扣子”等主题教育实践活动50多场。组织全区6所乡村学校少年宫开展2019年春季班、暑期班和秋季班活动，共开设课程224个，惠及学生6000多人次。以培养自立自强、品德高尚为目标，推选8名中小学生参加省、市级“新时代好少年”评选活动，其中1人获评为省级“新时代好少年”、6人获评为市级“新时代好少年”。举办“传承中华美德 书写家国情怀”——蓬江区中小学生钢笔手书“好家风·好家训”作品比赛暨展览活动，吸引全区300多名学生参与。

【志愿服务】 2019年，蓬江区推进志愿服务制度化，全区注册志愿者5万多人，注册志愿服务队607支，打造区级学雷锋志愿服务岗208个；全区开展志愿服务活动近1000场次，参加人数达4万人次；4月初，新时代文明实践中心筹建文明实践志愿服务队，含科技科普、基层党建、文化文艺、百姓宣讲等专业志愿服务队伍15支，志愿服务者约1200人，深入各镇、街新时代文明实践所（站）开展宣讲和志愿服务工作，全年开展文明实践志愿活动达1000场，受惠群众达20万人。

【新时代文明实践中心建设】 2019年，蓬江区开展新时代文明实践中心建设工作，依托区文化馆阵地资源，优化原有功能场室，设有蓬江区精神文明建设成果展厅、蓬江区历史人文展厅、图书阅览厅和多功能报告厅。是年，全区已建成新时代文明实践中心1个、新时代文明实践所4个、新时代文明实践站123个。（赵康成）

统一战线

【概况】 2019年，蓬江区委统战部认真贯彻省委统战部工作指示，围绕区委中心工作，发挥职能优势，为促进蓬江区经济发展、社会稳定作出贡献。是年，蓬江区民族宗教和外事侨务局的民族宗教、侨务职责划入区委统战部，对外加挂蓬江区民族宗教事务局牌子，不再保留蓬江区民族宗教和外事侨务局。

【多党合作事业和协商民主建设】 2019年，蓬江区委统战部推动各民主党派和知联会积极围绕区委、区政府中心工作收集社情民意，开展党外干部队伍建设调研活动，赴湖南、重庆等地考察，学习乡村振兴、城市管理、民生服务等方面工作的经验做法。积极发挥参政议政、建言献策作用。区委统战部领导约见各民主党派、知联会负责人8次，召开党外人士座谈会2场，及时通报情况，收集、反馈其意见和建议。是年，全区各民主党派、知联会共提交提案、建议、社情民意26份。（容瑞兴）

【非公有制经济领域统战】 2019年，蓬江区委统战部开展非公有制经济领域统战交流活动48场次。每季度召开1次主席（会长）工作会议，定期交流。加强与外地社团、企业交流，特别是与粤港澳地区社团和企业的互访，在与香港恒生银行、四川自贡工商联、松山湖莞商协会、深圳商业联合会、中山小榄商会、鹤山市工商联、新会区工商联、开平市工商联、澳门江门商会等商会的交流活动中，加强了友好合作关系，促进了全区企业和青年加快融入粤港澳大湾区发展建设。组织30多人赴广西壮族自治区崇左市天等县考察投资环境，参观第十三届中国（深圳）激光与智能装备博览会、第三十三届中国国际塑料橡胶工业展览会、第八届江门先进制造业博览会；组织10多家企业参加APEC商务旅行政策宣讲会等。坚持每周分组到3家以上企业开展调研，密切关注会员企业生产经营情况，收集企业诉求，至10月共走访企业70多家。各级商会协助企业解决有关招工、环保、融资、劳资、经济纠纷等方面问题30多宗；协助税务部门做好减税降费工作；协调环保部门对环保整改企业、搬迁关停企业做好疏导工作。（黄嘉明）

【港澳台及海外统战】 2019年，蓬江区以“请进来”和“走出去”相结合的方式，主动对接联系港澳台及海外相关社团、政协委员、企业、社会知名人士等，密切关注和排查港澳台同胞及海外侨胞中可能存在的负面因素，积极予以引导和传播正确的爱国思想，加强蓬江区作为江门政治、文化、经济中心城区的宣传，鼓励乡亲为维护国家和家乡的社会稳定和发展作出贡献。是年，加强蓬港澳教育交流合作，全年协助组织11间学校共500名师生与港澳有关学校开展教学交流活动。（容瑞兴）

机构编制

【行政管理体制改革】 2019年，蓬江区按照中央、省、市部署，紧密结合党政机构改革工作，根据《江门市蓬江区机构改革方案》，进一步深化行政执法体制改革，市场监管、农业综合执法等方面实行“局队合一”综合行政执法体制，统筹配置行政执法职能和执法资源，减少执法队伍类别和层级，全面梳理、规范和精简执法事项，相对集中行政处罚权、行政强制权。

【政府职能转变和机构改革】 2019年，蓬江区在改革全过程深入贯彻落实习近平总书记关于党和国家机构改革重要精神，严格遵循《广东省关于市县机构改革的总体意见》《江门市蓬江区机构改革方案》，坚持对标先进，强化统筹安排，突出本地特色，缜密有序推进机构改革各项工作。3月底，全面高质量完成区本级党政机构改革任务，29个涉改部门全部完成机构挂牌、干部任免和人员转隶，印发“三定”规定方案和机构编制调整文件，区党政部门优化协同高效的职能体系基本建立。

【机构编制管理】 2019年，蓬江区委组织部先后出台《中共江门市蓬江区委机构编制委员会工作规则》《中共江门市蓬江区委机构编制委员会办公室工作细则》等机构编制管理规范性文件，深入推进完善区机构编制管理工作制度化建设。强化对各镇（街）、区直各机关单位机构编制法规纪律宣传教育，增强区直有关单位严格执行机构编制工作刚性纪律的政治意识。

【机构编制监督检查】 2019年，蓬江区委组织部严格落实机构编制台账问题整改，结合党政机构改革、群团机关改革等相关改革工作，按照“先易后难、因地制宜、立行立改”原则，切实做好历史遗留的机构编制台账问题整改。落实机构编制监督检查考评制度，强化各单位严格遵守机构编制管理纪律意识。完善监督检查投诉举报制度，及时受理社会各界对机构编制管理的意见建议及对违反机构编制纪律问题的举报。

【事业单位管理】 2019年，蓬江区委组织部全面落实蓬江区承担行政职能事业单位改革工作，实现政事分开，不再设立承担行政职能的事业单位。对区直9个部门属下34个事业单位进行改革调整。配合区委、区政府中心工作，衔接医疗卫生、教育文化、规划环保等行业体制改革，做好相关事业单位机构编制调整工作，不断优化各类公益服务资源配置。贯彻落实区委“总量控制、分类核定、统一审核、动态调整”总体要求，严格控制全区合同制工作人员总量规模，规范编外人员使用管理，促进编制资源均衡发展和科学调配；行政辅助人员遵循“控总额、广选人、严管理、促稳定、收实效”基本原则，加强和完善编外人员招考程序标准化、制度化。出台《关于进一步加强和规范江门市蓬江区机关事业单位合同制工作人员员额审核程序、招考雇用流程和人员经费管理的通知》《蓬江区区直机关事业单位合同制行政辅助人员管理办法》等相关管理规定。全面实施事业单位法人年度报告网上提交和公开工作，完成全区185家事业单位2018年度法人年度报告网上提交和公示。做好2019年事业单位法人公示信息抽查工作，对江门市蓬江区堤东政务服务中心公共服务中心、江门市蓬江区环市街道公共服务中心、江门市蓬江区环境卫生管理处、江门市蓬江区国土规划测绘队和江门市蓬江区动植物防疫检验监督所等5家事业单位开展抽查，均按照事业单位法人登记事项和年度报告要求，落实事业单位法人年度报告工作。（李若峤）

党史工作

【概况】 2019年，蓬江区加强部门、镇（街）之间协同联动，大力开发保存程度完整、历史价值高的红色革命遗址遗迹，深挖文化价值和思想内涵。建设棠下镇周郡村、石头村和杜阮镇松岭村等3个红色示范村，助力乡村振兴发展战略。是年，蓬江区编纂出版重要文献《江门市蓬江区革命老区发展史》。

【党史宣传教育】 2019年，蓬江区委组织部加强党史教育培训，把党史学习纳入干部培训计划。通过参观红色教育基地、开设党性修养课程、讲革命先烈故事、学革命传统观念等，促使党员干部树立正确的世界观、人生观、价值观。结合“不忘初心、牢记使命”主题教育，全区2600人次通过组织生活会、培训班、专题讲座、报告会等形式，加强党史教育。选派党员干部参加江门市镇（街）专职股级组织员党性教育培训班、2019年江门市组织系统革命传统教育培训班和党校修养培训班等，接受党史教育。

【发挥遗址作用】 2019年9—10月，蓬江区委组织部排查出全区重要红色文化资源41处，其中5处革命遗址被列为文物保护单位，分别为棠下镇2处（石头村的陈垣故居被列为省级文物保护单位、三堡村的莱山梁公祠被列为市级文物保护单位）、杜阮镇1处（木朗乡农会被列为市级文物保护单位）、白沙街2处（中山纪念堂被列为省级文物保护单位、新宁铁路北街车站被列为市级文物保护单位）。举行“蓬江革命老区巨变”诗书画摄影文献展，展出以蓬江革命老区巨变为主题的文献、诗、书、画等优秀作品80件。（李若峤）

江门市蓬江区人民代表大会

【人大机构概况】 2019年，蓬江区人民代表大会设法制委员会、财政经济委员会；区人大常委会设办公室、选举联络任免工作委员会、财经工作委员会、法制工作委员会、教育科学文化卫生工作委员会、农村和华侨工作委员会、城建环保工作委员会，均为正科级；区人大常委会办公室内设秘书股、综合股、宣传股，均为正股级。区人大常委会机关核定行政编制21名（不含常委会领导）。是年，蓬江区人大常委会机关被评为“广东省县乡人大工作和建设先进集体（县级）”，荷塘镇人民代表大会主席团被评为“广东省县乡人大工作和建设先进集体（乡级）”。

【区十届人大四次会议】 2019年1月21—23日在蓬江会堂召开，会期两天，186名代表出席21日下午举行的第一次全体会议，188名代表出席23日上午举行的第二次全体会议。会议听取和审议江门市蓬江区人民政府工作报告；审查和批准江门市蓬江区2018年国民经济和社会发展计划执行情况与2019年计划草案的报告；审查江门市蓬江区2018年预算执行情况和2019年预算草案的报告，批准江门市蓬江区2018年预算执行情况和2019年预算草案的报告；听取和审议江门市蓬江区人民代表大会常务委员会工作报告；听取和审议江门市蓬江区人民法院工作报告；听取和审议江门市蓬江区人民检察院工作报告；选举；票决江门市蓬江区人民政府2019年度民生实事项目；审议和表决江门市蓬江区人大代表退出办法（试行）。会议采用无记名电子投票和表决的方式，依法选举文丽为江门市蓬江区人民政府区长，张沃芬为江门市蓬江区第十届人民代表大会常务委员会副主任；通过关于江门市蓬江区人民政府工作报告的决议、关于江门市蓬江区2018年国民经济和社会发展计划执行情况与2019年计划的决议、关于江门市蓬江区2018年预算执行情况和2019年预算的决议、关于江门市蓬江区人民代表大会常务委员会工作报告的决议、关于江门市蓬江区人民法院工作报告的决议、关于江门市蓬江区人民检察院工作报告的决议、江门市蓬江区人大代表退出办法（试行）；票决产生江门市蓬江区人民政府2019年十大民生实事项目。会议期间，没有收到代表10人以上联名提出的议案。大会共收到代表提出建议、批评和意见44件。

【区人大常委会会议】 2019年，蓬江区人大常委会召开10次常委会会议。

第十届人大常委会第二十一次会议 1月10日在区人大常委会会议厅召开。会议补选刘勇、徐宝民、熊小琴为市十五届人大代表；表决通过区人大常委会关于接受李欣立辞去蓬江区人民政府区长职务请求的决定、关于文丽为蓬江区人民政府代理区长的决定、关于接受李永安辞去江门市蓬江区第十届人民代表大会代表职务请求的决定、关于补选江门市蓬江区第十届人民代表大会代表的决定、关于补选江门市蓬江区第十届人民代表大会代表办法。会议审议区2019年财政预算草案，同意提交区十届人大四次会议审议和表决。

第二十二次会议 1月19日在区人大常委会会议厅召开。会议表决通过区人大常委会关于接受侯亦兵辞去江门市第十五届人民代表大会代表职务请求的决定、关于补选江门市蓬江区第十届人民代表大会代表资格的审查报告、关于接受周建初辞去江门市蓬江区第十届人民代表大会代表职务请求的决定、关于接受李国勋辞去江门市蓬江区第十届人民代表大会代表职务请求的决定、关于接受邓师群辞去江门市蓬江区第十届人民代表大会代表职务请求的决定、关于接受陈常岷辞去江门市蓬江区第十届人民代表大会代表职务请求的决定、关于接受李荣满辞去江门市蓬江区第十届人民代表大会代表职务请求的决定、关于接受庄炎根辞去江门市蓬江区第十届人民代表大会代表职务请求的决定；表决通过区人大常委会代表资格审查委员会关于代表资格的审查报告。

第二十三次会议 2月19日在区人大常委会会议厅召开。会议审议人事任免事项。经表决，任命黄世斌为区人大常委会潮连街道工作委员会主任，免去吕振胜的区人大常委会潮连街道工作委员会主任职务；决定任命余登伟为区人民政府办公室主任、谢栋华为区发展和改革局局长、梁永辉为区科工商务局局长、莫锡灿为区自然资源局局长、欧健雄为区住房和城乡建设局局长、李夏为区农业农村和水利局局长、李茂槐为区文化广电旅游体育局局长、胡永耀为区卫生健康局局长、王惠雄为区退役军人事务局局长、吉文锋为区应急管理局局长、尹健瑜为区国有资产监督管理局局长、石锦明为区市场监督管理局局长、陈伟腾为区统计局局长、吕文光为区城市管理和综合执法局局长、李园强为区政务服务数据管理局局长、欧阳祝荣为区民族宗教事务局局长。会议颁发任命书和进行宪法宣誓。

第二十四次会议 3月29日在区人大常委会会议厅召开。会议听取区人大常委会专题调研组关于区农村人居环境整治工作情况的调研报告。会议审议人事任免事项。经表决，任命黎文彬为区人大常委会选举联络任免工作委员会副主任；免去温文辉的区监察委员会委员职务；任命李彤为区人民检察院检察委员会委员。会议传达学习全国“两会”精神。

第二十五次会议 4月19日在区人大常委会会议厅召开。会议审议人事任免事项。经表决，决定任命张文新为区人民政府副区长；任命黄银平为区人民法院审判员。

第二十六次会议 5月28日在区人大常委会会议厅召开。会议听取和审议区政府关于“七五”普法中期实施情况的报告、区人民检察院关于开展公益诉讼工作情况的报告、区人大常委会执法检查组关于检查《中华人民共和国促进科技成果转化法》实施情况的报告。会议表决通过区人大常委会关于接受温伟文辞去江门市第十五届人民代表大会代表职务请求的决定、关于接受李欣立辞去江门市第十五届人民代表大会代表职务请求的决定、关于接受温伟文辞去江门市蓬江区第十届人民代表大会代表职务请求的决定、关于接受李欣立辞去江门市蓬江区第十届人民代表大会代表职务请求的决定、关于接受吕振胜辞去江门市蓬江区第十届人民代表大会代表职务请求的决定；表决通过区人大常委会代表资格审查委员会关于代表资格的审查报告。

第二十七次会议 7月30日在区人大常委会会议厅召开。会议听取“一府两院”2019年上半年工作报告；听取和审议区政府2019年上半年民生实事落实情况的报告。会议表决通过区人大常委会关于接受吴志鸿辞去江门市第十五届人民代表大会代表职务请求的决定、关于接受雷梓超辞去江门市第十五届人民代表大会代表职务请求的决定、关于接受张颂和辞去江门市蓬江区第十届人民代表大会代表职务请求的决定。会议审议人事任免事项。经表决，任命易其报为区人大常委会城建环保工作委员会主任；决定任命陈子宁为区审计局局长，决定免去何其灵的区审计局局长职务；任命冯涛涛、刘学智为区监察委员会委员，免去李志华的区监察委员会委员职务；任命莫若萍为区人民检察院副检察长，免去李志华、吴永凡的区人民检察院检察员职务。

第二十八次会议 8月30日在区人大常委会会议厅召开。会议表决通过区人大常委会关于批准蓬江区2018年财政决算的决议。会议听取和审议区政府关于2018年财政决算草案的报告、2018年度区级预算执行和其他财政收支的审计工作报告、2019年上半年国民经济和社会发展计划执行情况的报告、2019年上半年预算收支执行情况的报告；听取区政府关于2019年上半年政府性债务管理情况的报告、区人大常委会专题调研组关于区工业园区扩容提质情况的调研报告、关于区制造业发展布局的调研报告、区人大常委会专题视察组关于视察区重点项目建设情况的报告；审议通过区人大常委会关于接受董应虎辞去江门市蓬江区人民政府副区长职务请求的决定、关于接受徐文辉辞去江门市第十五届人民代表大会代表职务请求的决定、关于接受陈一夫辞去江门市蓬江区第十届人民代表大会代表职务请求的决定、关于补选江门市蓬江区第十届人民代表大会代表的决定、关于补选江门市蓬江区第十届人民代表大会代表办法。会议审议人事任免事项。经表决，任命李国新为区人大常委会选举联络任免工作委员会主任、莫丽容为区人大常委会教育科学文化卫生工作委员会主任，免去李国新的区人大常委会教育科学文化卫生工作委员会主任职务、莫丽容的区人大常委会环市街道工作委员会副主任职务；免去李侠的区人民检察院副检察长、检察委员会委员、检察员职务。

第二十九次会议 10月31日在区人大常委会会议厅召开。会议听取和审议区政府关于2019年地方财政预算调整方案的报告、关于国有资产管理情况的报告、关于江门人才岛项目进展情况的报告、区人大常委会执法检查组关于《江门市城市市容和环境卫生管理条例》的执法检查报告；听取区人大常委会专题调研组关于区“厕所革命”工作情况的调研报告。会议表决通过区人大常委会关于批准蓬江区人民政府2019年地方财政预算调整方案的决议、关于补选江门市第十五届人民代表大会代表办法、关于废止《江门市蓬江区人民代表大会常务委员会规范性文件备案审查办法》的决定、关于接受莫源业辞去江门市蓬江区第十届人民代表大会代表职务请求的决定、关于接受刘秀娟辞去江门市蓬江区第十届人民代表大会代表职务请求的决定、关于补选江门市蓬江区第十届人民代表大会代表的决定、关于补选江门市蓬江区第十届人民代表大会代表办法。经投票选举，陈霞、文丽当选为江门市第十五届人民代表大会代表。会议审议人事任免事项。经表决，任命林宇庆为区人大常委会白沙街道工作委员会副主任；任命张怀业为区市场监督管理局局长、王兵为区统计局局长，免去石锦明的区市场监督管理局局长职务、陈伟腾的区统计局局长职务；任命莫源业为区监察委员会委员，免去冯涛涛的区监察委员会委员职务；任命吴晓兵为区人民法院立案庭（诉讼服务中心）庭长、审判委员会委员，免去关健兴的区人民法院立案庭庭长职务；任命陈长雄、黄文中为区人民法院立案庭（诉讼服务中心）副庭长，免去陈长雄的区人民法院立案庭副庭长职务；任命肖剑为区人民法院民事审判一庭庭长，免去吴晓兵的区人民法院民事审判一庭庭长职务；任命陈健明、邱启杰为区人民法院民事审判一庭副庭长，免去李常明、张华理的区人民法院民事审判一庭副庭长职务；任命梁珊为区人民法院民事审判二庭庭长、审判委员会委员，免去肖剑的区人民法院民事审判二庭庭长职务；任命李常明、林俊峰为区人民法院民事审判二庭副庭长，免去陈健明的区人民法院民事审判二庭副庭长职务；任命董永文为区人民法院综合审判庭庭长，陈佩琴、罗虹毅为区人民法院综合审判庭副庭长；任命杨文彬为区人民法院棠下人民法庭副庭长，免去梁珊的区人民法院棠下人民法庭副庭长职务；任命张华理、杨丽燕为区人民法院荷塘人民法庭副庭长，免去冯立章、杨文彬的区人民法院荷塘人民法庭副庭长职务；任命曾勇为区人民法院杜阮人民法庭副庭长；任命于春来等143人为区人民法院人民陪审员；免去邓晖、蒋芳庆、蓝小光、林少兵、林健、吕永成、杨建威、叶国仪的区人民检察院检察员职务。会议听取蓬江区选举产生的部分市人大代表向区人大常委会述职，并进行满意度测评。

第三十次会议 12月24日在区人大常委会会议厅召开。会议表决通过区人大常委会关于批准江门市蓬江区2019年国民经济和社会发展计划指标调整方案的决议。会议听取和审议区政府关于区2019

年国民经济和社会发展计划指标调整方案的报告、关于推进黑臭水体治理工作的情况报告、关于2019年民生实事落实情况的报告、关于区十届人大四次会议及闭会期间代表建议办理情况报告、关于2018年度区级预算执行和其他财政收支审计查出问题整改情况的报告，听取区人大常委会专题调研组关于区城市品质提升工作情况的调研报告、关于区法院决胜"基本解决执行难"工作情况的调研报告、关于区城乡居民基本养老保险工作情况的调研报告、关于区十届人民代表大会以来规范性文件备案审查工作情况的报告。会议表决通过区人大常委会关于接受何惠能辞去江门市蓬江区第十届人民代表大会代表职务请求的决定、关于补选江门市蓬江区第十届人大代表的决定、关于补选江门市蓬江区第十届人大代表办法、区人大常委会代表资格审查委员会关于代表资格的审查报告、关于召开江门市蓬江区第十届人民代表大会第五次会议的决定、关于列席和邀请列席江门市蓬江区第十届人民代表大会第五次会议人员的决定、区十届人大五次会议有关文件（草案）、区人大常委会工作报告（稿）。会议初审区政府2020年财政预算草案，同意提交区十届人大五次会议审议和表决。

【区人大常委会主任会议】 2019年，蓬江区人大常委会召开12次常委会主任会议。

第十届人大常委会第二十五次主任会议 1月10日在区人大常委会主任会议室召开。会议决定，区十届人大常委会第二十一次会议于1月10日召开，会期半天。建议议程：补选市十五届人大代表；审议关于接受李欣立辞去区人民政府区长职务请求的决定（草案）；审议关于文丽为区人民政府代理区长的决定（草案）；审议关于接受李永安辞去江门市蓬江区第十届人民代表大会代表职务请求的决定（草案）；审议关于补选江门市蓬江区第十届人民代表大会代表的决定（草案）；审议关于补选江门市蓬江区第十届人民代表大会代表办法（草案）；初审区2019年财政预算草案。会议研究确定先进代表小组和代表积极分子，传达学习省市县人大常委会主任座谈会精神。

第二十六次主任会议 1月19日在区人大常委会主任会议室召开。会议决定，区十届人大常委会第二十二次会议于1月19日召开，会期半天。建议议程：审议关于接受侯亦兵辞去江门市第十五届人民代表大会代表职务请求的决定（草案）；审议关于补选区十届人大代表资格的审查报告；审议关于接受周建初辞去江门市蓬江区第十届人民代表大会代表职务请求的决定（草案）；审议关于接受李国勋辞去江门市蓬江区第十届人民代表大会代表职务请求的决定（草案）；审议关于接受邓师群辞去江门市蓬江区第十届人民代表大会代表职务请求的决定（草案）；审议关于接受陈常岷辞去江门市蓬江区第十届人民代表大会代表职务请求的决定（草案）；审议关于接受李荣满辞去江门市蓬江区第十届人民代表大会代表职务请求的决定（草案）；审议关于接受庄炎根辞去江门市蓬江区第十届人民代表大会代表职务请求的决定（草案）；审议关于代表资格的审查报告。会议传达学习市委十三届九次全会精神、省委书记李希在江门调研时的讲话精神。

第二十七次主任会议 2月19日在区人大常委会主任会议室召开。会议决定，区十届人大常委会第二十三次会议于2月19日召开，会期半天。建议议程：审议人事任免事项；颁发任命书及进行宪法宣誓。会议审议通过区人大常委会2019年监督工作计划。

第二十八次主任会议 3月22日在区人大常委

会主任会议室召开。会议决定，区十届人大常委会第二十四次会议于3月29日召开，会期半天。建议议程：听取区人大常委会专题调研组关于区农村人居环境整治工作情况的调研报告；审议人事任免事项；传达学习贯彻全国“两会”精神。会议审议通过区十届人大四次会议代表建议督办分工方案、各委（室）联系区有关单位分工调整方案。

第二十九次主任会议 4月19日在区人大常委会主任会议室召开。会议决定，区十届人大常委会第二十五次会议于4月19日召开，会期半天。建议议程：审议人事任命事项。会议听取第一季度十大民生实事项目监督工作情况的报告。

第三十次主任会议 5月24日在区人大常委会主任会议室召开。会议决定，区十届人大常委会第二十六次会议于5月28日召开，会期半天。建议议程：听取和审议区政府关于“七五”普法中期实施情况的报告；听取和审议区人民检察院关于开展公益诉讼工作情况的报告；听取和审议区人大常委会执法检查组关于检查《中华人民共和国促进科技成果转化法》实施情况的报告；审议个别代表辞职事项；审议区人大常委会代表资格审查委员会关于代表资格的审查报告。会议传达学习习近平总书记在中央政治局第十次集体学习时的讲话精神和《党政领导干部选拔任用工作条例》，审议通过区选举产生的市人大代表向区人大常委会述职方案。

第三十一次主任会议 7月23日在区人大常委会主任会议室召开。会议决定，区十届人大常委会第二十七次会议于7月30日召开，会期半天。建议议程：听取区政府2019年上半年工作报告；听取区人民法院2019年上半年工作报告（书面）；听取区人民检察院2019年上半年工作报告（书面）；听取和审议区政府2019年上半年民生实事落实情况的报告；审议个别代表辞职事项；审议人事任免事项。会议传达学习习近平总书记对地方人大及其常委会工作作出重要指示精神、市委人大工作会议精神。

第三十二次主任会议 8月23日在区人大常委会主任会议室召开。会议决定，区十届人大常委会第二十八次会议于8月30日召开，会期1天。建议议程：听取和审议区政府关于2018年财政决算草案的报告；听取和审议区政府2018年度区级预算执行和其他财政收支的审计工作报告；听取和审议区政府关于2019年上半年国民经济和社会发展计划执行情况的报告；听取和审议区政府2019年上半年预算执行情况的报告；听取区政府关于2019年上半年政府性债务管理情况的报告；听取区人大常委会专题调研组关于区工业园区扩容提质情况的调研报告；听取区人大常委会专题调研组关于区制造业发展布局的调研报告；听取区人大常委会专题视察组关于视察区重点项目建设情况的报告；审议个别代表辞职事项；审议关于补选江门市蓬江区第十届人民代表大会代表的决定（草案）；审议关于补选江门市蓬江区第十届人民代表大会代表办法（草案）；审议关于接受董应虎辞去江门市蓬江区人民政府副区长职务请求的决定（草案）；审议人事任免事项。会议审议通过区人大常委会开展民生实事票决项目推进情况监督周活动方案。会议听取区人大常委会专题视察组关于对民生实事项目中“提升公共文化服务水平”项目视察情况的报告。

第三十三次主任会议 10月24日在区人大常委会主任会议室召开。会议决定，区十届人大常委会第二十九次会议于10月31日召开，会期1天。建议议程：听取和审议区政府关于2019年地方财政预算调整方案的报告；听取和审议区政府关于国有资产管理情况报告；听取和审议区政府关于江门人才岛项目进展情况的报告；听取和审议区人大常委会执法检查组关于《江门市城市市容和环境卫生管理条例》的执法检查报告；听取区人大常委会专题调研组关于区“厕所革命”工作情况的调研报告；审议《关于废止〈江门市蓬江区人民代表大会常务委员会规范性文件备案审查办法〉的决定（草案）》的议案；审议个别代表辞职事项；审议关于补选江门市蓬江区第十届人民代表大会代表的决定（草案）；审议关于补选江门市蓬江区第十届人民代表大会代表办法（草案）；审议人事任免事项；蓬江区选举产生的江门市人大代表向区人大常委会述职。会议审议通过《江门市蓬江区人民代表大会常务委员会规范性文件备案审查衔接联动工作规定》。会议传达学习省人大常委会法工委李柏阳在全省备案审查工作培训班上的讲话精神。

第三十四次主任会议　10月28日在区人大常委会主任会议室召开。会议决定，在区十届人大常委会第二十九会议审议人事任免事项建议议程中，增加区人大常委会、区人民法院人事任免事项。

第三十五次主任会议　10月30日在区人大常委会主任会议室召开。会议决定，在区十届人大常委会第二十九次会议建议议程中，增加补选江门市第十五届人大代表事项。

第三十六次主任会议　12月20日在区人大常委会主任会议室召开。会议决定，区十届人大常委会第三十次会议于12月24日召开，会期1天。建议议程：听取和审议区政府关于区2019年部分计划指标调整的报告；听取和审议区政府关于2020年财政预算草案；听取和审议区政府关于审计查出突出问题整改工作情况的报告；听取和审议区政府关于黑臭水体整治工作情况的报告；听取和审议区政府关于民生实事落实情况的报告，并开展满意度评测；听取和审议区政府关于区十届人大四次会议及闭会期间代表建议办理情况的报告；听取区人大常委会专题调研组关于区城市品质提升工作情况的调研报告；听取区人大常委会专题调研组关于决胜“基本解决执行难”的调研报告；听取区人大常委会专题调研组关于区城乡居民基本养老保险工作情况的调研报告；听取关于区十届人民代表大会以来规范性文件备案审查工作情况的报告；审议个别代表辞职事项；审议《江门市蓬江区人民代表大会常务委员会关于补选江门市蓬江区第十届人大代表的决定（草案）》；审议《江门市蓬江区人民代表大会常务委员会关于补选江门市蓬江区第十届人大代表办法（草案）》；审议区人大常委会代表资格审查委员会关于代表资格的审查报告；审议关于召开江门市蓬江区第十届人民代表大会第五次会议的决定（草案）；审议关于列席和邀请列席江门市蓬江区第十届人民代表大会第五次会议人员的决定（草案）；审议区十届人大五次会议有关文件（草案）；审议区人大常委会工作报告（稿）。

【重大事项讨论决议】　2019年1月23日，蓬江区十届人大四次会议第二次全体会议表决通过关于江门市蓬江区人民政府工作报告的决议、关于江门市蓬江区2018年国民经济和社会发展计划执行情况与2019年计划的决议、关于江门市蓬江区2018年预算执行情况和2019年预算的决议、关于江门市蓬江区人民代表大会常务委员会工作报告的决议、关于江门市蓬江区人民法院工作报告的决议、关于江门市蓬江区人民检察院工作报告的决议。8月30日，区十届人大常委会第二十八次会议表决通过关于批准蓬江区2018年财政决算的决议。10月31日，区十届人大常委会第二十九次会议表决通过关于批准蓬江区人民政府2019年地方财政预算调整方案的决议。12月24日，区十届人大常委会第三十次会议表决通过关于批准江门市蓬江区2019年国民经济和社会发展计划指标调整方案的决议。

【人大监督】 2019年3月，蓬江区人大常委会组织区人大代表围绕农村人居环境整治工作情况和对区人民检察院公益诉讼工作开展情况进行专题调研。4月，组织区人大代表对蓬江区“七五”普法规划中期实施情况开展专项调研。5月，组织市、区人大代表对区制造业发展布局和工业园区扩容提质情况进行调研；召开主题为“优化立案服务，助力司法提速”的法院立案工作专题座谈会。6月，组织区人大代表对区政府向区人大常委会报告的中心城区环卫一体化保洁作业项目进行重大决策合法性审查，提出建议和意见。7月，组织部分区人大代表对区城市品质提升工作情况和黑臭水体治理工作情况展开调研。8月，组织区人大代表对区“厕所革命”推进情况进行现场调研。9月，组织区人大代表对区贯彻实施《江门市城市市容和环境卫生管理条例》情况进行执法检查；围绕决胜“基本解决执行难”工作情况开展专题调研；结合“不忘初心、牢记使命”主题教育开展“民生实事票决项目推进情况监督周活动”，区人大常委会领导、各责任工委及部分市、区人大代表组成10个督导组，对十大民生实事项目实施进度全程跟踪，参加活动的市、区、镇人大代表共210人，开展督导11场、主题活动4场，提出建议意见49条，推动解决问题24个。10月，组织区人大代表到市第二人民医院、区中西医结合医院、棠下镇卫生院、荷塘镇卫生院、杜阮镇卫生院就老百姓“看病难”问题开展调研；对区国有资产管理、财政预算调整、江门人才岛开发建设情况，以及区三旧改造、老旧社区升级改造情况进行调研；分别对城乡居民基本养老保险工作及解决基础教育“上学难”工作情况开展调研。11月，区人大常委会联合区财政局、区审计局，对区市场监督管理局、区文化广电旅游体育局等部门2018年审计查出问题的整改工作进行跟踪检查，督促整改到位；联合区财政局和第三方专家评审机构，对区国有资产监督管理局、区城市管理和综合执法局等部门2019年财政支出项目事中绩效进行评审工作；组织测评组对区十届人大四次会议代表建议中的十件重点建议办理情况进行“回头看”，对办理效果进行满意度测评。12月，会同部分财经咨询专家对区2020年财政预算草案进行集中审查。

【人事任免】 2019年，蓬江区人大及其常委会根据《中华人民共和国地方各级人民代表大会和地方各级人民政府组织法》等有关规定，坚持党管干部原则与人大依法行使选举任免权相统一，依法选举国家机关工作人员2人，任命51人，免职32人，接受辞职2人；任命人民陪审员143人。

【人大代表约见国家机关负责人】 2019年，蓬江区人大常委会根据《江门市蓬江区人民代表大会代表约见国家机关负责人办法》，结合专题调研、视察、执法检查等监督工作，开展约见国家机关负责人活动。3月，就公益诉讼工作情况，组织区人大代表约见区人民检察院副检察长。4月，就普法工作取得的成效、存在的问题和困难，组织区人大代表约见区司法局局长。5月，就科技发展、政策扶持和创新创业等问题，组织市、区人大代表约见区科工商务局局长。6月，就群众普遍关注的用地修编规划、项目报建审批、三旧改造等问题，组织区人大代表约见区自然资源局局长。7月，就国有资产经营管理问题，组织区人大代表约见区国有资产监督管理局局长。8月，围绕群众关注的城市道路管理、市场经营秩序、燃气经营企业安全管理等问题，组织区人大代表约见区城市管理和综合执法局局长。11月，就群众关心关注的娱乐文化、休闲旅游、全民健身等问题，组织区人大代表约见区文广旅体局局长；以城乡居民基本养老保险为主题，组织区人大代表约见区人力资源和社会保障局局长。

【人大代表视察活动】 2019年7月10日，蓬江区人大常委会组织市、区人大代表围绕“提升公共文化服务水平”主题开展专题视察工作，实地走访蓬江区文化中心和白沙街道文体服务中心，了解区级以及镇（街）级公共文化基础设施总体建设情况；25日，组织市、区人大代表开展重点项目集中视察工作，实地了解江门市区黑臭水体综合治理工程（木朗小学门前段）、创显教育智慧小镇项目、江门市档案中心项目、滨江新区启动区城镇基础设施项目（二期）、2019年“四好农村路”建设项目、美心食品项目、兰芳园食品项目、海目星激光智能装备项目、天地壹号项目、广东汇海农牧科技集团有限公司集团总部及研发中心项目等重点项目建设情况。12月10—11日，区人大常委会组织市人大代表开展集中视察工作，围绕乡村振兴、文化基础设施、工业园区建设、环境保护和旅游文化等方面，实地视察广东实验中学附属江门学校、滨江新区启动区城镇基础设施项目（二期）、江门市档案中心、江沙园区堡莲路南段、棠下镇良溪村以及江门河北岸景观提升工程、江门人才岛环岛公园示范段、潮连街道卢湾村等项目建设情况，并到四市三区考察学习；19日，组织区人大代表对蓬江区2019年民生实事票决项目建设情况进行专题视察工作，实地视察陈垣书屋24小时自助图书馆、益食堂银华站点、法人一门式服务中心、里仁小学、杜阮镇卫生院和江北路公厕，并专门视察江门河北岸景观提升工程和江门人才岛规划建设，了解重点项目工程建设进度。

【常委会组成人员联系代表和代表联系群众】 2019年，蓬江区人大常委会坚持落实“双联系”制度，常委会组成人员与市、区人大代表开展结对联系。按照“议近不议远，议小不议大，议实不议虚”原则，以代表联络站为载体，组织人大代表、居民群众和政府部门共同议事，创新开展“民生无小事，代表来议事”主题实践活动14场，推动解决规范停车管理、长者饭堂服务、旧楼加装电梯等民生热点问题；组织辖区五级人大代表联动开展“更好发挥人大代表作用”主题活动，419名人大代表以代表小组活动为基本形式，开展水污染防治、提升公共文化服务水平等视察调研活动17次，接访走访活动63次，收集意见、建议134条；以“片区整合”为原则，完善软硬配置，规范站点名称，补齐档案资料，推动代表联络站高标准建设、高效能运行，全年评出先进代表联络站8个。是年，全区46个代表联络站共组织活动598场次，各级人大代表联系群众5612人次，收集群众意见、建议706条，协调解决问题681个。

【议案和建议督办】 2019年，蓬江区十届人大四次会议及闭会期间，共收到代表提出的建议、批评和意见47件，全部转交区政府并由相关单位办理。至年底办理结果如下：已解决或基本解决的（A类）32件，占68.1%；所提问题正在解决或列入计划、规划逐步解决的（B类）14件，占29.8%；因超出区级职权范围需向上级反映或留作参考的（C

类）1件，占2.1%；办理满意率为95.7%。年初，区人大常委会主任会议对代表提出的建议进行筛选，确定对《关于工业园区扩园提质的建议》等10件建议进行重点督办。11月，区人大常委会组织由常委会主任会议成员、各委（室）主任和提出代表建议的领衔代表组成的测评组，采取“实地视察+听取报告+询问+测评”方式对重点建议办理情况“回头看”，并进行满意度测评，测评结果均为“满意”或“基本满意”。

【指导基层人大工作】 2019年2月，江门市人大常委会主任会议成员到蓬江区调研县乡人大工作和建设情况，到白沙街道人大代表联络室实地调研。3月，区人大常委会副主任带队到潮连街道调研指导人大工作。4月，区人大常委会主任到环市街道人大工委调研指导开展“民生无小事，代表来议事”主题实践活动。5月，区人大常委会主任到潮连街道人大工委调研，指导街道人大工委开展“江门人才岛”建设、“民生无小事，代表来议事”主题实践活动。7月，区人大常委会主任主持召开“更好发挥人大代表作用”主题活动动员会，听取各镇（街）人大开展主题活动方案的情况汇报，对全区主题活动进行统一部署。8月，区人大常委会制定开展民生实事票决项目推进情况监督周活动方案，加强对基层人大工作的指导，推进区、镇两级人大民生实事票决项目按时完成。10月，区人大常委会副主任到全区各人大代表联络站开展调研，实地了解人大代表联络站建设和日常运行情况，指导人大代表联络站规范建设。11月，区人大常委会召开贯彻落实党的十九届四中全会精神工作座谈会暨“不忘初心、牢记使命”主题教育专题党课，总结2019年工作情况，研究部署2020年镇（街）人大工作。

【人大理论研究与宣传】 2019年1月，《蓬江人大》创刊首发，主要聚焦蓬江区人大及其常委会依法行使职权、人大代表依法履职、人大工作实践等方面的内容；5月7日，区人民代表大会制度研究会成立，并召开第一次会员大会，加强通讯员队伍建设。是年，区人大常委会办公室首次联合区人大制度研究会向常委会各工委、各镇（街）人大和研究会会员广泛征集研究课题，建立课题库，组织开展课题研究工作，形成研究成果37篇，25篇优秀研究成果入选全区人大深入学习贯彻习近平总书记关于坚持和完善人民代表大会制度的重要思想暨纪念地方人大设立常委会40周年研讨会，其中推荐的6篇优秀研究成果入选全市人大制度理论研究会优秀研究成果。全年向各级媒体报送宣传稿件217篇，市级以上媒体采用69篇、省级以上采用26篇，在“广东人大”微信公众号2019年度稿件采用排行榜中位列全省县（市、区）人大第二。

【人大信访】 2019年，蓬江区人大常委会转办群众来信来访3件，接待群众来访28人次，督促、协调有关部门妥善处理群众反映的合理诉求。

2019年蓬江区人大及其常委会人事选举任免情况表

时间	会议名称	姓名	选举、任、免、辞职务
1月10日	第二十一次常委会	李欣立	辞去区人民政府区长职务
		文　丽	任区人民政府代理区长
1月23日	区十届人大四次会议	文　丽	选举为区人民政府区长

续上表

时间	会议名称	姓名	选举、任、免、辞职务
1月23日	区十届人大四次会议	张沃芬	选举为区人大常委会副主任
2月19日	第二十三次常委会	黄世斌	任区人大常委会潮连街道工作委员会主任
		余登伟	任区人民政府办公室主任
		谢栋华	任区发展和改革局局长
		梁永辉	任区科工商务局局长
		莫锡灿	任区自然资源局局长
		欧健雄	任区住房和城乡建设局局长
		李　夏	任区农业农村和水利局局长
		李茂槐	任区文化广电旅游体育局局长
		胡永耀	任区卫生健康局局长
		王惠雄	任区退役军人事务局局长
		吉文锋	任区应急管理局局长
		尹健瑜	任区国有资产监督管理局局长
		石锦明	任区市场监督管理局局长
		陈伟腾	任区统计局局长
		吕文光	任区城市管理和综合执法局局长
		李园强	任区政务服务数据管理局局长
		欧阳祝荣	任区民族宗教事务局局长
		吕振胜	免去区人大常委会潮连街道工作委员会主任职务
3月29日	第二十四次常委会	黎文彬	任区人大常委会选举联络任免工作委员会副主任
		温文辉	免去区监察委员会委员职务
		李　彤	任区人民检察院检察委员会委员
4月19日	第二十五次常委会	张文新	任区人民政府副区长
		黄银平	任区人民法院审判员
7月30日	第二十七次常委会	易其报	任区人大常委会城建环保工作委员会主任
		陈子宁	任区审计局局长
		何其灵	免去区审计局局长职务
		冯涛涛	任区监察委员会委员
		刘学智	任区监察委员会委员
		李志华	免去区监察委员会委员职务
		莫若萍	任区人民检察院副检察长
		李志华	免去区人民检察院检察员职务
		吴永凡	免去区人民检察院检察员职务
8月30日	第二十八次常委会	李国新	任区人大常委会选举联络任免工作委员会主任
		莫丽容	任区人大常委会教育科学文化卫生工作委员会主任
		李国新	免去区人大常委会教育科学文化卫生工作委员会主任职务

续上表

时间	会议名称	姓名	选举、任、免、辞职务
8月30日	第二十八次常委会	莫丽容	免去区人大常委会环市街道工作委员会副主任职务
		李　侠	免去区人民检察院副检察长、监察委员会委员、检察员职务
		董应虎	辞去区人民政府副区长职务
10月31日	第二十九次常委会	林宇庆	任人大常委会白沙街道工作委员会副主任
		石锦明	免去区市场监督管理局局长职务
		陈伟腾	免去区统计局局长职务
		张怀业	任区市场监督管理局局长
		王　兵	任区统计局局长
		冯涛涛	免去区监察委员会委员职务
		莫源业	任区监察委员会委员
		关健兴	免去区人民法院立案庭庭长职务
		吴晓兵	免去区人民法院民事审判一庭庭长职务
		肖　剑	免去区人民法院民事审判二庭庭长职务
		陈长雄	免去区人民法院立案庭副庭长职务
		李常明	免去区人民法院民事审判一庭副庭长职务
		张华理	免去区人民法院民事审判一庭副庭长职务
		陈健明	免去区人民法院民事审判二庭副庭长职务
		梁　珊	免去区人民法院棠下人民法庭副庭长职务
		冯立章	免去区人民法院荷塘人民法庭副庭长职务
		杨文彬	免去区人民法院荷塘人民法庭副庭长职务
		吴晓兵	任区人民法院立案庭（诉讼服务中心）庭长、审判委员会委员
		肖　剑	任区人民法院民事审判一庭庭长
		梁　珊	任区人民法院民事审判二庭庭长、审判委员会委员
		董永文	任区人民法院综合审判庭庭长
		陈长雄	任区人民法院立案庭（诉讼服务中心）副庭长
		黄文中	任区人民法院立案庭（诉讼服务中心）副庭长
		陈健明	任区人民法院民事审判一庭副庭长
		邱启杰	任区人民法院民事审判一庭副庭长
		李常明	任区人民法院民事审判二庭副庭长
		林俊峰	任区人民法院民事审判二庭副庭长
		陈佩琴	任区人民法院综合审判庭副庭长
		罗虹毅	任区人民法院综合审判庭副庭长
		杨文彬	任区人民法院棠下人民法庭副庭长
		张华理	任区人民法院荷塘人民法庭副庭长
		杨丽燕	任区人民法院荷塘人民法庭副庭长
		曾　勇	任区人民法院杜阮人民法庭副庭长

续上表

时间	会议名称	姓名	选举、任、免、辞职务
10月31日	第二十九次常委会	于春来	任区人民法院人民陪审员
		万 东	任区人民法院人民陪审员
		马作华	任区人民法院人民陪审员
		马燕卿	任区人民法院人民陪审员
		王 欣	任区人民法院人民陪审员
		王超红	任区人民法院人民陪审员
		区丽涛	任区人民法院人民陪审员
		区俭琴	任区人民法院人民陪审员
		水志国	任区人民法院人民陪审员
		毛水平	任区人民法院人民陪审员
		文扬媚	任区人民法院人民陪审员
		文美娟	任区人民法院人民陪审员
		尹 涛	任区人民法院人民陪审员
		尹新强	任区人民法院人民陪审员
		尹燕芳	任区人民法院人民陪审员
		邓跃荣	任区人民法院人民陪审员
		邓植能	任区人民法院人民陪审员
		卢 琼	任区人民法院人民陪审员
		叶文志	任区人民法院人民陪审员
		叶颖超	任区人民法院人民陪审员
		冯玉珊	任区人民法院人民陪审员
		冯华汉	任区人民法院人民陪审员
		冯 婕	任区人民法院人民陪审员
		司徒伯尧	任区人民法院人民陪审员
		刘光辉	任区人民法院人民陪审员
		刘 芳	任区人民法院人民陪审员
		刘应洪	任区人民法院人民陪审员
		刘菊华	任区人民法院人民陪审员
		刘 彬	任区人民法院人民陪审员
		关祖新	任区人民法院人民陪审员
		关德智	任区人民法院人民陪审员
		江新建	任区人民法院人民陪审员
		许晓云	任区人民法院人民陪审员
		严凤珍	任区人民法院人民陪审员
		严植宁	任区人民法院人民陪审员
		苏 凯	任区人民法院人民陪审员

续上表

时间	会议名称	姓名	选举、任、免、辞职务
10月31日	第二十九次常委会	苏　滨	任区人民法院人民陪审员
		李广湘	任区人民法院人民陪审员
		李伟光	任区人民法院人民陪审员
		李丽贞	任区人民法院人民陪审员
		李秀颜	任区人民法院人民陪审员
		李　林	任区人民法院人民陪审员
		李庭辉	任区人民法院人民陪审员
		李艳宝	任区人民法院人民陪审员
		李雪娴	任区人民法院人民陪审员
		李　琳	任区人民法院人民陪审员
		李辉亮	任区人民法院人民陪审员
		李瑞兰	任区人民法院人民陪审员
		吴炯森	任区人民法院人民陪审员
		吴　勇	任区人民法院人民陪审员
		何仲文	任区人民法院人民陪审员
		何洁萍	任区人民法院人民陪审员
		何爱华	任区人民法院人民陪审员
		余卓成	任区人民法院人民陪审员
		余绣文	任区人民法院人民陪审员
		邹翠仙	任区人民法院人民陪审员
		宋　波	任区人民法院人民陪审员
		张未兰	任区人民法院人民陪审员
		张敏政	任区人民法院人民陪审员
		陆均胜	任区人民法院人民陪审员
		陈少莲	任区人民法院人民陪审员
		陈文钦	任区人民法院人民陪审员
		陈立军	任区人民法院人民陪审员
		陈永兆	任区人民法院人民陪审员
		陈伟和	任区人民法院人民陪审员
		陈丽群	任区人民法院人民陪审员
		陈劲松	任区人民法院人民陪审员
		陈炎群	任区人民法院人民陪审员
		陈美云	任区人民法院人民陪审员
		陈倩雅	任区人民法院人民陪审员
		陈基嫦	任区人民法院人民陪审员
		陈彬然	任区人民法院人民陪审员

续上表

时间	会议名称	姓名	选举、任、免、辞职务
10月31日	第二十九次常委会	陈雁冰	任区人民法院人民陪审员
		陈智勇	任区人民法院人民陪审员
		陈群贤	任区人民法院人民陪审员
		陈慧仪	任区人民法院人民陪审员
		陈飘石	任区人民法院人民陪审员
		林仕宏	任区人民法院人民陪审员
		林志盛	任区人民法院人民陪审员
		林丽红	任区人民法院人民陪审员
		林艳嫦	任区人民法院人民陪审员
		林振超	任区人民法院人民陪审员
		林海云	任区人民法院人民陪审员
		林颖梅	任区人民法院人民陪审员
		金忠宏	任区人民法院人民陪审员
		周　伟	任区人民法院人民陪审员
		周国庆	任区人民法院人民陪审员
		周海红	任区人民法院人民陪审员
		郑　松	任区人民法院人民陪审员
		赵惠文	任区人民法院人民陪审员
		钟国荣	任区人民法院人民陪审员
		袁文杰	任区人民法院人民陪审员
		袁文莉	任区人民法院人民陪审员
		莫秋映	任区人民法院人民陪审员
		莫海涛	任区人民法院人民陪审员
		莫琼芳	任区人民法院人民陪审员
		莫瑞英	任区人民法院人民陪审员
		徐杏娟	任区人民法院人民陪审员
		徐惠英	任区人民法院人民陪审员
		涂冬红	任区人民法院人民陪审员
		黄少锋	任区人民法院人民陪审员
		黄立威	任区人民法院人民陪审员
		黄永亮	任区人民法院人民陪审员
		黄伟乐	任区人民法院人民陪审员
		黄妙嫦	任区人民法院人民陪审员
		黄英华	任区人民法院人民陪审员
		黄国平	任区人民法院人民陪审员
		黄国毅	任区人民法院人民陪审员

续上表

时间	会议名称	姓名	选举、任、免、辞职务
10月31日	第二十九次常委会	黄钰贞	任区人民法院人民陪审员
		黄海燕	任区人民法院人民陪审员
		黄家河	任区人民法院人民陪审员
		黄惠萍	任区人民法院人民陪审员
		曹志英	任区人民法院人民陪审员
		曹诗萍	任区人民法院人民陪审员
		梁于方	任区人民法院人民陪审员
		梁小凤	任区人民法院人民陪审员
		梁广华	任区人民法院人民陪审员
		梁伟文	任区人民法院人民陪审员
		梁季珍	任区人民法院人民陪审员
		梁承智	任区人民法院人民陪审员
		梁炳旭	任区人民法院人民陪审员
		梁海旋	任区人民法院人民陪审员
		梁银妹	任区人民法院人民陪审员
		梁康灿	任区人民法院人民陪审员
		梁景志	任区人民法院人民陪审员
		梁　智	任区人民法院人民陪审员
		程永思	任区人民法院人民陪审员
		曾石华	任区人民法院人民陪审员
		曾　宏	任区人民法院人民陪审员
		蓝美莲	任区人民法院人民陪审员
		蔡伯活	任区人民法院人民陪审员
		廖志聪	任区人民法院人民陪审员
		廖雪峰	任区人民法院人民陪审员
		谭月韶	任区人民法院人民陪审员
		谭永珍	任区人民法院人民陪审员
		谭得时	任区人民法院人民陪审员
		谭淑君	任区人民法院人民陪审员
		谭群友	任区人民法院人民陪审员
		谭慧敏	任区人民法院人民陪审员
		黎伟立	任区人民法院人民陪审员
		黎炎桃	任区人民法院人民陪审员
		黎健驹	任区人民法院人民陪审员
		霍喜兰	任区人民法院人民陪审员
		邓　晖	免去区人民检察院检察员职务

续上表

时间	会议名称	姓名	选举、任、免、辞职务
10月31日	第二十九次常委会	蒋芳庆	免去区人民检察院检察员职务
		蓝小光	免去区人民检察院检察员职务
		林少兵	免去区人民检察院检察员职务
		林　健	免去区人民检察院检察员职务
		吕永成	免去区人民检察院检察员职务
		杨建威	免去区人民检察院检察员职务
		叶国仪	免去区人民检察院检察员职务

2019年蓬江区人大会议情况表

时间	会议名称	主要议题
1月10日	区十届人大常委会第二十五次主任会议	研究确定区十届人大常委会第二十一次会议时间；研究确定区十届人大常委会第二十一次会议建议议程；研究确定先进代表小组和代表积极分子；传达学习省市县人大常委会主任座谈会精神
1月10日	区十届人大常委会第二十一次会议	补选市十五届人大代表；审议区人大常委会关于接受李欣立辞去区政府区长职务请求的决定（草案）；审议区人大常委会关于文丽为区政府代理区长的决定（草案）；审议区人大常委会关于接受李永安辞去区十届人大代表职务请求的决定（草案）；审议区人大常委会关于补选区十届人大代表的决定（草案）；审议区人大常委会关于补选区十届人大代表办法（草案）；初审区2019年财政预算草案
1月19日	区十届人大常委会第二十六次主任会议	研究确定区十届人大常委会第二十二次会议时间；研究确定区十届人大常委会第二十二次会议建议议程；传达有关会议精神
1月19日	区十届人大常委会第二十二次会议	审议区人大常委会关于接受侯亦兵辞去市十五届人大代表职务请求的决定（草案）；审议区人大常委会关于补选区十届人大代表资格的审查报告；审议区人大常委会关于接受周建初辞去区十届人大代表职务请求的决定（草案）；审议区人大常委会关于接受李国勋辞去区十届人大代表职务请求的决定（草案）；审议区人大常委会关于接受邓师群辞去区十届人大代表职务请求的决定（草案）；审议区人大常委会关于接受陈常岷辞去区十届人大代表职务请求的决定（草案）；审议区人大常委会关于接受李荣满辞去区十届人大代表职务请求的决定（草案）；审议区人大常委会关于接受庄炎根辞去区十届人大代表职务请求的决定（草案）；审议区人大常委会代表资格审查委员会关于代表资格的审查报告
1月21—23日	区十届人大四次会议	听取和审议江门市蓬江区人民政府工作报告；审查和批准江门市蓬江区2018年国民经济和社会发展计划执行情况与2019年计划草案的报告；审查江门市蓬江区2018年预算执行情况和2019年预算草案的报告，批准江门市蓬江区2018年预算执行情况和2019年预算草案的报告；听取和审议江门市蓬江区人民代表大会常务委员会工作报告；听取和审议江门市蓬江区人民法院工作报告；听取和审议江门市蓬江区人民检察院工作报告；选举；票决江门市蓬江区人民政府2019年度民生实事项目；通过江门市蓬江区人大代表退出办法（试行）草案
2月19日	区十届人大常委会第二十七次主任会议	研究确定区十届人大常委会第二十三次会议时间；研究确定区十届人大常委会第二十三次会议建议议程；研究区人大常委会2019年监督工作计划（稿）

续上表

时间	会议名称	主要议题
2月19日	区十届人大常委会第二十三次会议	审议人事任免事项；颁发任命书及进行宪法宣誓
3月22日	区十届人大常委会第二十八次主任会议	研究确定区十届人大常委会第二十四次会议时间；研究确定区十届人大常委会第二十四次会议建议议程；研究区十届人大四次会议代表建议督办分工方案（稿）；研究区人大常委会各委（室）联系区有关单位分工调整方案（稿）
3月29日	区十届人大常委会第二十四次会议	听取区人大常委会专题调研组关于区农村人居环境整治工作情况的调研报告；审议人事任免事项；传达学习贯彻全国“两会”精神
4月19日	区十届人大常委会第二十九次主任会议	研究确定区十届人大常委会第二十五次会议时间；研究确定区十届人大常委会第二十五次会议建议议程；听取第一季度十大民生实事项目监督工作情况的报告
4月19日	区十届人大常委会第二十五次会议	审议人事任命事项
5月24日	区十届人大常委会第三十次主任会议	学习习近平总书记在中央政治局第十次集体学习时的讲话精神和《党政领导干部选拔任用工作条例》；研究确定区十届人大常委会第二十六次会议时间；研究确定区十届人大常委会第二十六次会议建议议程；研究区选举产生的市人大代表向区人大常委会述职方案
5月28日	区十届人大常委会第二十六次会议	听取和审议区政府关于“七五”普法中期实施情况的报告；听取和审议区检察院关于开展公益诉讼工作情况的报告；听取和审议区人大常委会执法检查组关于检查《中华人民共和国促进科技成果转化法》实施情况的报告；审议个别代表辞职事项；审议区人大常委会代表资格审查委员会关于代表资格的审查报告
7月23日	区十届人大常委会第三十一次主任会议	传达学习习近平总书记对地方人大及其常委会工作作出的重要指示精神和市委人大工作会议精神；研究确定区十届人大常委会第二十七次会议时间；研究确定区十届人大常委会第二十七次会议建议议程
7月30日	区十届人大常委会第二十七次会议	听取区政府2019年上半年工作报告；听取区法院2019年上半年工作报告（书面）；听取区检察院2019年上半年工作报告（书面）；听取和审议区政府2019年上半年民生实事落实情况的报告；审议个别代表辞职事项；审议人事任免事项
8月23日	区十届人大常委会第三十二次主任会议	研究确定区十届人大常委会第二十八次会议时间；研究确定区十届人大常委会第二十八次会议建议议程；听取区人大常委会专题调研组关于区黑臭水体整治工作情况的调研报告；听取区人大常委会专题视察组关于对民生实事项目中“提升公共文化服务水平”项目视察情况的报告；审议区人大常委会开展民生实事票决项目推进情况监督周活动方案
8月30日	区十届人大常委会第二十八次会议	听取和审议区政府关于2018年财政决算草案的报告；听取和审议区政府2018年度区级预算执行和其他财政收支的审计工作报告；听取和审议区政府关于2019年上半年国民经济和社会发展计划执行情况的报告；听取和审议区政府2019年上半年预算收支执行情况的报告；听取区政府2019年上半年关于政府性债务管理情况的报告；听取区人大常委会专题调研组关于区工业园区扩容提质情况的调研报告；听取区人大常委会专题调研组关于区制造业发展布局的调研报告；听取区人大常委会专题视察组关于视察区重点项目建设情况的报告；审议个别代表辞职事项；审议区人大常委会关于补选区十届人大代表的决定（草案）；审议区人大常委会关于补选区十届人大代表办法（草案）；审议区人大常委会关于接受董应虎辞去区政府副区长职务请求的决定（草案）；审议人事任免事项

续上表

时间	会议名称	主要议题
10月24日	区十届人大常委会第三十三次主任会议	研究确定区十届人大常委会第二十九次会议时间；研究确定区十届人大常委会第二十九次会议建议议程；传达学习省人大常委会法工委李柏阳主任在全省备案审查工作培训班上的讲话精神；审议《江门市蓬江区人民代表大会常务委员会规范性文件备案审查衔接联动工作规定（草案）》
10月28日	区十届人大常委会第三十四次主任会议	研究确定区十届人大常委会第二十九次会议建议议程
10月30日	区十届人大常委会第三十五次主任会议	研究确定区十届人大常委会第二十九次会议建议议程
10月31日	区十届人大常委会第二十九次会议	听取和审议区政府关于2019年地方财政预算调整方案的报告；听取和审议区政府关于国有资产管理情况的报告；听取和审议区政府关于江门人才岛项目进展情况的报告；听取和审议区人大常委会执法检查组关于《江门市城市市容和环境卫生管理条例》的执法检查报告；听取区人大常委会专题调研组关于区“厕所革命”工作情况的调研报告；补选江门市第十五届人大代表；审议区人大常委会《关于废止〈江门市蓬江区人民代表大会常务委员会规范性文件备案审查办法〉的决定（草案）》的议案；审议个别代表辞职事项；审议区人大常委会关于补选江门市蓬江区第十届人大代表的决定（草案）；审议区人大常委会关于补选江门市蓬江区第十届人大代表办法（草案）；审议人事任免事项；蓬江区选举产生的江门市人大代表向区人大常委会述职
12月20日	区十届人大常委会第三十六次主任会议	研究确定区十届人大常委会第三十次会议时间；研究确定区十届人大常委会第三十次会议建议议程
12月24日	区十届人大常委会第三十次会议	审议区政府2020年财政预算草案；听取和审议区政府关于2019年国民经济和社会发展计划指标调整方案的报告；听取和审议区政府关于推进黑臭水体治理工作情况的报告；听取和审议区政府关于2019年民生实事落实情况的报告；听取和审议区政府关于区十届人大四次会议及闭会期间代表建议办理情况的报告；听取区人大常委会专题调研组关于区城市品质提升工作情况的调研报告；听取和审议区政府关于2018年度区级预算执行和其他财政收支审计查出问题整改情况的报告；听取区人大常委会专题调研组关于区法院开展决胜“基本解决执行难”工作情况的调研报告；听取区人大常委会专题调研组关于区城乡居民基本养老保险工作情况的调研报告；听取关于区十届人民代表大会以来规范性文件备案审查工作情况的报告；审议个别代表辞职事项；审议区十届人大常委会第三十次会议关于补选区十届人大代表的决定（草案）；审议区十届人大常委会第三十次会议关于补选区十届人大代表办法（草案）；审议区十届人大常委会代表资格审查委员会关于代表资格的审查报告；审议区人大常委会关于召开区十届人大五次会议的决定（草案）；审议区人大常委会关于列席和邀请列席区十届人大五次会议人员的决定（草案）；审议区十届人大五次会议有关文件（草案）；审议区人大常委会工作报告（稿）

（谭浩文）

江门市蓬江区人民政府

综述

【区政府常务会议】 2019年，蓬江区政府召开常务会议32次。

1月15日，召开区政府十届四十七次常务会议。会议审议并原则通过《2019年蓬江区民生实事候选项目》。

1月18日，召开区政府十届四十八次常务会议。会议审议并通过《关于解决农村交通安全管理经费的请示》《关于江沙公司参加莲塘路地块竞拍的请示》《关于调整龙湾河（蓬江段）截污管网建设工程相关事宜的请示》《关于申请纳入蓬江区2019年土地储备专项债券项目的请示》《关于报请审定〈蓬江区一宗已没收地上建筑物和其他设施处置方案〉的请示》。

1月31日，召开区政府十届四十九次常务会议。会议传达贯彻1月29日全省加强防控非洲猪瘟工作电视电话会议精神及全市加强防控非洲猪瘟工作会议精神，部署春节前后安全生产监督管理工作，审议并原则通过《关于上报审批〈蓬江区2019年土地储备计划方案〉的请示》《关于上报审批〈关于收回江门市丰鑫投资有限公司国有土地使用权的方案〉的请示》《关于上报审批〈关于棠下镇新昌经联社商住留用地折现货币的补偿方案〉的请示》《2019年蓬江区投资推介会工作方案》，审议并通过《关于申请使用土地储备专项债资金支付蓬江区杜阮镇兰石水库东北侧地段地块项目收储补偿款的请示》《关于报送2019年建设用地报批计划的请示》《关于蓬江区道路工程PPP（第一批）项目采购结果确认等有关事项的请示》《关于水南旧村改造项目3号地亨美里地段项目认定申请的请示》《关于江门市利华进出口贸易有限公司及利华科技有限公司三旧改造项目认定申请的请示》，审议《江门市区餐厨垃圾处理项目的社会风险稳定分析报告》。

2月28日，召开区政府十届五十次常务会议。会议学习《江门市自然资源局关于市领导对新会区睦洲镇盘活闲置土地批示有关情况的报告》，听取区列入市2019年重点建设项目1—2月份进展情况汇报。会议审议并通过《江门市蓬江区2019年经济指标工作目标分解方案》《关于印发蓬江区既有住宅加装电梯财政补助办法的通知》《关于申请荷塘镇环保整治专项资金的请示》《关于确定江门人才岛全岛开发建设项目监理招标主体的请示》《关于移交龙腾路建设主体并尽快启动设计建设的请示》《关于增加2019年部门预算人员经费的请示》，通报江门市蓬江区特殊教育学校建设工作情况。

3月5日，召开区政府十届五十一次常务会议。会议审议并通过《关于确定江门市蓬江区水环境综合治理项目（一期）——黑臭水体治理的请示》《关于滨江新区启动区二期道路及水环境治理项目有关事宜的请示》。

3月27日，召开区政府十届五十二次常务会议。会议传达市政府十五届五十三次常务会议精神，部署清明期间森林防灭火工作。会议审议并通过《关于棠下镇供水一体化“村村通”自来水工程结算方式的请示》《关于环市街丹灶河渭水泵房段挡墙修复工程的请示》，审议并原则通过《关于审定蓬江区农村集体经济组织管理制度及指导意见的请示》。

4月4日，召开区政府十届五十三次常务会议。会议传达市森林防火工作电视电话会议精神、市一季度主要经济指标运行和“四经普”（第四次全国经济普查）工作会议精神、《关于树立过紧日子思想——严控一般性支出的意见》精神，审议并通过《关于申请下拨非洲猪瘟防控工作经费（第二批）的请示》《关于滨江管理公司公开征集合作方合作开发名下26、50地块的请示》《关于停止执行〈江门市蓬江区小型建设项目承（发）包管理暂行办法〉的请示》，审议并原则通过《关于审定〈江门市蓬江区农贸市场升级改造三年工作方案〉的请示》。

4月22日，召开区政府十届五十四次常务会议。会议研究部署区扫黑除恶工作，通报近期区发生的2起安全生产事故相关情况。会议审议并通过《关于报送广东第二师范学院与江门市蓬江区人民政府教育合作协议的请示》《关于审定江门市蓬江区养殖水域滩涂和水产品质量安全规划（2018—2030）的请示》《关于申请升级改造胜利路152、154号（珠西创谷）停车场的请示》，审议并原则通过《关于引入“公建民营”方式新建和改造区级示范性福利型养老服务机构的请示》，听取并同意实施《关于上报江门市蓬江区水环境综合治理项目（一期）——黑臭水体治理工程可行性研究报告的请示》。

4月29日，召开区政府十届五十五次常务会议。会议审议并通过《关于审议〈江门市蓬江区中心城区环卫一体化保洁作业实施方案〉和〈江门市蓬江区中心城区环卫一体化保洁作业项目可行性研究报告〉的请示》。

5月6日，召开区政府十届五十六次常务会议。会议通报1—4月份全区重点工作进展情况。会议原则通过《2019年蓬江区——天等县粤桂扶贫协作工作计划》，审议并原则通过《关于申请审批江门市蓬江区水环境综合治理项目（一期）——黑臭水体治理工程实施方案和招标文件的请示》《关于设立蓬江区重度失能老人照护补贴项目的请示》，审议并通过《关于对江门市蓬江区慈善会2019年专项资金支出计划审阅的请示》《关于报请审定〈蓬江区四宗已没收地上建筑物和其他设施处置方案〉的请示》，审议并原则同意区应急管理局《关于提请区常务会议审议〈蓬江区关于推进安全生产领域改革发展的实施意见（送审稿）〉的请示》。

5月14日，召开区政府十届五十七次常务会议。会议传达3月30日在珠海市召开的“全省农村人居环境整治现场推进会”会议精神，传达学习新个人所得税法。会议审议并原则通过《关于审定印发〈江门市蓬江区国家生态文明建设示范区创建规划（2018—2025）〉的请示》，审议并通过《江门市蓬江区人民政府关于区政府机构改革涉及区政府规范性文件规定的行政机关职责调整问题的决定》《2019年度蓬江区政府规范性文件制定计划》《江门市蓬江区人民政府2019年度重大行政决策事项目录》。

5月29日，召开区政府十届五十八次常务会议。会议审议并通过《关于申请蓬江区环卫一体化和市场化改革工作运作经费的请示》《关于申请杜阮河贯溪段水体生态修复建设项目扶持资金的请示》《关于调整江门市蓬江区杜阮凉瓜小镇田园综合体试点项目实施方案的请示》《关于蓬江区公共安全视频监控系统项目升级改造的请示（一期）》《关于申请专项资金调整的请示》，审议并原则通过《关于审定江门市蓬江区杜阮凉瓜产业园有关事项的请示》《关于印发〈江门市蓬江区工业项目准入评审办法〉的请示》《关于公开转让棠下电力士厂房及地块的请示》《关于审议〈江门市蓬江区中心城区环卫一体化保洁作业项目招标文件〉的请示》《关于调整杜阮镇金朗社区和瑶村社区管辖范围的请示》《关于提请印发〈江门市蓬江区基层医疗卫生机构保障机制实施方案〉的请示》，审议并同意《关于2019年学校建设项目专项补助安排计划的请示》。

5月31日，召开区政府十届五十九次常务会议。会议审议并原则通过《关于审议江门人才岛全岛开发建设项目〈投资合作协议补充协议一〉〈投资合作协议补充协议二〉的请示》《关于制定〈关于支持江门市滨江建设投资管理有限公司做强做优做大的实施意见〉的请示》。

6月11日，召开区政府十届六十次常务会议。会议传达学习《重大行政决策讲解》《规范性文件讲解》、全市审计工作会议主要精神。会议审议并原则通过《关于提请审批印发〈蓬江区全面推行河长制湖长制工作考核方案〉（报批稿）的请示》《关于下拨2019年度蓬江区乡村振兴专项预算资金的请示》。

6月19日，召开区政府十届六十一次常务会议。会议审议并原则通过《关于2019年度第一批科技专项资金项目安排计划的请示》，研究并同意《关于调整蓬江区黑臭水体整治工作领导小组办公室的请示》，审议《蓬江区强化基层基础保障工作方案（送审稿）》。

7月1日，召开区政府十届六十二次常务会议。会议听取关于蓬江区列入市2019年重点建设项目1—5月进展情况的报告，审议并通过《江门市蓬江区自然资源局关于审核认定德润科技园（地块六）工业类用地升级改造开发项目的请示》，审议并原则通过《关于实施2019年度蓬江区长者饭堂“益食堂”招标方案的请示》。

7月9日，召开区政府十届六十三次常务会议。会议传达学习《中华人民共和国电子商务法》，听取区推进行政执法“三项制度”工作情况报告。会议审议并通过《关于落实基层党建经费的请示》《关于呈报〈蓬江区“数字政府”改革实施方案（送审稿）〉的请示》，审议并原则通过《关于2019年中期调整新增收储项目的方案的请示》。

7月18日，召开区政府十届六十四次常务会议。会议审议并通过《关于申请区新时代文明实践中心品质提升改造经费的请示》，通报蓬江区上半年财政收支执行情况。

8月20日，召开区政府十届六十五次常务会议。会议听取蓬江区2019年1—7月地方财政收支执行情况分析。会议审议并通过《江门市蓬江区自然资源局关于印发调整江门市蓬江区土地管理委员会议事规则（代拟稿）的请示》《关于落实蓬江区基层医疗卫生机构保障机制所需经费的请示》《关于华盛路西延线征地拆迁工作的请示》，审议并原则通过《关于调整2019年人才岛建设计划的请示》《关于蓬江区农村生活垃圾收运的实施方案（草案）》，审议《关于征收江门市蓬江区杜阮镇双楼股份合作经济联合社集体土地的补偿方案》。

9月4日，召开区政府十届六十六次常务会议。会议传达学习《中华人民共和国药品管理法》《地方党政领导干部食品安全责任制规定》《中共中央国务院关于深化改革加强食品安全工作的意见》，全国、全省稳定生猪生产和猪肉保供稳价电视电话会议以及全市督促检查落实国家、省关于生猪和生猪市场供应工作部署会议精神。会议审议并原则通过《关于解决蓬江产业转移工业园道路保洁和绿化管养问题的请示》，审议并通过《江门市蓬江区自然资源局关于再次申请解决蓬江区2019年农村地籍调查工作经费及第三次全国土地调查工作经费的请示》。

9月9日，召开区政府十届六十七次常务会议。会议传达学习省、市防御台风工作会议精神，传达《江门市关于强化河长制水质考核问责工作方案》并分析蓬江区河流水质现状，部署近期工作。会议审议并原则通过《关于区退役军人事务局财政专项资金调整的请示》。

9月26日，召开区政府十届六十八次常务会议。会议通报1—8月地方财政收支执行情况分析并研究部署下一步工作，传达省、市信访工作会议精神以及省、市第四季度安全生产工作会议精神，听取全区近期安全生产工作情况。会议审议并通过《关于提请区政府作出江门市第三人民医院扩建项目房屋征收决定的请示》《关于申请增加建设蓬江区智慧信访业务平台经费的请示》。

9月30日，召开区政府十届六十九次常务会议。会议审议并原则通过《江门市蓬江区自然资源局关于报请批准江门市蓬江区标定地价评估公示服务项目成果的请示》。

10月17日，召开区政府十届七十次常务会议。会议听取蓬江区启动登革热疫情防控Ⅳ级事件应急响应的工作情况，蓬江区第三季度稳投资工作进展情况汇报并审议通过《蓬江区稳投资措施清单（送审稿）》。会议审议并原则通过《关于申报2020年省、市重点建设项目计划的请示》《关于开展区政务服务大厅建设有关工作的请示》，审议并通过《江门市蓬江区自然资源局关于审核认定深圳科技园江门园区（地块七）工业类用地升级改造开发项目的请示》《江门市蓬江区2019年地方财政预算调整方案》。

10月25日，召开区政府十届七十一次常务会议。会议传达学习刘毅在市委十三届十次全会上的专题讲话精神，并提出贯彻意见。会议审议并通过《关于推进扶贫线与低保线“两线合一”长效帮扶机制两年扶贫行动方案（2019—2020年）（送审稿）》《关于印发〈江门市蓬江区公共文化事业建设三年工作方案〉的请示》《关于印发蓬江区主城区混凝土搅拌站搬迁升级实施方案的请示》《蓬江区对省涉农资金统筹整合改革的实施意见（征求意见稿）反馈意见》《关于安排并上缴江门大道蓬江段2019年养护经费的请示》《关于解决区科工商务局人才发展专项资金缺口问题的请示》《关于调整2019年江门市档案中心项目预算资金的请示》《关于江门人才岛智慧城市建设工程项目工作的请示》，审议并原则通过《关于提请审批〈蓬江区行政事业单位国有资产管理暂行办法（送审稿）〉的请示》。

10月28日，召开区政府十届七十二次常务会议。会议结合近期关于全年工作推进情况及区委工作要求，提出新的工作要求。听取蓬江区2019年1—9月地方财政收支执行情况分析及下一步工作建议，审议并通过《关于调整2019年人才岛建设计划的请示》《关于江门人才岛2020年市重点建设项目计划的请示》《关于启动江门人才岛科技产业园第一期项目的请示》《关于建设人才岛科创中心的请示》。

11月11日，召开区政府十届七十三次常务会议。会议听取蓬江区稳就业工作报告，对下一阶段稳就业工作做出部署。会议传达学习《江门市户外广告设施和招牌设置管理条例》，审议《江门市蓬江区自然资源局关于印发〈蓬江区规划道路用地征收补偿标准和历史遗留问题补偿办法〉的请示》，审议并通过《江门市蓬江区自然资源局关于审核认定人才岛国际生产技术中心工业类用地升级改造开发项目的请示》《关于公布2019年区政府规范性文件清理结果的决定的请示》《关于协调落实〈广东省技术防范管理实施办法〉的请示》《关于申请调整专项资金的请示》《关于申请蓬江区中心城区环卫一体化保洁作业服务费的请示》。

11月21日，召开区政府十届七十四次常务会议。会议传达学习省、市森林防灭火工作会议精神，并对今冬明春区森林防灭火工作进行部署。会议审议并原则通过《关于下拨2019年度蓬江区乡村振兴专项预算资金（第二批）的请示》，听取《蓬江区2019年1—10月地方财政收支执行情况分析及下一步工作建议》，审议并通过《关于盘活存量资金的请示》。

11月27日，召开区政府十届七十五次常务会议。会议审议并通过《关于审议〈江门人才岛全岛开发建设项目投资合作协议补充协议三〉的请示》。

12月6日，召开区政府十届七十六次常务会议。会议审议并通过《蓬江区实施乡村振兴战略规划（2018—2022年）（送审稿）》《关于解决2019年企业扶持资金的请示》《关于追加2018年度小微企业上规模扶持资金的请示》《江门市蓬江区自然资源局关于审核认定人才岛研发产业服务中心工业类用地升级改造开发项目的请示》《关于白沙街新设立甘棠社区、白沙社区与丰盛社区合并、海傍社区拆分和部分社区工作人员职数调整方案的请示》《关于蓬江区环卫处一体化项目资产处置的请示》。

12月16日，召开区政府十届七十七次常务会议。会议传达学习市低收入对象帮扶改革工作会议精神，研究部署区贯彻落实情况。会议通报2019年以来蓬江区发生火灾的情况，分析当前的防火形势，研究部署今冬明春火灾防控工作。会议审议并原则通过《关于审定〈江门市蓬江区发展激光产业扶持办法〉的请示》《关于提请审议我区2019年计划指标调整建议的请示》《关于报送〈蓬江区产业发展总体规划（送审稿）〉的请示》。

12月26日，召开区政府十届七十八次常务会议。会议听取蓬江区2019年1—11月地方财政收支执行情况分析及下一步工作建议，审议并通过《关于棠下镇堡棠路52号地块公开转让的请示》《关于协调解决2019年江门海信产业园固投扶持资金支付有关问题的请示》，审议《关于江门市蓬江区人民政府　江门市中心医院　江门市第二人民医院共建医联体的请示》，审议并原则通过《关于对棠下镇石头村民委员会商住留用地折算货币补偿的方案的请示》。（肖雅欣）

【区政府重要事项和决策】　**推进法治建设**　2019年5月，公布《机构改革涉及区政府规范性文件规定的行政机关职责调整问题的决定》，平稳有序调整区政府规范性文件规定的行政机关职责和工作，确保行政机关依法履行职责、开展工作，推进机构设置和职能配置优化协同高效。

推进生态文明建设　2019年5月，区府办印发《江门市蓬江区国家生态文明建设示范区创建规划（2018—2025）》，为蓬江区构建安全的生态格局、发达的生态经济、优美的生态生活、完善的生态制度、繁荣的生态文化提供技术支撑与指导，为蓬江区成功创建国家生态文明建设示范区奠定坚实基础。

推进乡村振兴　2019年12月，区府办印发《江门市蓬江区实施乡村振兴战略规划（2018—2022年）》，以推进“五个振兴”（产业振兴、生态振兴、文化振兴、组织振兴、人才振兴）及“三个提升”（提升城乡基础设施一体化水平、城乡公共服务均等化水平、高质量稳定脱贫水平）为重点任务，对蓬江区实施乡村振兴战略作出阶段性谋划，分别明确至2020年全面建成小康社会和2022年召开党的二十大时的目标任务，确保蓬江区实施乡村振兴战略落实落地；印发《蓬江区涉农资金统筹整合实施方案（试行）》，围绕乡村振兴战略，探索建立区涉农资金统筹整合长效机制，促进涉农资金使用由分散到集中、从低效到高效转变；印发《关于推动扶贫线与低保线“两线合一”改革工作的实施细则》，为打赢新时期脱贫攻坚战，深入推进扶贫线与低保线“两线合一”改革各项工作，探索更有效的扶贫机制和模式。

推动文化事业发展 2019年12月，区政府印发《江门市蓬江区公共文化事业建设三年工作方案》，开展“公共文化事业建设年”工作，从补短板、创品牌、争先进3个层次推进，明确区公共文化从2019年至2021年达标提质工作方向，推动文化、旅游、体育融合发展，提高人民群众对公共文化事业的参与度和满意度。

推进承诺制改革 2019年6月，区政府印发《江门市蓬江区进一步深化投资项目承诺制改革试点方案》，逐步扩大企业投资项目试点区域，加大政府投资项目试点力度，进一步聚焦承诺制改革领域，推进“容缺办理”双轨机制，加快推进一批专项改革试点。

推进民生保障建设 2019年2月，区府办印发《江门市蓬江区“大民政”综合保障体系建设“十三五”规划》，着力发挥民政工作在保障民生、发展民主和维护稳定中的重要作用，编织城乡居民基本生活安全网，解决社会保障兜底问题；5月，区府办印发《江门市蓬江区农贸市场升级改造三年工作方案》，进一步完善农贸市场基础设施，提升购物环境和管理水平，为人民群众营造整洁、有序、安全的消费购物环境；7月，区府办印发《蓬江区开展全国社会心理服务体系建设试点工作实施方案》，开展社会心理服务体系建设工作，进一步加强心理健康服务，扎实推进平安蓬江、健康蓬江建设。推进“数字政府”建设。8月，区府办印发《蓬江区“数字政府”改革实施方案》，围绕“放管服”改革要求和企业、群众实际需求，不断加强政务信息化基础设施建设及政务网络信息安全保障，深入推进“一网、一门、一次”服务改革，稳步做好政务信息共享及政务系统集约化建设。

（许洁瑞）

【政府考核项目】 2019年，蓬江区政府建立“三重一大”任务清单，把全区重要指标、重点项目、重要工作、民生大事工作汇总成一张“任务清单”，共247项重点工作任务。其中，全力落实民生实事人大代表票决制，积极采取有效的工作措施，推进教育、医疗、食品安全、底线民生保障、就业、脱贫、公共文化服务、“四好农村路”、政务便民服务、“厕所革命”等民生实事项目工作有序开展，全年区人大代表票决的十项民生实事全部完成。

【政务督办】 2019年，蓬江区政府建立专项督查“倒逼清单”。先后组织开展“五个抓”（抓工业企业核查、抓重点项目建设、抓载体建设、抓招商、抓企业［项目］入统）重点经济工作、黑臭水体治理、乡村振兴战略、环保挂牌督办等10多个专项督查，制定专项督查工作方案和倒逼时限清单，推动挂图作战。刊发《蓬江督办》《督查通报》68期。建立市、区主要领导批交办事项“交办台账”。动态跟踪督办市领导交办事项80项、区领导交办事项157项，重点督办书记、区长调研各项工作部署、人才岛配套政策落地、八个三年行动计划制定等，办结一件销号一件，确保市、区主要领导的决策部署“有人抓”，一抓到底。

【办理建议提案】 2019年，蓬江区政府督查室严格按照建议提案办理要求，做好建议提案办理工作。做到明确组织领导、明确办理责任、明确办理要求“三个明确”，严把调研关、沟通关、时间关“三个关口”，狠抓督查督办、统筹结合、办理效果“三个落实”。是年，区政府督查室共承办各级各类人大政协建议提案283件，第一类为承办市人大市政协、区人大区政协的建议提案211件，第二类为承办省、市、区三级的相关建议提案答复办理72件。其中，第一类人大建议113件（市人大建议66件、区人大建议47件）、政协提案98件（市政协提案74件、区政协提案24件）。截至12月底，人大建议、政协提案已全部办理完毕。（李家明）

【政府采购】 2019年8月15日，蓬江区政府采购中心调整为江门市蓬江区人民政府办公室属下公益一类事业单位，内设综合股，核定事业编制3名，其中正（副）主任1名、综合股股长或副股长1名、科员1名，为财政全额拨款二级预算单位。是年，实现采购653次，实际采购金额172 880.3万元，与采购预算200 824.68万元相比，节约资金27 944.38万元，资金节约率13.91%。其中，货物类采购553次，实际采购金额8865.84万元；工程类采购14次，实际采购金额2743.76万元；服务类采购86次，实际采购金额161 270.7万元。实现公开招标62次，实际采购金额164 455.55万元，与采购预算相比节约资金27 437.43万元，资金节约率14.30%；竞争性磋商采购8次，实际采购金额1944.3万元，与采购预算相比节约资金168.18万元，资金节约率7.96%；竞争性谈判采购4次，实际采购金额522.88万元，与采购预算相比节约资金59.53万元，资金节约率10.22%；网上竞价采购523次，实际采购金额4507.33万元，与采购预算相比节约资金120.74万元，资金节约率2.6%；网上选购采购42次，实际采购金额1268.32万元，与采购预算相比节约资金157.76万元，资金节约率11.06%；协议供货采购14次，实际采购金额181.92万元，与采购预算相比节约资金0.74万元，资金节约率0.4%；中介服务超市事项录入142项；中介服务机构进驻121家；项目业主购买中介服务项目256个。（黄惠红）

政务服务

【概况】 2019年2月21日，蓬江区政务服务数据管理局挂牌成立，主要负责统筹推进“数字政府”改革建设，负责全区行政审批制度改革、审批服务便民化等“放管服”改革的相关工作。

【“一门式”改革】 2019年，“一门式”改革相关工作由区一门式改革工作领导小组办公室移交至区政务服务数据管理局。3月，区法人一门式服务中心全面实行开办企业“一窗通”服务改革，全年累计服务4200多人次，新增登记企业2596户，为企业提供“一日办”专人全程导办服务61次。6月13日，召开蓬江区法人一门式工作会议，与区市场监督管理局完成区法人一门式服务中心移交工作。7月19日，把法人一门式分中心业务窗口调整到所在地镇（街）公共服务中心，实现法人业务、自然人业务办理“只进一扇门”；27日起，在全区8个一门式服务中心全面推行“5+X”预约服务，周六上午提供89项市民常办业务的办理服务，全年累计受理周末业务6358宗。10月，在区法人一门式服务中心办事大厅内设立工程建设项目审批综合服务窗口，实现各审批业务不分部门、不分层级、不分事项的“一窗通办”服务，全年累计办理业务18宗。12月11日，正式成立区一级行政服务中心，组织、协调、督促各部门负责实施的行政许可和公共服务事项办理进驻政务服务大厅，落实“一窗受理”改革。是年，全区实现17个部门796个事项在区级一门式服务中心“一门、一窗、一网”通办，14个部门676个事项在7个镇（街）公共服务中心一门通办，全年累计受理业务120.65万件。

【政府服务热线】 2019年，蓬江区有热线平台单位40个，受理热线事项9.89万宗，以咨询类事项（4.88万宗）及诉求类事项（4.48万宗）为主。咨询类事项主要涉及户政、社保的相关政策及业务流程等，诉求类事项主要涉及环境污染、环境卫生、城市公共设施管理类等，其中批转区政务服务数据管理局调处1063宗，办结率100%。（潘艳芳）

【政务新媒体】 2019年，根据《广东省推进政务新媒体健康有序发展的实施意见》，蓬江区政务服务数据管理局牵头组织各镇（街）、区直各单位对蓬江区政务服务新媒体账号进行集约整合。经排查，关停政务服务新媒体账号221个，并在9月17日把微信公众号“法人一门式”和“蓬江一门式”合并为“蓬江政府网”，作为区唯一对外的官方政务微信号，提供一门式办事预约、指南查询、发票代开等微信端政务服务功能。是年，“蓬江政府网”微信公众号关注人数7.1万人，发布信息122条，通过公众号“一门式办事”功能进行预约累计使用人数达11 504人次。各镇（街）、各部门通过政府信息公开目录系统（http://www.pjq.gov.cn/gkmlzl/）主动公开政府信息7856条，“蓬江发布”新浪微博发布信息1317条，“蓬江发布”微信公众号发布信息1233条。（潘艳芳　肖雅欣）

【政务服务事项标准化梳理】 2019年，按照省、市关于政务服务事项标准化专项工作有关要求，蓬江区政务服务数据管理局组织31个区直单位，对区政务服务事项以省政务服务事项目录为依据，按照一事一码、动态更新原则进行全面标准化梳理，完善实施清单和“四办”清单，并在广东政务网对外发布。是年，蓬江区在省政务服务事项管理系统中已纳入实施子项1377项，实施率100%。

【基层减负便民专项】 2019年9月起，蓬江区开展基层减负便民专项工作，选取白沙街道农林社区、象山社区、永盛社区作为试点社区。经过3个月的试点工作，有效推动市政务服务一体化平台试点延伸村居，并结合“堵点清零”专项工作进一步优化基层证明开具流程，为蓬江区一门式服务窗口全面切换使用市政务服务一体化平台奠定实践基础。

（潘艳芳）

信访

【概况】 2019年，蓬江区信访局受理群众来信602件，同比下降21%。接待群众来访220批627人次，同比批次下降31%、人次下降32%；受理到区上访42批236人次，同比批次上升62%、人次上升

184%。群众到市上访28批435人次，同比批次上升40%、人次上升69%；群众到省上访14批26人次，同比批次下降13%、人次下降13%；群众到京上访1批1人次，同比批次持平。是年，全区信访情况总体平稳，没有发生大规模群体性上访事件和极端上访事件，没有到省、进京缠访、闹访等非正常上访现象。

【拓宽信访渠道】 2019年，蓬江区复制推广“枫桥经验”，以信息化、智能化、数据化为依托，着力打造全市首个“蓬江区智慧信访业务平台”，全面提升全区信访工作办理和处置等方面能力。平台主要以智能化推动规范信访基础业务，提速“马上办”业务办理，提升服务群众能力和水平。强化网上信访办理力度，将群众通过写信、走访、网上投诉等方式提出的信访事项纳入系统，实行网上受理、加强落地办理，全程公开透明，接受群众评价监督。将每个信访人年龄、性别、诉求及理由、诉讼史、信访史、案件案由、投诉事项、接谈过程、化解情况等资料完整建档录入数据库，全年录入资料602件。

【信访积案化解】 2019年，蓬江区落实区领导包案，并形成积案化解工作清单，明确包案工作任务和要求，设定包案办结时间节点，严格落实责任，限期妥善解决；依托信访联席会议平台，每月对积案化解情况进行全面排查分析和研判会商，形成化解方案。针对各类疑难复杂信访事项，组织协调会45场次。全年18名领导包案化解信访事项53宗，化解办结率80%。

【信访工作制度改革】 2019年，蓬江区相继出台《江门市蓬江区重大紧急上访事项和非法上访事项处置方案》《中华人民共和国成立70周年活动期间蓬江区领导干部接访和下访工作方案》《2019年蓬江区领导包案积案化解工作清单》《2019年蓬江区党政领导包案化解信访问题工作方案》《2019年蓬江区信访矛盾化解攻坚事项清单》等重大机制和方案，切实将任务压实到部门、落实到岗位、量化到个人，把信访积案化解纳入单位和个人年度信访考核，严格落实奖惩；发挥“三级”防火墙作用，以《提醒函》《催办函》《督办函》形式规范报送办结时间，全年发出信访工作专项提醒函、催办函、督办函29份。

【领导接访】 2019年，蓬江区领导牵头接访调处，倾听民声化解问题。根据上级要求和安排，全区在各大敏感节点均落实领导约访、下访、接访工作，并始终坚持开展每周三区党政领导接访活动。全年参与接访的区领导78人次，接待来访群众45批58人次。

【信访事项督查督办】 2019年，蓬江区信访部门将中央、省、市交办的重点信访案件和排查的矛盾隐患案件列为督查督办案件，专门认真分析原因，不局限于原有结论，重新展开调查，用好、用足政策，完善程序，及时疏导和化解，并与区信访维稳专班展开联动，通过走访、下访、约访等方式开展专门督查督办工作，还与区人民检察院展开联动，通过信访督导检查和区人民检察院专项督导双结合方式，对工作中不作为、推诿、扯皮等现象施行专项督导。全年办结省、市排查的矛盾信访事项53宗。

（容 颖 陆健威）

机关事务管理

【概况】 2019年，蓬江区机关事务服务中心为区府办属下正股级事业单位，经费按财政补助一类拨付，内设公务班、保安班、机关食堂、区政府车队等机构，核定事业编制73人，领导职数4人，在编人数69人，其中主任1名（区府办副主任兼任）、副主任2名。是年，“三公”经费支出约80万元，公务用车运行维护费约50万元；协助举办会议720场次，接待与会人员300人。

【机关后勤管理】 2019年，蓬江区机关事务服务中心完成党代表、人大会议、政协会议等重大会议会场布置及其他会议服务工作，合理安排会场，主动联系各个主办单位做好会前准备工作，确保会议正常开展。做好区政府大院公共区域日常保洁工作，实行“每日三擦三扫”制度，做到无积尘、无垃圾、无臭味、无烟头，落实人员跟踪保洁，随时保持办公环境洁净。规范机关食堂早餐、午餐、晚餐用餐时间，通过指纹、人脸识别进行取餐，杜绝其他无关人员在食堂就餐，保障机关大院内各部门单位工作人员正常用餐。办公设施放置符合工作要求，办公桌椅摆放整齐。每台办公设备安排专人管理，做好维护保养工作，保持办公设备处于良好运行状态。改造机关大院围墙、灯饰、中庭、立体连廊等。

【机关安全管理】 2019年，蓬江区机关事务服务中心采用智能“一卡通”门禁系统，采取指纹、人脸识别、车辆抓拍识别的方式实施人车出入管理，确保社会闲杂人员无法随意进出区政府大院，实现安全防范控制。认真执行机关大院24小时值班制度，不定时进行巡逻，维护机关大院正常工作秩序和安全稳定。定期召开消防工作会议，研究解决消防工作出现的新情况、新问题，并逐步完善各项消防安全制度。加强电路保障，每月至少进行1次安全检查，检查沿线路周围有无危险物品等。对机关院内水、电设备，管网、线路分片包干，责任到人，定期组织人员巡视各办公大楼水电使用情况，保障水、电设备安全运行。

【公务用车服务保障】 2019年，蓬江区公务车统一进行定点维修、定点保险和定点加油，严格执行车辆油耗定额，降低油耗。坚持科学、规范驾驶，按时保养，减少车辆部件的非正常损耗，降低车辆维修费用支出。合理安排车辆出行线路和用车人员搭配，尽量减少车辆空驶里程。对集体公务活动，提倡集中乘车；非紧急情况下城区范围内外出尽量步行。

【公共机构节能管理】 2019年，蓬江区机关事务服务中心及时更换老化供水管线，安装或更换节水型龙头和卫生洁具，在楼梯、走廊、卫生间等场所尽量安装延时开关或感应开关等自动控制装置。加强办公区域、仓库等部位线路、插排安全检查，落实下班断电制度，杜绝资源浪费；对电照明选用适当照度，采用高效率照明设备和照明线路，提高设备运行效率。按规定合理设置空调温度，所有办公场所夏季室内空调温度设置不低于26摄氏度、冬季不高于20摄氏度；养成随手关灯习惯，杜绝“长明灯”现象。坚持办公用品集中采购制度，严格审核控制办公设备配备限额和标准。加强办公设备、设施日常维护，推行计算机、打印机、复印机、传真机等办公设备统一维修和以旧换新，尽量延长办公用品使用寿命，推行双面用纸，减少纸张消耗和重印次数。

【办公用房管理】 2019年，蓬江区机关事务服务中心对区机关大院办公用房分布、构造、用途、面积以及使用单位和人员状况进行全面清查，会同有关部门，结合人员编制情况、办公与业务需求，整合优化区机关大院办公用房布局，提高办公用房利用率。党政机关撤销或调整的，及时跟进办公用房腾退与调配工作，完成区政务服务数据管理局、区司法局、区文化广电旅游体育局等7个区直机构的办公用房调整安排。对办公用房出现设施设备损坏、功能不全和存在安全隐患等情况，结合历史维修记录、损坏程度和使用单位的实际需求，严格按照规定履行审批程序，统筹安排维修、改造和更新工作，完成维修工作600多项，维修水、电、消防、门窗120次。 （邓华滨）

政协江门市蓬江区委员会

【政协机构概况】 2019年，中国人民政治协商会议江门市蓬江区委员会设有常务委员会，由主席、副主席、秘书长和常务委员组成；设有办公室（下设秘书股、综合股、联络股）、提案和科教文卫委员会、经济和人口资源环境委员会、社会和港澳台侨外事委员会、农业和农村委员会，其中农业和农村委员会、办公室联络股于2019年3月成立。另按地域分，有棠下、荷塘、杜阮、环市、潮连、白沙、港澳等7个联络组。是年，区政协有主席1人、副主席5人、党组成员5人、秘书长1人、常务委员35人、委员179人。

【区政协四届四次会议】 2019年1月20—22日，中国人民政治协商会议第四届江门市蓬江区委员会第四次会议在逸豪酒店国际会议中心召开。会议审议通过赵洪辉受政协第四届江门市蓬江区委员会常务委员会委托所作的工作报告和提案工作情况报告（书面）；出席会议的全体委员列席区人大十届四次会议，听取并讨论政府工作报告及有关报告；会议补选杜振飞为政协第四届江门市蓬江区委员会主席；通报表扬政协第四届江门市蓬江区委员会第三次会议以来优秀提案及承办提案先进单位。审议通过政协第四届江门市蓬江区委员会第四次会议决议。全体委员围绕全区经济社会发展的重要问题，积极参政议政，踊跃建言献策，提出许多建设性的意见和建议。

【区政协常委会会议】 2019年，政协第四届江门市蓬江区委员会常务委员会召开会议6次。

第十四次会议 于2019年1月8日召开。会议协商决定政协第四届江门市蓬江区委员会委员的请辞和增补事宜。审议通过李永安、任惠贤、董家军、黄文坚、何锡基的请辞。增补杜振飞、曾卓、蓝鹏、谭孔耀、徐凯慰、蔡保生、卢伟杰为政协第四届江门市蓬江区委员会委员。任命曾卓为政协第四届江门市蓬江区委员会棠下联络组组长，任命蓝鹏为政协第四届江门市蓬江区委员会潮连联络组组长。审议通过关于召开中国人民政治协商会议第四届江门市蓬江区委员会第四次会议的决定。审议通过政协第四届江门市蓬江区委员会第四次会议议程（草案）、日程，各次大会执行主席和主持人名单，提案审查委员会成员名单，提案收集截止时间，讨论分组及各组召集人名单，邀请出席（列席）人员范围。审议通过《关于表彰政协第四届江门市蓬江区委员会第三次会议以来优秀提案和承办提案先进单位的决定》。审议通过政协第四届江门市蓬江区委员会第四次会议秘书处工作方案。审议通过政协第四届江门市蓬江区委员会第四次会议选举办法（草案），候选人名单（草案），总监票人、监票人名单（草案）。审议通过政协第四届江门市蓬江区委员会第四次常务委员会工作报告和关于四届三次会议以来提案工作情况报告。审议通过关于政协第四届江门市蓬江区委员会常务委员会第十四会议未尽事宜授权主席会议审议通过的决定。

第十五次会议　于2019年1月21日召开。会议审议通过陈雄辉、何万德、梁健文、王一平、叶华乾、方永康辞去政协第四届江门市蓬江区委员会委员职务。

第十六次会议　于2019年1月22日召开。会议听取各讨论组召集人汇报各组对区政府工作报告及其他有关报告，区政协常务委员会工作报告和提案工作报告，主席候选人名单（草案），《选举办法》（草案），总监票人、监票人名单（草案），区政协“第四届江门市蓬江区委员会第四次会议”决议（草案）的讨论情况。审议通过区政协四届四次会议决议（草案）。审议通过区政协四届四次会议期间提案审查立案情况报告。

第十七次会议　于2019年1月22日召开。会议听取总监票人通报大会选举计票结果，大会发出选举政协第四届江门市蓬江区委员会主席选票159张，收回选票159张，杜振飞得票154张。根据总监票人报告，选举符合法定程序，选举有效。杜振飞当选政协第四届江门市蓬江区委员会主席。

第十八次会议　于2019年4月3日召开。会议学习传达全国“两会”精神和3月22日区委常委会（扩大）会议精神。传达学习《粤港澳大湾区发展规划纲要》。审议通过委员增补事宜，同意劳远富任区政协委员。审议通过关于区政协专门委员会名称及职能优化调整的决定，专委会名称调整为提案和科教文卫委员会、经济和人口资源环境委员会（农业和农村委员会）、社会和港澳台侨外事委员会。审议通过第四届蓬江区政协委员参加专门委员会分组活动安排方案。

第十九次会议　于2019年8月15日召开。会议听取区政府2019年上半年工作情况报告和关于区政协四届四次会议提案办理情况报告；听取区纪委监委、区人民法院、区人民检察院2019年上半年工作情况报告（书面通报），提出意见和建议。会议就“落实蓬江区2019年降税减费工作”开展专题协商。审议通过区政协2019年上半年工作情况和下半年工作计划。审议通过全体会议工作规则、常务委员会工作规则、提案工作细则。

【政协主席会议】　2019年，政协第四届江门市蓬江区委员会召开主席会议10次。

第三十二次主席会议　于2019年1月8日召开。会议审议政协第四届江门市蓬江区委员会委员的请辞和增补事宜。审议通过李永安、任惠贤、董家军、黄文坚、何锡基的请辞。审议增补杜振飞、曾卓、蓝鹏、谭孔耀、徐凯慰、蔡保生、卢伟杰为委员。审议政协第四届江门市蓬江区委员会部分联络组组长名单。审议通过召开区政协四届四次会议经费方案。审议通过委员履职费方案。审议关于召开中国人民政治协商会议第四届江门市蓬江区委员会第四次会议的决定（草案）。审议政协第四届江门市蓬江区委员会第四次会议议程（草案）和日程（草案），各次大会执行主席和主持人名单（草案），提案审查委员会成员名单（草案），提案收集截止时间（草案），讨论分组及各组召集人名单（草案），邀请出席（列席）人员范围（草案）。审议政协第四届江门市蓬江区委员会第四次会议秘书处工作方案（草案）。审议政协第四届江门市蓬江区委员会第四次会议选举办法（草案），候选人名单（草案），总监票人、监票人名单（草案）。审议政协第四届江门市蓬江区委员会第四次会议决议（草案）。审议关于政协第四届江门市蓬江区委员会常务委员会第十四会议未尽事宜授权主席会议审议通过的决定（草案）。副主席谢雁平通报拟向市政协提交和区政协大会发言的提案情况。

第三十三次主席会议 于2019年1月21日召开。会议审议陈雄辉、何万德、梁健文、王一平、叶华乾、方永康辞去政协第四届江门市蓬江区委员会委员职务事宜。

第三十四次主席会议 于2019年1月21日召开。会议审议政协第四届江门市蓬江区委员会第四次会议选举大会总监票人、监票人名单（草案），由于其中1名监票人高雪（女，民盟）临时有事无法出席选举会议，经研究同意推荐陈艳（女，民进）为监票人。秘书处更正名单（草案），并在四届十六次常委会上报告说明。

第三十五次主席会议 于2019年2月28日召开。会议研究审议《中国人民政治协商会议江门市蓬江区委员会机关职能配置、内设机构和人员编制规定》（代拟稿）。审议政协第四届江门市蓬江区委员会领导成员工作分工调整。审议政协第四届江门市蓬江区委员会各专委会主任和专职常委工作分工调整。审议选派办公室工作人员协助各专委会的工作安排。审议《2019年蓬江区政协调研活动有关要求》《2019年蓬江区政协辅助人员工资补贴预算表》《2019年蓬江区政协委员履职能力提升培训班活动方案》和《关于组织蓬江区历届政协委员联谊会开展会员活动的方案》。

第三十六次主席会议 于2019年3月29日召开。会议学习中共江门市委办公室关于印发《严格落实巡视期间休假和外出报告制度》的通知和区委办、区府办《关于严格执行领导干部外出请示制度的通知》。传达区委、区府办关于印发《蓬江区公共部门绩效考核评价实施意见》的通知。传达学习《粤港澳大湾区发展规划纲要》和宣传要求。传达学习省、市实施乡村振兴战略工作推进会等会议精神。传达学习全国“两会”精神和区委常委会（扩大）会议精神。审议通过办公用房改造方案。审议通过《蓬江区政协关于评选通报表扬优秀提案的办法》（修订稿）。审议通过《蓬江区政协关于通报表扬承办提案先进单位的办法》（修订稿）。审议通过各专委会主任和专职常委的分工调整。审议通过《中国人民政治协商会议江门市蓬江区委员会机关职能配置、内设机构和人员编制规定》（代拟稿），并同意报区编办。通报区政协机关人员调入和增加辅助人员事宜，从区市场监督管理局调入科员李志海；增加辅助人员1名，人选为白沙街道办工作人员尹秀敏。审议通过《蓬江区政协2019年工作计划表》（草案）。审议通过《蓬江区政协2019年协商课题汇总表》（草案）、《蓬江区政协2019年民主监督计划》《蓬江区政协2019年外出调研计划表》（草案）、《蓬江区政协2019年外出学习培训计划表》（草案）。

第三十七次主席会议 于2019年4月2日召开。会议审议通过四届十八次常委会会议议程。审议委员增补事宜，同意劳远富任区政协委员；审议刘鹏、叶桂坚辞去区政协委员。审议通过委员分组事宜，同意《第四届蓬江区政协委员参加专门委员会活动安排方案》。

第三十八次主席会议　于2019年5月13日召开。会议传达学习省、市实施乡村振兴战略工作推进会等会议精神。审议通过《蓬江区政协赴北京、雄安新区调研活动方案》（草案）。审议通过《2019年区政协书画展方案》（草案）。会议研究推动近期重点工作落实；要求各副主席牵头，对标分管重点工作，总结本年度协商计划、民主监督计划、调研计划、重点提案督办计划、工作计划等重点工作计划完成进度；从5月起，每月25日前，负责各项工作的具体责任人填报《工作进展情况表》报办公室，办公室整理后报给主席杜振飞。

第三十九次主席会议　于2019年7月1日召开。会议传达学习习近平总书记在“不忘初心、牢记使命”主题教育工作会议上的重要讲话精神。传达学习《关于解决形式主义突出问题为基层减负的通知》精神。研究通过主席会议成员、专职常委分工调整；副主席、党组成员廖炳华增加联系农工党蓬江支部，调整后的分工为分管提案工作，联系提案工作研究会、民建蓬江总支部、农工党蓬江支部、潮连联络组；副主席黄月嫦不再联系棠下联络组，增加联系潮连联络组，调整后的分工为分管社会、法制工作，联系潮连联络组；柯李策不再担任党组成员，任专职常委，不再分管扶贫、慈善工作，联系农工党蓬江支部、白沙联络组。会议研究通过研究专委会相关外出调研方案。

第四十次主席会议　于2019年8月13日召开。会议审议召开区政协四届十九次常委会会议议程及有关材料，主要包括听取区政府、区人民法院、区人民检察院2019年上半年工作情况和下半年工作部署通报，提出意见和建议（区人民法院、区人民检察院为书面通报）。会议商讨就“落实蓬江区2019年降税减费工作”开展专题协商的相关情况；听取区政府关于区政协四届四次会议提案办理情况的通报；审议区政协2019年上半年工作情况和下半年工作计划；审议新修订全体会议工作规则、常务委员会工作规则；审议提案工作细则。

第四十一次主席会议　于2019年12月26日召开。会议审议通过区政协四届二十次常委会会议议程和提交审议通过的文件，包括区政协四届二十次常委会会议议程，召开区政协四届五次会议的决定（草案）、议程（草案）、日程（草案），《常委会工作报告》（草案），《提案工作情况报告》（草案），各次大会执行主席和主持人名单（草案），提案审查委员会成员名单（草案），提案收集截止时间，协商决定政协第四届江门市蓬江区委员的请辞和增补事宜，政协第四届江门市委员会常务委员会关于授权主席会议审议区政协四届二十次常委会会议未尽事宜的决定（草案）。审议通过《政协江门市蓬江区委员会委员履职工作规则》（试行）；审议通过区政协四届五次会议有关事项，包括邀请列席的领导嘉宾建议名单，各次大会主席台就座方案，区政协四届四次会议以来优秀提案和承办提案先进单位推荐意见和说明，《关于通报表扬区政协四届四次会议以来优秀提案和承办提案先进单位的决定》，政协第四届江门市蓬江区委员会第五次会议讨论分组及各组召集人名单，第四届蓬江区政协委员参加专门委员会分组活动安排方案，召开区政协四届五次会议经费方案；审议通过《蓬江区政协棠下镇政府天河爱心慈善会挥春贺岁赠联活动方案》（草案）；审议通过相关工作制度，包括区政协机关组织、人事、财务等制度（共22项）、《蓬江区政协提案质量评价办法》《蓬江区政协提案质量评价表》；听取区政协委员履职量化综合评价办法起草情况（试行）。

【协商议政】 2019年，蓬江区政协全面贯彻落实十九大关于协商民主的新要求和中共中央《关于加强社会主义协商民主建设的意见》精神，进一步加强对协商活动的整体谋划部署，充分发挥人民政协作为协商民主重要渠道和专门协商机构的作用。落实区委《2019年在区政协同区各民主党派和各界代表人士协商工作计划》，对全区2019年降税减费工作、创建乡村振兴综合改革试点示范镇、村级工业园升级改造、长者饭堂（益食堂）提质扩面等重点议题开展协商，形成《关于我区村级工业园升级改造协商情况的报告》等专题报告5篇，为党政科学决策提供参考。区政协常委会听取区政府、区纪委监委、区人民法院、区人民检察院阶段性工作通报，并就招商引资、人才建设、教育强区等问题提出协商意见30多条。

【民主监督】 2019年，蓬江区政协贯彻落实中共中央办公厅《关于加强和改进人民政协民主监督工作的意见》，增强民主监督履职自觉。组织制定区政协2019年民主监督计划，对社会关注的热点、焦点问题和重要民生实事等9项重点工作办理情况进行民主监督。是年，各项监督事项得到有力推进或顺利解决。充分发挥提案监督作用，督办“补齐区旅游短板，让游客宾至如归”提案，促成文广旅体部门推出蓬江区“两天一夜游”文旅精品线路和“侨乡欢乐行·万人游蓬江”首届文化旅游节系列活动，有效推进全区旅游业发展。到区人民法院、区人民检察院等部门开展工作调研，对机构改革后“两院”在依法履职、司法保障和法律服务等方面的工作情况开展民主监督，推动依法治区工作深入开展。重视民主监督员工作，推荐政协委员担任监督员，对有关单位及其工作人员工作情况进行监督，提出意见和建议；全年推荐政协委员担任监督员36人次，开展监督工作15次。

【提案和反映社情民意】 2019年，蓬江区政协四届四次会议期间共收到提案31件，全区立案24件，另有7件属市直范围，已上报市政协处理。是年，区政协做好沟通、协调、督办、跟踪服务等工作，召开全区提案工作会议，积极组织提案人、承办单位进行沟通，为提案顺利办理营造和谐环境。落实重点提案区领导领办制度和区政协领导督办制度，提高提案办理成效。制定《2019年蓬江区政协主席、副主席督办重点提案安排表》，将《关于中小学生减负提效的建议》等7份提案列为重点提案，由区政协主席、副主席督办，推动提案反映问题的有效解决。完善提案工作机制，制定修订《江门市蓬江区政协“一号提案”工作办法（试行）》等6项提案工作制度，实现提案工作制度化、规范化、程序化。指导提案工作研究会深入开展提案工作理论研究，全年召开专题研究会议8次。充分发挥社情民意信息在民主监督中的推动作用，将《关于打造棠下镇良溪村特色古村的建议》《关于对堡莲路建设的民主监督意见》等社情民意向党委政府专报，有效推动民生难题解决。

【专题调研和视察】 2019年，蓬江区政协制定实施《蓬江区政协2019年度调研工作计划》。开展粤港澳大湾区建设、乡村振兴、园区提质等主题调研活动，形成《江门蓬江产业转移工业园提质增效调研报告》等7篇专题调研报告，为党委政府科学决策提供参考。组成6个调研组，深入各镇（街）、园区和区直相关单位调研，全年开展各类专题调研26次。是年，走访政协委员和委员企业，组织委员到江门人才岛、江门蓬江产业转移工业园和蓬江区法人一门式服务中心等参观学习，搭建企业之间沟通合作的桥梁，为企业转型升级出谋划策。组织有关委员赴北京、深圳、顺德等地考察，借鉴先进经验做法，探索全区产业园区提质增效和乡村旅游融合发展的新思路、新方法。助力区人才建设，对区高层次人才进行慰问，多方协调解决其在工作生活中遇到的难题。

【交流访问】 2019年，蓬江区政协到港澳等地开展联络组活动和出席有关社团活动，及时向港澳委员通报全区经济社会发展情况和政协工作情况。组织历届港澳委员到江门人才岛、潮连街道卢边社区、塘边社区卢湾村参观考察，主要介绍蓬江区重点项目建设、乡村振兴示范村建设、农村人居环境整治等方面成果。加强开展蓬江区与粤港澳青少年合作交流专题调研，先后到区委政法委、区委统战部、区教育局等部门了解情况，学习中山市东升镇建设国际棒球小镇先进经验，形成《加强我区与港澳青少年交流合作，主动融入粤港澳大湾区建设》专题调研报告。与广西钦南区政协、四川绵阳安州区政协、成都市双流区政协等进行交流，不断提高队伍综合素质。全年累计开展交流学习活动56次。

【扶贫与慈善公益】 2019年，蓬江区政协组织政协委员、政协各参加单位、联络组，响应区委精准扶贫号召，从关爱健康、关心生活、帮扶就业、子女教育、改善家居环境等多层面帮扶辖区困难家庭，开展爱心捐助活动。落实结对帮扶工作，定期开展困难家庭慰问活动，帮助解决就业难、就医难、生活难等实际问题。组织委员赴广西天等县开展扶贫工作，将精准扶贫落到实处。全年参与社会慈善公益活动捐款捐物300多万元，其中向广西天等县定向捐款11万元。

【文化与宣传工作】 2019年，蓬江区政协举办庆祝中华人民共和国成立70周年“美丽蓬江”美术书法摄影作品展，展示书画摄影作品120多幅。联合区教育局等单位举办青少年书法大赛，搭建书法技艺学习交流平台，进一步弘扬传统文化艺术。通过《蓬江画报》、委员微信群及各类学习会等方式，向全社会宣传推广新时期政协工作新风采。

（李志海）

纪检监察

【政治建设】 2019年，蓬江区纪委监委坚持把政治建设摆在首位，坚决扛起“两个维护”根本政治责任。区纪委常委会严格落实集体学习和理论学习中心组学习制度，坚持落实第一议题学习制度，聚焦重点，把学习贯彻习近平新时代中国特色社会主义思想作为首要政治任务抓紧抓实，全年召开区纪委常委会集体学习、专题学习、理论学习中心组学习45次。聚焦政治监督，坚持实行区纪委监委领导包片督办制度，督促各级认真抓好三大攻坚战、扫黑除恶、乡村振兴战略、整治利用名贵特产类特殊资源牟取私利等工作，确保党中央的各项决策部署在蓬江落地落实。严明党的政治纪律和政治规矩，严肃党内政治生活，协助区委重构良好政治生态。认真抓好“不忘初心、牢记使命”主题教育，围绕7个专题开展集中学习研讨，组织参加专题辅导讲座13次。注重调查研究，区纪委监委班子成员针对难点热点问题，先后15次深入基层调查研究，形成调研报告4篇。注重整改落实，按照“五个摆进去”要求，召开区纪委监委领导班子“不忘初心、牢记使命”主题教育暨省委巡视整改专题民主生活会，进一步梳理查摆问题、深挖思想根源、制定整改措施。

【重要会议和调研】 2019年1月14日，蓬江区纪委常委（扩大）会议召开，传达学习十九届中央纪委三次全会、十三届市委九次全会和九届区委八次全会精神，研究贯彻落实意见。

1月18日，蓬江区纪委常委（扩大）会议召开，传达学习省委书记李希在江门调研时的讲话精神，传达贯彻市委十三届第九十六次常委（扩大）会议、市纪委监委专题会议和区委九届第一百零二次常委会（扩大）会议精神。区纪委监委机关副科级以上干部参加会议。

1月25日，蓬江区委书记、滨江新区党工委书记伍培进到区纪委监委调研构建政治生态工作，提出要重整旗鼓再出发，切实抓好党风廉政建设和反腐败斗争，大力重构政治生态，推动落实全面从严治党向纵深发展。区委常委、区纪委书记、区监委主任邹强，区委常委、区委组织部部长何惠能参加调研。

1月28日，中国共产党江门市蓬江区第九届纪律检查委员会第四次全体会议召开，区委书记、滨江新区党工委书记伍培进出席全会并讲话。会议深入学习贯彻中央、省、市纪委全会主要精神，审议通过区委常委、区纪委书记、区监委主任邹强代表区纪委常委会所作的《忠诚履行纪检监察两项职责为蓬江开创改革开放新局面提供坚强政治保证》工作报告，总结和部署全区党风廉政建设和反腐败工作。

2月12日，蓬江区纪委监委2019年开年工作会议召开，传达学习贯彻区委九届九次全会、蓬江区2019年开年工作会议精神，研究部署新一年纪检监察开局工作。

3月2日，蓬江区纪委常委会议召开，传达学习省第三批第五环境保护督察组督察江门市情况反馈会和区环保追责、区委“大棚房”专项整治、区委扫黑除恶推进工作会等会议精神，研究部署贯彻落实措施。

4月12日，蓬江区纪委监委召开各镇（街）纪检监察工作座谈会，交流经验做法，部署下一步工作。区纪委监委班子成员，各镇（街）纪（工）委正、副书记，区纪委监委机关相关室负责人参加会议。

4月24日，蓬江区纪委常委会（扩大）会议召开，传达学习全市安全工作座谈会精神，研究部署贯彻落实工作。

5月21日，江门市委常委、市纪委书记、市监委主任项天保率调研组到蓬江区调研基层党风廉政建设、巡察整改和提级巡察等工作，要求抓好基层党风廉政建设，打通全面从严治党“最后一公里”。市纪委副书记、市监委副主任陈允均，区委常委、区纪委书记、区监委主任邹强参加调研。

6月13日，蓬江区纪委常委会（扩大）会议召开，传达学习省委常委、省纪委书记、省监委主任施克辉在全省纪检监察系统全员培训推进会上的讲话精神，研究部署下一步工作。

8月28日，蓬江区纪委常委会（扩大）会议召开，组织学习《中国共产党党组工作条例》，研究部署下一阶段工作。

9月17日，蓬江区委巡察工作领导小组会议召开，听取区委第六轮巡察情况报告。区委常委、区委组织部部长何惠能出席会议，区委巡察工作领导小组成员，各巡察组正、副组长及巡察办全体干部参加会议。

11月19日，蓬江区举办“不忘初心、牢记使命”主题教育警示教育会议暨2019年蓬江区领导干部党章党规党纪教育培训班。区委书记、滨江新区党工委书记伍培进作动员讲话暨专题辅导报告，区委副书记、区长文丽作专题辅导报告，区委常委、区纪委书记、区监委主任邹强主持并作专题辅导报告。

【纪检监察体制机制】 2019年，蓬江区纪委监委建立健全内部运行机制、纪法协调衔接机制，实现纪检和监察业务全线贯通、全程衔接、高效运行。与区人民法院、区人民检察院联合制定《蓬江区纪委监委、区法院、区检察院扫黑除恶专项斗争问题线索快速移送和协同办案机制》，与政法机关密切协作配合，推进深度融合。完善区纪委监委与区公安分局工作协调例会制度，深化涉黑涉恶问题线索双向移送机制，及时互通进度、有序对接推进。调整反腐败协调领导小组成员，增配小组办公室副主任，成立追逃专班。

【政治生态建设】 2019年，蓬江区纪委监委督促各级党组织严肃党内政治生活，认真贯彻落实《中国共产党党内监督条例》和省委《关于开展述责述廉工作的意见》等有关规定，履行党内监督主体责任，推动落实党内谈话、述责述廉、民主生活会等制度。组织全区各单位党组（党委）主要负责人和区直各单位、各人民团体、区属国有企业党组（党委）主要负责人向区委述责述廉，选取荷塘镇、区教育局、区科工商务局、区财政局、区环境卫生管理处5个单位主要负责人现场述责述廉、接受评议、督促整改。建立绩效考核办法，发挥考核激励及约束作用，出台《蓬江区纪委监委考核镇级党风廉政建设的方案》和《蓬江区纪委监委考核公共部门纪检监察工作的方案》，制定党风廉政建设考核方案及评分标准，明确细化考核内容，完善蓬江区全面从严治党主体责任考核机制。进一步推动各级党组织落实“两个责任”，运用江门市党风廉政建设“两个责任”电子监察平台信息化手段，督促各单位严格执行主体责任清单制度，运用信息化手段推进主体责任落实。紧盯“关键少数”，按照省委《关于加强对各级党组织一把手监督的意见》，围绕对党组织一把手约谈、述责述廉、巡察重点对象、纪律监督、发挥民主生活会作用及教育提醒等6个方面进行任务分工，制定《统筹做好向案发单位提出监察建议和督促案发单位党组织召开民主生活会两项工作》《新任党组织一把手提醒函》等制度措施，切实抓好监督的再监督。制作《明察暗访专题片（第一期）》，严厉整治形式主义、官僚主义问题，全年立案查处形式主义、官僚主义问题案件6件，处理62人，通报典型案例7起。严把选人用人廉政回复关，全年回复党风廉政意见4461人次，发出监察建议书12份，发出函询书31份，函询21人次和10个单位。

【正风肃纪反腐】 2019年，蓬江区纪检监察机关受理信访举报294件，其中实名举报105件。全年立案查处党员干部、监察对象违纪违法案件118件，同比增长8.26%。查处科级干部26人、股级干部11

人，党纪政务处分118人，其中开除党籍19人、开除公职14人、留置8人、移送司法机关11人。通过执纪审查，全年追缴违纪款项2584万元，挽回经济损失超4.3亿元。各镇（街）办案42件，连续12年实现镇（街）办案覆盖率100%。全年全区运用监督执纪“四种形态”（经常开展批评和自我批评、约谈函询，让“红红脸、出出汗”成为常态；党纪轻处分、组织调整成为违纪处理的大多数；党纪重处分、重大职务调整的成为少数；严重违纪涉嫌违法立案审查的成为极少数）处理党员干部270人次，其中党政“一把手”14人，农村基层干部104人；运用“第一种形态”处理146人次，占“四种形态”处理总数的54.1%。严肃查处涉黑涉恶腐败和“保护伞”问题，做好省扫黑除恶专项斗争领导小组挂牌整治蓬江区在垄断农村资源、建筑工程行业等两类涉黑涉恶突出问题的整改；全年新增涉黑涉恶腐败和“保护伞”问题线索26条，立案31宗31人；打掉“保护伞”29人，移送司法机关14人；追缴涉“保护伞”非法利益2151万元。

是年，蓬江区纪委监委严格落实中央八项规定精神，严查顶风违纪和隐形变异的“四风”问题。全年派出70人次开展明察暗访工作，暗访场所30个，发出节假日廉政短信9万多条；全区查处党员领导干部涉违规收送“红包”礼金、违规发放津补贴等违反中央八项规定精神问题61个，党纪立案48宗，运用“四种形态”查处党员干部265人。开展扶贫领域专项治理，全区摸排扶贫领域问题线索10条，查办违规发放低产鱼塘补贴专项资金等扶贫领域违纪问题4件，给予党纪处分3人，通报典型案件3起。持续强化环保领域监督执纪问责力度，重点查处污染问题严重、群众反映强烈、社会影响恶劣的环保问题典型案件，全年查处环保领域案件5件5人。实施精准追责问责，全区追责问责党组织12个48人次，涉及正科级干部5人、副科级干部11人。

【政治巡察】 2019年，蓬江区纪委监委对扶贫攻坚、惠民惠农政策落实等重点领域，以及“涉黑涉恶腐败”“微腐败”“小官大贪”“雁过拔毛”等重点问题，采取“巡查式”“点穴式”“机动式”等常规巡察与专项巡察相结合的方式，全年开展巡察4轮，覆盖区直单位、镇（街）党组织18个、村级党组织77个，发现管党治党、全面从严治党不力和廉洁从政等方面问题791个，移交问题线索37条；全区巡察覆盖党组织111个，覆盖率66.7%，完成省委巡视办下达的目标任务。完成中央、省委巡视组六大方面43个具体反馈意见整改落实，制定整改措施80项。区委巡察机构督促相关职能部门对管党治党等方面进行精准督导整改，共有1033个问题和移交的72条问题线索。是年，区委巡察机构人员由原来“1办3组”增至“1办4组”，定期更新充实巡察人才库，库内纪检监察、组织人事、财务审计、政法等各类专业人才150多人、组长30人。

【廉洁教育】 2019年，蓬江区纪委监委制定《江门市蓬江区领导干部廉政档案管理实施办法（试行）》，健全领导干部监督管理机制。协助区委举办“不忘初心、牢记使命”主题教育党章党规党纪教育培训班和警示教育展，筛选近年来发生在本地的26宗违纪违法典型案件，制作成警示教育展板和图册，组织各单位党员、干部5000多人次集中观看，发放警示教育图册2500本。组织全区科级党员干部参加庭审2次，旁听区内干部违法犯罪宣判，用身边事教育身边人。加强纪检监察门户网站、微信公众号等宣传阵地作用，强化纪律教育。

【纪检监察队伍建设】 2019年，蓬江区纪委监委深入开展“不忘初心、牢记使命”主题教育，学习贯彻习近平总书记关于主题教育的重要讲话和重要指示精神，把“学习教育、调查研究、检视问题、整改落实”贯通起来、贯穿始终。注重革命教育，组织观看“蓬江革命老区巨变”诗书画摄影文献展、《铁骨丹心——林基路》话剧。加强机关党组织建设，完善机关党组织架构，将区纪委监委机关党支部升格为机关党总支。建设学习型机关，以“学分制”推动全员培训，组织召开区纪委常委（扩大）会议、专题学习会、“三会一课”，持续开展政治理论和业务学习。安排派驻机构人员到区纪委监委机关纪检监察室参与办案，以干代训，全面提升纪法素养，先后抽调6名镇（街）纪检干部到区纪委监委跟班学习。全年开展培训班28次，参加培训干部1242人次。 （欧阳素勤）

民主党派和工商联

民主党派

【概况】 2019年，蓬江区有7个民主党派，成员448人，其中民革蓬江总支51人、民盟蓬江总支40人、民建蓬江总支65人、民进蓬江区基层委员会119人、农工党蓬江支部39人、致公党蓬江总支61人、九三学社蓬江基层委员会73人。

【民革蓬江区总支部委员会】 2019年，民革蓬江区总支部委员会有党员51人，新发展党员3人，党员年增幅6.25%。会员中任市人大代表2人、区政协委员6人（含常委1人）。民革蓬江三支部被评为省级示范支部，1人被评为省级示范支部创建活动优秀党员，1人受聘为江门市廉洁征兵监督员。

是年，民革蓬江区总支部委员会围绕市委、市政府和区委、区政府中心工作开展调研。全年报送提案、建议和社情民意12件，其中市人大建议8份、市政协和区政协提案3件、社情民意1份，内容包括民营经济、乡村振兴、旅游、食品安全、环保、康养、交通、规划等民生问题。其中《关于重启古猿洲旅游开发的建议》获市人大常委会副主任督办，蓬江总支集体提案《全面深化改革 助力民营经济高质量发展》获区政协副主席督办，《关于进一步完善蓬江区食品药品监管的建议》《关于助力乡村振兴的建议》获承办部门肯定。全年15篇新闻稿件获民革中央、省委会、市委会、江门市政府门户网站、江门新闻网等媒体报道。在组织建设方面，民革蓬江总支增补总支委员和总支副主委，杨继玲、邓粹红、金丹、余丹莹增补为总支委员，黄丽霞、张声弘增补为总支副主委。在交流活动方面，民革蓬江总支联合民革新会区委会到四川绵阳市开展西部产业共建调研活动，并与当地政协、民革组织展开交流。在社会服务方面，全年开展15次组织活动，在春节和中秋节期间，民革蓬江总支主委、副主委和总支委员、党员到台山、甘化厂等慰问抗战老兵；在妇女节和重阳节期间，开展老党员慰问活动。 （林命彬）

【民盟蓬江区总支部委员会】 2019年，民盟蓬江区总支部委员会有党员40人，新发展党员5人，有教育人士、医疗人员、园林工程师等，其中主任医师2人、博士1人。会员中任区政协委员4人（含常委1人）。民盟蓬江总支被评为民盟江门市委会

2019年度先进集体。

是年，民盟蓬江区总支部委员会把深入学习贯彻中共蓬江区委会议精神与履行参政党职能相结合。围绕区党委和政府中心工作，发挥盟内专业优势，选择合适课题，深入基层、社区进行广泛调查研究，收集有价值的调研信息，制定调研方案，做深做透调研课题。围绕乡村振兴、乡村文化、脱贫攻坚、幼儿教育、医疗卫生等工作分别到辖区乡镇、开平市、台山市调研3次，组织到浙江省、深圳市调研2次，并提出建议及提案，助推全区经济社会发展。其中，《关于蓬江区建立3岁以下婴幼儿照护机构的建议》被评为政协蓬江区委会2019年度优秀提案。组织党员开展“送文化到社区”活动，参加活动的书画家9名，送出字画20张、春联265对；还开展送医送药活动，看病及咨询群众共160人，送出药品37种价值4350元、健康处方210份。

（王良平）

【民建蓬江区总支部委员会】 2019年，民建蓬江区总支部委员会有会员65人，下辖3个支部，新发展成员5人。会员中任市人大代表1人、区人大代表2人、市政协委员2人、区政协委员4人。

是年，民建蓬江总支围绕经济社会发展焦点问题和身边民生热点问题，向区人大提交《关于尽快完善落实市重点工业园区环保设施的建议》，向区政协提交《扶持我区民营企业渡过难关的建议》《关于加快行政许可事项标准化建设的提案》《关于改造蓬江区小马路的建议》等提案议案。1月，民建蓬江一支部联合江门市万豪书画院在白石村委会举办“挥春贺岁赠联”活动，邀请广东美协会员区启森等市、区书法家为市民赠写对联；4月，民建蓬江一支部联合开平三支部到开平市大沙镇敬老院开展慰问活动，民建江门市委会专职副主委、民建开平市委会主委以及江门市委会、开平市委会办公室专干及各成员到敬老院为老人送上慰问金及生活用品；10月，蓬江一支部、市直二支部、新会一支部联合到新会区儿童福利院开展慰问活动，并参观福利院各类场所和设施，了解福利院孤儿、弃婴现状以及未来的生活保障等情况。

（林扶波）

【民进蓬江区基层委员会】 2019年，民进蓬江区基层委员会有支部8个，会员119人，新增会员5人，会员中任区政协委员7人（含常委2人）。

是年，民进蓬江区基层委员会围绕中心工作深入调研，撰写提案议案。实验中学支部参与撰写《关于加快建设实验中学消防通道的建议》，市政府专门成立专项工作组实地调研，区教育局联合规划、国土、交通等部门进行答复，协调推进提案落实。配合中央扫黑除恶行动，结合工作实际提出《办理涉恶套路贷案件需除恶务尽的建议》，对打击套路贷案件中出现的不足及瑕疵，提出除恶务尽和深挖涉恶案件组织、策划、指挥者的建议，得到区人民检察院、区人民法院、区纪委的认同和积极回应，相继发出检察建议书、司法建议书，追查余罪和在逃疑犯；8名会员加入市民进参政议政工作处，并承接市委会布置的多项重点提案的撰写任务，分别撰写《对长堤风貌街进行品质提升的建议》《蓬江产业转移工业园提质扩容振兴乡村经济的建议》《在我市小学建立志愿看护队 助力破解学生课后托管难题的建议》等提案建议。是年，民进蓬江基层委员会赴广西大学参加由民进市委会、民建市委会、农工民主党市委会联合组织的乡村振兴培训班，赴柳州党校参加区政协组织的政协委员履职能力培训班，赴贵州参加“不忘初心、牢记使命”主题教育培训，赴北京雄安调研及赴湖南参加市委统战部组织的新知联长沙骨干培训班等。联合民进开明书画院、外海书画院到杜阮镇上巷村开展迎春挥毫活动，携手书画家为村民服务，受益村民300多人。参与组织广西“暖冬行动”活动，为46个困境抗战老兵送上慰问金50 600元及一批电器、生活物资。在江门市第二人民医院开展敬老慰问演出活动，与医护人员及100多名住院老年患者共迎新春。

（阳 帆）

【农工党蓬江区支部委员会】 2019年，农工党蓬江区支部委员会有党员39人，新发展党员5人。会员中任省人大代表1人、市人大代表1人、区人大代表2人、区政协委员5人（含常委1人）。

是年，农工党蓬江区支部委员会成员积极了解社情民意、撰写提案和调研报告等参政议政稿件，认真履行参政党职能。总支调研报告《推动广东制造向广东智造转变 形成创新核心竞争力》被农工党中央表彰为调研报告二等奖，并被省委会用作省政协提案；支部集体提案《进一步做实家庭医生签约服务 筑牢蓬江区居民基本医疗保障网》获区政协表彰为优秀提案。在交流活动方面，联合中共蓬江区委统战部、民建蓬江区总支、蓬江区知联会到湖南韶山、宁乡等地开展“红色之旅”，学习当地“以特色旅游带动经济发展，助推乡村振兴”经验做法。配合农工党市委会“不忘合作初心，继续携手前进”主题活动，组织支部成员到台山深入了解五邑侨乡文化，调研台山开展乡村振兴工作情况。在社会服务方面，支部积极响应市委会号召，参与贵州省毕节市大方县“同心圆博爱精准扶贫项目”捐款活动；成立蓬江支部志愿服务队，依托祥光社工组织开展义工服务，多次到福利院、敬老院、医院探访慰问孤寡老人，并捐赠衣物。

（林伟玲）

【致公党蓬江区总支部委员会】 2019年，致公党蓬江区总支部委员会有成员61人，新发展成员6人。会员中任市人大代表1人、区人大代表3人（含常委2人）、市政协常委1人、区政协委员4人（含常委1人）。1人被评为全国优秀致公党员。

是年，致公党蓬江区总支部专题调研组撰写的《关于整合我市旅游资源的建议》获市政协优秀提案奖，《关于完善我区自助图书馆建设的建议》被评为区政协2019年度优秀提案。致公党蓬江区总支部成立“蓬江区三资管理工作”专题调研组，到区农业农村和水利局就《蓬江区三资管理工作》课题进行调研。在交流活动方面，主委率领骨干党员一行9人到汕尾市开展主题教育活动，参观海丰红宫红场、彭湃故居、红色文化村附城新山村等红色教育学习基地，开展现场教学，并调研汕尾市夜间经济发展情况。

（张中强）

【九三学社蓬江基层委员会】 2019年，九三学社蓬江基层委员会有支社5个，会员73人。会员中任省人大代表1人、市人大副主任1人、区人大代表2人、市政协委员6人（含常委2人）、区政协委员5人（含常委1人）。社员有3人获“岭南名医”称号，1人获“江门市中心医院十佳医师”称号，1人获江门市妇幼保健院第二届医师节“岗位能手”称号，1人获江门市科学技术协会自然科学优秀论文三等奖，1人成功考取医学博士学位，2人先后公派到德国哈拉兴骨科医院进修学习，6人的11幅作品参加广东省委举办的“不忘初心 携手前进”美术作品展。

是年，九三学社蓬江基层委员会提交《关于提高脑瘫基本医疗保险分值的建议》《加快推进蓬江区“两天一夜”精品旅游发展的建议》《关于加强江门急救技能培训及设备配置的提案》《关于加强城市道路建设提升车辆通行能力的建议》《关于旧城区品质提升、增添活力的六点建议》《关于对市区部分人行天桥加装电梯的建议》《关于将凤山建设为公园的建议》等建议提案7份。《补齐区旅游短板 让游客宾至如归》被评为区政协2019年度优秀提案，《关于加强城市道路建设提升车辆通行能力的建议》在《江门日报》刊登，《关于旧城区品质提升、增添活力的六点建议》《关于对市区部分人行天桥加装电梯的建议》被列入区人大会议重点议案，《关于将凤山建设为公园的建议》被纳入人大立案计划。在社会调研方面，组织到新兴县开展旅游文化产业调研活动，借鉴新兴县旅游景区运作模式，推动江门旅游产业发展；赴沙湾古镇调研，尝试从挖掘侨乡文化底蕴、打造侨乡旅游概念方面提出参政议政新思路；赴鹤山妇幼保健院开展专科联盟与医联体建设专题调研，致力提升基层医院整体医疗服务水平；到市教育局开展促进中小学校心理教育规范管理专题调研，重点了解中小学生心理健康规范管理方面的现状，对存在困难探讨解决方案。在组织建设方面，积极落实“人才强社”战略，做好组织发展工作，在市委支持和重视下，进行内部架构调整优化，原医卫支社调整为两个支社，原三支社调整为二、三支社，3个基层支社调整为5个支社。在交流活动方面，组织女社员代表赴番禺参加“三八”妇女节活动；组织社员赴港珠澳大桥参观学习。 （徐春红）

蓬江区工商业联合会

【概况】 2019年，蓬江区工商联（总商会）执委会成员213名，直属分会3个，镇（街）商会6个，行业协会4个，会员7913名。全年各级商会及会员企业组织参加粤港澳大湾区发展机遇讲座、学习交流会、讨论会53场，参加人数超过3000人次。与四川自贡工商联、松山湖莞商协会、深圳商业联合会、中山小榄商会、鹤山市工商联、新会区工商联、开平市工商联、澳门江门商会等多个友好商会互访交流。是年，各级商会组织活动60多次；各级商会协助企业解决有关招工、环保、融资、劳资、经济纠纷等方面的问题30多宗；搭建政商交流平台，与18个职能部门保持联系机制；发动会员参与社会公益慈善事业，各级商会捐款累计1000万元。

【思想建设】 2019年，蓬江区工商联加强党组政治学习，把深入贯彻习近平新时代中国特色社会主义思想作为党组会议的“第一议题”，制定《蓬江区工商联党组理论学习中心组2019年度学习计划》，细化每个季度的学习内容与要求，并将学习文件汇编成册，全年党组成员集中学习12次、集中研讨4次。开展“不忘初心、牢记使命”主题教育，成立区工商联“不忘初心、牢记使命”主题教育领导小组，制定实施方案和学习计划，建立动态的“一台账”“三清单”；重点安排7天的集中研讨学习，开展集中学习6次；参加专题讲座3场次，组织法制警示教育3次，参观革命历史展览1次，进行先进典型教育1次。开展调查研究，由2名党组成员分别带领1个调研小组到各镇（街）、基层商会及会员企业进行实地调研，形成《关于加强引导工商资本参加乡村振兴》和《关于开展如何加强非公党建培训教育工作》2份调研报告。此外，举行股级以上干部轮训5场次，举办大型专题讲座3场次；各镇（街）商会、行业协会及会员企业举办专题学习座谈会、讨论会等10多场次。

【组织建设】 2019年，蓬江区工商联（总商会）通过打造“直属分会—镇（街）商会—行业商（协）会”的基层商（协）会组织架构模式，扩大队伍，健全工作网络。3月，召开蓬江区工商联（总商会）四届三次执委会议，增补常务委员1名、执行委员9名；12月，召开蓬江区工商联（总商会）四届四次执委会议，会上选举黄志坚为区总商会执行会长、增补副主席2名、副会长1名、执委10名。4月，潮连商会完成换届工作，至年末已有5个镇（街）商会完成换届工作。联合区团委筹建蓬江区青年企业家联合会，于6月20日举办成立大会暨第一届理事会就职典礼，选举产生第一届理事会成员166名，施华锋任首届会长，聘请荣誉会长、名誉会长17名，顾问23名，会员近500人。

【服务经济】 2019年，蓬江区工商联（总商会）通过搭建融资、法律、活动交流、学习培训、参政议政五大服务平台，精准服务会员，促进非公企业积极融入粤港澳大湾区建设。全年开展交流活动48场次，包括每季度召开主席（会长）工作会议；加强与香港恒生银行、四川自贡工商联等多个外地社团、企业交流，特别是粤港澳地区社团和企业互访；组织企业赴古田、南昌、深圳等省内外先进地区考察和参观各类展览。坚持每周分组到3家以上企业开展调研，密切关注会员企业生产经营情况；全年各级商会到会员企业调研1000多家次。向区政协提交提案《加大扶持力度 促进民营经济发展》获优秀提案奖；联合五邑大学、江门职业技术学院等高校和企业代表，集思广益，向区政协提交提案《打造科技特色小镇助力荷塘产业转型升级》，得到区委、区政府的重视。

【教育培训】 2019年，蓬江区工商联（总商会）坚持建设学习型商会，采用外出短期学习考察与阶段性系统学习相结合、理论学习与现场教学相结合的方式，全年各级商会举办学习交流活动40多场次，其中区工商联组织各类学习活动10次。继续打造品牌培训项目，联合江门职业技术学院举办蓬江企业家培训学院第五期培训班，62家企业93名企业高管人员参加，并顺利结业。

【慈善公益】 2019年，蓬江区工商联（总商会）发动各级商会、企业捐款超1000万元。区总商会和各镇（街）商会在蓬江区“扶贫济困日”慈善公益活动中认捐700万元；区工商联发动企业认捐蓬江长者饭堂项目105万元，项目于10月18日揭牌。发动江门市蓬江区锦富房地产开发有限公司捐资239万元用于教育和文体活动；爱心企业59家捐赠月饼240盒、现金3万多元，中秋节前慰问3家老人院的220位长者和10家困难企业。发动21家企业与区21条自然村签定“百企扶百村”合作合同；组织30家企业参与“百企联百村”活动，助力乡村振兴，与天等县30条村建立联络机制；组织35家会员企业赴天等县招工，会员代表5批75人次赴天等县考察交流，入户慰问捐款捐物12万元，开办天等爱心超市8家；发动5家企业与天等县5条自然村分别签订帮扶联系协议书，确定支持精准扶贫项目5个共10.5万元。

【分会工作】 2019年10月下旬，蓬江区工商联（总商会）组织蓬江海外青年联合会、女企业家协会和青年企业家联合会3个分会企业代表近30人赴广州开展“实业兴邦 科技强国”培训会，提高企业对物联网技术的实体运用。是年，蓬江海外青年联合会以主动融入粤港澳大湾区建设为驻脚点，组织举办5场大湾区交流活动和专题调研，与澳门江门商会、恒生银行、广州港澳青年之家进行经贸合作交流、项目融资座谈会、企业创业运维探讨等活动。蓬江区女企业家协会以家庭、健康、事业、素养为宗旨，建立会长轮值制度，分4组开展活动。联合宝娜、安捷物流、新向阳、老树家农业基地等企业，举办涉及财税、健康、大湾区发展与机遇、股权大讲堂、慈善公益等活动10场。蓬江区青年企业家联合会于6月20日举办成立大会暨第一届理事会就职典礼，全年组织活动4次，参与慈善公益活动捐款65万元。

2019年蓬江区镇（街）商会、行业协会、分会基本情况表

名　称	成立时间	会员数
江门市蓬江区荷塘商会	1997年5月	1121
江门市蓬江区棠下商会	1999年12月	99
江门市蓬江区杜阮商会	2001年11月	562
江门市环市商会	2003年1月	2102
江门市潮连商会	2003年5月	152
江门市蓬江区房地产业协会	2003年5月	49
江门市蓬江区印刷业商会	2003年9月	262
江门市蓬江区白沙商会	2005年9月	2000
江门市蓬江区荷塘照明电器行业协会	2013年6月	14
江门市蓬江区荷塘内衣行业协会	2013年8月	19
蓬江海外青年联合会	2017年12月	533
蓬江区女企业家协会	2018年11月	332
蓬江区青年企业家联合会	2019年6月	455

（李子君）

人民团体

蓬江区总工会

【概况】 2019年，蓬江区总工会内设办公室、保障工作部以及困难职工服务中心，在编人员4人；配备机关工会工作者14人，配备镇（街）社会化工会工作者19人。主要负责建立和完善困难职工帮扶系统和档案，以及职工大病互助、农民工帮扶、金秋助学工作，为困难职工生活、医疗、子女入学等提供扶助；接收困难职工信访维权，调解矛盾；参与涉及职工劳动就业、工资分配、社会保障、帮扶救助等指导工作，牵头协调工会服务职工实事项目；指导和组织实施职工医疗互助保障工作等。

【工会组织建设】 2019年，蓬江区新建基层工会98家，总建会数1219家，其中企业工会1050家、机关事业单位工会123家、工会联合会46家。是年，完成民主换届207家，累计8.5万名会员完成实名注册。10月24日，举行蓬江区“八大群体”集中入会行动启动仪式，新增货车司机、快递员、护工护理员、家政服务员、房产中介员、保安员等六大行业工会会员300人。

【职工维权】 2019年，蓬江区总工会处理涉及全区企业职工劳资纠纷问题12件；积极与区司法系统联动，搭建集法律宣传、法律咨询、法律援助为一体的区职工法律援助站，设立职工法律援助“绿色通道”和建立律师担任企业工会法律顾问制度，为企业职工和企业工会提供法律咨询和服务受理案件256件，工会专职律师为455名企业职工提供法律援助。开展工资集体协商工作，有效推动职工源头维权，全年签订工资集体合同332份，覆盖企业4871家；单独新签工资集体协商企业4家，其中1家为员工超过300人的企业；续签行业性工资集体协商1份，累计覆盖职工249 060人，覆盖率89%。

【困难职工帮扶】 2019年，蓬江区总工会发放送温暖资金203.21万元，累计帮扶困难职工1482人次。其中，春节慰问送温暖活动资金25.4万元、中秋慰问送温暖活动资金11.9万元、困难职工子女助学救助资金39.9万元、困难职工生活救助资金6.89万元、困难职工医疗救助资金35.02万元、区公安和城管系统长期户外一线职工送温暖资金84.1万元。

【职工医疗互助保障】 2019年，蓬江区总工会发动职工购买各类职工互助保障计划30 556份。发动1339名职工新参保职工医疗保障计划2549份，发动2537名职工续保职工医疗保障计划4098份，全年办理理赔25人，赔付额53万元；发动966名职工新参保女职工安康保障计划1586份，发动1457名职工续保女职工安康保障计划1888份，理赔4人，给付9万元；发动10 757人参保在职职工住院医疗综合互助保障活动10757份，理赔367人，给付47.72万元。

【非公有制企业工会组织建设】 2019年，蓬江区总工会对棠下镇职工服务中心进行升级改造，新建白沙街道职工服务中心，对已建的潮连和荷塘职工服务中心加强管理、完善服务。完成江门市蓬江区产业转移工业园区工联会申报和珠西智谷工联会续报工作，并成立江门市人才岛全岛开发建设项目工会委员会。是年，新增职工书屋3家，全区累计建成72家；针对有特殊需要的职工群体，新建8家爱心妈妈小屋和2个户外工友休闲驿站。

【劳动技能竞赛】 2019年5—9月，蓬江区总工会围绕“岗位练兵、节能减排、技术创新、发明创造、合理化建议和粤菜师傅”等内容开展竞赛活动。全区51个单位参赛，参赛职工2万人，区总工会投入30.12万元支持各基层工会开展竞赛活动。5月，新发动组织26家企业、6040名职工、199个班组参加“安康杯”竞赛活动。

【职工文体活动】 2019年，蓬江区总工会继续开展送票观影活动，向230多家企业和单位送出电影票近3万张。开展职工及子女免费文体培训85期，惠及职工超1.7万人次。深入开展各类群众性宣传活动，先后开展乒乓球赛、翰墨颂祖国职工书画展、庆祝中华人民共和国成立70周年文艺晚会等。

【劳模推荐评选和管理】 2019年，蓬江区总工会推荐评选“省五一劳动奖章”2名、“省五一劳动奖状”2个，推荐评选江门市劳动模范（先进工作者）12名、先进集体5个。其中，嘉宝莉化工集团股份有限公司朱延安和广东四方威凯新材料有限公司吴清双获“广东省五一劳动奖章”；广东科杰机械自动化有限公司、江门顺丰速运有限公司五邑区销售部等2家单位获“广东省五一劳动奖状”。是年，在辖区内新建8家劳模（职工）创新工作室，1家区级劳模创新工作室申报升级为江门市劳模和工匠人才创新工作室，全区累计建立创新工作室26个。

2019年蓬江区工会组织建设情况表

工会类型	工会数（个）
企业工会	1050
机关事业单位工会	123
工会联合会	46
合计	1219

（陈见浩）

共青团蓬江区委员会

【概况】 2019年，共青团蓬江区委员会以服务青年为主线，加强思想引领，深化改革创新，以重点工作为基础，推动青年创业，实现服务创优，以特色工作为创新，全区青年工作取得新发展新突破。是年，全区7～35岁青少年17.1万人，共青团员9828人，少先队员59 780人，直属团（工）委14个，团（总）支部500个，基层团干1033人。

【团组织建设】 2019年，共青团蓬江区委员会公务员编制4名，团机关干部整体配备率100%；下属事业单位蓬江区志愿服务工作指导中心编制4名，已入职人员2名，下属团组织团干部配备率100%；兼挂比例达50%。实现区直中学团委书记岗位专设，并按学校中层正职干部配备。落实区直属8所中学建立中学团校，其中江门市第八中学成为广东省首批示范团校。发挥引导扶持青年社会组织作用，江门市蓬江区乐怡社会工作服务中心、蓬江区红日社会工作服务中心等社会组织均成立团组织。是年，实现全区公办、民办小学100%建立健全少先队组织，100%配齐大队辅导员，100%落实每周1课时少先队活动课，100%落实大队辅导员中层管理人员职级待遇，实现67间中小学少先队工作委员会100%全覆盖。

【青少年交流活动】 2019年，共青团蓬江区委员会开展“青春同行・与你有约”青年交友活动，组织全区青年团员观看主题教育电影。为普及校园足球活动，打造校园足球文化，举行蓬江区第四届“中国体育彩票杯”校园足球联赛。与区文化广电旅游体育局、区总工会联合举办“青春心向党・建功新时代”2019年蓬江区青年男子篮球赛。为加强粤港澳大湾区青年之间的文化交流，与区教育局、区文化广电旅游体育局、区总工会联合举办“湾区力量筑梦蓬江”——蓬江区百队足球联赛。

【志愿服务】 2019年，蓬江区注册志愿者57 178人，新进志愿者8550人，二级分会12个，基层志愿者组织306个，全区累计志愿服务总时数超226万小时。在蓬江区新时代文明实践中心内打造蓬江区志愿服务示范工作站，将志愿互助、志愿队伍、志愿先进宣传等元素融入其中。开展“助力创文共建爱心城”行动，实现全区170个学雷锋志愿服务站的规范建设，对全区48个交通劝导、公交站点劝导、市容监督岗开展“小红帽常态化公共文明劝导”工作，所在交通岗位5年交通事故率为0。打造“志愿服务直通车”“玫瑰义卖扶困助学”等品牌志愿服务项目。开展“义工情　祖国颂——庆祝中华人民共和国成立70周年文艺晚会”“小手拉大手，文明一起走”交通劝导志愿服务实践活动、“志愿者风采”演讲比赛等。关爱慰问困难群众以及长者、进城务工人员、环卫工人、快递小哥等300人次，对接全区18个劳动者港湾形成快递小哥爱心驿站。先后开展“水美蓬江、青春助力”环保活动、“全民扫黑除恶，共建平安校园”原创漫画大赛、“河小青”护河行动、共享单车公益环保骑行等主题活动，发动青少年3000人次参加。

【青年创新创业】 2019年，共青团蓬江区委员会邀请粤港澳三地84名青年参与蓬江区“新时代 新力量——凝聚青年力量融入粤港澳大湾区建设”交流活动，探讨青年如何更好融入粤港澳大湾区建设。主动对接澳门经济局及澳门青年创业孵化中心，落实珠西创谷、火炬高新技术创业园作为澳门“专业顾问服务互换计划”青创孵化机构；并应澳门经济局邀请，在澳门专业顾问服务互换计划发布会中，向港澳青年及媒体现场推介蓬江区青年创业创新工作。

【青少年成长服务】 2019年，共青团蓬江区委员会在全市率先开展市区共建平安校园“070”（零欺凌）工作，通过购买服务为学生提供心理疏导、个案管理服务，帮扶青少年个案4名。持续开展“青春守望者——五类青少年”服务项目，组织开展重点青少年群体的社会矫正和关爱帮扶工作，服务超1000人次，开展个案服务25名，帮助3名服务对象重新融入社会。在全区中学常态化开展禁毒宣传，实现禁毒校园宣传100%覆盖。积极参与精准扶贫工作，结合“我们的节日”主题对蓬江区结对帮扶孤寡贫困家庭进行上门慰问；积极推进生态宜居美丽乡村志愿行动，组织动员广大团员青年约300人次投身乡村振兴建设。

【青少年团员培训】 2019年，共青团蓬江区委员会以习近平总书记在“7·2”讲话中对团干部提出“带头学理论、强信念”为重要指引，将理论学习列入团区委各类会议“第一议题”，结合“不忘初心、牢记使命”主题教育，召开“读原著、学原文、悟原理”专题学习12次，形成调研报告2篇。邀请专家学者开展习近平总书记关于青少年工作论述、十九届四中全会学习宣讲等全区性学习宣讲4场；深入开展团干讲党团课工作，讲课6场，组织下辖团组织7000多名团员青年收看习近平总书记在纪念五四运动100周年大会上的直播。开展“纪念五四运动100周年团员宣誓活动”“我与祖国共奋进——国旗下的演讲主题团日活动”等活动，全区119个基层团组织在各重要时间节点开展“青春建功新时代”“青春心向党”等主题团日活动，覆盖青年、团员2.5万人次。 （杨颖君）

蓬江区妇女联合会

【概况】 2019年，蓬江区妇女联合会（简称“区妇联”）内设机构1个，为区妇联办公室。蓬江区妇女儿童工作委员会（简称“区妇儿工委”）是区政府负责妇女儿童工作的协调议事机构，其办公室作为区妇儿工委的日常办事机构，由区妇联机关代管，有成员单位34个。蓬江区妇女联合会第六届执行委员会有执委34人，其中常委16人。蓬江区3名代表出席广东省妇女十三大，22名代表出席江门市妇女十四大；2名代表当选江门市妇联十四届执委会委员，其中1名当选为常委会委员。全区有6个镇（街）妇联、78个社区妇联、55个村妇联、27个区直单位妇委会和15个“四新”组织妇联。“妇女儿童之家”覆盖133个村居，全区创建8个省级、13个市级、27个区级“妇女儿童之家”示范点；创建2个全国、44个省级、78个市级、132个区级巾帼文明岗。

【妇联改革】 2019年，蓬江区妇联按照妇联改革配套文件要求，按每个镇（街）每年2.5万元标准在财政经费中下拨工作经费给6个镇（街）妇联，为基层妇联开展工作提供支持和保障。加强网上妇联建设，通过150多个妇联微信工作群，在妇联干部之间、妇联干部与妇女群众之间架起直接沟通的桥梁。以“蓬江女声”微信公众号、门户网页为载体，为妇女群众推送时政要闻、妇女维权咨询、家庭教育指导等信息347条。坚持党建带妇建，在庆祝中华人民共和国成立70周年之际，广泛开展“倾情礼赞新中国，巾帼建功新时代”主题宣传教育活动。全区各级妇联组织举办各类宣传、宣讲活动650场次，参与妇女群众6.51万人次。

【妇女基层组织建设】 2019年，蓬江区妇联推动各镇（街）妇联在全区15个新领域、新业态、新阶层、新群体组织（简称“四新组织”）灵活多样地建立妇女组织，拓展妇联组织覆盖面。加强妇女干部队伍建设，深入6个镇（街），与镇（街）、村（居）妇联执委代表进行座谈，就妇联改革后妇女工作和妇女干部队伍建设情况进行深入调研，撰写调研报告，推动镇（街）规范妇联机构设置和人员配备。落实《蓬江区妇联干部下基层直接联系妇女群众制度》，推行妇女代表常任制、妇女代表联系妇女群众、妇女代表接访和妇女代表列席重要会议、机关干部到居住地社区妇联报到、妇联干部定期接访群众等制度。

【创业创新巾帼行动】 2019年，蓬江区妇联推动区婚姻登记处、区法律援助处、棠下镇公共服务中心综合岗（组）等3个岗（组）创建为区级“巾帼文明岗”；陈白沙小学高年级组、潮连街道公共服务中心创建为市级“巾帼文明岗”，引领各行业女性立足岗位成长成才。开展巾帼创业创新支持行动，落实妇女创业小额担保贷款贴息政策，全年发放贷款总额170万元，提供贴息资金10.28万元，其中省贴息7.4万元、区贴息2.88万元，带动妇女创业就业40人。举办江门市蓬江区巾帼咖啡、茶饮制作技能培训班，提升妇女就业创业技能，参训学员12人。

【乡村振兴巾帼行动】 2019年，蓬江区妇联号召全区广大妇女群众积极投身到“三清三拆三整治”行动中，推动生态宜居美丽乡村建设。召开乡村振兴巾帼行动推进工作会议，实地参观共和镇来苏村，学习借鉴“鹤山经验”，凝聚巾帼力量，抓好“七个一”（即打造一个宣传家风文明剧目，建设一批宣传家庭文明新风的设施，开展寻找“最美家庭”一系列活动、“美丽家园”一系列行动，创建一个妇女素质教育培训项目品牌，打造一个支持妇女就业创业的特色项目基地，建设好一批妇女儿童之家示范点）工作。着力提升妇女干部开展乡村振兴工作能力，举办2019年蓬江区乡村振兴巾帼培训班，组织各镇妇联、村居妇联执委骨干、乡村致富带头人、女能手50人赴广州参加学习培训。组织女村委会主任后备培养对象6人参加江门市“乡村振兴巾帼行动”农村妇女干部参与基层治理工作专题培训班，着力提升农村妇女干部素质，团结带领农村妇女积极投身乡村振兴。

【维护妇女儿童合法权益】 2019年，蓬江区妇联结合“三八”维权周、“6·26”禁毒日、“11·25”反家暴日、“12·4”全国法制宣传日等重要节点，开展巾帼普法宣传活动15场次、网上宣传活动10场次，参与群众5000人次，派发宣传资料2000多份，引导妇女儿童学法、懂法、守法、用法。组织举办“‘你好新时代’——巾帼展风采，法治我践行”蓬江区庆“三八”线上线下知识竞赛，1500人次参加学习中国妇女十二大精神和妇女权益保护相关法规。扎实做好妇女儿童维权服务，市、区妇联主席到区妇女维权与信息服务站接听“12338热线”，为来电来访群众答疑解惑，帮助其维权。区妇女维权与信息服务站全年接待维权妇女来电、来访咨询380宗，其中涉及婚姻家庭权益类案件257宗，个案服务19宗（结案18宗）。由区妇女维权与信息服务站办理的《陈某离婚后遭前夫骚扰案》获评为省百件优秀妇女儿童维权案例。是年，区婚调委受理调解申请个案16宗，办结16宗，被区司法局评为“先进人民调解委员会”。加强社会心理服务体系建设，在白沙街道设立区首个舒心驿站，为辖区居民提供心理咨询辅导、危机干预等服务。在白沙街道侧贤社区设立江门市妇联平安家园社会治理服务点，以平安家庭促进平安社会建设。

【帮扶困难妇女儿童】 2019年，蓬江区妇联对辖区内207户困难单亲母亲家庭进行系统摸查，精准把握辖区内困难单亲母亲家庭情况。在春节、“三八”节、“五一”节、母亲节、端午节前，组织爱心人士上门探访慰问，为辖区内3名“两癌”母亲、65名困难母亲、23名困境儿童发放慰问金3.5万元和价值8000元的慰问品。“六一”节前举办“爱心父母”牵手“困境儿童”志愿活动，现场为27对困难单亲母亲家庭送上助学金与慰问品。在区慈善会支持下，开展营养关怀项目，按300元/（人·月）标准，为30个困难单亲家庭子女提供肉、禽、蛋、奶等营养品，帮扶资金累计10.8万元。开展困境儿童家居学习环境改善项目，为辖区内28名困境儿童购置并赠送台灯、学习桌椅、书包、学习文具等。落实农村妇女“两癌”免费检查等民生实事工作，积极为辖区内符合条件的贫困妇女申请“两癌”救助金。宣传推动“关爱·她”女性安康保险项目，为全区134户低保妇女免费送出“两癌”保险。联合区卫健局举办蓬江区“健康与美丽同行”卫生健康大讲堂活动，宣传妇女健康知识。发挥线上和新媒体优势，搭建服务群众平台，为辖区内3名困难群众赠送电风扇、电磁炉和电饭煲等物资，实现其“微心愿”。

【妇女儿童发展规划实施】 2019年，蓬江区妇联深入宣传男女平等基本国策、未成年人保护法等法律法规。“三八”节期间，宣传展示蓬江区优秀女村官事迹，鼓励农村基层妇女干部与榜样同行，争做新时代新女性。召开全区妇儿工委工作会议，开展“深调研”工作，组织区妇儿工委相关成员单位对重难点问题进行研判分析，推进“两个规划”重点难点问题解决落实。全面开展中小学性别平等教育工作，向区级性别平等教育试点学校江门市第九中学、江门市北郊中心小学划拨工作经费，用于开展试点工作。组织人员赴中山市开展中小学性别平等教育工作学习交流活动和到江海区天鹅湾小学参加江门市中小学性别平等教育专题培训班。

【家庭文明建设】 2019年，蓬江区妇联继续借鉴省级家庭文明建设示范点——荷塘镇禾冈村的创建经验，辐射带动各镇（街）、村（居）提升创建工作水平，年内环市街道丰雅社区被评为市级家庭文明建设示范点。抓基层载体建设，白沙街道“妇女之家”被命名为广东省第三期优秀“妇女之家”示范点；罗岗、侧贤、天福社区创建为市级“妇女儿童之家”示范点，农林、篁边社区和良溪、松岭村创建为区级“妇女儿童之家”示范点；新增天福社区为市级“儿童友好示范社区”。开展特色家庭推荐评选和展示活动，通过层层评选，选出区级“最美家庭”41户。其中3户被评为江门市十大“最美家庭”，1户被评为广东省百户“最美家庭”。

【家庭教育工作】 2019年，蓬江区妇联开展家庭教育大讲堂活动80场次，推动区妇女维权与信息服务站走进村居开展家庭教育大讲堂活动10场次。推动“书香飘万家”家庭亲子阅读活动在基层开展，在5月的“家风家教宣传月”，举办“传承中华美德书写家国情怀”——蓬江区中小学生钢笔手书“好家风·好家训”作品比赛暨展览活动，吸引全区300多名学生参赛，并精选部分优秀作品赠送给村居用于家庭文明宣传展示。举办音乐家牵手困境儿童暨“唱响祖国颂歌”家庭文明宣传进基层活动，开展“给妈妈写一封信”和“我家最美一瞬间”短视频征集活动。组织举办江门（蓬江）“坚定文化自信传承美好家风”家庭教育巡回报告会，与300多人谈好家风。 （朱燕云）

蓬江区科学技术协会

【概况】 2019年，蓬江区科学技术协会坚持以推动《江门市全民科学素质行动计划纲要实施方案》的实施为主线，积极发挥主题科普活动作用，以经常性的科普讲座、展览为补充，实现科普活动全年不间断，着实推进科普工作建设。充分发挥科普基础设施。全区建有科普宣传栏33个。全区有市级科普教育基地1个、市科普教育特色学校6所。

【科普惠民】 2019年，蓬江区科学技术协会按照贴近基层、贴近群众的宣传工作思路，积极开展一系列科普知识宣传活动。在辖区内有关社区播放防震减灾科普电影；举办“防震减灾科普进社区”宣传活动，邀请市地震局专家作关于防震减灾的科普演讲，并由市五邑中医院医生作日常应急救护示范；派发《防灾减灾知多点》《防灾减灾应急避险手册》和《科普小常识》等宣传资料5000余份；购买一批防震减灾科普宣传电影DVD，派送至辖区各中小学校和科普示范社区，宣传活动取得良好效果。

【科普管理】 2019年，蓬江区进一步完善科普示范学校、科普示范社区、社区科普大学建设工作，依托由社区主办的非学历、非正规、大众性的科普教育活动平台，提升社区居民的健康意识和科学素养。以开展形式多样的科普活动为载体，充分调动和发挥基层科普组织、科普工作者、科普志愿者及社会公众的积极性，推动学校、社区加强科普基础设施建设。是年，全区累计有科普示范学校6所、科普示范社区7个、社区科普大学1家。

【学术交流】 2019年12月，蓬江区科学技术协会与荷塘观赏鱼行业协会共同开展“新型科技工厂化技术培育养殖技术”会员培训3场。为推动人工智能在荷塘镇发展，激发学生对人工智能学习的兴趣，资助荷塘职业技术学校建立全区首个“5G+PLC+机器人”实验基地。

【科普宣传】 2019年，蓬江区科学技术协会编写科普职能教案《气象灾害》。通过了解气象灾害及其危害性，正确认识气象灾害的发生发展规律和广东地区主要气象灾害（台风）相关知识及其防护措施。5月15日，在荷塘远昌小学开展《气象灾害》科普讲座。7月25日，在白沙街道甘化社区举办蓬江区社区科普大学成立暨揭牌仪式活动。 （李 丹）

蓬江区文学艺术界联合会

【概况】 2019年，蓬江区文学艺术界联合会在册会员805人，其中国家级协会会员22人、省级协会会员48人、市级协会会员202人。是年，蓬江诗社更名为蓬江区诗词楹联学会。辖区有一级协会9个，分别是蓬江区作家协会、蓬江区美术家协会、蓬江区书法家协会、蓬江区摄影家协会、蓬江区舞蹈家协会、蓬江区曲艺家协会、蓬江区音乐家协会、蓬江区诗词楹联学会、蓬江区民间文艺家协会；企业文联和行业文联各1个，分别是大长江集团文联、区公安分局文联。

【文艺组织建设】 2019年是蓬江区文联下属各文艺家协会换届年，区文联印发《关于蓬江区区直文艺家协会换届工作的指导意见》，组织下属9大协会理事成员学习换届工作的精神和要求，进一步规范各协会的财务管理制度，以及资金报销手续。区文联专门指导各文艺家协会成立协会换届筹备领导小组，引导协会严格政治把关和推选程序，明确纪律要求，做好换届工作，选拔文艺能人充实专兼结合的文艺队伍。有步骤、有目的地建立优秀文化人才库，与上级文艺部门对接，加大乡土人才培养力度。是年，全区有11件作品获国家级奖项，30件作品获省级奖项，37件作品获市级奖项。

【文联党建】 2019年，蓬江区文联召开主题党日12次、党员大会4次和党支部书记讲党课活动2次。组织区文联党支部观看先进典型题材电影和教育警示影片8次。9—11月开展“不忘初心、牢记使命”主题教育学习，组织党员参观“蓬江革命老区巨变·诗书画摄影文献展”。组织广大艺术家深入学习习近平总书记系列重要讲话精神，引导艺术家提高政治站位，树立积极向上的精神追求、文艺为民的宗旨意识和品牌竞争的创新意识，切实抓好文艺界意识形态工作，努力打造文艺精品。

【文艺惠民活动】 2019年，蓬江区文联举办文艺惠民活动90场，惠及群众5080人次。举办一年一度的“文联入企送挥春，关爱职工暖人心”迎春“挥春送福”活动和春联走进“城中村”活动。2月23日，举行大长江集团朗诵爱好者协会成立仪式暨首次座谈会。5月19日，区民间文艺家协会在陈白沙书院举办“大美蓬江”剪纸艺术讲座，邀请资深剪纸艺术家李群英到场授课，吸引50多名民协会员和剪纸艺术爱好者到场。8月5日，蓬江区诗词楹联学会在陈白沙书院举行“金风玉露”七夕雅集活动，来自蓬江区诗词楹联学会、江海区龙溪诗社、新会区诗词学会等团体会员20余人参加；17日，蓬江区诗词楹联学会在陈白沙书院二楼国学堂举办《诗词的语言》专题讲座，特邀中国楹联学会对联文化研究院评论部主任苏俊主讲，区诗词楹联学会、冈州诗社、龙溪诗社、柳桥诗社、竹园诗社以及本地书画文艺社团等100余位诗词爱好者参加。9月11日，区文联下属9大协会联合举办蓬江“蓬江秋韵”灯谜和雅集活动。

【文艺交流】 2019年，蓬江区文联在陈白沙书院二楼召开“创乡”工作座谈会，征求专家学者和有关部门意见，制定印发《蓬江区创建“中华诗词之乡”工作方案（送审稿）》。4月上旬，分别到棠下镇良溪村、杜阮镇长乔村、潮连街道富岗村、荷塘镇南村村、环市街道群星村实地调研，就创建

"中华诗词之乡"工作深入挖掘地方优秀传统文化资源，为下一阶段发展和繁荣蓬江文艺进农村、进社区打下基础。9月28日，启动"中华诗词之乡"工作，并在陈白沙书院举办启动仪式，诗词中国组委会干事、诗词家张驰，市文联、区委宣传部部长等相关领导出席活动。11月15—16日，区文联举办品鉴岭南——中国著名作家采风团走进蓬江活动，全国20名著名作家先后参观良溪古村、柳桥唤渡、白沙书院等蓬江人文历史景点，了解岭南文化在蓬江的发展情况。

【文艺品牌打造】 2019年9月28日，蓬江区文艺界庆祝中华人民共和国成立70周年——"爱党爱国爱蓬江"70米书画长卷创作活动在陈白沙书院举行。画卷由23名书法家、9名美术家共同创作。该长卷书法创作的题材主要选自习近平总书记近年来关于"爱党爱国""一国两制""祖国统一""改革开放""文艺工作"等方面的精彩语录，以及本土优秀文化——陈白沙经典诗词；美术创作则以蓬江的山水和乡土风光为题材。11月29日，区文联在东仓里美术馆举办陈白沙文化节活动，活动上颁发"乡村振兴·美丽良溪"摄影大赛和广东省良溪古村"罗贵奖"楹联书法大赛奖项，并展出书法和摄影作品160幅；30日，区文联在东湖广场举办蓬江区"祖国颂、新蓬江"曲艺专场演出活动，以曲艺形式歌颂祖国美、蓬江美，展演中多首作品为蓬江原创作品。

【文艺创作出版】 2019年，蓬江区文联出版《蓬江诗会第四期》，蓬江区作家协会顾问凤群创作出版小说集《海上花》。7月下旬和8月下旬，区文联分别到良溪、长乔、南村村采风，全区各文艺协会近100名艺术家和文艺爱好者参加，创作诗词、摄影、美术、书法、剪纸作品500多件。全年创作文艺作品712件。

【文艺主题教育实践活动】 2019年9月11日，蓬江区文联成立"不忘初心、牢记使命"主题教育领导小组，集中开展学习研讨6次，实地参观调查3次，参加专题辅导15次。分别学习习近平总书记关于"不忘初心、牢记使命"重要论述，党史、新中国史，粤港澳大湾区发展纲要，"率先垂范 春风化雨"——习近平总书记和中央政治局其他同志调研指导"不忘初心、牢记使命"主题教育纪实，习近平总书记关于加强党的建设坚决做到"两个维护"的重要论述和习近平总书记对广东重要讲话和重要指示批示精神。11月14日，区文联组织召开领导班子调研成果汇报交流会，有针对性地就发现的问题制订整改工作计划，逐项推进落实。 （张灵峰）

蓬江区残疾人联合会

【概况】 2019年，蓬江区残疾人联合会完善规范党风廉政建设责任制、"两学一做"学习教育常态化制度、"三会一课"组织生活制度等工作制度。通过主题党日、专题学习、宣讲报告、学习研讨等多种形式开展学习74次，开展残疾人关注的康复、教育、购买服务等方面的深度调研。是年，全区持证残疾人8900人，分别为视力、听力、言语、智力、肢体、精神等类别的残疾人。全年投入1672万元，用于开展残疾人康复、托养、就业、教育、维权、社会保障、文化体育等服务。

【残疾人组织建设】 2019年，蓬江区残疾人联合会开展镇（街）、村（社区）残疾人专职委员培训，组织参加省、市、区残联系统举办的相关业务培训，共300人参加。优化区残联干部队伍结构，提任1名综合办公室副主任和1名区残疾人劳动就业服务所所长。制定和完善《蓬江区残疾人联合会购买残疾人服务项目管理制度》《蓬江区残疾人联合会财务管理制度》《蓬江区残联理事会议事规则》等系列规章制度。建立残疾人服务核查监管工作制度，实施“内部核查”+“外部核查”联合监管，对服务对象资格、满意度、资金发放情况、资金使用管理、购买服务项目绩效等方面进行核查，强化对残疾人各项工作监管力度。

【残疾人精准康复】 2019年，蓬江区残疾人联合会充分整合资源，形成以市、区级残疾人康复机构为主力、社区为基础、家庭为依托的康复服务网络。重点实施0～6岁残疾儿童抢救性康复服务，开展肢体康复、精神康复、视力康复等32项康复救助项目，投入967.44万元资助残疾人接受精准康复服务2287人（例），有康复需求的残疾儿童和持证残疾人接受基本康复服务比例达95.5%。全区残疾人定点康复机构共10家。做好精准康复服务与家庭医生签约服务和基本公共卫生服务项目的衔接，依托“家庭医生”模式推进精准康复服务，8150名残疾人享受家庭医生服务，签约服务率93.96%。非贫困重度残疾人，智力、精神残疾人以及低收入残疾人家庭医生服务费个人负担部分由区残联给予全额补助。健全残疾人辅助器具适配保障制度，逐步为残疾人提供个性化的辅助器具适配服务。积极配合做好江门市开展社会心理服务体系建设试点工作，加强对残疾人、残疾人家属及残疾人工作者等重点人群的心理健康服务。

【残疾人就业与培训】 2019年，蓬江区残疾人联合会完善全区残疾人就业服务体系建设，搭建阶梯式能力评估、职能培训、居家职业训练和居家就业、辅助性就业以及推荐就业的平台。在完善五邑大学AW小食店、公益农场、心温园按摩店等一批已有的残疾人辅助性就业优质项目基础上，开展一些适合不同类型残疾人的就业项目，逐步实现所有辅助性就业机构至少开展一个特色项目的目标。引入社会力量开设“自助售卖机”项目，为残疾人提供补货员工作岗位。开发2个销售残疾人手工产品平台的微信小程序——“蓬江助残公益商城”，逐步建成和完善残疾人产品线上线下销售网络。探索辅助性就业与社区康园中心的融合发展，创新残疾人就业模式，在杜阮镇社区康园中心和市第三人民医院康怡社区康复服务中心设立“新起点就业康复工场”（爱心助残车间），为就业困难群体搭建就业平台，打造辅助性就业项目的新亮点。是年，举办残疾人咖啡茶饮就业创业培训班，为25名残疾人提供咖啡饮品制作及开店创业培训；举办各类职业技能培训班6期，为115名有就业培训需求的残疾人免费提供技能培训，新增残疾人就业150人，资助困难残疾人家庭发展生产和个体创业22户。通过政府购买服务为247名残疾人提供就业创业服务。发掘和组织有市场前景、创新意识强的残疾人项目及社会助残机构参加省、市“众创杯”创业创新大赛，其中获市“众创杯”银奖1项、优秀奖4项，区残联获优秀组织奖。在区人社局举办的2019年蓬江区“春风行动”暨企业用工大型招聘会中开设“残疾人招聘专场”，有12家企业提供近300个岗位，吸引200多名残疾人应聘。为770家企业办理残疾人按比例就业年审，安置残疾人就业1943人。

【残疾人托养服务】 2019年，蓬江区残疾人联合会按照《江门市残疾人社区日间托养服务标准》要求，深化残疾人日间托养服务标准化建设和星级标准管理工作，全区17间社区康园中心全部实现由社工机构管理，推动社区康园中心社会化管理进程，新增3家社区康园中心获评一星级。推进蓬江区社区精神康复技术指导项目，开展社区康园中心精神残疾学员个案管理工作。为133名符合条件的社区康园中心学员免费安装智能定位手表及提供相关配套服务，发挥信息化新技术保障残疾人安全的作用。杜阮镇慈善华侨叶蔼后人捐出的别墅园区改造为蓬江区残疾人综合服务中心杜阮站，将杜阮镇龙榜社区康园中心迁入。全年为388名残疾人提供日间托养服务、29名重度残疾人提供寄宿型托养服务、69名重度残疾人提供居家托养服务、277名有需求的残疾人提供“量体裁衣”个性化居家服务。

【残疾人社会保障】 2019年，蓬江区残疾人联合会主动服务粤桂对口扶贫工作，带领蓬江区荣盛实业有限公司等相关企业到天等县举办残疾人专场招聘会，有27名天等县残疾人在蓬江区稳定就业。配合民政部门做好残疾人“两项补贴”的提标及审核工作，困难残疾人生活补贴提高至1980元/（年·人），重度残疾人护理补贴提高至2640元/（年·人）。资助2295名精神、智力残疾人以及重度残疾人免费参加城乡居民基本医疗保险和养老保险。是年，为46名重度贫困残疾人家庭进行居家无障碍改造，为81名残疾人提供临时救助共37.7万元，为152名残疾人发放燃油补贴共4万多元，为60名残疾学生发放教育资助共19万元。春节、助残日、中秋节慰问困难残疾人1700多人次。

【残疾人文体宣传】 2019年，蓬江区残疾人联合会开展“相伴同行　最美的你我”无障“爱”体验活动、“快乐天使，你我同行”庆祝“六一”儿童节活动、扶贫送暖慰问活动、残疾人文化进家园“五个一”活动、社区康园中心主题开放日等系列惠民活动，活跃残疾人文体生活。充分发挥区残疾人艺术团和自强勇士宣讲队引领作用，举办“红心向党”为主题的艺术团汇演活动，组织自强勇士宣讲队开展以“党建惠民助残”为主题的“六进”（进机关、进校园、进企业、进社区、进乡村、进网络）活动，选送2名残疾人自强勇士宣讲队成员参加区委宣传部主办的百姓故事宣讲大赛，均获二等奖。区肢残协会主席文荣乐被评为“蓬江好人”和“江门好人”，区盲协主席周志光被评为“蓬江好人”。组织残疾人参加文化艺术比赛，在第六届“阳光·和谐”江门市残疾人事业书法美术摄影比赛中获摄影类特等奖1名、一等奖1名、二等奖2名，美术类一等奖1名、二等奖1名。完善和提升省级助残健身示范点工作，依托江门市残疾人体育集训蓬江基地开展乒乓球、羽毛球、飞镖等残疾人助残健身活动。通过电台、报刊、网站、微信公众号等多种形式向社会以及残疾人进行宣传，报送各类宣传信息260多条。（梁杏瑜）

蓬江区红十字会

【概况】 2019年，蓬江区红十字会充分发扬“人道、博爱、奉献”精神，开展应急救护培训，加强备灾救灾仓库管理，做好社会捐助工作，积极宣传发动、组织实施“无偿献血”活动。

【应急救护培训】 2019年，蓬江区红十字会组织应急救护培训53场次，经培训合格并取得初级资格急救员432人，普及应急救护知识培训5533人次。联合区文广旅体局举办蓬江区2019年高危经营场所（游泳池）安全培训班，推荐8名热心公益的水救志愿者参加市红十字会的游泳技能测试选拔。

【备灾救灾】 2019年，蓬江区红十字会加强备灾救灾仓库管理工作，进一步提高灾害管理水平。7月，重新规划新的备灾救灾仓库，并于8月完成仓库搬迁工作。仓库配备空调等设备，并添置一批红十字应急家庭包50套，通过江门市红十字备灾救灾仓库信息化管理系统，规范灾害物资管理。

【社会救助】 2019年，蓬江区红十字会接收“一元爱心”捐款22.56万元。是年，接受救助申请3人，接受小天使基金申请救助3人，接受市红十字会临时救助申请3人。

【无偿献血】 2019年，蓬江区累计参加献血人数3101人次，献血量77.37万毫升，临床用血100%来自无偿献血。组织无偿献血宣传活动30多场，参加人数4000人次。（陈舒畅）

外事·侨务·港澳台事务

外事

【概况】 2019年，原蓬江区民族宗教和外事侨务局的外事工作职责划入区政府办公室，加挂区外事局牌子，在编人员2名。主要负责蓬江区因公出国任务的落实事项，草拟并报送区领导因公出国的计划安排以及跟进后续办理流程，确保区因公出国团组严格遵守政治规矩、外事和保密纪律；负责外国人来访资料收集和初审，协助市委外办核对资料，做好前期把关工作。是年，严格执行因公证照管理制度，抓好审核报批工作，办理因公出国（境）99批163人次，办理外国人来访32批36人次。

【对外交往】 2019年，蓬江区因公出访团到美国、智利、阿根廷开展为期10天的经贸、青年文化交流，推介蓬江区投资环境，并与当地政府、商协会、企业代表、高校博士等深入洽谈，建立沟通交流互访机制；期间还分别拜访美东江门五邑青年联合会、智利江门五邑青年联合会。（林家豪）

侨务

【概况】 2019年，蓬江区籍华侨华人分布在亚洲、欧洲、美洲、大洋洲、非洲五大洲34个国家和地区。亚洲主要是马来西亚、新加坡、泰国、印度尼西亚、越南；北美洲主要是美国、加拿大；大洋洲主要是澳大利亚和新西兰。全年接待海外侨胞1批16人次。

【捐赠管理】 2019年，蓬江区共接收港澳及海外侨胞捐赠慈善金额192.31万元，其中捐赠用于教育事业87.89万元，用于文体事业49.55万元，用于社会事业54.87万元。

2019年蓬江区侨界捐赠情况表

项目类别	项目名称	捐赠金额（万元）
捐助教育事业	捐建校舍	23.4
	资助学生	17.46
	其他	47.03
捐助文体事业	捐建文体设施	7.2
	其他	42.35
捐助社会事业	捐建养老院、孤儿院、聋哑学校等设施	6.21
	敬老、慰问、救济困难群体	18.96
	其他	29.7
合计		192.31

【为侨服务】 2019年，蓬江区累计办理华侨回国定居申请9件。区侨联联合区人民法院推进涉侨纠纷诉调对接工作，印发《蓬江区人民法院 蓬江区归国华侨联合会涉侨纠纷诉调对接工作规范（试行）的通知》，通过诉调对接方式及时就地化解涉侨矛盾纠纷。开展全区贫困归侨扶贫救助补助资金分配和发放工作，为3名贫困归侨发放省级扶贫救助资金9000元；利用中秋、国庆、元旦、春节等节假日对16名贫困归侨及1名南侨机工遗孀开展上门慰问活动，全年送上节日慰问金2.16万元。

【侨务宣传】 2019年，蓬江区侨务局依托6个“侨胞之家”平台，加强与镇（街）侨办、社区开展工作交流，拓展为侨服务工作思路，推动“侨胞之家”在社区创建工作。加大“党建带侨建”工作的宣传力度，指导“侨胞之家”、基层侨联等做好“党建带侨建”工作的新闻宣传，实现宣传对象多层次、宣传范围全覆盖。指导各村（居）充分依托村（居）党群服务中心、宣传栏等活动阵地，播放侨法宣传标语6条，发放涉侨政策宣传资料120份，张贴侨法宣传海报6张。 （冯颖贤）

港澳台事务

【概况】 2019年，蓬江区台港澳事务局以服务经济社会发展和服务港澳台同胞为重点工作，与港澳台同胞广泛开展多层次、多渠道、多领域的沟通交流，吸引港澳台地区优秀的专业人才、团队落户蓬江。严格把好审批关以及因公赴港澳台证照管理工作，依法维护和保障港澳台同胞各项权益。

【港澳事务】 2019年，蓬江区接待港澳团体和知名人士、企业家20批1900多人次，办理因公赴港澳证照107批187人次。处理涉及港澳同胞房屋产权纠纷、农村三清三拆投诉、房屋拆迁补偿等问题9件，回乡寻根问祖7宗。2月，香港五邑工商总会学校校长黄锦耀一行120人到江门市紫沙小学开展交流互访活动。3月，香港中学闪游大湾区计划先导团一行24人到蓬江区参观南方教育装备创新产业城；香港五邑总会副会长甄韦乔带领《浓浓乡情·心·深·心——五邑交流团》一行17人到蓬江区拜访区委统战部，双方进行深入交流；香港渠务署署长唐嘉鸿一行到区考察投资环境；香港屯门社区发展促进会、方淳恩社区服务处、自强社联合到环市街白石经联社开展寻根问祖活动；香港荷塘同乡会会长余永洲、澳门荷塘同乡会会长冯连华联合带领40多名旅居港澳两地的荷塘籍乡亲回乡参观考察。4月，香港博爱医院邓佩琼纪念中学师生一行30人参观五邑华侨华人博物馆；香港驻粤办主任陈选尧、省港澳办联络处处长陈耀光一行13人到珠西创谷调研考察。5月，香港驻粤办主任陈选尧一行到珠西创谷科技园考察；蓬江区举办“新时代 新力量——凝聚青年力量融入粤港澳大湾区建设”交流活动，江港澳三地青年代表齐聚珠西创谷科技园，香港特别行政区长官林郑月娥在省港澳办主任廖京山等陪同下先后实地考察珠西创谷、五邑华侨华人博物馆等。6月，澳门江门同乡会会长叶云妮一行近100人到蓬江区参加凉瓜节。7月，香港工程师学会一行20人到珠西创谷科技园考察；粤港澳大湾区千人考察团一行1080人到蓬江区进行粤港澳大湾区交流考察。8月，香港会计师公会下属青年会计师组织“青年汇”一行40人到蓬江区交流考察。9月，香港江门五邑侨联联谊总会、香港江门五邑同乡会联谊总会一行40人拜访蓬江侨联；区籍港澳社团首长一行10人参加“蓬江情·祖国颂”——蓬江区庆祝中华人民共和国成立70周年文艺晚会活动。10月，港澳社团首长一行7人参加蓬江区国庆升旗仪式，观看国庆北京阅兵仪式转播；香港杜阮同乡会一行120人、香港五邑总会妇女事务委员会及新界妇女会一行80人到蓬江区，参加香港杜阮同乡会成立三十六周年暨第十六届理监事就职典礼。12月，香港潮连同乡会理事长陈炳南一行21人回乡参观考察，了解人才岛建设规划情况并进行交流。

是年，“侨梦苑”（蓬江分园）在蓬江区江沙产业转移工业园挂牌成立，分园通过整合工业园资源优势，加快推进基础设施建设，优化园区投资环境，提升高端人才集聚，促进港澳重点项目落地。蓬江区到香港举办投资推介会，会上播放投资推介视频，发放《蓬江区投资指南》，重点推介全区产业综合体招商项目，向与会政商界代表推介粤港澳大湾区、滨江新区、江门人才岛、荷塘镇工业园等发展情况，并介绍蓬江区青年在服务大局、助力蓬江区发展的经验做法，最后双方代表对经贸合作、产业规划、青年交流及下一步双边交流合作进行探讨。

【台湾事务】 2019年，蓬江区台资企业约50家，累计走访调研台资企业约30家，调研企业以化工、机械、摩托车零配件行业为主；解决某台资企业拖欠工人工资涉台劳资纠纷问题1宗。全年办理企业商务赴台审批手续8批17人次，为有特殊情况台胞台属加快加急办理台胞证，为3名台商子女解决入学问题。全年接受来访的台湾交流团1批14人次。8月5—20日，澳台青年大湾区暑期体验实习之旅在蓬江区瑞期化工有限公司开展，澳门台湾大学生同学会选派14名台湾各大高校在读学生到该公司实习。

（冯颖贤）

法治

政法委及综治工作

【概况】 2019年，蓬江区委政法委员会机关（简称区委政法委），区委政法委机关内设7个职能股（室），有行政编制人员17人。全年未发生涉少数民族重大案件，没有因涉及本区舆情处置不当引发重特大事件，无进京非正常上访或集体到省上访事件。

【扫黑除恶专项斗争】 2019年，蓬江区将中央督导组线索办理工作作为“一把手”工程，按时按质实现“中督”线索100%办结、100%通过核查、100%完成反馈，成案线索数排名全市第一。成立由区委书记任组长的蓬江区扫黑除恶重点督办案件侦办工作领导小组，并在全省完成首批“百日追逃”任务指标。是年，摸排线索316条，已核查201

条，已核实157条，提起公诉10件50人，同比增长66.6%，一审判决10件51人，同比增长54.5%，判处罚金339万元，同比增长601.8%。打掉涉恶犯罪集团4个，涉恶犯罪团伙36个，立案188件，逮捕202人。

【维护社会稳定】 2019年，蓬江区委政法委坚持“准、快、狠、小”工作原则，组织区直相关单位、各镇（街）扎实开展“百日攻坚”行动，完成全国“两会”、中华人民共和国成立70周年、澳门回归20周年等26个防护期维稳安保任务。落实双排查工作制度，加强区、镇（街）、村（居）三级联动排查和职能部门涉稳领域排查，一级响应期间落实涉稳隐患“每日三排查、每日三汇报”。“百日攻坚”行动期间开展全区性排查125轮，核查8863人次。通过组织区直相关单位、各镇（街）集中攻坚涉房地产、涉农涉土、涉众金融、涉军退、涉劳资纠纷等突出风险隐患。区委政法委成立6个督导组，通过电话、实地等方式检查督导稳控化解工作落实情况。区委政法委推动成立信访维稳处置中心，收集、汇总各镇（街）、各部门情报信息480条。开展涉法涉诉信访专项治理工作，采取“政法督办、信访跟进、多次促和、多方联调”的有效方法，全年办理群众来访来信9件22人次。

【平安社区（村）建设】 2019年，蓬江区加强“平安社区”技防建设，实施“互联网+视频”区域性治安防控网，通过“综治视联网”与各镇（街）进行视频会议，整合公安2632路公共安全视频监控资源，初步建立起区“立体化”指挥体系。完成镇（街）“中心+网格化+信息化”建设工作。开展“党建+N 全科网格”管理体系建设，搭建区、镇（街）、村（社区）三级组织架构，建立“定格、定人、定职、定流程”的工作模式，健全网格化管理机制，划分419个基础网格，配备专（兼）职网格员472名，综治信息化系统推广应用全覆盖。深入开展平安村居、平安医院、平安校园、平安家庭创建工作，构筑以村居、社区、单位、家庭等“社会细胞”为基本元素的平安创建载体，形成积小安成大安，以局部平安助推全局平安的格局。全区134个村（居）与16个律师事务所53名律师签订法律顾问合同，实现村（居）法律顾问覆盖100%。全年村（居）法律顾问为辖区群众提供法律服务2239次，接访咨询1512人次，开展各类法制宣传467场，调解矛盾纠纷39次，出具法律意见135次。

【治安防控体系建设】 2019年，蓬江区依托固定警务工作站、流动警务工作站建设、“网格化”巡防机制和二级指挥平台建设工作，推进“智慧加持警务”建设。在辖区布点229个视频点和51个卡口，并配齐前端人脸识别等智能感知设备，进一步强化视频、人像布点。开展社区警务及巡逻盘查工作，全年核查、掌握重点或前科人员2080多人次，通过对接全市视频平台获取实时人像比对预警服务发布预警信息537条，抓获在逃或涉案嫌疑人13人。推进二级指挥调度平台建设，将“智慧新指挥”赋能基层一线公安工作，协助抓获在逃人员29人，成功处置自杀警情12起。全年，全区接报“110”有效警情9108起，同比下降9.7%。其中刑事有效警情3264起，同比下降24%；治安有效警情5844起，同比上升0.9%。刑事立案4572宗，同比下降13.8%；破案2046宗，同比下降0.6%；刑事拘留1573人，同比下降23.8%；逮捕1070人，同比下降8.2%。成功侦破“9·27”特大虚拟投资平台诈骗案、特大非法收购出售珍贵濒危野生动物案、省级目标案件“10·17”容留吸毒案等一批重特大案件。

【防范邪教工作】 2019年，蓬江区委政法委完成中华人民共和国成立70周年等4个敏感期防范邪教滋扰、破坏和闹事工作任务，实现“两个严防五个确保”的工作目标，“法轮功”邪教组织活动连续20年实现“三零”“三无”。组织开展防范打击邪教破坏专项行动，全年破获涉邪教案件2宗，刑拘涉邪教犯罪嫌疑人10名，并成功侦破“1901JP—TX”专案。开展全民反邪教宣传，围绕“反邪教·促和谐·迎大庆”等系列警示教育主题，开展宣传活动25场，派发宣传单张和宣传礼品45 000余份，覆盖群众85 000多人次。利用“两微”平台推送宣传信息，微信公众号推送图文宣传信息383条，反邪教微博推送图文宣传信息232条，覆盖人群超过40 000人次。成立蓬江区反邪教协会，为蓬江区民间反邪教工作打造一个正式的载体。

【法治建设】 2019年，蓬江区委政法委完成法律顾问聘任工作，通过法律顾问协助政法委审查重要的法律文书及开展法律知识培训讲座等方式提高区委政法委依法决策、依法管理、依法办事的能力和水平。制定《江门市蓬江区委政法委关于依法保障和服务民营企业健康发展的实施方案》，成立区级工作领导小组，每季度及时收集开展工作情况、存在问题和困难。依法维护民营企业合法权益，全年全区对涉及民营企业及经营者的犯罪行为的案件立合同诈骗案11起，审理各类涉民营企业案件4630件。推进区民主与法治领域改革专项小组改革任务，按要求建立改革工作台账，通过分工与督办，进一步提升各相关单位依法行政、依法办事的能力，共享普法守法用法实践成果。深化司法体制综合配套改革，全面落实司法责任制。推进区法院、区检察院内设机构改革工作，推进新型办案组织建设，建立分工协作、优势互补的新型办案团队，进一步强化院长、庭长办案责任，细化违法审判责任范围、分担标准及追究程序，完善司法廉政风险防范体系。

【政法宣传】 2019年，蓬江区政法委宣传蓬江政法系统的新举措、新成绩、新成效：在各级媒体刊（播）蓬江区政法工作消息共200余篇、微信公众号推送图文宣传信息600余条、微博推送图文宣传信息300余条。创作全省首支扫黑除恶主题曲，网络直播扫黑除恶主题原创漫画优秀作品颁奖典礼，吸引群众21.2万人次；拍摄微电影《不能触碰的红线》《安居》，其中《安居》在市扫黑除恶专项斗争微电影大赛影片投票中获第一名。 （程贺鸣）

法治政府建设

【概况】 2019年，蓬江区政府围绕《2019年江门市蓬江区全面依法治区工作要点》，突出法治政府建设的重点领域和关键环节，积极推进依法行政，强化法治政府建设，为蓬江发展提供优质高效的法律服务。

【依法治区】 2019年，蓬江区委依法治区办出台《2019年江门市蓬江区全面依法治区工作要点》，开展法治建设一把手“述法”活动，强化一把手抓法治建设的第一责任；结合宪法学习宣传和贯彻实施情况检查开展法治建设走访调研，进一步深化民主法治示范村（居）创建。高标准完成法治政府建设示范区创建工作任务。全面开展法治政府建设示范创建活动，先后参评全国单项示范创建单位、广东省法治政府建设示范区、广东省法治宣传教育示范单位。印发《江门市蓬江区开展法治政府示范创建活动实施方案》。加强检查督导，对标党中央和本省、市支持民营经济发展的政策、规定和指导意见，开展专项督察全区营造法治化营商环境，保护民营企业发展情况。

【规范性文件管理】 2019年，根据《江门市蓬江区行政机关规范性文件管理规定》要求，严格落实规范性文件公众参与、合法性审查、集体讨论等程序，印发《蓬江区2019年度政府规范性文件制定计划》。为平稳有序调整区政府规范性文件规定的行政机关职责和工作，出台《江门市蓬江区人民政府关于区政府机构改革涉及区政府规范性文件规定的行政机关职责调整问题的决定》。蓬江区司法局加强规范性文件审核工作，严格按照《江门市政府规范性文件管理规定》《江门市蓬江区政府规范性文件管理规定》《规范性文件认定的指导意见》和《规范性文件制定颁布的流程》等规定对规范性文件进行认定和管理。全年审查7份规范性文件的合法性，其中3份政府规范性文件、4份部门规范性文件，均符合要求。

【行政执法监督】 2019年，蓬江区司法局全面推进行政执法公示、执法全过程记录和重大执法决定法制审核制度，年底形成《关于我区推进行政执法“三项制度”工作的情况报告》并报区政府审议。组织开展行政执法案卷评查工作，采取各部门自查自评、评查组每月抽查案卷及反馈整改的方式，对全区行政处罚、行政许可、行政强制和行政检查四类案卷进行评查打分。全区抽查16个重点执法部门135个执法案卷，发出评查结果及整改意见反馈函16份。加强对行政执法人员执法资格证的申领、换发管理工作，为全区13个执法部门办理行政执法证269个，其中年审换证数160个，新证申领数109个。

【行政复议和行政应诉】 2019年，蓬江区司法局把畅通行政复议渠道和加强与当事人的沟通协调作为工作的着力点和突破口，及时受理符合法定条件的行政复议申请。是年，收到行政复议申请32宗，其中释法劝退15宗，正式受理17宗。受理17宗案件全部办结，其中维持11宗、撤销4宗、转送办理1宗、终止审理1宗。全区各级行政机关负责人出庭应诉117宗，出庭应诉率79.6%。区政府为被告的行政诉讼案件9宗，已办结6宗，区政府胜诉率100%。

【法治建设考评】 2019年，蓬江区司法局坚持把法治建设成效作为衡量领导班子和领导干部工作实绩的重要内容，纳入政绩考核指标体系，充分发挥考核评价对法治建设的重要推动作用，制定《江门市蓬江区2019年度各镇（街）和区公共部门法治建设工作考核评分办法》。加强对法治政府建设进展情况和党政主要负责人履行推进法治建设第一责任人职责情况的督促检查，结合法治政府建设年度重点工作，充分发挥第三方评估的重要作用，开展定期检查和专项督查，确保依法治区工作落到实处。是年，法治江门建设考评获评为优秀，江门市（蓬江区）公共法律服务中心连续两届获评为全国公共法律服务先进集体，广东省法治政府建设示范区创建工作在市级评审中取得总分第一名。

【法律意见】 2019年，蓬江区司法局建立“法务人员—分管领导—局长”集体议案、三级审批工作制度，积极参与人才岛开发建设项目、滨江新区启动区二期道路及水环境治理综合项目、江门市蓬江区水环境综合治理项目（一期）——黑臭水体治理项目等重大项目的法律审核工作，严把法律意见质量关，严防法律风险。年内为区政府及其部门提供702份法律意见，参与处理涉及法律事务的群体性事件27例，承办诉讼案件483宗（其中行政案件9宗、民事案件301宗、刑事案件3宗、执行案件70宗、执行异议案件100宗）。（陈志良）

公安

【概况】 2019年，江门市公安局蓬江分局是蓬江区人民政府下设主管全区公安工作的职能部门，受区政府、江门市公安局双重领导，内设17个机构，下辖镇（街）13个派出所。成立分局巡察工作办公室，印发《江门市公安局蓬江分局开展巡察发现问题整改自行“回头看”工作方案》、出台《江门市公安局蓬江分局差旅费管理办法》等制度，建立“党建+网格”新局面。是年，江门市公安局蓬江分局申报的科研项目“社会视频简易接入盒子”入选广东省2019年智慧新警务科研项目。

【大案、要案侦破】 2019年，江门市公安局蓬江分局在开展“飓风2019”专项行动中，坚持整体协同作战，凝聚打击合力，重拳打击涉“两抢一盗”“电诈”、涉黄赌等突出犯罪事件。抓获侵财类犯罪嫌疑人486人，打掉犯罪团伙48个，捣毁犯罪窝点12个，破获环市“名校培训”系列诈骗案、“8・13”特大电信诈骗案、“4・04”入室盗窃系列团伙案、石某碰瓷诈骗系列团伙案、“10・17”省目标毒品案等一批大要案件；破获“双抢”类案件37宗，破案率100%，并协助兄弟单位破获郭某鸿涉黑等一系列大案要案。10月，成功促使潜逃10年公安部督办的在逃犯王某军投案自首，使2009年发生在荷塘镇的命案积案告破。

【专项整治行动】 2019年，江门市公安局蓬江分局根据省厅及上级公安机关的工作部署，聚焦重点人员追逃缉捕、重点案件统一收网及重点地区场所整治，发起为期两个月的严打黄赌违法犯罪“冬日风暴”专项行动，清查旅馆业、沐足、桑拿、出租屋等重点场所6112间，整顿隐患247处，责令停业整顿71间，破获涉黄赌刑事案件4宗，查处涉黄赌行政案件28宗，抓获149人。

【打击刑事犯罪】 2019年，江门市公安局蓬江分局侦办刑事案件2046宗，刑事拘留犯罪嫌疑人1573人，经检察机关审查批准逮捕1165人，起诉1217人，取保候审796人，行政拘留1782人。刑拘转捕率65.3%、批捕率86.3%，实现市局下发“刑拘转捕率65%、批捕率85%”的既定目标。年内立九类涉恶案件200宗，破案164宗；刑拘393人，逮捕208人，打掉涉黑恶犯罪团伙40个；收集黑恶线索349条，办结275条，办结率78.8%；查封冻结扣押涉案资产14896.45万元。

【打击经济犯罪】 2019年，江门市公安局蓬江分局经侦部门结合护航金融“利剑行动”“扫黑除恶”等专项行动，积极发挥职能作用，依法打击各类经济犯罪活动。年内立涉经济犯罪案件194件，破案133件，刑事拘留200人，逮捕85人。在开展扫黑除恶专项斗争工作中，调查有关线索35条，办结21条。查封其他涉案价值1700万元的土地一块，冻结资金20万元，暂未发现涉黑涉恶情形。在侦查工程建设恶意串标案中，立案6宗，刑事拘留7人，取保候审4人、逮捕3人。排查稳控经侦领域相关人员25人，排查涉众型经济犯罪风险主体6个，全年未发生因经济犯罪案件引发的群体性事件。

【缉毒禁毒】 2019年，江门市公安局蓬江分局积极开展一系列禁毒宣传工作，依法打击各类毒品违法犯罪行为。年内，全区举办各类禁毒宣传活动2400多场次，在省级新闻媒体报道9次，在市级新闻媒体报道93次，在其他相关网络媒体登载25次；查处易制毒化学品行政案件5宗，落实毛发检测1661例，查处吸毒人员284人，强制隔离戒毒154人；侦破毒品刑事犯罪案件41起，打掉贩毒团伙5个，刑事拘留57人，其中逮捕50人。

【打击食品药品及环境犯罪】 2019年，江门市公安局蓬江分局食药环大队为维护人民群众的食品、药品和环境安全，依法打击涉食品、药品和环境等违法犯罪行为，年内立食药环犯罪案件94宗，侦破93宗，刑事拘留58人，经检察机关审查批准逮捕37人，依法起诉20人，直诉10人。成功侦办黄某南被敲诈勒索案、徐某腾特大非法收购出售珍贵濒危野生动物案。

【打击走私】 2019年4月，江门市公安局蓬江分局成立蓬江区打击走私委员会及办公室，破获走私、非法经营成品油案件18宗，打掉团伙18个，抓获犯罪嫌疑人87人，刑事拘留65人，逮捕41人，缴获成品油62吨，查证涉案成品油3000多吨，涉案价值达2000多万元；破获走私香烟案件2宗，打掉团伙2个，抓获涉案犯罪嫌疑人16人，刑事拘留10人，逮捕7人，扣押假香烟53.244万支、非烟6.14万支、走私香烟189.66万支，涉案金额达169.37万元；破获走私、贩卖野生动植物案件3宗，抓获9人，刑事拘留8人，逮捕5人，缴获国家保护动物陆龟30只。

【治安管理】 2019年，江门市公安局蓬江分局治安大队坚持打防并重、以防促安，全面落实智慧新警务“三大板块”的创新改革工作，全力维护全区社会治安稳定。年内侦办涉赌刑事案件立案62宗，破案41宗，刑事拘留108人，逮捕57人；查处涉赌治安案件92宗，行政拘留391人；查获“牛皮癣”案件360宗，查处违法人员360人，其中行政处罚197人，其他处理163人。

【出入境管理】 2019年，江门市公安局蓬江分局出入境大队进一步强化出入境人员管控，落实落细外国人管理，深入推进“放管服”改革和“智慧新警务”实施，着力提升服务粤港澳大湾区建设能力水平。年内审批、签发护照18 464本次，港澳通行证37 029本次，台湾通行证1192本次，前往港澳通行证368本次，自助机办理216 465卡次；接受群众咨询50 480人次；开展集中摸排39次，摸排企业52间，开展清查12次，发现挤离“三非”（非法入境、非法居留、非法就业）人员234人；侦办妨害国（边）境管理刑事案件7件，完成率为350%，逮捕24人，完成率800%；查处非法聘用外国人行政案件23宗，查获“三非”外国人210人；遣送“三非”外国人出境7批次192人。

【户政管理】 2019年，江门市公安局蓬江分局户政大队全面推行户籍制度改革新政，优化窗口服务质量，紧盯户政重点工作要务，不断拓展便民服务新高度。年内，受理户政业务13.9万件、门（楼）牌业务1460件、出入境业务9.5万件、车管业务53件、公安咨询业务10.7万件；受理“邑微警”7916件、“粤省事”196件，开通“快捷通道”办理百名博（硕）士引育工程及高层次人才入户35人，为五邑大学自主招聘入户107人；采集更新外来人口信息36 560条，核查注销历史问题数据49 353条；走访核查采集更新出租屋数15 453间，核查注销历史问题数据12 221条，年度出租屋走访数据信息采集率为72.5%。为市民解决门牌错乱、读书难、因离婚产生户口纠纷、二手房买卖引起的户口纠纷、行动不便无法前来办证等问题68件次；上门为外来务工人员办理居住证7450人次。收到群众表扬锦旗16面，表扬信22封，“12345”市政府服务热线表扬88次。（梁昌志）

【消防管理】 2019年，蓬江区推动消防安全责任制，开展消防安全12次。区消防安全委员会先后印发“防风险保平安迎大庆”“电气火灾”“消防安全家园”等八个消防安全专项整治工作方案，组织相关部门联合检查执法55次，开展各类消防检查4万余次，整改隐患处8426处；区消防救援大队检查单位2539家，发现整改火灾隐患2437处，查封30家，责令“三停”（停止施工、停止使用、停产停业）20家，下发行政处罚决定书42份，罚款52.33万余元。受理各类火灾隐患举报投诉369起，全部依时办结，群众满意率100%。推进消防队伍和公共消防设施建设，全年新增消防车1辆。是年，全区消防救援队伍接警出动1094起，出动车辆1578辆次，火灾228起，社会救援866起，无人员伤亡，火灾起数和财产损失数均下降，全区火灾形势保持稳定。

（文其明）

【监督工作】 2019年，江门市公安局蓬江分局开展现场督察活动87次，网上督察单位135次，派出督察组112次，派出督察民警206人次，现场督察单位168次，网上督察累计1578小时，查纠整改问题420个次，发督察整改通知书4份，编发督察通报7期。批评教育2人次，提醒谈话8人次，预警警示5人次，预警约谈1人次；对民警干部履职、警衔变动、立功受奖等情况进行廉政审查63人次；审批民警因私出国（境）122人次。

【巡逻防控】 2019年，江门市公安局蓬江分局强化巡逻盘查，设卡围堵，快速出警，依法打击犯罪。处置群体性事件7宗，出动警力2000余人次；参与中华人民共和国成立70周年大庆安保维稳，投入设卡警力360人次，盘查人员、车辆1600余次，查获违法车辆2辆，抓获违法犯罪嫌疑人6人；参与打击各类违法犯罪中，抓获嫌疑人73人，抓获网逃人员9人，打掉各类犯罪团伙7个，收缴火药枪、气枪11支，弩枪1支，自制散弹8发、射钉空爆弹5000余发，以及黑火药、散弹钢砂、枪管半成品等一批，及时消除治安隐患。

【公共网络安全管理】 2019年，江门市公安局蓬江分局网警部门以“飓风2019”“净网2019”为抓手，强化网络意识形态整治，严厉打击各类涉网违法犯罪活动，有效维护网络安全和全区社会政治稳定。年内，发现境外网络政治有害信息样本6100余条，上报负面网络舆情信息2800条，编写本地《网络舆情快报》33篇，编写《互联网舆情周报》34

期；核查发布有害信息本地网民58人，其中处以行政拘留1人，教育训诫57人；清理违法有害信息227条，发现省内违法网站60个；协助破获各类案件350多件，抓获嫌疑人480人，打掉各类犯罪团伙38个；配合“云剑”追逃专项行动，抓获在逃犯罪嫌疑人员32人。

【特种行业管理】 2019年，江门市公安局蓬江分局加大对辖区特种行业的管理，特别是对易燃易爆危险化学品和剧毒化学品的生产经营管理，全面挖掘潜在的治安问题，杜绝安全隐患。年内，检查危爆生产经营场所198间，发现隐患56处，行政处罚4间；审批购买炸药775 560公斤、雷管20 950发，侦办涉爆刑事案件1宗，查处涉爆行政案件10宗；清查消防场所1508间次，发现隐患453处，全部责令整改或查封，下发行政处罚决定书8份，警告3人，行政拘留2人；受理刻章22 686枚，注销印章3019枚，群众满意率达100%。 （梁昌志）

检察

【概况】 2019年，蓬江区检察院在蓬江区委和江门市检察院的正确领导下，在区人大及其常委会的有力监督下，以习近平新时代中国特色社会主义思想为指导，坚守初心使命服务大局，聚焦党委政府决策部署，忠实履行法律监督职责，检察工作取得新进步，被评为“江门市文明单位”，检察业务工作在全市基层检察院中排名第一。

【经济检察】 2019年，蓬江区检察院起诉侵犯民营企业及个体工商户权益的犯罪案件31件41人，起诉侵犯知识产权案件3件7人。对2名民营企业家作出不起诉决定，建议对7名被羁押的民营企业家变更强制措施为取保候审，保障民营企业有序发展。建立司法保护问需机制，联合区工商联召开服务保障民营经济健康发展座谈会、深入企业商会走访调研20余次，派发《检察机关服务保障民营经济健康发展宣传手册》，为企业提供法律指引，引导企业守法经营、防范风险、合法维权。

【公诉检察】 2019年，蓬江区检察院批捕各类刑事案件639件974人，同比批捕件数上升0.47%、人数下降4.32%；提起公诉899件1287人，同比起诉件数上升9.23%、人数上升9.07%；起诉职务犯罪案件11件14人。批捕破坏生态环境资源犯罪15件16人，起诉19件26人。批捕拒不支付劳动报酬罪4件4人，起诉8件10人。批捕非法吸收公众存款罪、非法集资、金融诈骗等金融犯罪5件14人，起诉11件25人。

【侦查监督检察】 2019年，蓬江区检察院监督公安机关立案18件、撤案30件。依托“两法衔接”信息共享平台，监督行政机关移送案件28件，督促公安机关立案22件。发出规范侦查活动监督类文书167份，督促公安机关对证据不足案件撤回起诉意见72件136人，纠正漏捕57人、漏罪23人、漏犯61人。设立刑事侦查监督工作室13个并实现辖区派出所全覆盖。

【刑事执行检察】 2019年，蓬江区检察院办理羁押必要性审查案件303件303人，对不需要继续羁押的122名犯罪嫌疑人、被告人建议变更强制措施为取保候审。做好庆祝中华人民共和国成立70周年特赦案件同步监督工作，高效、规范办理特赦案件同步监督10人。

【民事行政检察】 2019年，蓬江区检察院聚焦民事生效裁判文书监督，通过提请抗诉、发出再审检察建议启动再审5件，案件数在全市基层检察院中排名第一。办理民事和行政非诉执行监督案件41件，发出检察建议21份。办理行政执法监督案件30件，发出检察建议15份。办理江门市“违建别墅”整治监督案件，督促相关部门拆除位于水源保护区内9栋违建别墅并予以“复绿”。加强释法说理工作，办理服判息诉案件19件，促成和解1件。

【公益诉讼检察】 2019年，蓬江区检察院开展食品药品安全“四个最严”（最严谨的标准、最严格的监管、最严厉的处罚、最严肃的问责）“保护海洋”“违建别墅”及公益诉讼“回头看”专项监督，立案审查公益诉讼案件123件。提起刑事附带民事公益诉讼案件9件。其中，要求非法倾倒垃圾被告人清理垃圾1400多吨，协助环保部门追回垫付的鉴定费22.7万元；要求在禁渔期非法捕捞水产品被告人向西江水域放流鱼苗2.2万尾；要求“三无”（无标示药品批准文号、无生产企业及产地信息、未经相关部门批准生产即销售）药品销售商张贴召回“三无”药品公示。向行政机关发出督促履行监管职责诉前检察建议56份，督促行政机关查处并关停10家企业污水、废气违法排放口，清理18个工业、建筑垃圾非法倾倒点，妥善处理6处非法堆放危险废物。办理蓬江区首宗行政公益诉讼起诉案件，把经检察建议督促后仍不依法履职的行政机关告上法庭，为行政机关依法及时履职树立“警示教育的镜子”。主动向人大机关专题汇报公益诉讼检察工作情况，对焦提出的意见和建议，不断优化工作。

【控告申诉】 2019年，蓬江区检察院办理控告申诉信访案件295件，群众来信100%实现“7日内程序回复”和“3个月内办理结果或办理过程答复”。通过远程视频接访系统对身处外省申诉人实现“千里接访”，彰显检察便民。切实增强国家司法救助工作合力，与退役军人事务部门联签军人服务工作协作机制文件。办理国家司法救助案件6件6人，对因案致贫的退役军人、精准扶贫户、案件被害人等发放救助金10.7万元。

【未成年人检察】 2019年，蓬江区检察院批捕侵害未成年人权益犯罪12件46人，起诉23件45人；对轻微犯罪并且悔过自新的涉罪未成年人，依法不批捕9人，附条件不起诉11人，不起诉29人，不起诉率39.73%，高于上一年度全省平均比率18.57%。开展中小学专题法治讲座32场，督促学校堵塞安全漏洞，提高师生法制意识，预防性侵害案件和危害学生安全事件的发生。积极推进未成年人社会支持体系建设，开展平安校园绘画大赛，开通“校园零欺凌”社工服务热线。

【检察改革】 2019年，蓬江区检察院开展系列改革工作，院领导及部门负责人直接办理案件1375件1701人。全面运行“捕诉合一”工作机制，有效提高办案效率、强化司法责任。落实认罪认罚从宽制度，制定实施方案，成功督促276人自愿认罪认罚。加快科技强检步伐，建成12309检察服务中心，建成未成年人检察办案区体现对未成年人的特殊保护，建成远程审讯系统实现和江门市看守所的互联互通，借助智慧检务促进检察工作。 （黄燕珊）

法院

【概况】 2019年，蓬江区法院内设10个机构，设置3个人民法庭，现有在编干警114人，其中员额法官54人。全院干警本科以上学历占100%，其中研究生学历占15.8%。全年受理各类案件24 390件，办结23 529件，同比分别上升35.98%和39.29%。

【刑事审判】 2019年，蓬江区法院受理刑事案件975件，审结953件，结案率97.74%。深入开展扫黑除恶专项斗争，审结涉黑涉恶案件12件71人。打击社会高度关注、受害人数众多的“套路贷”系列犯罪6件27人。审结故意伤害、抢劫、绑架等严重刑事犯罪85件109人，审结抢夺、盗窃、诈骗等多发性犯罪262件361人，审结涉及网络诈骗、电信诈骗等新类型犯罪9件26人。审结毒品犯罪9件26人，在“国际禁毒日”集中宣判6名毒品犯罪分子。严厉打击环境资源犯罪，审结周某等10人跨市倾倒垃圾的重大污染环境案，审结生产不符合安全标准的食品、销售假药等刑事附带民事公益诉讼案件7件32人。审结贪污贿赂等职务犯罪10件10人。

【民商事审判】 2019年，蓬江区法院受理民商事案件12 861件，审结12 396件，结案率96.38%。注重维护婚姻家庭和谐，审结婚姻、继承等家事纠纷456件。保护契约自由，审结买卖、承揽、租赁等合同纠纷7849件。保障房地产市场平稳发展，妥善调处涉及房地产、物业管理纠纷案件553件。防范和化解金融风险，依法审结标的金额逾12.3亿元涉及大型企业的金融借贷纠纷。引导规范民间融资行为，调处民间借贷纠纷606件。

【执行工作】 2019年，蓬江区法院受理执行案件10 554件，结案10 180件，执行到位金额7.68亿元。开展涉民生案件专项执行，快速妥善执结133件追索交通事故及工伤赔偿金、赡养费、抚养费、劳动报酬等涉及群众切身利益的案件，执行到位金额502.49万元。开展“南粤执行风暴2019”专项活动，清理长期未处置标的物92个，涉案金额2.01亿元。推进综合治理执行难工作，成功执行涉及厂房的案件，化解重大维稳隐患。开展“根治欠薪冬季攻坚”专项行动，执结追索工人工资案件1022件，向1150名工人发放工资1650.94万元。灵活运用执行威慑机制，加大反规避执行力度，年内作出拘留计划70项，拘留29人，罚款16.7万元，向公安机关移送拒执罪7起。利用“今日头条”网络平台对“老赖”进行弹窗曝光，7名被执行人被曝光后主动履行债务。加大失信被执行人信用监督、警示和惩戒力度，依法纳入失信被执行人名单5202人，限制高消费6194人。全年司法网拍标的物877件，成交408宗，成交金额4.52亿元，成交率75.28%，溢价率34.02%。

【司法改革】 2019年，蓬江区法院以精简效能、服务审判、合理设置为原则，内设机构从原有的13个精简至10个，选拔一批中青年中层正副职，重新整合办案团队。按照“繁简分流、简案快审、繁案精审”的改革思路，组建13个简案快审团队，由立案庭统一管理，全面推行民事简易程序改革。尝试推行庭审录音录像代替书记员记录，推广表格式等简化裁判文书。民事速裁案件审理周期平均缩短至32天，办案效率明显提升。全面推进刑事速裁程序改革，对犯罪事实和适用法律清晰，并认罪的危险驾驶、盗窃等简易案件，集中开庭、当庭宣判，审限缩短至6天，缩短办案周期。

【审判监督】 2019年，蓬江区法院严格审判监督管理，持续抓好案件质量评查，全年督察案件233件。坚持审限督办制度，规范办案节点流程，对临近审限、超审限案件进行预警和催办督办，切实防止积案情况发生。完善司法公开信息化体系，加强庭审网络直播工作，在中国庭审公开网直播庭审1993次，访问量469万次，全年在中国裁判文书网公开文书15 365份。

【涉诉信访】 2019年，蓬江区法院不断完善“一站式”诉讼服务，主动约见、答疑解惑、化解矛盾，有效降低起诉率。推进信息化建设项目，庭审语音识别、智能机器人导诉等投入使用，完善网上立案、网上缴费和电子送达程序，受理网上立案13 135件，完善涉诉信访案件办理机制，全年接待来访人员15人次，来信7件，网络信访9件。加大司法救助力度，依法为经济困难当事人缓减免诉讼费40.39万元，发放司法救助金10万元。

【创新家事审判】 2019年，蓬江区法院作为全省家事审判改革试点，创新家事案件调解前置机制，聘任专业心理疏导师和社区家事协理员，加大庭前调解力度，促成39%的离婚案件以和解的方式解决，并为180名当事人提供心理疏导。推行离婚冷静期制度，对于有证据显示双方当事人仍有和好可能的案件，依职权启动1个月的离婚冷静期，由承办法官进行心理辅导。设计制作《离婚证明书》，发放给离婚双方当事人，以保护当事人的个人隐私。

【司法宣传】 2019年，蓬江区法院深入开展送法进学校、进企业、进乡村等“法律六进”活动，开设法律讲座4次，举办法律咨询活动5次，制作家事纠纷、知识产权纠纷、劳动纠纷等10余种普法手册，派发5000多份。加强以案析法，全年在《人民法院报》《南方日报》《南方都市报》等各级主流媒体刊发稿件170篇，其中国家级22篇，省级83篇。全年编写重点工作信息简报报送市法院89篇，采用量在全市基层法院名列前茅。推进新时代法治政府建设，组织党员干部开展旁听庭审活动3次，全区300多名党员干部现场接受法制教育。强化校园法制教育，与景贤学校携手共建青少年法制教育基地，建立健全青少年法制教育与预防青少年违法犯罪的配套机制。加强门户网站、微信公众号建设，在自媒体平台发布工作动态102篇，阅读量24 497次。

【队伍建设】 2019年，蓬江区法院不断创新丰富“微党课”等网上线下学习平台，进一步完善“三会一课”、组织生活会等，健全党建工作机制。深化人员分类管理，进一步细化员额法官、审判辅助人员和司法行政人员的职责清单，促进管理精细化。完善审判权运行机制，加强审判监督管理。全面推进智慧法院建设，推进司法辅助事务社会化外包工作，构建司法事务集约化管理新模式。经区人大常委会审核任命，聘任人民陪审员143名，参与法院审判工作。 （钟绮敏）

司法行政

【概况】 2019年，蓬江区司法局有镇（街）司法所6个；律师事务所28家，公证处1家；法律援助机构1家；各类人民调解组织189个。全区司法行政机关公务员38人，执业律师209人，公证员4人，人民调解员1433人。是年，蓬江区司法局获广东省普法办公室授予2018—2019年全省国家机关“谁执法谁普法”优秀普法项目奖。

【普法宣传教育】 2019年，蓬江区司法局牵头制定《江门市蓬江区2019年普法依法治理工作要点》《江门市蓬江区司法局2019年扫黑除恶专项斗争工作方案》《江门市蓬江区司法局2019年扫黑除恶专项斗争宣传工作方案》。做好全省法治政府创建和普法创建申报工作。联合市司法局统筹推进全区“宪法教育大课堂”活动，举办活动73场次。围绕法治平安建设开展村（社区）普法，推动村（社区）律师开展地方性法规的讲法学堂活动，进一步扩大法治宣传教育的覆盖面，提升蓬江区市民的普法知晓率，打通地方性法规向群众宣传的“最后一公里”。继续完善“区—镇（街）—村（社区）”三级法治平安公园二期建设，开展“法律六进”活动。全年开展法治宣传活动1161场次，印发宣传资料24余万份，办公平台普法短信23余万条，普法覆盖人数达58余万人次。组织开展扫黑除恶专项斗争及禁毒宣传活动183场次，开展专题讲座79场次。

【人民调解】 2019年，蓬江区司法局坚持发展“枫桥经验”，努力实现矛盾不上交，打造杜阮司法所、荷塘司法所、“强哥调解室”“金松调解室”4个“枫桥经验”示范点。完善“访调对接”工作制度，发挥全区189个人民调解组织在预防化解信访矛盾中的重要作用，避免群体性上访事件发生。成立蓬江区人民调解工作专家库，聘请67名律师为专家库成员。配合法律顾问对服务的村（社区）的矛盾纠纷做好排查和化解工作，全年各级人民调解组织排查纠纷1585次，调解矛盾纠纷5022件，调解成功率100%。

【安置帮教】 2019年，蓬江区司法局坚持“帮教社会化、就业市场化、管理信息化、工作职责规范化”的工作原则和“教育、挽救、感化”的工作方针，认真开展刑释解教人员安置帮教工作，落实信息核查反馈制度。通过刑释解教信息管理平台，及时做好服刑在教人员的信息核对和反馈工作，无脱管、漏管现象。深化刑满释放人员过渡性安置工作，通过推荐就业、解决实际困难等措施有效地预防和减少重新违法犯罪，维护全区和谐稳定。

【社区矫正】 2019年，全区在册社矫对象215人，新接收社矫对象164人。做出书面警告决定10人次。开展适用非监禁刑庭前社区调查评估30人，非户籍调查评估61人，变更居住地调查8人。组织开展入矫宣告仪式，12次32人参加，完成93场远程会见（累计153人）。新接收刑释人员259人（其中监狱释放77人，解除社矫182人），属于重点管理刑释人员13人。深化“工作人员+警察+律师+社工”四位一体社矫集中教育模式，对社区矫正对象开展集中培训教育39场，受教育人数927人次，组织社区服务14场，进行心理辅导讲座10场。对社区矫正对象进行法制警示教育724人次，入矫警示谈话164人次，违规训诫22人次，上门家访34人次，列队训练28次。严格社区矫正执法，落实三级联动抽查，强化监督管理，开展电子信息抽查10 158人次，电话核实132人次。组织社工对社矫对象面谈156人次、上门走访240次，心理测评654人次，形成心理报告654份，单独辅导4人次。组织社工开展普法宣传活动12场、慰问活动6场，慰问21人。

【公证事务】 2019年，蓬江公证处坚持“以人为本、服务为民”，畅通公证服务绿色通道，采取上门办证等便民措施，进一步拓宽公证法律服务渠道，切实开展便民服务。全年公证处办理各类公证2900件，其中提供上门办证服务228次。与市区的两家公证处共同探索不动产继承和接受遗赠的政府购买服务新模式，加强与不动产登记中心数据文书交流对接。

【法律援助】 2019年，蓬江区法律援助处全面优化法援服务，深化“放管服”改革要求，落实法援减证便民工作，采取承诺、申报制度，在合法合规的情况下最大限度地方便群众获得法律援助。组织开展“遵法守法携手筑梦服务农民工公益法律服务行动”，助力农民工工资专项行动。全年受理法律援助案件1995宗，其中民事案件735宗，刑事案件1260宗，挽回经济损失500多万元。

【律师工作】 2019年，蓬江区有律师事务所28家，社会执业律师210人，其中党员律师63人。全年办理律师实习申请、执业申请、律师转所、出具证明等业务100项，律师所报备涉敏案件资料50份，涉黑恶案件资料162份，为蓬江区重大项目提供法律意见638份，审查、修改重要合同文书47宗，参与重大行政决策研讨会、提供法律意见121宗。

【公共法律服务】 2019年，蓬江区司法局扎实推进一村（社区）一法律顾问工作，助力乡村振兴建设。积极引导律师服务参与提升基层治理法治水平工作。组织法律顾问为村（社区）干部、人民调解员提供专业知识培训，定期举办《人民调解法》《妇女权益保障法》《侵权责任法》等法律知识讲座，提升村（社区）干部、调解员的调解工作专业知识水平以及调解工作能力。丰富法治宣传内容和方式，做实村（社区）法治宣传。积极搭建“百名律师千场法治讲座”活动平台，深入发动辖区律师事务所党员律师配合开展以宪法修正案宣讲、扫黑除恶专项行动、污染防治等为专题的系列宣传活动。做好特殊人群引导教育。组织安排蓬江区村（社区）法律顾问先后为225名社区矫正对象开展集中授课，培养社区矫正对象知法、守法、敬法、畏法的法治观念，进一步强化社区矫正对象的法律意识和社会责任感，维护特殊人群稳定工作。推进村（社区）法律顾问基层治理参与度，提升村（社区）依法自治水平。是年，蓬江区村（社区）法律顾问为辖区群众提供法律服务1820次，其中接访咨询1214人次，开展各类法治宣传420场，调解矛盾纠纷27次，出具法律意见77次。深入推进蓬江区公共法律服务体系建设，完成2个镇级示范性公共法律服务工作站和15个村级示范性公共法律服务工作室建设，完善公共法律服务工作运行机制。（陈志良）

军事

人民武装

【概况】 2019年，蓬江区人民武装部（简称“人武部”）以习近平新时代中国特色社会主义思想为指导，坚持“抓思想、改作风、强内功、促发展”的基本思路，加强正规战备训练秩序、推进国防后备力量建设、加强后勤和装备保障规范化、加强干部职工教育管理，完成各项工作任务。

【思想政治建设】 2019年，蓬江区人武部传达学习党的创新理论，制订党委中心组带机关理论学习计划和党支部（小组）组织生活计划，结合主题教育，部党委把学习党史、新中国史作为重要内容，传承红色基因、牢记初心本色，不断强化忧党之心、为党之责、强党之志，不断增强坚守初心、履行使命的思想和行动自觉。强化理论学习，通过全面系统学、集中研讨学、专题交流学、结合实际学，提高干部职工政治思想觉悟和理论水平。组织观看《铁纪强军》廉洁纪律片、《忏悔与警示》警示教育片和《榜样》典型示范片。制定落实坚决整治和克服形式主义、官僚主义教育活动实施计划。传达学习《关于开展坚决纠治违规喝酒问题专题教育的通知》《关于做好迎接军委常规巡视准备工作的通知》。

【战备训练】 2019年，蓬江区人武部组织“三室两库”为重点的战备基础设施建设，强化值班制度落实与督促检查。修订完善防卫作战、快速动员、应急维稳、抢险救灾、军警民联防、森林防火等10余种应急预案，对辖区重要目标和地形进行勘察、论证。全年组织专武干部、民兵营（连）长、基干民兵、民兵森林防火分队、民兵应急分队开展抗洪抢险等训练12批次，参训人员931人次。

【民兵预备役】 2019年，蓬江区人武部认真抓好民兵整组、兵役登记和征兵工作。组织召开全区兵役登记工作部署会议，全面部署兵役登记工作。汇总辖区适龄青年和大学生情况，对各镇（街）兵役登记工作进行一对一指导督促，提前完成全区18周岁男青年兵役登记工作，登记率100%。成立深化民兵调整改革暨后备力量组织整顿工作领导小组，开展民兵组织整顿工作，并完成广东省军区对区民兵整组工作的检查考评。

【后装保障】 2019年，蓬江区人武部进一步完善战备、训练和办公设施建设，统筹配置财力资源，提高经费使用效率。完成停偿、办公用房和住房情况清查工作。区财政每年支出30万元，将职工纳入区直机关养老、医疗统一保障，并完成职工个人所得税信息资料的录入工作。进一步加强营院正规化建设，投入资金26.9万元完成营区的美化、绿化、亮化工作，并翻新篮球场。申请拨款40万元完成各项军事训练及年度预定新兵役前集训的保障工作。

【征兵工作】 2019年，蓬江区加大征兵工作宣传，完成兵员征集任务。开展大学毕业生预征工作，完成江门市征兵办公室下达指标数的120%。在辖区高中以上学校开展“征兵宣传进校园”活动，采取发放征兵宣传画册、组织巡回展示、观看爱国影片、组织上门宣传等形式，全方位开展征兵宣传活动，筑牢广大适龄青年自觉参加兵役登记和依法服兵役的思想基础。抓好征兵体检、政考、走访调查、集体定兵、役前训练、新兵跟踪教育等关键环节，其中大学生比例占85%。

【国防教育】 2019年，蓬江区基干民兵以营（连）为单位每季度进行一次国防教育，全年组织12次各类专业训练和应急分队点验，均安排15%的时间对参训人员进行形势教育和国防教育。征兵期间，利用广播电视、互联网、微信、电子屏、板

报、宣传手册等媒体，全方位、立体式向广大公民普及国防教育内容，还对新兵进行爱党、爱国、爱军教育。 （王少康）

退役军人事务

【概况】 蓬江区退役军人事务局于2019年2月成立，区编办核定区级服务中心正股级公益一类事业单位，事业编制10名，设主任1名，副主任1名。行政编制核定7人，实际在编8人。内设办公室、拥军优抚和褒扬纪念股、安置就业股3个股室。设有区退役军人服务中心1个事业单位。于2019年11月搬迁至江门市蓬江区象山新村68号之一亿利达商务大厦一楼办公。

【退役军人优抚工作】 2019年，蓬江区有各类优抚对象13 249名，其中参战参试人员（以下简称“两参人员”）1202人，残疾军人117人，带病回乡退役军人89人，烈士遗属7人，病故军人遗属10人，领取定期生活补助烈士子女3人，领取生活补助随军家属2人，领取60周岁以上农村籍退役士兵补助742人，转业干部1944人，军队离退休干部和士官39人，无军籍职工39人，复员军人129人，因公牺牲遗属3人，现役军人家属395户，退役士兵8528人。是年，蓬江区1463名重点优抚对象定期发放抚恤补助1810.68万元；向390名退役军人发放救助金80.52万元，其中临时生活困难退役军人48人，发放救助金9.55万元；特殊医疗退役军人342人，发放医疗救助金70.97万元。为困难优抚对象开展“解三难”219人次，支出35.66万元，其中“生活难”33人，支出7.13万元，“住房难”6人，支出2.4万元，“治病难”180人，支出26.13万元；对重点优抚对象帮扶特殊医疗救助达203人次，支出47.74万元。

【退役军人就业创业】 2019年，蓬江区为退役军人就业创业营造良好环境。完成军转干部、符合政府安排工作条件退役士兵的安置及退伍老兵返乡工作，其中军转干部6人，符合政府安排工作条件退役士兵4人，退伍士兵89人。接收自主择业军转干部3名，通过事业单位定向招聘5名随军家属；举办随军家属及退伍军人专场招聘会2场，130名退伍军人参加，现场达成就业意向26人。

是年，蓬江区成立部分退役士兵社保接续工作专班，印发《江门市蓬江区解决部分退役士兵社会保险问题工作实施方案》。召开关于解决部分退役士兵社会保险问题工作会议，规范各职能部门办理流程，全年社保接续工作通知1026份，接收递交资料517份，受理审核通过394份。发放2018年112名退伍士兵的一次性经济补助金500多万元。

【退役军人服务体系建设】 2019年，蓬江区退役军人事务局完成区、镇（街）、村（社区）三级退役军人服务保障体系建设。区退役军人服务中心完成“五有”标准建设，做到有机构、有编制、有人员、有经费、有保障。全区6个镇（街）退役军人服务站完成硬件配备，工作人员初步到位；全区134个村（社区）的退役军人服务站设在各村（社区）公共服务站，属于合署办公，基本办公设备已配备，分别由村“两委”（村党支部委员会、村民委员会）成员、社区委员兼任。

【烈士褒扬】 2019年，蓬江区退役军人事务局着力做好宣传典型、褒扬先进工作，全年举办大型褒扬活动3场。其中对全区5名荣立一等功功臣、29名荣立二等功功臣进行重点慰问及表彰，对10名荣获“蓬江区最美退役军人”进行表彰及事迹宣扬，对19名荣获“庆祝中华人民共和国成立70周年”纪念勋章退役军人进行上门表彰。

【双拥工作】 2019年，蓬江区退役军人事务局做好双拥各项工作，助力江门市创建全国双拥模范城市。举办双拥军民活动6场，双拥共建单位5个。12月10—11日，接受广东省双拥工作领导小组进行创建双拥模范城迎检工作。在春节、“八一”建军节等节日向14个驻地部队发放慰问金36.3万元，走访慰问困难优抚对象436户，发放慰问金34.88万元；各镇（街）召开慰问座谈会9场，支出5万元；开展全国第6个烈士纪念日公祭活动，组织烈属、退役军人代表20人参加，走访慰问烈属14户，发放慰问金1.4万元。

【思想政治与权益维护工作】 2019年，蓬江区退役军人事务局落实退役军人思想政治与权益维护工作，对重点维稳对象上门走访、思想疏导13次，接收信访件24件，“12345”政府咨询34件。区退役军人事务局与区司法局签订《法律拥军协议》，成立退役军人法律援助处、老兵调解室，接收解决法律纠纷案件2件；区退役军人事务局与区检察院签署退役军人司法救助工作实施意见，实施司法救助1人。 （陈晓婷　蔡锦相　邓树廉）

人民防空

【概况】 2019年，蓬江区住房和城乡建设局加挂蓬江区人民防空办公室牌子，内设人防管理股。区人防办主要负责组织开展人防宣传教育；配合市人防办推进人民防空平战转换工作，协助组织开展区人民防空袭斗争；配合市人防办管理新建民用建筑防空工程建设，开展人民防空组织指挥工作，制订区域内城市防空袭方案、人口疏散计划；配合市人防办监督检查已建人防工程的维护管理和综合开发利用；配合市人防办组织并参与防空演练，加强对指挥通信设备的管理。

【人民防空指挥体系建设】 2019年1月，根据“十三五”规划及江门市人防办工作部署，蓬江区完成军用第三代短波通信系统建设和信息化高清化改造工作。

【人民防空防护体系建设】 2019年，蓬江区人防办进一步完善区人防综合防护能力建设，提升城市综合防灾能力，配合市人防办完成兰石公园疏散基地建设。

【人民防空宣传教育】 2019年，蓬江区人防办做好人防宣传教育“五进”（进机关、进学校、进企业、进社区、进网络）工作，以“进社区”为重点，完成天福社区、丰雅社区、卢边社区等3个社区的人防宣传教育“进社区”建设任务。 （陈春涛）

经济

JINGJI

经济监督管理

发展和改革管理

【经济社会发展谋划】 2019年，蓬江区贯彻落实中央各项决策部署、省委“1+1+9”工作部署和市委“1+1+5”工作举措，紧抓粤港澳大湾区和深圳建设中国特色社会主义先行示范区的“双区驱动”机遇，坚持稳中求进工作总基调，践行高质量发展要求，狠抓各项重点工作，推动全区经济社会平稳发展。形成《江门市蓬江区产业发展规划思路研究》《江门市蓬江区产业发展历程及现状研究报告》《江门市蓬江区工业企业调研报告》，出台《江门市蓬江区稳投资工作清单》《江门市蓬江区稳预期工作清单》《蓬江区实施乡村振兴战略总体规划（2018—2022）》，推动各项工作落到实处。

（张 毅）

【重点项目建设】 2019年，全区列入市重点项目90项，计划总投资587.7亿元，2019年度计划投资104.73亿元，同比增长8.7%，全年累计完成投资115.93亿元，完成年度投资计划110.7%。其中，完成较好的项目有蓬江区“四好农村路”建设项目、蓬江区黑臭水体综合治理工程，以及兰芳园食品项目等。

（倪杨栋）

【投资许可和管理】 2019年，蓬江区发展和改革局贯彻执行《企业投资项目核准和备案管理条例》《企业投资项目核准和备案管理办法》《中华人民共和国招标投标法》《江门市蓬江区政府投资项目管理办法》等法律法规文件，依法做好固定资产投资项目立项管理和招投标核准工作。严格执行投资项目审批、核准、备案管理程序，规范项目决策，审核工程项目可行性研究报告、节能评估报告等材料，科学合理审理项目建设规模、工程造价标准，依法严格核准招标范围、招标方式和招标组织形式。印发《江门市蓬江区政府投资项目计划》，加强政府投资项目计划管理，加大项目储备力度。全年审批、备案项目332个，项目总投资349.71亿元。

【投资体制改革】 2019年，蓬江区发展和改革局推动落实行政审批委托制改革，加强对各镇（街）委托事项业务指引和政策解读工作，定期召开投资项目管理工作会议，共同学习投资领域最新政策法规，指导各镇（街）行使项目审批和管理职权。印发《江门市蓬江区进一步深化投资项目承诺制改革试点方案》，深化“容缺办理”，加快探索推进联合审图、联合验收等专项改革试点，将承诺制改革工作不断向纵深推进。全年累计完成承诺制试点项目22个，完成容缺审批事项116个，为江门市蓬江区水环境综合治理项目（一期）、联东U谷项目等前期工作平均提速1～2个月。

（林伟俊）

【营商环境建设】 持续加大“放管服”改革力度 2019年，蓬江区深化投资项目承诺制改革，推行“先承诺后审批、边建边批”管理模式。推进“证照分离”，实施106项事项分类改革。加快数字政府建设，推进政务服务事项标准化建设，完善实施清单和“四办”清单，纳入实施子项1377项，实施率100%，一次办率97.94%，可网办率90.98%。

全面推行行政审批制度改革 2019年，蓬江区优化行政审批事项，向社会公布行政审批事项清单，实行目录化、编码化、动态化管理。持续推进“一门式”政务服务改革，建成“1+7+134”（1个法人一门式服务中心、7个镇（街）一门式服务中心及134个村（社区）党群服务中心）三级政务服务体系。是年，全区实现镇（街）法人业务与自然人业务“只进一扇门”，16个区级部门和1个市级部门779个涉企事项“一窗通办”，123个证照批文“一窗核发”。

知识产权保护成效显著　2019年，建立蓬江区商标品牌培育指导站，不断提升知识产权创造、运用、保护、管理能力。全年全区新增专利申请3552件、专利授权2089件、商标注册3576件，有效注册商标总量1.96万件，数量均居全市首位。成立“江门市知识产权司法保护服务中心摩托车行业（蓬江）服务站”，区人民法院与区市场监管局、区工商联进一步统筹整合资源，拓展法律服务项目，全面助力知识产权纠纷快速处理，多元化、便捷化解决知识产权纠纷。

暖企安商助力企业发展　至2019年底，蓬江区开展区领导联系重点企业（暖企）行动，走访收集企业诉求131条，其中53条诉求已解决，18条诉求已取得阶段性成果，60条诉求在持续推进办理中。加强政策宣传，支持区科技型企业与银行、金融机构开展合作，组织指导114家企业进行科技金融贷款贴息项目备案，降低融资成本。开展“律师服务民营企业”活动，先后举办7个面向镇（街）商会、企业负责人的法律专题讲座，参与企业3500多家。

【社会信用体系建设】　2019年，蓬江区全面推广使用社会信用联合奖惩应用系统，对工商、食品药品、社会保障等21个领域实施失信“黑名单”管理制度，加大对诚实守信主体激励和对严重失信主体惩戒力度，形成褒扬诚信、惩戒失信的制度机制和社会风尚。完善信用信息共享平台建设，各部门通过“全国信用信息共享平台（江门蓬江）”报送双公示信息共123786条。（张　毅）

【节能降耗】　2019年，蓬江区发展和改革局充分发挥能源管理职能，做好能耗“双控”工作。做好华电福新江门能源有限公司、江门顶益食品有限公司能耗跟踪和预警，完成市下达的能耗“双控”目标。组织专家采取集中考核方式，对广东万丰摩轮有限公司和江门融浩水业股份有限公司2018年度的节能工作情况进行考核；经核查，融浩水业为基本完成等级，万丰摩轮为完成等级。组织江门市公安局蓬江分局、蓬江区人民政府办公室、江门市第二人民医院、范罗岗小学、华侨中学、杜阮镇杜阮中心初级中学、启明小学、怡福中学等8个公共机构进行能源审计，评估能耗水平，挖掘节能潜力。组织开展对市公安局蓬江分局进行非工业领域节能监察，完成全区187个公共机构能耗数据汇总和上报工作。（薛　莹）

2019年蓬江区重点建设项目投资进度表

项目分类	项目数（项）	年度投资计划			累计完成投资（万元）	投资完成率（%）
		总计（万元）	政府投资（万元）	企业投资（万元）		
交通类	19	52630	52630	0	64884	123.28
产业类	39	500252	53986	446266	546101	109.17
城建类	32	494368	89812	404556	548288	110.91
合计	90	1047250	196428	850822	1159273	110.7

国有资产监督管理

【概况】 2019年，蓬江区区属国有企业共62家，其中一级企业11家。区属国企资产总额300亿元，负债总额138亿元，净资产162亿元，总体资产负债率为46%。

【国有资产监管】 2019年，蓬江区国资监管局紧盯国资管理多头、权责不清等短板，着力抓好国资监管体系改革优化，落实国资“一盘棋”统筹。构建区属国企管理“1+6+N”制度体系，完善《关于进一步理顺蓬江区区属企业管理体制方案》，按照分层管理、分级负责的要求，明晰企业管理权属和权限；针对重大事项、投融资、购租资产、资产处置等重点领域，进一步完善“1+6”国资监管制度；梳理上级系列制度264项，下发区属国企贯彻执行；在区属国企全面落实法律顾问制度，建立内审制度和内审机构，完成区属一级国企及下属国企首轮审计全覆盖；指导一级国企建立内部管理制度122项，织密制度“防护网”，促进区属国企规范经营管理；建立和完善区属国企国有资产管理情况报告制度、区属国企资产定期统计填报制度，并向区人大常委会作汇报；做好2019年国有资本经营预算编制执行工作，加大对区属重点国企的支持力度。

【国有资产投融资】 2019年，蓬江区区属国企开拓融资渠道，除传统银行融资外，积极向政策性银行、融资租赁公司等金融机构申请融资，成功通过债券市场发行债券。在依法依规前提下力求融资项目创新，成功发行PPN和落实债权融资计划等。是年，区属国企累计新增融资资金35.6亿元。

【推动国有企业发展】 2019年，蓬江区国资监管局推动区属国企优化发展，盘活国企存量资源。江门市滨江建设投资管理有限公司26号、52号地块成功通过公开挂牌征集合作方，其中52号地块项目正式销售。江门市先进制造业江沙示范园区投资有限公司利用“投融资+EPC”模式，引入中交四航局盘活存量资产，推动激光产业园建设。协助江门市档案中心建设项目完成投资1.23亿元，该项目基坑支护桩及水泥搅拌桩施工已完成。 （邹佩珊）

自然资源管理

【概况】 2019年2月20日，蓬江区自然资源局挂牌成立，设综合办公室、政策法规股、国土空间规划和耕地保护股、国土空间用途管制股、自然资源开发利用股、建设用地规划管理股、建设工程规划管理股、地质矿产与生态修复股、林业管理股、测绘地理信息和自然资源调查管理股、执法监督股共11个内设机构，设棠下、荷塘、杜阮、城区、潮连5个自然资源管理所，机关行政执法专项编制23名。主要履行全民所有土地、矿产、森林、湿地、水等自然资源资产所有者职责和所有国土空间用途管制职责，负责自然资源调查检测评价、自然资源统一确权登记、自然资源的合理开发利用、建立本区空间规划体系并监督实施、蓬江区城乡规划区内有关具体建设项目规划管理工作等。

【土地规划】 2019年，蓬江区自然资源局严格落实《蓬江区土地利用总体规划（2010—2020年）》的用途管控制度，助力蓬江区建设项目发展用地需求。完成了26个行政村村级规划编制。重点部署

《棠下镇土地利用总体规划（2010—2020年）》局部修编工作，完成市重点项目（滨江新区木棉树雨水泵房）0.12公顷预留建设用地规模调整方案，逐级报省审批并完成备案；完成63.21公顷有条件建设区建设用地规模调整方案，逐级报市审批并报省完成备案，保障江沙示范园区周边和滨江新区等重点区域建设需求。

【耕地保护】 2019年，蓬江区耕地保有量2259.91公顷，永久基本农田划定593.33公顷。超额完成耕地保有量和永久基本农田保护任务。结合区实际，选址棠下镇五洞村开展垦造水田项目，建设规模22.71公顷，于4月25日完成核发项目验收意见函并报省备案通过，验收新增水田面积19.99公顷，足额完成垦造水田承诺任务兑现。严格落实各级政府逐级签订年度耕地保护责任书，层层夯实责任，管控各镇（街）耕地保护责任目标。落实永久基本农田保护制度，推进永久基本农田储备区划定工作。落实永久基本农田经济补偿机制，足额拨付省级和区级配套永久基本农田补助资金275 886.36元至农民集体经济组织中，用于支持基本农田后续管护、社会养老保险和农村合作医疗、农田水利建设等支出。积极开展年度耕地质量等别更新评价工作，全面掌握年度内耕地现状及耕地质量等别变化情况，加强土地整治活动，保障耕地质量不下降。

【土地市场管理】 2019年，蓬江区建立已收储土地管理与经营工作台账，对已收储需管护的土地项目进行具体情况具体分析，制定管护方案，落实地块平整、围蔽、警示等管护措施。实施定期与不定期巡查管护制度，严格监控每宗储备土地现状，避免储备土地被占用和损坏。协调做好土地临时经营和管理工作，将符合相关租赁要求的地块通过出租、临时使用等方式加以利用。

【建设用地报批】 2019年，蓬江区完成24批次104.75公顷建设用地报批。其中，报批餐厨垃圾处理厂、医疗废物处理厂项目2.11公顷，报批潮连人才岛项目32.43公顷，报批陈垣广场侧商住用地7.9公顷；组织虎岭中学项目、荷塘养老院项目用地报批。

【土地供应】 2019年，蓬江区加快土地供应进度，保障全区房产等产业平稳发展。全年土地供应63宗，供地面积150.13公顷，出让价总额50.39亿元。

【“三旧”改造】 2019年，蓬江区委、区政府继续将“三旧”改造列为重点工作之一，坚持节约集约用地，加快经济发展，大力推进“工改工”，推进旧村、旧厂改商住项目动工建设。蓬江区“三旧”改造项目固定资产投资计划51 000万元，市下达蓬江区新增实施改造任务36.13公顷，完成改造任务。全年共完成投资总额58171万元，23.93公顷已完成率114.06%；新增实施改造40.54公顷，完成率112.2%；完成改造25.47公顷，完成率106.4%。完成“三旧”改造项目认定10宗65.03公顷。是年，盘活华泰轮毂厂、永达顺旧厂、得宝饲料厂等土地9.13公顷，改造后按商住用地挂牌出让。

【测绘管理】 2019年，蓬江区2000国家大地坐标系GPS-E级控制网建设项目完成验收。完成GPS-E级控制网联测和国土资源数据转换工作。全区设置GPS-E级控制点104个，委托第三方技术单位开展测量标志巡查工作1次。开展14平方千米基础地形图修补测项目，范围涉及棠下镇。对辖区内7家测绘单位开展安全生产实地检查1次；对区内展览馆、地图市场开展地图巡查工作1次，均未发现违法违规情况。承接市自然资源局测绘管理科委托的地图审核事项1个。

【土地执法监察】 2019年，蓬江区自然资源局土地执法累计行政立案394宗，落实行政处罚233宗，罚款金额565万余元；累计拆除违法占地建筑物110宗，涉及整治土地面积24.09公顷。通过走访摸排，核查出全区存在问题“大棚房”21宗，并完成全部整治任务，其中已拆除和复耕20宗、已完善设施农用地手续1宗。（张爱玲）

【土地储备与管理】 土地储备计划编制 2019年，蓬江区土地储备中心编报《蓬江区2019年土地储备计划方案》，并经区政府审批同意实施，按方案计划收储土地184.6公顷。区土储中心领导多次带队到各镇（街）进行实地调查，与征地工作组开展研究讨论，了解下一年度土地收储意向和资金需求。

土地征收储备 2019年，蓬江区土地储备中心坚持“两规符合、不占水田、保障民生、高效用钱”工作原则，主要集中在棠下镇、潮连街、荷塘镇开展土地征收储备工作。开展联合收储模式，与江门市土地储备中心联合组成收储主体，土地收储后登记在市土储中心名下，补偿主体为市土储中心，补偿金额不计入区土储中心补偿金额中，缓解收储资金紧张局面，并有效收储土地35.67公顷。推行留用地折现模式，一方面彻底解决留用地历史问题，减少租金成本支出，将更多资金用到新的收储项目上；另一方面增加滨江新区商住用地储备来源，有利于政府加强土地调控，确保房地产市场稳定发展。按照区政府批准的土地征收补偿工作实施方案，与各镇（街）征地工作组、区自然资源局、区财政局等相关部门开展落实土地收储工作。全年完成收储土地329.67公顷，其中一级土地市场247.4公顷、二级土地市场82.27公顷。

储备土地管理和维护 2019年，蓬江区有土地储备登记11宗（其中已做土储证2宗），新增土地储备登记6宗（其中已做土储证2宗）。建立土地管理工作台账，规范土地经营和维护，对需管护的土地项目进行具体情况具体分析，密切沟通土地所属镇（街），制定管护方案，落实地块平整、围蔽、警示等措施，全年共实现缤果动漫、新昌和瑶村3个地块的围蔽以及围蔽设施的维护工作。实施定期与不定期巡查管护制度，严格监控每宗储备土地现状，避免储备土地被占用和损坏，全年巡查储备土地100多次，对违规占用地块行为，集中清理3次。协调做好土地临时经营和管理工作，通过临时出租经营方式盘活储备土地的利用价值，将贯溪等地块继续出租给符合条件的商户。

土地储备资金使用和管理 2019年，蓬江区土地储备中心实行资金收支两条线管理，专户存储、独立核算，严格按照财政部出台的《土地储备资金财务管理办法》和区财政局制定的《蓬江区土地储备专户资金管理办法（试行）》执行。结合中心实际情况，编制中心财务管理制度，重点强化土地储备资金的监督管理机制，增加防范财务风险的措施，提高资金使用效益。多渠道、多层次、多方面筹措资金，全年申请地方专项债券11.05亿元。

（林礼顺）

市场监督管理

【注册登记与管理】 2019年，蓬江区市场监督管理局全面落实“多证合一”“证照分离”、企业实名认证、全程电子化、简易注销、“微信+智能化审批”等系列商改措施；深化“互联网+政务服务”，推行营业执照“网上办”“掌上办”、智能秒批，领取方式多样化，实现银行自助打印、邮政快递到家。群众跑窗口次数平均压减80%，一般行业最快5分钟可开办企业。全年共发放“多证合一”营业执照19 742张，办理“证照分离”业务14 434宗，已有3765名企业投资人、高管、经办人等通过实名验证，办结全程电子化业务2905宗，办理简易注销业务636宗。商事登记“微信+智能化审批”上线以来，全区发出“微信办”营业执照489张，有效推动窗口与网上分流，实现足不出户就能办理营业执照。持续提升开办企业速度，通过优化审批流程，提高工作效率，进一步压缩开办企业时间，3月26日实现企业开办1个工作日办结，其中商事登记0.5个工作日内办结，全年为新开企业提供“一日办”服务3126人次。开展“个转企”奖励兑现工作，为符合条件的19户企业申请奖励金共19万元。为区重点招商引资项目开通“绿色通道”，提供注册登记业务专人指导服务，实行容缺、延时服务，做到资料齐全“立即办”、资料不全“指导办”、紧急项目“加班办”、重大项目“跟踪办”，有效推进登记注册服务再升级。截至年底，全区实有市场主体总数94 308户，较上年同期增长4.5%，其中私营企业21 276户，从业人员143 881人，注册资金4 840 406.96万元；个体户65 507户，从业人员127 400人，注册资金196 753.58万元。是年，新登记市场主体总数13 324户（不含外资），新增注册资金733 465.24万元（不含外资），其中新设立企业3139户；新设立个体户10 185户。（黎文卿）

【依法行政】 2019年，蓬江区市场监督管理局大力加强法治建设，全面推进依法行政，制定并印发《江门市蓬江区市场监督管理局行政执法公示管理制度（试行）》《江门市蓬江区市场监督管理局行政执法全过程记录管理制度（试行）》和《江门市蓬江区市场监督管理局重大行政执法决定法制审核管理制度（试行）》。做好行政复议答复办理工作，共办理行政复议案件答复20宗、行政诉讼案件应诉12宗。全面加强法律法规学习、培训，组织执法人员现场观摩法庭调查、法庭辩论；邀请江门市人大法工委主任曹利和江海区人民法院行政庭法官龚展泽分别作题为“行政法与民商法”和“市场监督管理法律风险防范”专题培训；购置食品药品、市场监管、知识产权、质量监督检验检疫领域的法律法规等业务用书，为提升执法人员业务素质及办案能力创造良好条件；参加“五法”普法知识竞赛、行政执法综合法律知识考试、全国市场监管法律知识竞赛及2019年度国家工作人员在线学法考试。行政执法综合法律知识考试实际参加人员90名，考试合格人员80名，合格率88.9%，确保严格落实持证上岗管理制度；全国市场监管法律知识竞赛应考人数174人，实际考试200人，平均分84.83分，参加率114.9%。开展普法知识培训20次，对经营企业、商圈相关单位负责人、辖区居民和市场负责人等开展普法培训、约谈共46次，普法人数累计4600人次。（胡隆剑）

【信用监管】 2019年，蓬江区推动企业信用信息公示监管常态化，至7月1日辖区分别有企业22 053户、农专社82户、个体户33 634户自行公示2017年度报告，年报率分别为86.14%、91.11%和57.44%；落实经营异常名录管理制度，全区企业、农专社、个体户被列入经营异常名录（或标记异常状态）的记录分别有2899户次、4户次、24 679户次，企业、个体户改正违法行为后申请移出经营异常名录（或恢复正常状态）的记录分别有1850户次、2513户次；列入严重违法企业名单的企业349户。牵头协调开展政府部门涉企信息统一归集公示，至年底17个部门累计归集涉企信息29 475条。全面实施“双随机、一公开”监管，牵头梳理抽查事项清单，编制2019年度抽查计划报区政府审批并对外公示，全年全区15个部门共开展单部门抽查任务156个，检查市场主体2074家、非市场主体8家；12个部门开展联合抽查，下发联合抽查任务23个，检查市场主体187家、非市场主体8家。开展长期停业未经营企业清理吊销工作，全年对长期停业未经营企业作出吊销营业执照行政处罚决定1354个。（王玉先）

【市场监管】 2019年，蓬江区市场监督管理局对辖区33个集贸市场、18家大型商场超市、3条商业大街实行全天候、无死角、全覆盖重点巡查监管。其中，重点加大集贸市场整治力度，对市场内占道经营、动态保洁、投诉处理记录等情况进行全面排查、查漏补缺，行动中出动工作人员889人次，检查集贸市场、大型商场、超市、餐饮店、食品销售店1563户次，整改点位300多个。（谭彩仲）

【网络交易监管】 2019年，蓬江区市场监督管理局先后开展网络扫黄打非、互联网广告、互联网电子商务商品打假、涉嫌非法集资风险专项排查等专项行动，网上检查网站、网店3586个次，实地检查网络经营主体116户次，删除违法信息26条，责令整改网站36个，派发宣传资料300份。推进“两库一标”基础信息数据建设，入库主体3769个，同比增长2.5%；网站域名5395个，同比增长4.5%，其中第三方交易平台网站1个；指导电商企业申领电子标识43个次，实现网上亮照亮标。

【经济合同管理】 2019年，蓬江区市场监督管理局深入开展“守合同重信用企业”公示活动，向社会公示上年度“守合同重信用企业”317家，同比增长19.2%，其中57家企业连续公示10年及以上。重点针对经营者利用房地产类、汽车销售类合同中典型不公平格式条款，对免除自身责任、加重消费者责任、排除消费者权利等违法违规行为开展集中规范整治。全年出动执法人员48人次，检查经营单位24家，检查合同26份。（林权辉）

【广告管理】 2019年，蓬江区市场监督管理局做好2018年度广告业统计工作，完成广东省广告行业统计任务792户，其中企业770户、事业单位2户、个体单位20户，连续四年100%完成任务。先后组织开展互联网广告、食品、保健食品虚假广告、金融行业治乱、房地产市场秩序、教育培训等广告专项整治行动9个，累计出动358人次，检查各类经营主体197家，监测各类广告522条次，发出法规宣传资料约1000份。依法处理投诉举报，处理违法广告投诉举报231宗，立案查处违法广告案件58宗，罚没金额16.3万元。（吕颖珊）

【综合执法】 2019年，蓬江区市场监督管理局先后组织开展保健品、涉企收费、冷冻肉类食品等93

个专项整治行动，严厉查处侵害消费者权益、价格违法、虚假宣传等违法行为，共办结各类案件1193宗，罚没金额175.77万元，向司法机关移送涉嫌犯罪案件17宗，协助公安机关开展假药认定案件3宗。深入开展扫黑除恶专项斗争，分别在商事登记、装修、特殊食品和化妆品3个重点行业领域开展专项扫黑除恶斗争工作，共摸排移送涉黑涉恶线索4条。完成全年抽检任务，抽检食品2210批次、药品110批次、化妆品19批次，对其中不合格的39批次食品、6批次药品和3批次化妆品，均已立案调查。

（李颖琳）

【价格监督管理】 2019年，蓬江区市场监督管理局全面开展公平竞争审查工作，积极履行区公平竞争审查部门间联席会议的牵头单位及召集人职责，结合机构改革实际，调整成员单位，并指导各成员单位开展公平竞争审查工作，全区13个成员单位建立公平竞争内部审查工作制度，并对自身制发的文件进行审查，未发现有妨碍公平竞争情形。加强涉企收费及重点领域价格监管，持续整治涉企违法违规收费，双随机抽查辖区2家银行开展涉企收费专项检查，严格落实禁止向小微企业贷款收取承诺费、资金管理费等政策措施；开展口岸进出口环节收费公示检查，进一步规范口岸收费公示标准；开展转供电环节收费检查，检查转供电主体16家，责令退还多收电费近82万元；强化其他民生密切相关领域价格监管，密切关注春节、“五一”“十一”等重点时段及猪肉、电商、旅游景点、客运票价等重点行业价格情况，维护正常市场价格秩序。切实核查处理群众反映强烈的物业费、停车费等价格管理方面的投诉，全年共处理投诉712宗，立案查处涉嫌价格欺诈案件1宗。做好各行业价格格式监制工作，对群众关注度高的行业进行价格公示格式监制，共办理机动车停放收费等行业的格式监制20多份。开展整治“保健”市场乱象百日行动，组织对养生馆、保健服务中心、火疗馆、保健品店等经营场所进行地毯式核查，建立保健市场关联主体档案227户，与直销企业分支机构、经销商签订《规范经营承诺书》47份。加强投诉处置及定向抽查，处理保健品相关投诉举报4宗，为消费者挽回损失1.6万元；抽查保健品市场主体93户，对不在经营场所经营的3户录入经营异常名录；严格查处违法发布广告、经营不符合食品安全标准的食品等违法行为，立案67宗。通过联合执法，组织开展打击整治传销集中行动，严防传销活动的萌芽及发展，加强对“云集品”“华林酸碱平”涉嫌传销排查处置，核查线索2宗，立案查处涉嫌组织传销案件1宗。 （李云英）

【消费维权】 2019年3月15日，蓬江区市场监督管理局联合市消委会在汇悦城举办以“信用让消费更放心”为主题的国际消费者权益日大型宣传咨询活动，当日各行政单位共向群众发放有关宣传资料7609份，接受群众咨询3486人次，现场登记受理群众投诉10宗。是年，区市场监督管理局、区消委会及各监管所投诉站共受理各类投诉举报6807宗，按时办结率和处理率均达100%，涉及金额2399.19万元，为消费者挽回经济损失629.55万元，获群众来信来电表扬3次。

（容泽民）

【企业安全生产】 2019年，蓬江区市场监督管理局严格落实“一岗双责”，全年未发生涉及市场监管职能的安全生产事故。先后制订《安全生产“一岗双责”工作职责》《生产安全事故应急预案及操作手册》《特种设备事故应急救援预案及操作手册》等16项安全生产工作制度，并将安全生产工作列入党组会议重要议事日程，及时研究、部署；每季度召开安全生产工作会议，对上季度安全生产工作进行总结并对下一步工作进行部署；与各业务部门签订安全监管责任书；进一步明确安全生产指标控制，制订《2019年安全生产工作要点》《2019年特种设备监督检查计划》等并按时贯彻实施，全面打好安全监管工作基础。开展安全生产专项整治行动，先后开展“防风险保平安迎大庆”安全生产保障行动、重点企业安全生产隐患排查整治、重点工业产品质量安全专项整治、危化品安全整治、特种设备安全专项整治等14项安全生产专项行动，有效排查安全隐患，稳定安全生产形势，落实企业安全主体责任。多形式加强安全生产工作宣传，组织召开特种设备安全宣贯会8场，参会特种设备重点单位600多家；利用“安全生产月”“质量月”“消防家园”、8个特种设备微信工作群等宣传平台，向企业、公众宣贯安全生产相关法律法规。全年累计派发普法宣传资料1600多份、播放安全教育警示片56套。（吴仲维）

【个体劳动者协会和私营企业协会】 2019年，蓬江个体劳动者协会和私营企业协会抓好年检、上门服务，确保个私企业依法经营。在个私企业营业执照年检中，协会各办事处分别向辖区范围内沿街商铺派发年检宣传操作指南，对个别不能及时办理年检的个私业主采取主动上门服务。组织辖区企业、个体工商户开展年度报告培训会议，讲解需要重点掌握的条款和申请年报的流程，并组织人员上门宣传和派发资料，逐户指导会员进行网上年报。全年共派发年报操作指南12 000多份，指导和协助6000多户会员以纸质方式报送年报，利用信息平台发送年报提示信息30 000多条（次）。联合区市场监督管理部门召开扫黑除恶工作会议。中秋、春节前夕，开展以“慰问暖人心，蓬江个私显真情”为主题的走访慰问活动，慰问老弱、病残、孤寡、困难会员144户，送去大米、食用油、食品等慰问品及慰问金共32 450元。在汇悦城开展消费维权咨询活动，为市民解答各种消费问题。在育德篮球场举行“光彩义工服务日”活动，来自全区130多户个体户和私营企业会员免费为市民提供电脑维修、家电维修、眼镜维修、理发服务、房产信息咨询、银行小微创业贷款咨询，并派发创建文明江门倡议书、非公有制企业职务犯罪预防宣传册子等。

蓬江区个体工商户发展情况表

行业代码	行业门类	2018年	2019年	增减变化情况	
				绝对数	增减率（%）
A	农、林、牧、渔业	356	357	1	0.28
B	采矿业	3	2	-1	-33.33
C	制造业	5443	5399	-44	-0.81
D	电力、热力、燃气及水生产和供应业	2	1	-1	-50
E	建筑业	1171	1384	213	18.19
F	批发和零售业	33 421	35 110	1689	5.05
G	交通运输、仓储和邮政业	3403	3615	212	6.23
H	住宿和餐饮业	7317	8140	823	11.25
I	信息传输、计算机服务和软件业	186	219	33	17.74

续上表

行业代码	行业门类	2018年	2019年	增减变化情况	
				绝对数	增减率（%）
J	金融业	9	10	1	11.11
K	房地产业	372	454	82	22.04
L	租赁和商务服务业	2003	2276	273	13.63
M	科学研究和技术服务业	232	274	42	18.10
N	水利、环境和公共设施管理业	15	16	1	6.67
O	居民服务、修理和其他服务业	6749	7355	606	8.98
P	教育	232	311	79	34.05
Q	卫生和社会工作	50	67	17	34
R	文化、体育和娱乐业	504	516	12	2.38
	其他	0	1	1	
合计	户数（户）	61 468	65 507	4039	6.57
	资金数额（万元）	148 903.8	196 753.6	47 849.8	32.13

蓬江区私营企业发展情况表

行业代码	行业门类	2018年	2019年	增减变化情况	
				绝对数	增减率（%）
A	农、林、牧、渔业	72	69	–3	–4.17
B	采矿业	10	7	–3	–30
C	制造业	5439	4975	–464	–8.53
D	电力、热力、燃气及水生产和供应业	22	24	2	9.09
E	建筑业	1233	1336	103	8.35
F	批发和零售业	6311	6261	–50	–0.79
G	交通运输、仓储和邮政业	369	388	19	5.15
H	住宿和餐饮业	588	549	–39	–6.63
I	信息传输、计算机服务和软件业	687	684	–3	–0.44
J	金融业	124	109	–15	–12.1
K	房地产业	678	710	32	4.72
L	租赁和商务服务业	2945	2902	–43	–1.46
M	科学研究和技术服务业	1692	1902	210	12.41
N	水利、环境和公共设施管理业	52	63	11	21.15
O	居民服务、维修和其他服务业	741	709	–32	–4.32
P	教育	85	110	25	29.41
Q	卫生和社会工作	38	48	10	26.32
R	文化、体育和娱乐业	346	406	60	17.34
	其他行业	25	24	–1	–4
合计	户数（户）	21 457	21 276	–181	–0.84
	资金数额（万元）	4 471 794.38	4 840 406.96	368 612.6	8.24

蓬江区内资（非私）企业情况表

行业代码	行业门类	2018年	2019年	增减变化情况	
				绝对数	增减率（%）
A	农、林、牧、渔业	8	8	0	0
B	采矿业	1	1	0	0
C	制造业	170	166	–4	–2.35
D	电力、热力、燃气及水生产和供应业	13	10	–3	–23.08
E	建筑业	135	125	–10	–7.41
F	批发和零售业	599	574	–25	–4.17
G	交通运输、仓储和邮政业	106	109	3	2.83
H	住宿和餐饮业	50	52	2	4
I	信息传输、计算机服务和软件业	110	110	0	0
J	金融业	324	321	–3	–0.93
K	房地产业	295	306	11	3.73
L	租赁和商务服务业	482	461	–21	–4.36
M	科学研究和技术服务业	138	136	–2	–1.45
N	水利、环境和公共设施管理业	15	17	2	13.33
O	居民服务、维修和其他服务业	130	125	–5	–3.85
P	教育	8	13	5	62.5
Q	卫生和社会工作	7	11	4	57.14
R	文化、体育和娱乐业	25	27	2	8
	其他行业	25	23	–2	–8
合计	户数（户）	2641	2595	–46	–1.74
	资金数额（万元）	3070983.09	3158395.5	87412.41	2.85

2019年蓬江区外商投资企业情况表

行业代码	行业门类	2019年	行业代码	项　目	2019年
A	农、林、牧、渔业	0	L	租赁和商务服务业	10
B	采矿业	0	M	科学研究和技术服务业	4
C	制造业	8	N	水利、环境和公共设施管理业	0
D	电力、热力、燃气及水生产和供应业	1	O	居民服务、维修和其他服务业	1
E	建筑业	2	P	教育	0
F	批发和零售业	15	Q	卫生和社会工作	0
G	交通运输、仓储和邮政业	1	R	文化、体育和娱乐业	0
H	住宿和餐饮业	0		其他行业	0
I	信息传输、计算机服务和软件业	0	合计	户数（户）	43
J	金融业	0		资金数额（万元）	3891.97
K	房地产业	1			

（李昊菁）

质量技术监督管理

【质量强区】 2019年，蓬江区加强质量强区建设，构建“党委领导、政府主导、部门联合、企业主责、社会参与”大质量工作格局。1月，以区府办名义印发《江门市蓬江区创建全国质量强市示范城市工作方案》，将责任落实到区级责任单位。9月4日，召开2019年江门市蓬江区质量强区工作会议，区质量强区活动领导小组27个成员单位领导参加，白沙街道办事处和蓬江区科工商务局就质量强区工作在会上作经验介绍；6日，以“共创中国质量 建设质量强国”为主题，与市局联合举办2019年“质量月”启动仪式暨宣传咨询活动，普及质量知识，提升群众质量意识。是年，将质量强区工作写入《2019年江门市蓬江区政府工作报告》；全区有2名专家入选广东省政府质量奖评审专家库，实现零突破；有2家企业申报广东省政府质量奖，向省市场监管局推荐质量标杆企业4家。在2019年度江门市各市（区）人民政府质量工作考核中，蓬江区被评为A级，排名第1。

【产品质量监管】 2019年，蓬江区市场监督管理局加强重点产品整体质量监管及提升。加强工业产品生产许可证证后监管，对5家工业产品生产许可证获证企业进行全面检查。制定《2019年蓬江区重点工业产品质量监管目录》，针对风险较高的电线电缆等重点工业产品、安全问题事故发生率较高的电动自行车等产品、消费者关注度较高的儿童用品等开展重点产品专项整治，并组织开展儿童和学生用品安全守护行动、水嘴产品质量隐患排查行动、电气和电动自行车火灾综合治理等专项行动，严厉打击生产销售不合格产品违法行为；全年共开展各类专项行动9次，检查生产经营单位485户次。开展流通领域商品质量交叉检查，以流通领域服装鞋帽、建材、小家电、手机配件、电动自行车等10类商品为重点，在全区组织开展交叉检查，重点排查是否存在2017、2018年度被抽检不合格或缺陷商品在市场销售，督促指导辖区经营者建立完善定期下架不合格商品和缺陷商品制度、追根溯源制度。

（彭三珊）

【计量监管】 2019年，蓬江区市场监督管理局强化民生计量、能源计量、安全计量监管，部署开展计量器具强制检定、眼镜制配场所、加油站、重点用能单位能源计量审查和安全防护类计量器具等计量监督专项检查，大力推进加油站维修备案便利化改革及诚信计量建设，抓好计量监管人员和企业计量管理人员培训，确保计量监管工作到位。全年共检查生产经营单位945户次，核查检定计量器具5525台（件）；全面完成辖区市场在用计量器具检定8552台（件）、基层医疗卫生单位在用医疗强检计量器具检定628台（件）；推行加油机维修备案用“微信和电子邮件”报送代替纸质申报业务5宗，实现维修备案零跑动；在重点民生领域推进“诚信计量自我承诺”活动，引导经营者遵守诚信计量行为规范，建立健全计量管理制度，落实主体责任。是年，全区46家加油站、56个集贸市场、9个基层医疗卫生单位建立健全计量器具管理制度，设立专（兼）职计量管理人员，制定并完善《计量管理制度》，签订《诚信计量承诺书》并进行公示；在市场设置公平秤指示牌130个，张贴计量职责公示56张。同时，结合机构改革，进一步强化计量干部队伍建设和监管技术支撑，举办各种计量业务和计量

技术培训班7期次，参加人员296人次。（梁丹屏）

【标准化监督】 2019年，蓬江区市场监督管理局大力实施技术标准战略，发动企事业单位申报实施标准化战略专项资助资金，共13家企业成功申报标准化资助项目31个，其中国家标准7项、团体标准24项，总资助资金194.3万元。推进企业产品和服务标准自我声明公开及标准监督，截至年底，全区共164家企业通过“企业标准信息公共服务平台”自我声明公开标准780项，涵盖产品4203种。同时，委托江门市标码所对自我声明公开的90项企业标准进行随机抽查，针对发现的问题督促企业进行整改。加强标准化知识培训，组织46家电动自行车销售企业相关负责人参加电动自行车新国标专题培训班，强化对电动自行车的质量安全监管；组织全区约100家企业参加蓬江区中小企业质量管理体系认证培训班，提高企业质量管理水平；面向执法工作人员先后组织业务培训班3场，提高监管人员业务能力和监管水平。（江文灯）

【特种设备安全监管】 2019年，蓬江区市场监督管理局落实特种设备安全监管职责，全年未发生特种设备事故。加强制度建设，先后制订《特种设备安全监察管理制度》《特种设备事故应急救援预案及操作手册》等工作制度；每季度召开特种设备安全形势分析会，做好特种设备安全监管工作总结及计划。加强队伍建设，组织业务理论培训5次、现场教学演练9场次，培训监管人员293人次；为监管所、业务部门配发各种业务书籍100多册、普法宣传资料5600多份，为执法人员配备安全帽40顶；组织特种设备安全监察员培训考核，持证监察人员从机构改革初期的4名增至40名。加强应急体系建设，制订特种设备事故应急救援预案及操作手册，并组织学习；依托企业建立8支特种设备应急救援队伍；组织各类应急演练3次，参与演练98人次；在日常监管中督促、指导使用单位开展应急预案演练。依法实施设备使用登记，开通“广东政务服务网”特种设备使用登记在线申办途径，并实现江门市政务服务一体化平台后台审批，全年核发特种设备使用登记证240台（套）。做好旧楼加装电梯等民生服务工作，江华小区加装电梯的全体业主赠送区局“不忘初心　情系民生”锦旗一面，感谢其高效办理电梯使用登记服务。强化普法宣传和警示教育，组织召开特种设备安全宣贯会8场，参会特种设备重点单位600多家，累计派发普法宣传资料1600多份、播放安全教育警示片56套；组建特种设备微信工作群8个，进行长期普法宣传。开展特种设备综合监管，摸查监管底数，梳理监管对象数据，对全区11 000多台（套）特种设备和2100多家使用单位进行网格式管理；利用“江门市特种设备安全风险分级管控和隐患排查治理系统”管理检查任务、动态监测特种设备情况，实施“智慧监管”；组织开展日常监督检查、“双随机”抽查及10次专项整治行动，督促590个使用单位报送3000多台（套）特种设备的自查自纠情况，出动检查人员771人次，检查特种设备使用单位257家（次）、特种设备850多台（套），排查安全隐患40项，落实隐患整改40项，隐患整改率均为100%。（梁弘杰）

食品药品监督管理

【广东省食品安全示范城市创建】 2019年，蓬江区食品安全委员会办公室加强广东省食品安全示范城市创建工作。召开蓬江区食品安全工作暨推进广东省食品安全示范城市创建（以下简称“创城”）工作会议，传达省、市创城工作会议精神，压实各单位主体责任。开展创建广东省食品安全示范城市工作绩效评估，蓬江区食品安全满意度得分为79.3分，创城知晓率75.7%，创城支持率95.82%，均达标。开展食品安全事故应急处置培训2期，邀请市食品安全专家讲解《发生食品安全事故时的应急处置工作》，加强执法人员应急处置反应能力，每期150人参加；开展全区协管员培训会议，212名协管员及各监管所执法人员共250人参加。开展食品安全事故Ⅳ级应急演练，100多人参加。多层次开展食品安全宣传，先后开展“3·15”国际消费者权益日、食品安全宣传周、整治食品安全问题联合行动、食品安全“进校园、进社区、进企业、进农村、进机关”等主题宣传活动，悬挂宣传横幅、海报269张（条），宣传栏及板报27块，发放宣传材料17 450份，播放各类公益广告140次。（刘结怡）

【食品生产安全监管】 2019年，蓬江区市场监督管理局配合市局对8家食品相关产品“承诺制”获证企业开展后置现场审查工作，对辖区55家持证食品相关产品生产企业、28家非持证企业，按照“一企一档”原则完成企业建册工作。落实食品小作坊行政许可工作，受理核审食品小作坊19家次，办结19家次，其中核发登记13家；完善辖区食品小作坊登记证审批流程，简化许可申请材料，缩短办结时限。协助和配合市局现场审核申办、变更食品生产许可的食品生产企业25家；指导、督促各镇（街）备案食品小摊贩35家。截至年底，全区在册食品生产企业111家、食品小作坊52家、食品摊贩52家。落实对食品厂企、食品小作坊100%无死角、全覆盖检查，对其中15家食品生产企业、4家食品小作坊、5家食品相关产品生产企业开展“双随机一公开”检查行动，关注重点时节、重点区域和重点品种，针对应节食品、消费量大的食品生产加工环节展开专项排查，严格把控食品源头监管，组织开展米面制品、糕点、食品用纸质包装生产等专项整治行动12次，联合监管所处理生产企业投诉案件23宗，移交食品、食品相关产品案件线索6条；对7家涉糕点制作的生产企业和小作坊进行约谈，规范糕点制作中添加食品添加剂的行为。组织企业和小作坊学习贯彻《中华人民共和国食品安全法》《中华人民共和国食品安全法实施条例》《广东省食品生产加工小作坊和食品摊贩管理条例》等法律法规。（房 娜）

【食品市场安全监管】 2019年，蓬江区市场监督管理局简化《食品经营许可证》审批流程，落实“申请人承诺制”，提高行政许可效率，办理食品（含保健食品）销售经营者许可业务2616宗，其中新办1596宗。开展食用农产品快检工作，10个重点快检市场累计开展快检61 086批次，超额完成全年检测任务量。其中不合格418批次，合格率99.32%；处理不合格产品1178.78千克，处置率100%。推动示范引领工作，开展“放心肉菜示范超市”活动，着力培育大昌超市海逸城邦店、永利超市东华店等6家创建示范超市，培育数居全市首位。是年，其中4家超市被评为“放心肉菜示范超市”。强化冻品企业监管，深入江门冷冻厂、润发冷冻厂等大型冻库以及各大农贸市场、销售生猪产品的超市、各餐饮服务经营者，检查是否采购、销售来自疫区、未经检验检疫的猪肉制品，督促经营者加强落实索票索证和进货查验制度，保障肉类制品消费安全，共检查农贸市场360家次、食用农产品销售经营者1683家次、餐饮服务经营者1340家次、食品销售经营者1649家次，其中经营性冻库190家次。开展酒类食品安全专项整治，结合省有关要求，制定《江门蓬江区市场监督管理局酒类食品安全专项整治工作方案》，对各酒类经营企业进行全面检查，共出动执法人员106人次，检查经营户80户次。加大校园周边食品安全整治力度，针对央视“3·15”晚会曝光以学生为消费主体的“问题辣条”事件，重点检查经营店118家，发出责令整改书5份，责令退货2120包。（谭彩仲）

【食品餐饮安全监管】 2019年，蓬江区市场监督管理局完成食品经营（餐饮服务环节）行政许可工作，共受理餐饮企业（含单位食堂）申请4148家次，许可核发2336家，其中“申请人承诺制”发证817家。开展网络餐饮服务和订餐平台专项检查，处理10期153家没在订餐平台上公示许可证的餐饮经营户，责令第三方订餐平台完成整改工作。随机抽查121家网络订餐平台上的餐饮企业，实地检查经营场所的经营环境和人员健康证，检查是否使用无毒、清洁的食品容器、餐具和包装材料，以及包装盒是否规范等。网上抽查356家入网餐饮企业，与法人一门式系统和智慧食药监系统进行比对，查看是否持有有效许可证。开展重大活动保障工作，先后保障高考供餐及2019世界排球联赛、广东省轨道交通装备产业大会和少儿艺术等21个活动供餐，保障约4万人次，共计118餐次。严控食品安全关键风险点，开展春、秋季学校食堂及周边食品安全专项检查、单位食堂专项检查、网络订餐专项检查。推进学校食堂“互联网+明厨亮灶”建设，169家学校已完成监控终端安装，139家学校已向“邑校食安”系统提交《监控视频报送表》，系统成功添加设备。开展双随机检查，共抽查托老机构食堂、校外托管机构186家。（张莲莺）

【药品及医疗器械监管】 2019年，蓬江区市场监督管理局完成药品、医疗器械经营行政许可工作，做好许可公示。受理药品许可291家次，办结291家次，其中新开办59家；完成GSP（药品经营质量管理规范）初审150家；受理医疗器械许可45家，其中新开办21家；办理第二类医疗器械凭证221家。做好药械日常监管和药品GSP跟踪检查，检查药品经营企业296家次、药品GSP跟踪检查26家，责令限期整改6家，开出警告6份，移交稽查立案1宗；检查医疗器械经营企业366家、一类医疗器械生产企业4家，责令限期整改6家；检查药品使用单位93家、医疗器械使用单位84家。落实药品经营分类分级监管，开展2018年度蓬江区零售药店药品安全信用等级评定工作，根据已完成的辖区内药品零售企业2018年度日常检查、立案查处及GSP认证检查信息审核汇总，对纳入评审范围的350家零售药店开展评定工作，共评出守信等级企业304家、警示等级企业41家、失信等级企业5家。加强对药品不良反应、医疗器械不良事件的监测，上报药品不良反应监测报告195例，上报ADR（药品不良反应）的医疗机构15家；上报医疗器械不良事件监测报告94例，上报MDR（医疗器械不良事件）的医疗机构10家。

（梁玉平）

【保健食品、化妆品监管】 2019年，蓬江区持有效《食品经营许可证》的特殊食品经营主体1007家，其中保健食品项目805家、特殊医学用途配方食品项目191家、婴幼儿配方食品项目331家、其他婴幼儿配方食品项目267家；含有化妆品（美容美发）

经营项目的市场主体4844家。全年现场检查特殊食品经营主体354家和化妆品经营主体192家，并对534家特殊食品经营主体开展书面检查，全区未发生重大特殊食品和化妆品安全事故。开展保健品食品经营分级分类监管工作，对518家保健食品经营企业进行信用等级评定，评定A级322家、B级134家、C级62家。对被评定为B、C级的市场主体加强监管，并将宣称具有改善记忆、增强免疫力、辅助降糖、减肥、抗疲劳等功能的保健食品和祛痘、祛斑、美白功效的化妆品列为重点检查品种。全年共检查保健食品经营主体276家次，其他特殊食品78家次，其中“双随机”检查企业53家，对检查发现问题的企业及时督促落实整改。开展保健食品市场乱象集中治理工作，检查保健类经营店铺285家次，抽查保健产品174批次，检查宣传广告海报129张、宣传册子96种，立案查处违法案件8宗。开展违法宣称国产非特殊用途化妆品专项检查，出动执法人员38人次，检查化妆品经营、使用单位16家；开展化妆品“线上净网线下清源”风险排查工作，发放《蓬江区化妆品经营使用主体自查表》720份，出动执法人员58人次，检查网络销售者和化妆品电子商务平台经营者40户。开展母婴店专项检查，检查经营单位33家，出动执法人员86人次，发现10家店存在索票索证不完善、未公示食品安全管理人员等问题，已当场责令改正。加强普法宣传工作，开展保健食品“五进”专项科普宣传活动28次，派发各种宣传资料3000多份；举办保健食品、化妆品经营单位业务知识培训暨扫黑除恶专项斗争宣讲会，146家经营主体参加。（叶慕露）

安全生产监督管理

【概况】 2019年，蓬江区应急管理局紧紧围绕区委、区政府工作思路和目标，通过强化组织保障、完善机制体制、狠抓责任落实、深化排查安全隐患治理，确保全区安全生产形势持续稳定向好。全年全区三大类安全事故发生率均有下降，事故起数同比下降28.5%、死亡人数同比下降12.8%、受伤人数同比下降55.4%、直接经济损失同比下降58.8%。

【落实安全生产责任制】 2019年，蓬江区应急管理局进一步压实安全生产责任制。积极推动全区落实安全生产委员会“双主任”制度，及时调整安委会成员，并指导镇（街）落实“双主任”制度和安委会成员调整。组织各成员单位与区委、区政府签订《安全生产责任书》，落实全年安全生产工作任务。积极探索新的安全生产管理思维，创新思路，推行企业生产作业现场安全目视化管理制度，通过细化现场管理要件、树立行业示范企业、加强安全教育培训，要求企业在危险场所、危险设备、危险工位设置警示标识，张贴操作规程，让从业人员提高安全意识，让企业落实安全生产主体责任。全区危险化学品生产企业、重点监管工贸企业实现目视化管理307家，其中工矿商贸企业261家、危化相关企业46家。是年，区应急管理局按照“管行业必须管安全、管业务必须管安全、管生产经营必须管安全”和“谁主管、谁负责”“谁审批、谁负责”原则，编制《江门市蓬江区党政部门及中央、省驻蓬江有关单位安全生产工作职责》，进一步明确全区有关部门及中央、省、市驻蓬江有关单位的安全生产工作职责。

【危险化学品安全监管】 2019年，蓬江区应急管理局深刻吸取张家口“11·28”事故、恩平“3·15”事故、响水“3·21”事故、肇庆“8·31”事故及广州“9·16”事故的教训，严格落实危险化学品监督检查工作，多方面、全方位开展危险化学品专项整治行动，部署开展全区危险化学品安全隐患排查整治专项行动。区领导分片组织到一线危化品企业开展安全生产全覆盖督导检查，在全区范围内形成高压态势。同时，区应急管理局加紧开展危险化学品行业企业检查工作，全年检查企业224家次，出动人员672人次，发出限期责令整改书27份，处罚企业2家。

【烟花爆竹安全监管】 2019年，蓬江区应急管理局对辖区内14家烟花爆竹零售点加强安全监管工作，结合重要时间节点和重点区域，重点检查烟花爆竹零售点进（存）货、安全措施、安全许可条件及烟花爆竹批发企业安全生产责任制、安全生产管理、安全措施、安全许可条件等情况。

【工矿商贸行业安全监管】 2019年，蓬江区应急管理局深入开展重点行业、重点领域专项整治行动。针对2019年印刷、电泳行业安全生产事故特点，区长文丽组织召开事故现场会，深入研究事故发生原因。印发《蓬江区印刷行业企业及存在电泳工艺企业安全生产专项整治工作方案》，开展为期1个月的印刷行业及存在电泳工艺企业专项检查工作，并提出印刷行业安全生产10项工作措施和存在电泳等工艺企业安全生产16项工作措施，整治行动共排查建档印刷行业企业231家和存在电泳、氧化等工艺企业29家；区局、镇（街）两级共检查企业307家次，出动执法人员624人次，排查出安全隐患686项，整改安全隐患686项，整改率100%。在粉尘涉爆方面，排查在册的粉尘企业36家，其中涉粉作业30人以上企业3家。在有限空间方面，通过购买第三方服务开展有限空间作业企业辨识排查工作方式，对57家确认存在有限空间作业企业进行有限空间作业资料建档、明细作业流程，联合镇（街）对企业进行有限空间作业专项培训工作。全年全区各级安全生产大检查共出动检查人员37 380人次，检查企业12 218家次，排查整改安全隐患8709项，整改率100%。

【安全生产行政执法监察】 2019年，蓬江区应急管理局根据全面推进部门联合“双随机、一公开”监督电视电话会议精神和工作要求，继续以创新管理方式、规范监管行为、提高监管效能为出发点和落脚点，有序抓好企业信息及执法人员信息补充录入、业务实操培训及系统数据统计等各项工作内容。同时，加大执法监察力度，持续开展安全生产方面的执法检查工作。全年全区安全生产行政处罚共立案78宗，其中立案查处生产安全事故7宗、预防性行政处罚立案71宗；经济罚款共105.58万元，其中事故罚款68.17万元、预防性监督罚款37.41万元。是年，查办的所有安全生产预防性处罚案件中，没有发生当事人申请听证和行政复议情况。

【安全生产宣传教育】 2019年6月是全国第十八个“安全生产月”，17日晚，蓬江区应急管理局牵头联合环市街安委会在汇悦大融城举办2019年“安全生产宣传咨询日”活动，300余人参与。邀请20多个区直部门设立安全生产宣传摊位，向市民宣传各领域的安全生产知识，并设有安全生产VR体验区，让市民如亲临应急逃生场景；同时，现场开启“2019

安全生产月应急知识竞答”线上活动，吸引5000多人参加。“安全生产月”期间，各镇（街）、区直各有关单位、各企业共开展应急救援演练245场。12月1日，区应急管理局在大西坑群星公园2019年“宪法宣传周”暨第11个“法治江门宣传教育周”活动现场开展《安全生产法》宣传活动；3日，组织全区应急管理系统干部240多人开展《安全生产法》《生产安全事故应急条例》学习培训班；7日，联合环市街道办事处在丹灶小学举办“法治记在心、安全践于行”《安全生产法》宣传周趣味运动会，共35家生产企业400多人参加。是年，区应急管理局开展各领域企业安全生产培训5次，参训人数超11000人次。（刘勇钊）

物价管理

【清理和规范涉企收费】 2019年，蓬江区发展和改革局规范全区涉企收费行为，对涉企行政事业性收费、政府性基金、经营服务性收费等，全面实行清单制度。按照“横到边，竖到底”原则和目录清单之外再无行政机关或具有公共事务管理职能的组织收取行政事业性收费和政府性基金等涉企收费的要求，进一步完善收费目录清单管理制度，全面深化行政事业性收费涉企“零收费”。清理规范10个行业协会商会和第三方评估组织收费，切实减轻企业和群众负担。

【价格监审和监测】 2019年，蓬江区发展和改革局根据《广东省定价目录（2018年版）》和《政府制定价格成本监审办法（8号令）》等规定，对实行政府定价、政府指导价的项目进行定价，聘请第三方会计师事务所，参与开展相关价格监审工作。继续做好全区价格监测工作，按照《关于价格监测定点单位实行分级管理的通知》要求，实行分级管理的价格监测定点单位共20家，价格监测类别11种。进一步加强和规范价格监测定点单位管理，按要求将价格监测补助资金发放到20个价格监测定点单位，发放金额74320元。（凡敏波）

【价格认定】 2019年，蓬江区根据国家有关规定和标准，严格遵守价格认定程序和原则，认真分析研究现有资料，深入开展市场调查，选取恰当的认定方法，出具客观公正的结论书，有效配合执法部门打击犯罪。全年完成各类价格认定案件662宗，涉案金额1176.96万元，其中涉嫌刑事案价格认定案件661宗、涉纪案件1宗。（区 珣）

【价格改革】 2019年，蓬江区发展和改革局根据《江门市蓬江区农业水价综合改革实施方案》，开展全区农业水价改革工作，落实水利工程的农业水价标准，保持农业用水价格总体达到维护成本水平。落实电价改革政策，先后两次降低一般工商业电价，全区一般工商业电价合计降低7.31分/千瓦时。落实天然气价格改革工作，商业类管道天然气销售限价最大降低0.47元/立方米，降幅11%。降低物流成本，完善口岸收费目录清单管理制度，落实口岸经营服务单位明码标价和收费公示制度，加强收费监管。

【稳价惠民】 2019年，蓬江区发展和改革局密切关注农副产品市场价格动态，继续做好江门市“菜篮子”价格监测和预警工作。通过对农副产品市场蔬菜、粮油、肉蛋及相关商品实行每天一报动态监测，向社会发布实时价格，及时掌握市场供求情况，提前谋划应对措施。加强物资储备，稳定市场供应，提前调查摸底物资储备情况，按计划落实采购储备。为缓解猪肉供应紧张情况，结合猪肉市场供应、价格等因素，研究制定猪肉储备工作方案，开展冻猪肉储备工作，共储备冻猪肉180吨。根据社会救助和保障标准与物价上涨挂钩联动机制，对享受国家定期抚恤补助的优抚对象、城乡低保对象、特困人员、低收入家庭户、正在领取失业保险金人员等五类人员分别发放临时价格补贴，累计发放金额170余万元，惠及人员3.4万人次。（凡敏波）

审计

【概况】 2019年，蓬江区委组建区委审计委员会，作为区委议事协调机构，区委审计委员会办公室设在区审计局。机构改革后，区审计局主要职责11项，内设机构5个，行政编制13名，设局长1名、副局长2名、总审计师1名、区经济责任审计工作联席会议办公室主任1名（副科级）、正副股级领导7名。全年完成审计（调查）项目11个，党委政府交办项目3个，出具审计（调查）报告和审计结果报告23份，提出审计整改意见建议175条。是年，先后抽调业务骨干参加审计署驻广州特派办组织的珠海市税务系统预算执行情况审计，省审计厅组织的湛江市霞山区党委政府主要领导干部经济责任审计、全省党的基层组织建设保障经费管理使用情况审计调查，市审计局组织的新会区人民法院、台山市赤溪镇、市本级部门预算审计全覆盖，江门市建设项目招标及采购执行情况调查等审计项目，并参与区委巡察、协助纪委监委纪律审查和监察调查。印发《蓬江区审计监督对象分类实施办法》，明晰国家审计、内部审计和村（经联社）审计的监督对象和范围。

【政策落实跟踪审计】 2019年，蓬江区审计局开展2019年国家和省重大政策落实跟踪审计，重点审查蓬江区在清理拖欠民营企业中小企业账款工作、降费减负和稳就业等政策贯彻落实情况，查出区级财政补助资金配套落实方面存在的问题，提出及时配套补助资金，加强资金监督管理等审计整改意见建议，促进财政配套资金落实到位。对蓬江区2018年7月至2019年10月“三清理”“三拆除”“三整治”农村环境整治工作落实情况和2018年度“三清理”“三拆除”“三整治”奖补专项资金使用管理情况进行审计，揭露“三清三拆三整治”工作落实、专项资金使用管理等方面存在的问题，提出按计划推进工作落实、完善项目验收手续、严格资金申请资料审核、加强资金管理等整改意见建议，助力农村人居环境整治工作提质增效。

【财政审计】 2019年，蓬江区审计局开展2018年度区级预算执行审计，在实现财政预算“四本账”全口径审计基础上，重点审计区财政管理和决算草案、部门预算执行、重大政策措施跟踪、重点民生项目和专项资金使用、促进领导干部担当作为和规范权力运行等情况，促进财政做大增量、盘活存量、优化结构、提高绩效。区审计局把促进领导干部担当作为和规范权力运行审计情况纳入《蓬江区2018年度区级预算执行和其他财政收支的审计工作报告》。对原区食品药品监督管理局2018年度部门预算执行情况进行审计，重点关注财政存量资金和增量资金、重点专项资金管理使用、财政收支质量和中央八项规定落实等情况。

【经济责任审计】 2019年，蓬江区审计局推进经济责任审计全覆盖。审计部门单位党政主要领导干部和主要领导人员7名（任中审计3名、离任审计4名），指出重大经济决策、预算执行、工程项目建设管理、固定资产管理等方面存在问题，提出建立和落实“三重一大”决策制度、强化预算管理、提高财政财务管理水平等审计整改意见和建议，激励领导干部担当作为，依法用权、秉公用权、廉洁用权。

【民生审计】 2019年，蓬江区审计局完成2015—2017年蓬江区教师继续教育专项资金管理和使用情况审计、促进医疗卫生健康发展资金专题审计、教育发展资金专题审计3个专项审计，指出政策落实、资金管理使用、项目推进等方面存在问题，督促规范高效使用资金，促进提高医疗、教育事业服务能力和共享水平。

【企业审计】 2019年，蓬江区在全市首次开展国有企业主要领导人员经济责任审计，针对国企存在的体制性障碍、规章制度制定、招投标管理、国有资产管理、发展经营风险隐患等方面问题，客观评价国有企业领导人员任期经济责任，及时提出建立“三重一大”等相关制度、健全法人治理结构、优化资产配置发挥资产使用效益等整改意见和建议，促进国企加强和改善经营管理健康发展，保障国有资产保值增值。

【内部审计】 2019年，蓬江区印发《关于转发〈广东省内部审计工作规定〉的通知》，在全市率先制定内部审计工作规划。区审计局联合区财政局举办全区性的审计及财政管理业务培训班，就《广东省内部审计工作规定》内容作专题辅导，要求各单位尽快建立内部审计制度。区审计局按照“有重点、有步骤、有深度、有成效”原则，全程指导有关部门单位开展内部审计工作，促进有关部门单位提升内部管理水平、加强自身建设、强化风险防范意识。

（薛碧云）

统计

【概况】 2019年2月，蓬江区统计局被设为区政府工作部门并挂牌成立。中共江门市蓬江区委办公室、江门市蓬江区人民政府办公室印发《江门市蓬江区统计局职能配置、内设机构和人员编制规定》，对区统计局的职能设置、内设机构和人员编制作明确规定。区统计局主要负责组织和协调全区统计工作，组织实施全区各相关专业的统计调查、重大区情区力普查，汇总、整理和提供有关区情区力方面的统计数据，对国民经济、社会发展和科技进步情况进行统计分析、统计预警和统计监督，管理、公布全区性的基本统计资料，指导全区统计专业技术队伍建设、全区统计信息化系统建设，监督检查统计法律、法规和制度的实施，向各级党政领导和有关部门提供统计调查资料和决策建议，向社会公众提供信息咨询服务。内设机构3个，行政编制7名，局长1名，副局长1名，总统计师1名，正副股级领导3名。

【统计调查】 2019年，蓬江区统计局配合国家统计局江门调查队开展采购经理调查、固定资产投资价格调查、城乡一体化住户调查、新设立小微企业和个体经营户跟踪调查、工业生产者价格调查、禽畜监测调查、2019年人口变动抽样调查、劳动力调查等专业调查。

【统计普查】 2019年，蓬江区进行第四次全国经济普查现场登记、事后质量抽查、汇总评估等各项任务，全面完成区第四次全国经济普查工作。全区800多名基层普查人员对辖区从事第二、第三产业的法人单位、产业活动单位在其主要经营活动所在地进行全面普查登记，对建筑业法人单位在其注册地进行全面普查登记，对数量众多的个体经营户采用抽样调查方法在其主要经营活动所在地进行样本登记，并采取多项措施确保普查工作顺利推进，进一步提高普查数据质量。 （黄春霞）

【统计服务】 2019年，蓬江区统计局按照《关于做好2019年年度和2020年月度调查单位审核确认工作的通知》要求，开展达规（限）企业申报入统工作。年内发布《2018年江门市蓬江区国民经济和社会发展统计公报》，编印《统计月报》11期、《2019年蓬江统计年鉴》，并每月在政务公开网统计信息栏目发布蓬江区经济运行情况和主要经济指标。 （陈小文）

【统计信息化建设】 2019年，蓬江区统计局强化信息网络安全管理，推动统计网络安全和信息化工作。推进“一库在线、基层维护、适时更新”基本单位名录库更新模式，按季度做好基本单位名录库日常维护更新工作。 （麦慧玲）

【统计法治宣传】 2019年，蓬江区加大统计法治宣传力度。通过举办蓬江区“统计开放日”和第四次全国经济普查宣传活动，向群众宣传《统计法》《经济普查条例》《统计法实施条例》等法律知识，派发统计法律法规宣传单张2000多份。通过开展相关镇（街）基层调查员及企业统计人员培训等形式进行法治宣传，参加人员1600人次。 （周雅君）

【统计执法检查】 2019年，蓬江区统计局加强统计执法检查工作，通过“双随机一公开”抽查系统随机抽取13家“四上企业”（规模以上工业企业、资质等级建筑业企业、限额以上批零住餐企业、规模以上服务业企业）进行执法检查，并将检查结果及时在网站进行公示；对区内14家“四上企业”开展日常执法检查工作，进一步提高统计数据质量。

（肖转仪）

财政·税务

财政

【概况】 2019年，蓬江区一般公共预算收入为275 376万元，为调整预算273 616万元（按新市区财政体制折算）的100.64%，比上年增收9729万元，增长3.66%。全区一般公共预算支出431 303万元，为调整预算457 338万元的94.31%（由于债券还本支出24 788万元科目调整为转移性支出，实际执行率为99.72%），比上年增支26 286万元。一般公共预算收入加上市更库收入20 748万元、税收返还及上级补助106 745万元、再融资债券收入24 470万元、调入预算稳定调节基金17 125万元、补充预算稳定调整基金2754万元、政府性基金等调入资金90 523万元和上年结余648万元，减少一般公共预算支出431 303万元、地方政府一般债券还本支出24 788万元和上解支出80286万元，收支相抵结余2012万元。

【财政收支管理】 2019年，蓬江区财政局进一步强化收入管理，按年度预算安排组织收入，加强各部门联动沟通，大力协助税务部门依法征税，共同做好重点税源征管工作，做到应收尽收，落实中央、国务院关于实施更大规模减税降费的有关工作要求，有效减轻企业负担。提升预算收支管理效益，根据预算收入目标调整收入减少的情况，压减公用经费等一般性支出，调控优化各项支出；盘活财政存量资金，收回部门闲置资金，加大对重点项目的资金支持力度，重点扶持实体经济发展和重点项目建设，提高财政资金使用效益，进一步发挥政府投资的引导示范效应。

【财政预算管理】 2019年，蓬江区财政局深入推进预算管理改革，推行“大专项+任务清单”管理模式，划分约束性任务和指导性任务，优化财政资金配置。强化绩效管理要求，探索建立绩效管理机制，逐步扩大项目绩效范围。印发《关于深化区级预算编制执行监督管理改革的意见》，明确各部门预算管理具体职责，精简财政资金和项目审批事项及程序，精简预算执行流程。压实部门责任，充分发挥各部门、各镇（街）推动改革发展的主观能动性，提高财政资金使用效益。深化零基预算改革，完善基本支出定员定额标准体系，按省、市统一部署建设科学的支出标准体系。严格按照《中华人民共和国预算法》规定和“量入为出、收支平衡”原则，规范支出管理，促进财政收支平衡和稳定。

【财政绩效管理】 2019年，蓬江区财政局根据中共中央国务院《关于全面实施预算绩效管理的意见》文件精神，开展区级财政预算绩效管理工作，进一步推进全面预算绩效评价体系建设，为预算编制及财政资金安排提供合理、科学的参考依据。进一步加强重点绩效项目抽查工作，全年评价项目83项，其中2020年事前绩效评审项目50个，评审金额585 251万元，建议核减金额183 862万元，核减率31.42%；2019年事中绩效跟踪评价项目15个，评价金额95 113万元，建议核减金额499万元，核减率0.52%；2018年事后绩效评价项目15个，评价金额7732万元；2018年部门整体绩效评价项目3个，评价金额412.39万元。

【财政投资评审】 2019年，蓬江区财政局送审工程497项，完成预结算定案415项，其中预算工程102项、结算工程313项。完成定案的预算、结算金额分别为5.98亿元和2.6亿元，共8.58亿元；预算及结算分别核减8170万元和1003万元，共9173万元，核减率分别为12.02%和3.71%。

【财政监督管理】 2019年，蓬江区财政局根据《江门市蓬江区“三公”经费使用情况专项检查实施方案》工作部署，蓬江区“三公”经费使用情况专项检查（重点检查）项目首次采用购买第三方服务方式推进。优选中介机构，确保检查主体的专业水平和人员力量；做好周密部署，强调检查重点、检查方法、检查标准和相关政策等内容，使检查人员全面了解和掌握重点检查工作的相关要求，增强检查的针对性。全年开展各类专项检查12项。

【财政支持经济】 2019年，蓬江区落实措施扶持企业发展，全年兑现各级财政扶持企业专项资金43 250.04万元。其中，支持企业技术改造及“机器人”应用项目10 617.95万元，支持应用技术研究与开发项目12 221.47万元，稳定外贸发展兑现扶持资金5885.99万元，推动会展产业及文体竞技发展兑现扶持资金982.27万元，支持珠三角与粤东西北产业共建项目兑现2102.77万元等。落实资金支持重点项目建设，全年工程建设项目投入资金32 452.77万元，为全区经济发展和城市建设提供强有力的财政支撑，着力支持市政设施维护、区内公园升级改造、城市亮化、城市道路改造、春节组景、内涝泵房及易涝点整治等公共基础设施建设。

【民生保障支出】 2019年，蓬江区提高各项民生项目待遇标准，加大对各项民生项目的财政投入，切实保障民生项目支出需求。落实保障公共卫生服务项目经费36 338万元，主要用于加大对公立医院、基层医疗卫生机构和城乡居民基本医疗保险的补助。支持教育事业发展，安排教育支出96 457万元，其中对学校基础建设方面资金投入6729.66万元，落实学校扩建以及增容提质工作经费保障。提高底线民生待遇标准，安排社会保障和就业支出55 388万元，落实各项社会保障和就业政策。推进蓬江区农村人居环境整治生态宜居美丽乡村建设和“三清三拆三整治”工作，推进扶贫政策与低保政策有效衔接，实现扶贫与低保线“两线合一”，扶持广西天等县开展扶贫协作帮扶工作。加大公共文化投入，安排文化体育事业支出16 881万元，做好创建全国县级文明城市工作，助力文旅体建设稳步发展，助力文化强区建设。加大对公共安全方面的投入，支出经费39 183万元用于公共安全事业的建设和发展。支出节能环保经费2978万元，主要用于推进污染防治工作，加强区内生态环境治理保护。

【政府投融资改革】 2019年，蓬江区进一步规范政府投融资模式，严格对照《财政部关于推进政府和社会资本合作规范发展的实施意见》，认真梳理已入库PPP项目，根据省财政厅下发的《关于江门市蓬江区（北片区）黑臭水体整治及水利工程PPP项目等13个项目退出广东省PPP项目库的通知》文件，同意蓬江区（南片区）黑臭水体整治及水利工程PPP项目、蓬江区（北片区）黑臭水体整治及水利工程PPP项目和蓬江区新建学校PPP项目退库。为加快推动PPP项目全生命周期规范实施，区政府和社会资本合作中心转发《关于进一步加强PPP项目管理和规范PPP综合信息平台项目库运行的通知》《广东省财政厅转发财政部关于推进政府和社会资本合作规范发展实施意见的通知》等文件，保障各参与方合法权益，推动项目高效运行，为开展PPP项目合规工作提供有效保障。

【国库集中支付改革】 2019年，蓬江区乡镇国库集中支付改革工作取得一定成效。全区辖下的6个镇（街）均视为县级预算单位，改革范围100%；扩大国库集中支付资金范围，将一般公共预算资金和政府性基金预算资金均纳入国库集中支付管理；将全部镇（街）纳入预算执行动态监控，各镇（街）以国库单一账户体系为基础，以预算执行动态监控系统为平台，全程监控财政资金支付活动，不断扩大动态监控范围，建立起综合核查、动态监控信息披露、监控检查通报与处理整改相配合的监控运行机制，充分发挥动态监控的警示、规范作用。继续深化蓬江区财政国库管理制度改革，建立一个“数据大集中”模式的财务核算信息集中监管系统，将全区95个区直预算单位和115个镇（街）预算单位纳入改革范围，规范预算单位会计核算工作，加强财政财务监管。

【政府债务管理】 2019年，蓬江区进一步加强政府性债务管理，完善风险防控机制，确保债务风险“总体安全，基本可控”。市下达区地方政府债务限额41.69亿元，其中一般债务限额17.81亿元、专项债务限额23.88亿元。成功发行新增土地储备专项债券11.05亿元，占全市同类债券的38%，解决部分土地收储资金需求。积极用好再融资债券政策，成功申请发行再融资债券2.47亿元。严格清理核实、积极稳妥化解隐性债务存量，通过转化为企业债务、压减规模等方式，确保债务规模只减不增，逐年减少；全年化解隐性债务4.89亿元，完成年度任务的107%。

【财政创新驱动战略】 2019年，蓬江区加大财政投入，进一步推动创新驱动发展。在省级高企培育、企业研究开发补助、科技奖励、协同创新与平台环境建设等领域共投入资金22 767.84万元，为支持区创新驱动发展政策提供资金保障。用于新型研发机构建设及创新人才队伍建设方向2835.87万元，其中省工程技术研究中心补贴1500万元，市级工程技术研究中心940万元，院士工作站26万元，创新型人才促进产业发展奖励资金56万元，创新型人才创办科技型小微企业奖励资金20万元，新型研发机构25万元，市科技特派员工作站建设52.5万元，省科技厅大型工业研发机构建设奖补资金216.37万元。用于自主核心技术攻关方向169.39万元，其中境外注册商标奖励4.2万元，实用新型专利授权奖励36.9万元，发明专利、PCT专利申请、企业贯标后补助26.69万元，知识产权示范企业认定1.6万元；指导协助企业成功申报高质量专利培育等促进经济高质量发展专项资金（知识产权）项目资金100万元。用于科技创新方向19 762.58万元，其中高新技术企业发展补助7350.9万元，科技企业孵化器与众创空间方向资金30万元，创新创业大赛方向资金473.5万元，市科技金融扶持资金贷款贴息项目339.84万元，省科技创新战略专项资金（纵向协同管理方向）390万元，省级科技项目立项配套资金37.5万元，激励企业研发补助404.56万元，市技术交易补助项目资金31.53万元，市科技创新券后补助项目资金86.8万元，企业技术改造补助10617.95万元。

【会计管理】 2019年，蓬江区加强会计管理、监督以及会计队伍建设，宣传贯彻会计制度，配合财政会计管理，做好政务服务工作。根据江门市财政局《转发关于开展会计人员信息采集工作的通知》要求，宣传和发动广大符合条件的会计人员进行信息采集，进一步加强会计人员信息管理，提升会计服务水平。优化和完善代理记账工作，全年发放代理记账许可证21个、机构迁入1个、信息变更11个、换证3个、注销2个；开展代理记账许可证年度报备企业54家。做好初级、中级、高级会计专业技术资格考试报名工作，全年会计专业技术资格报考总人数4751人，其中初级3304人、中级1374人、高级73人。

（劳炜琪）

税务

【概况】 2019年，蓬江区组织税费收入202.81亿元，同比增长9.26%，增收17.18亿元，其中国内税收收入121.92亿元，同比增长1.37%，增收1.65亿元；海关代征收入10.51亿元，同比下降25.47%，减收3.59亿元；费金收入70.38亿元，同比增长37.32%，增收19.13亿元。全年组织区库收入19.29亿元，同比（可比口径）下降1.66%，减收0.32亿元。

【税收征管】 2019年，蓬江区开出全省首张由第三方机构代开的增值税电子发票，全年累计为8591户自然人开具增值税电子普通发票14 003份，开票金额3.09亿元。进一步实现高效代征房、土两税，并委托第三方机构线上代开不动产租赁电子普通发票。率先在全市推出委托邮政速递送法到户及信息采集服务，通过邮政部门向虚开发票高疑企业以及新登记、变更信息的商贸企业、新申领发票企业等700余户企业精准上门并及时反馈情况；及时“敲门”高风险企业，“摸排”发票防控死角，税源管理部门根据反馈的情况，开展对企业精准跟踪核查管理。结合“属地+分类分级”征管模式，进行数学建模，统计出房地产企业税收占比、全区分布情况、税种构成等，并通过房地产行业以点带面，制定出经联社、分支机构、通信运营商等十大行业重点税源；是年，管辖户数从3446户下降至1797户，分别下降29.8%和47.9%；人均管户税收收入从1.22亿元提升至1.74亿元，增长42.6%。

【依法治税】 2019年，蓬江区税务局制定《蓬江区税务局联合清欠措施》《蓬江区税务局欠缴税费强制执行工作指引》，实现对247户纳税人进行省级公告，对38户纳税人进行市级公告，对5627户纳税人进行区级公告。强化税收风险管理。切实做好专项风险核查、数据质量管理、跨区域协作、大数据管理、个税投诉指标等工作，全年下发风险任务648户次，下发疑点信息5352条，按时完成率100%；查补税费7758万元，滞纳金和罚款1142万元。通过完善增值税发票风险防范工作机制，确认涉嫌虚开增值税专票纳税人2户、增值税普票纳税人107户，对5195份风险发票全部采取限制性措施。

【纳税服务】 2019年，蓬江区助力“开办企业1日办结”举措。在江门市行政服务中心和蓬江区法人一门式服务中心开办企业“一窗通”综合服务窗口设置税务窗口，优化线上“新办套餐式”服务，简化新办企业信息确认报送资料，确保新办企业涉税业务在0.5个工作日内办结，共为5644名纳税人提供便捷、高效的服务。运用纳税服务综合管理系统，缩减纳税人等候时间，同比缩减43.67%；缩减业务办理时间，同比缩减67.89%；纳税人评价满意率上升至99.9%。全省首台“智税通”高速办税自助终端机上线，拓宽“智能办税”渠道，服务项目有4大类26小项，让纳税人轻松快捷地办税。推出全省首个“多渠道、全覆盖式”不动产线上办税系统“江门市不动产‘线上+自助’税收平台”，覆盖全市范围内600多台“侨都之窗”政务服务自助机，纳税人可就近选择社区、大型综合体等办理相关业务。承接全市纳税人在电子税务局发起的空白发票申领业务，并统一由区税务局出票配送至三区四市，实现10 884户纳税人足不出户即可全程在线上申领发票。以“分类分级、风险可控、优化服务”为原则，通过内部统一注销标准和口径，分类实施清税注销管理，全年受理8172笔清税注销业务。持续推动经济主体增信增税，完成2018年度纳税信用评价工作，对22 466户纳税人进行信用评价，其中A级纳税人1934户、B级纳税人9223户、M级纳税人7411户、C级纳税人987户、D级纳税人2911户。为诚信纳税人提供个性化、高效率、低成本融资服务，持续稳步推动“银税互动”服务项目，联合建设银行江门分行签署“银税互动”合作协议，继“税融通”“税务贷”后再推出“税易贷”“云税贷”等实惠高效金融产品，将企业“纳税信用”转化为“银行贷款信用”，全年辖区48家企业受惠，融资金额10 457.04万元。车辆购置税征收业务由市税务局第一税务分局划转至蓬江区税务局，进驻江门市行政服务中心办税服务厅；为方便纳税人缴税和减轻前台人员工作负担，区税务局率先在全市推广车辆购置税自助终端机。

【税务信息化】 2019年，蓬江区税务局实现金税三期系统并库版顺利上线。通过“一把手”抓动员部署、实地督导、业务保障，全力做好金税三期系统并库版上线前及3月征期准备工作；对表对标，确保金税三期系统并库工作按时保质完成。全程共涉及261项具体任务、2064个功能模块、323 534条验证业务。

【税务队伍建设】 2019年，蓬江区税务局强化队伍建设，为265名公务员完成首次公务员职级套转，启动临近退休公务员职级晋升工作，为25名人员进行岗位调配。全年组织培训68期，培训干部4760人次。组织“岗位大练兵、业务大比武”活动，推荐选拔13名干部参加全市税务系统练兵比武，其中8名干部晋级并参加全省税务系统练兵比武、1名干部入选省局专业骨干。做好兼职师资选拔入库工作，7名干部被聘为市局兼职教师，其中2名干部被聘为省局兼职教师。

2019年蓬江区税费收入情况表

项目	税费收入（万元）	同比增减（%）
税费合计	2 028 092	9.26
一、税收收入合计	1 324 312	-1.45
（一）税务部门组织税收收入	1 219 191	1.37
其中：中央级	527 369	3.49
省级	260 074	2.12
市县级	431 748	-1.52
1. 国内增值税	494 454	-9.18
其中：直接收入	407 454	-7.44
免抵调库	87 000	-16.51
2. 国内消费税	66 172	27.13
3. 企业所得税	212 404	1.63
4. 个人所得税	64 726	-34.66
5. 资源税	1154	17.76
6. 城镇土地使用税	15 268	-20.19
7. 城市维护建设税	40 286	-3.94
8. 印花税	11 410	-4.48
9. 土地增值税	156 517	46.86
10. 房产税	38 735	0.24
11. 车船税	7563	0.96
12. 车辆购置税	47 157	—
13. 耕地占用税	7479	-22.82
14. 契税	55 085	-9.22
15. 环境保护税	268	53.14
16. 营业税	513	-44
（二）海关代征进口税收	105 121	-25.47
二、社保基金收入	562 698	23
三、其他费金收入	141 082	157

（邓彦俊）

城乡建设

城乡规划

【城乡规划编制】 2019年，蓬江区自然资源局配合市自然资源局组织控规编制、修编，已完成江门人才岛A、B、C、D、E、F地段以及先进制造业示范园扩园、蓬江岛西、桐井东、杜阮南、篁边等地段的控规方案审批，启动桐井南、杜阮中心区、荷塘南华东、农林东、杜阮子绵、群星等地段控规修改。

【空间规划编制】 2019年，按照省、市统一部署和工作要求，江门市区（含蓬江区全域）纳入《江门市国土空间总体规划（2020—2035年）》统一组织编制，蓬江区成立工作领导小组，制定工作方案，落实责任部门联动机制，协调配合市级部门开展国土空间总体规划编制工作。国土空间规划将主体功能区规划、土地利用规划、城乡规划等空间规划融合统一，实现"多规合一"，通过整合各类国土空间资源的有效配置、管控，在国土空间开发保护中发挥战略引领和刚性管控作用。国土空间总体规划以现状空间性规划评估、资源环境承载力和国土空间开发适宜性评价等工作为基础，重点落实国土空间开发保护总体战略布局，统筹优化生态保护红线、永久基本农田、城镇开发边界、自然保护地等政策界限，优先保障重大产城发展平台、区域交通设施、区域公共设施、区域市政设施等资源要素配置，做好自然资源要素配置方案。

【重大项目规划研究】 2019年，蓬江区完成江门河北岸品质综合提升项目规划设计方案，经市规委会审议通过并投入指导实施建设。加快推进江门人才岛综合管廊专项规划、江门人才岛海绵城市专项规划，基本完成规划并抓紧按程序征求部门意见和报批工作，助力江门人才岛和城区品质提升建设需要。

【建设用地规划管理】 2019年，蓬江区自然资源局完成办理建设项目选址意见书6宗、土地规划条件47宗、建设用地规划许可证59宗、建设项目规划总平面方案审查111宗。完成丰乐污水提标改造工程、融浩水业功能中心、省实验中学、市档案综合服务中心、餐厨垃圾处理项目、市实验中学运动场扩建工程、范罗岗小学滨江校区二期建设工程、市体育运动学校扩建工程、江华小学群华校区、紫茶小学群福校区、江门人才岛科创中心等一系列重点项目的建设用地规划审批工作。

【建设工程规划管理】 2019年，蓬江区自然资源局办理工业项目总平面审查109宗、核发建设工程规划许可证530宗、建设工程方案变更387宗、市政类案件154宗，临时建设工程规划许可14宗；民房用地118宗、民房工程107宗；受理加装电梯案件74宗，批出48宗。全年共收取城市基础设施配套费2.34亿元。

【监察管理】 2019年，蓬江区自然资源局办理城乡建设规划类信访答复和政府服务热线122宗，依法对168宗涉嫌违反规划法规的事项进行认定，并办理150宗开工验线和298宗规划条件核实。 （张爱玲）

城市公共设施管理

【市政设施建设和维护】 2019年，蓬江区完成修复水泥路面27 662平方米、沥青路面50 607平方米、人行道6835平方米、沥青灌缝9794米、路侧石1967米、挡车柱285条、警示柱79条、栏杆1166米；清疏下水道62.5千米、清理方渠1980米、维修下水道8222米、新开雨水井1888座、更换井套797套、更换和补失沙井盖95个；维修路灯2913盏次，维修灯饰3736盏次；改造更换照明线路8885.5米，安装路灯线路10 210米；整改安全隐患193次，处理被撞路灯20起；检修地下线路118处，检修路灯控制箱573次；贴路灯设施编号牌467处。保证主干道装灯率达100%，设施完好率100%，主干道路灯亮灯率99%以上。

【城市管理综合执法】 2019年，蓬江区城管执法局处理乱张贴行为386人/宗，处理乱拉挂2772宗，清理乱堆放9424宗，查处商铺占道经营39 369宗，清理游商53817宗；“牛皮癣”联合整治专业队共抓获“制癣人”461人，教育放行43人，开出限期整改通知书217宗，作出行政处罚201宗，已缴纳罚款189宗；查处辖区燃气违法违规行为10宗，扣押燃气瓶404个；发函请求规划主管部门对违法建设认定112份，收到规划主管部门转办案件261宗；发函至市自然资源局不动产登记中心，限制违法建设不动产业务17宗，限制房产交易38户；发函至供水供电部门限制供水供电38宗。是年，行政处罚287宗，罚款金额8 199 516.74元。按照“一社区、一服务站、一名以上城管队员”模式协助社区处理事项600多宗，其中占道经营404宗、共享单车乱停放86宗、乱堆放62宗、乱拉挂22宗、涉嫌违建16宗、疏通下水道4宗；指挥中心统一派遣调度，已受理各类问题6077件，30分钟到达处置应急事项1423件。

【给排水管理】 2019年，蓬江区城管执法局对蓬江区供水管网水质进行抽检，达标率100%。加强停水备案和二次供水水质检测管理，分别于年中和年末2次对全区34家存在二次供水设施的单位发出通知，要求做好二次供水设施的清洗消毒和水质检测工作并备案。加强污水处理费征收管理，通过委托供水企业代收污水处理费，全年应收污水处理费超1.37亿元，收缴率100%。加强节水型城市建设，建成节水型小区14个、节水型单位16个、节水型企业4个。加强排水许可证审批和管理，全年审批排水证78宗，对排水户水质抽检298家，排水水质检查298次。

【市容市貌管理】 2019年，蓬江区城管执法局审批户外广告设施52宗、气模广告110宗。完成蓬江区品质提升（城心轴线）示范区户外广告提升项目，主要对院士路、发展大道、广场东路、广场西路两侧的门店招牌和违规户外广告进行整改提升，投入资金200万元。国庆节前，投入资金50万元，在白沙大道（市政府至龙湾立交）、建设路（环市街道办至体育雕塑）、发展大道（丰乐路交界至建设路红绿灯交界处）、广场环路（华侨广场内环至万达广场环路）、蓬莱路电信街、东华路（东华大桥脚至丰乐苑红绿灯）、丰乐路（迎宾路红绿灯至潮连桥脚T字路）、港口路（东湖百货至江门联通大厦）、院士路（汇悦城红绿灯至华侨广场牌坊）等主城区主干道路灯杆悬挂国旗1000多面，营造热烈喜庆的节日氛围。

【违建案件查处】 2019年，蓬江区开展产业和工业园区环境专项整治工作，出动执法人员830多人次、170多车次，拆除违法建设650平方米，拆除违规广告牌272个，投入拆除经费25万元。开展土地矿产卫片执法、河道“五清”“三清、三拆、三整治”“大棚房整治”等违法建设整治行动，全年拆除违规户外广告牌64 377平方米，治理违法建设13万平方米，完成进度108%。

【城市污水处理】 2019年，蓬江区按照“2+3”模式将原有2条黑臭水体（天沙河、杜阮河）和新发现3条黑臭水体（丹灶河、龙榜排灌渠、木朗排灌渠）进行系统整治，启动蓬江区水环境综合治理项目（一期）——黑臭水体治理工程。项目采用EPC+O模式，总投资13.87亿元，建设期18个月，运营期36个月；主要建设内容包括控源截污、内源治理、防洪排涝、荷塘镇三期污水管网工程、生活垃圾治理工程、电排站前池污水截流工程等6个板块，共55个子项，其中市政工程42个、水利工程13个。自6月开工以来，完成总投资额82 694万元，完成管道埋设99 397米，清淤河道长15 165米，共61 169立方米；开工面44个，其中已完工子项目27个，在建17个开工面均按计划开工建设。

【园林绿化建设】 2019年，蓬江区新接管绿地面积576.88万平方米。城区主、次干道及滨江大道采用公开招标采购绿化养护，达到资源优化配置，实现绿地养护低成本和高效益，最大限度提高城市绿化养护管理水平。做好主城区全年的日常和重大节日摆花工作，农历春节分别在东湖广场和万达广场前布置大型立体花堆，全年共摆放鲜花78.62万盆，投入资金911.76万元。做好城区主、次干道管养各项工作，对主要路段长势较差、老化的植物进行更换和补种，确保城区绿化整齐美观，全年补种面积1.6万平方米，单株灌木1600多株；根据植物生长情况对主城区及滨江大道各类绿地及时施肥，共施肥60多吨，确保植物长势良好。做好全年园林绿化应急救援工作，对城区管辖的多条主、次干道共1500多棵高大乔木进行修剪，有效降低因树木倒伏而引起公共安全事故发生的风险；对城区主、次干道和公园绿地进行乔灌木补种，补种数量350棵；因受突发天气灾害影响，城区主、次干道和管辖的蓬莱公园、三角塘公园、白沙公园、江滨公园等发生多起绿化树倒伏折断现象，全年组织出动人员230人次，投入运输车辆60台次、油锯100台次，共清理和扶正树木186棵，清运树枝垃圾50车次223吨。做好城管“110”热线和市民诉求事项办理，及时处理市民反映的绿化诉求，共办理绿化诉求538宗、群众电话诉求30多宗。

【公园城市建设】 2019年，蓬江区陆续接管中山公园、古猿洲公园、群星公园、丰乐公园、兰石公园、园山湖公园。其中，群星公园、丰乐公园、兰石公园、园山湖公园采用公开招标方式采购养护服务进行公园精细管护。在三角塘公园广场和停车场顶部草地增加水红簕杜鹃90盆，丰富公园植物景观。组织员工进行补种和改种工作，补种、改种苗木12 000株（袋），不断改善园容园貌。按照2019年城市品质绿化提升要求，完成蓬江区新增或改建“口袋公园”12个，分别为西园里下9-10号（市级示范点）、东华二路五邑大学侧门（市级示范点）、天河小苑侧（市级示范点）、江门大厦侧、育德街交院士路东北角、丰乐路蓝石里10号侧、培英高中围墙侧绿地、培英高中公交站斜对面、培英高中公交站侧、江门启智学校侧、江门金冠五金制锁门口、龙湾苗圃对面河道上、中、下段。

（吴宇峰）

【城市供水】 2019年10月，原江门融浩水业股份有限公司更名为江门公用水务环境股份有限公司（以下简称“公司”），是市国有股份制企业，以供水、环保、工程、检测为四大主体业务板块；公司始建于1959年，前身是江门市自来水有限公司。至12月，公司资产总额35亿元，净资产11亿元；下辖供水厂6家，供水能力68万立方米／日；污水处理厂13家，污水处理能力56万吨/日，拥有多座大型医疗废物处置、生活垃圾及餐厨垃圾处理等固废处理设施。

自来水供应 2019年，蓬江区自来水供应总量9741万立方米，同比增长3.83%；售水总量8183万立方米，同比增长3.6%；供水压力合格率100%，供水水质综合合格率100%。

供水设施建设 2019年，棠下镇供水一体化“村村通”自来水工程是蓬江区实施乡村振兴战略、保障农村饮用水安全的一项重要民生工程。2018年12月，公司与棠下镇政府签订《棠下镇供水一体化“村村通”自来水工程协议》，由双方共同出资新建连接棠下镇11条行政村的供水干管；该工程于2019年年初由公司施工建设，并于12月全面完工，有效解决约2.1万村民饮用水问题。为配合城市提质工程，推进城区供水管网改造，全年全区用于新建及改造管网投资5100万元，管径为DN150（含）以上，管网总长35千米，包括完成江侨路、杜阮镇亭园村等供水管道改造工程。

供水服务 2019年，根据市政府有关深化营商环境改革的部署和要求，公司实施用水报装“减环节、优流程、压时限”改革，全面压缩报装时限，不断优化供水营商环境。其中，不涉及外线工程的报装时限由原来9个工作日压缩为不超过3个工作日，涉及外线工程的报装时限由原来13个工作日压缩为不超过7个工作日（广东省要求不超过9个工作日），大大提高用水报装效率。深化信息化服务，完成呼叫热线系统升级改造，实现用户报修、咨询、投诉、查询“一号通”服务；建立营业厅柜台无纸化系统，推行电子业务单和电子签章，实现柜台业务无纸化办理，进一步提升优质服务能力。

（高品珍）

【城市供电】 广东电网有限责任公司江门蓬江供电局是广东电网有限责任公司江门供电局属下的县区局，属国家电力工业部直供直管的供电企业。主要负责对辖区内10千伏及以下配电线路和设备运行、维护和检修工作；负责辖区内配电网络规划建设和电网基建工程选址、选线、征地、青赔、拆迁工作；负责辖区用电营销、客户服务、电力市场拓展等工作。全区供电客户38.13万户。

电网建设 2019年，蓬江供电局编制完成《2019年配网规划》《江门人才岛电力专项规划》、滨江新区启动区及蓬江产业转移工业园规划项目库；推动220千伏镜山站顺利投运；主动对接江门人才岛电力专项规划和线路迁改。助力乡村振兴，重点解决3个镇农村配电网安全隐患、“卡脖子”“低电压”、线路设备残旧等问题18个，升级改造区级示范村配网4个，并提前2年超额完成蓬江区农网户均配变容量硬任务。电网建设项目符合江门市总体规划、土地利用总体规划和电力专业规划，全年配电网建设项目351项，其中2018年续建项目191项、2019年新建基建项目立项73项、充电桩项目立项10

项、业扩配套及紧急项目立项77项，年内投产完成率100%，实现配网项目均衡投产。

电网安全运行 2019年，蓬江供电局实现全年安全生产零事故，电网连续安全运行10 633天。完成“两会”、高考、庆祝中华人民共和国成立70周年、华侨华人文化交流合作暨粤港澳青年文化创意发展大会等71项保供电任务，累计出动发电车（机）43台次，出动人员2020人次。

电力供应与服务 2019年，蓬江供电局大力优化电力营商环境，压缩中低压业扩报装平均用时，落实国家电价调整，开展居民光伏并网接入及拓宽互联网全业务办理和推进营业厅智能化转型。根据国家电价调整政策，对一般工商业电价调价2次，其中4月1日降价1.92分（含税）、7月1日降价5.39分（含税）。推动绿色能源项目和开展居民光伏并网接入工作，加快充电桩项目建设，完成电能替代项目27个、电能替代电力1.8157亿千瓦时，建成充电桩90个。

是年，蓬江供电局拓宽“互联网+”线上业务办理渠道，重点在供电营业厅、小区宣传栏、供电服务宣传栏、电视、广播、户外现场活动等途径广泛宣传推广“南方电网95598”微信公众号，全年互联网线上业务办理比例99.8%。（陈江梅）

村镇建设

【概况】 2019年，蓬江区住房和城乡建设局开展农村人居环境整治工作，对荷塘镇、潮连街道片区开展督查和随机抽查。挂点结对杜阮镇长乔村开展农村人居环境整治，协助做好施工图设计，督查施工进度，并于10月完成施工建设。完成全区200人以上自然村道路硬底化、村场硬底化改造及20户以上自然村村内主要道路硬底化，农村公路列养率达100%。指导、协助棠下镇河山村成功申报“江门市宜居村庄”，潮连街道卢边村成功申报“中国传统村落”，潮连街道坦边村成功申报“江门市传统村落”。

【宜居村庄建设】 2019年，蓬江区住房和城乡建设局按照宜居村庄“五改”（改路、改房、改水、改厕、改灶）创建要求，指导棠下镇河山村开展设施配套建设和环境整治工作，每2个月上报创建进展情况。河山村先后投入143万元用于“三清三拆整治”、村庄整治、村容村貌整治、公厕整治等项目建设。全村共设垃圾池15个，保洁员定期收集清运，确保垃圾100%无害化处理；农村公厕新建或改造5座，全部已投入使用；对村路进行水泥路面硬底化；改善供水条件，自来水入户供水率均达90%；发动村民开展“三清三拆三整治”行动，清除垃圾100多吨，清拆危房10间，清理水沟1千米。全村基本实现村主干道两侧、庭院内外干净美化。是年，河山村被评为“江门市宜居村庄”。

【传统村落】 2019年，蓬江区住房和城乡建设局协助潮连街道卢边村、坦边村申报“江门市传统村落”和“中国传统村落”。卢边村投入28万元开展清运垃圾杂物、部分巷道硬底化、社区公园维护、停车场建设等环境整治工作。坦边村投入105万元开展巷道改造，共完成工程16项；加强对环卫保洁承包公司的监督管理，重点整治市场、大街小巷、小公园等公共场所的环境卫生；开展春、秋两季大型除四害活动4次，向居民、农耕户免费提供灭鼠谷物。是年，潮连街道卢边村被列入第五批“中国

传统村落”；潮连街道坦边村被评为“江门市传统村落”。（马树英）

环境卫生管理

【概况】 2019年，蓬江区环卫处制定出台《江门市蓬江区环卫处创文常态化工作方案》和《蓬江区环卫处深化全国文明城市创建长效实施方案》，重点关注居民小区环境卫生、集贸市场和商场超市周边环境卫生、主次干道和商业大街环境卫生、背街小巷环境卫生、公共厕所管护。配合做好大气污染防控工作，制定《蓬江区应对不利气象条件下大气污染防控洒水降尘工作方案》，加大道路洒水频次，做好降尘抑尘工作，全年用水约27.21万吨。

【公厕改造与建设】 2019年，蓬江区环卫处根据市、区城市品质提升计划，完成城区38座社区公厕升级改造任务，其中包括科学优化调整厕格设置，增设第三卫生间和母婴室，翻新外墙和内饰，添置自动感应设备、干手机、婴儿护理台、安全座椅等多种人性化便民设施。“厕所革命”升级改造项目以“人性化”为设计理念，以二类以上标准对公厕进行升级改造，部分公厕已达到星级旅游厕所标准。严格落实《城市公共厕所卫生标准（GB/T 17217—1998）》和《江门市蓬江区中心城区环卫一体化保洁作业质量标准》，做到公共厕所美观大方、管护到位。

【城乡生活垃圾处理】 2019年，蓬江区环卫处制定《农村生活垃圾收运工作实施方案》，将农村环卫工作纳入区环卫处管理范围和绩效考核范围，优化区财政对镇（街）、村直补奖补机制，减轻镇（街）、村投入环卫保洁工作支出压力。是年，保障28座垃圾转运站（台）正常运转，清运垃圾33.19万吨，同比增长10.08%，处理粪便1.1万吨。全年生活垃圾无害化处理33.19万吨，全部实现卫生填埋处理，无害化处理率100%。

【生活垃圾分类】 2019年，蓬江区环卫处多措并举，大力推进生活垃圾分类工作。先后召开6期生活垃圾分类工作动员会暨培训班，共50多个公共机构、170多所学校、50多个物业管理小区参加动员培训。先后组织“进机关、进社区、进校园、进厂企”垃圾分类宣传教育活动100余场。投放垃圾分类收集桶13 500余个、不锈钢分类果皮箱2000余个，设置有害垃圾临存点1处，采购多台智能垃圾分类箱投放在市政府、区政府、西园社区、象山社区。建设象山社区为示范社区，通过实施撤桶并点、定时定点投放、统一分类收集设施、成立分类督导员队伍、打造居民分类投放系统，不断完善示范点生活垃圾分类工作流程，基本形成可复制、可推广的社区生活垃圾分类模式。设置大件生活垃圾、有害垃圾、零散装修垃圾咨询服务热线，设立7个大件垃圾投放点，推动有害垃圾集中投放、集中存储、集中处理，提高城乡生活垃圾“减量化、资源化、无害化”处理水平。

【环卫网格管理】 2019年，蓬江区环卫处以“党建+N 全科网格”管理中心为枢纽，以大数据为支撑，构建集“网格化”巡查、信息收集、研判、联合处置为一体的指挥平台，提升区环卫管理水平。制定《蓬江区环境卫生管理处“党建+N 全科网格”工作方案》和《“党建+N 全科网格”督办操作流程》，做好环境卫生服务台账，督促属下环卫所和服务公司完成各类环境卫生问题的整改工作，并如期回复。

【关爱环卫工人】 2019年，蓬江区环卫处联合区慈善会，筹集资金43.5万元，开展蓬江区环卫工人慰问暨金秋助学活动，慰问困难环卫工人222人，助学困难环卫工子女284人。

【环卫改革与人员安置】 2019年，蓬江区在全市率先开展环卫一体化和市场化改革工作，改革涉及区环卫部门及其属下堤东、沙仔、仓后、北街、北郊环卫站和环卫车辆管理所。制定《蓬江区环卫局环卫一体化和市场化工作改革人员安置方案》，分类进行整合，全年共安置在职在册人员1534人，其中编制内人员54人、编制外人员1480人（超龄人员574人，适龄人员906人）。（卢 林）

环境保护

【概况】 2019年，蓬江区组织召开全区污染防治攻坚战推进会及环境保护委员会工作会议，印发并实施《江门市蓬江区2019年污染防治攻坚战重点工作任务清单》。全区空气质量与上年同期相比略有下降，达标天数比例76.7%，空气质量综合指数4.03，同比上升2.5%，二氧化硫、二氧化氮、PM_{10}、一氧化碳、$PM_{2.5}$五项污染物浓度均达到《环境空气质量标准》（GB3095-2012）二级标准要求。西江篁边集中式饮用水源地水质达标率均100%，区列入省考核的水污染防治行动计划的上浅口水质现状良好，达到Ⅲ类水质要求。

【建设项目环评审批与验收】 2019年，江门市生态环境局蓬江分局审批环评文件331项，其中报告书审批项目3项、报告表审批项目328项，登记表备案项目1452项。把好建设项目竣工环保验收关，强化建设期全程监管，督促企业认真落实环保“三同时”制度，全年共完成项目竣工验收96项。

【大气环境治理】 2019年，蓬江区坚决打好环境空气质量保障攻坚战，促进空气质量改善。持续开展锅炉整治工作，通过召开工作会议、下发通知、现场核查等多种形式督促企业按时落实生物质锅炉整改工作，提前完成52台生物质锅炉整治工作。深化工业挥发性有机物治理工作，全面完成省级、市级VOCs重点监管企业“一企一策”方案编制及整治工作，县级重点监管企业“一企一策”已完成方案编制并开展整治工作。推进非道路移动机械污染防治工作，对全区13个工地进行非道路移动机械核实，并登记编码。组织实施柴油货车专项整治工作，定期在进城通道设卡开展联合执法行动，出动人员69人次，对70辆柴油车完成尾气抽检工作。加强工地扬尘污染精准防控工作，强化全区在建工程扬尘污染防治监督管理工作，完成扬尘在线监测监控的设备安装，并接入蓬江区扬尘在线监测政府监管平台。加强建筑垃圾处置管理，办理建筑垃圾准运证140宗。推进网格化管理，根据《江门市主城区大气污染防治网格化监控和管理实施方案》，及时完成市、区交办的网格化问题整改任务。

【土壤污染防治】 2019年，江门市生态环境局蓬江分局开展重点行业企业用地土壤环境质量调查，杜阮镇碧桂园土壤修复项目主体工程已完工。配合市局开展重点行业在产企业用地土壤环境质量调查及关闭搬迁企业地块环境排查工作。推进重金属减排工作，关停主城区内皮革等重点行业企业，鸿盛皮革、志高皮革等12家企业已关停，重金属减排量869千克。

【固体废物污染防治】 2019年，江门市生态环境局蓬江分局加强固体废物污染防治，建成废矿物油（废机油）收集项目2个。推进“清废除患2019”专项行动，排查企事业单位418家，对违法行为立案查处5宗；检查危险废物经营单位和重点产废单位79家，发出责令整改书7份。推进固体废物规范化管理，已有890家企业完成广东省固体废物管理信息平台危险废物申报登记和危险废物管理计划审核工作。为提升企业风险防范意识，规范企业经营行为，组织辖区内企业参加江门市汽车维修行业、印染行业、皮革行业、电镀行业等危险废物处置警示教育座谈会7场。

【水环境综合整治】 2019年，江门市生态环境局蓬江分局严打水环境污染行为，查处涉水环境违法刑事案件11宗，涉嫌环境犯罪移送公安机关8宗。开展饮用水水源地环境保护专项工作，调整标志12个，铺设6.5千米隔离防护网；全国集中式饮用水水源地环境保护专项整治任务完成率100%。协助推进黑臭水体整治，新增3条黑臭水体，整体已纳入新黑臭水体治理EPC+O项目，项目已全面开工，天沙河、杜阮河已消除黑臭并通过生态环境部统筹强化监督检查。推进入河排污口整治，完成入河排污口整治503个，完成率100%；排查排水企业502家，实施挂图监管。

【环境监管执法】 2019年，江门市生态环境局蓬江分局出动环保执法人员8672人次，检查企业4343家次，处理环境污染投诉事项4383项，整治“散乱污”企业1418家；作出行政处罚44宗。申请法院强制执行案件18宗，查封扣押案件43宗，停产整治案件1宗、限制生产案件2宗，报请责令关闭案件2宗，移送公安行政拘留案件2宗，移送涉嫌污染环境犯罪案件13宗；破获刑事案件31宗，刑拘39人，逮捕33人，起诉18人，直诉5人，取保候审17人。

【环境监测】 2019年，建成蓬江区环境监测站，加快充实专业技术人才队伍，通过组织参加各类专业技术培训，提高全站人员检验检测能力，并于11月初按要求完成实验室人员指定项目上岗证考核。逐步完善站内硬件基础，实验室仪器配置已基本达到县级环境监测能力水平；实验室开始试运行，并逐项开展方法认证。对辖区内河流和5家污水厂开展每月进出水口布点采样监测分析工作。

【环境保护督查整改】 2019年，江门市生态环境局蓬江分局继续落实中央环境保护督察和省第五环保督察组交办环境问题整改工作。强化中央环保督察“回头看”期间交办的66宗环境信访举报案件的后续监管，严防已整改问题回潮反弹；省第五环保督察组交办的138宗案件于3月25日前全部办结，办结率100%。坚决推进“散乱污”专项整治工作，至9月底，区纳入省考核清单的892家“散乱污”企业已全面完成整治，其中关停取缔426家，升级改造466家，完成率100%；至11月底，纳入市动态清单的“散乱污”整治提升类企业已关停取缔31家，升级改造495家，完成率100%。开展五大行业关停退出工作，除正在申请调整处置方式的10家企业外，已全面完成135家企业关停工作。

【环境宣传教育】 2019年，江门市生态环境局蓬江分局多形式推进普法“六进”工作。创新联结五邑大学开展普法活动2场次，开展生态文明建设知识讲座1场次，通过“6·5”世界环境日和“12·4”国家宪法日、环保设施开放、扫黑除恶进社区等形式开展宣传活动10场次，向镇街、村居基层组织发放《排污单位环境保护管理指引》《扫黑除恶宣传手册》等宣传资料3万册。在江门天沙河水质自动监测子站开展环保设施开放日活动3场次，联合区教育局组织辖区学校参与第十一届“珠中江阳”中学生环保活动。是年，环市街丰雅社区获评为“广东省绿色社区”。 （林家瑜）

开放型经济

【概况】 2019年，蓬江区外贸进出口总额383.7亿元，同比增长3%，进出口总额列全市第一。其中出口总额326.1亿元，同比增长5.2%；进口总额57.6亿元，同比下降7.9%。

【外贸进出口管理】 2019年，蓬江区做好外经贸审批工作，贯彻落实商务部《关于进一步优化对外贸易经营者备案登记工作》要求，缩短办理时间，简化审批程序，提高办事效率，降低企业运作成本，减轻企业负担。2019年度共审批《对外贸易经营者备案登记》277份。

【开拓国际市场】 2019年，蓬江区组织辖区内超200家企业参加香港春秋季重点展会、广东（巴拿马）商品展览会、中国商品（印度孟买）展览会暨广东（印度）商品展览会、广交会、第二届中国国际进口博览会、第六届澳门工展会等境内外展会，促进企业出口及国内市场多元化发展。

【外贸扶持】 2019年，蓬江区落实扶持政策促进进出口，利用各种载体平台、媒体工具积极宣传对外经贸政策。联合高沙海关、区税务局等多个部门举办“蓬江区外贸企业专场政策宣讲会”，向全区近300家外贸企业深入解读外贸、海关、税务、信用保险等领域的政策。贯彻落实各种帮扶企业措施，指导企业用好用足外贸扶持政策，全年共兑现外贸扶持资金超5000万元，受惠企业超400家。

（李　玲）

【招商引资】 2019年，蓬江区新引进项目19个，计划总投资140.1亿元，其中超20亿元2个、超10亿元2个。是年，联东U谷、江门侨镇、维龙物流、深圳科技园、禾康包装材料等25个项目落地。针对区智能制造、电子信息、健康食品、大数据等产业，由市、区领导带队，分别赴北京、大连、上海、浙江、福建、香港、澳门、重庆、广州、深圳、佛山、东莞等经济发达省份和城市开展招商拜访活动超35批次，重点对接中集集团、腾讯集团、华为科技公司、金多多食品、IBM公司、广州科协、海信集团、康师傅等超60家知名企业及行业协会，了解企业投资意向及投资需求。建立蓬江区招商载体数据库，统筹全区招商载体资源情况，并安排专人收集、整理全区载体资源信息，将在谈项目信息与载体信息一一对应，提升招商引资工作效率；载体数据库于6月初开始正式启用，至12月底共录入载体数据256条，为企业落户选址提供数据指引。

（陈哲涵）

【外商投资企业审批和管理】 自2018年12月28日起，对不涉及国家规定实施准入特别管理措施的外商投资企业设立及变更备案，下放至县（市、区）商务部门负责实施和管理。蓬江区科工商务局全面落实外商投资企业设立及变更备案管理制度、外商投资企业设立商务备案与工商登记“一口办理”，严格实施负面清单以外的外商投资备案（不含减免税项目）办理时限压减至1个工作日。2019年，通过“多证合一”平台办理外商投资企业设立备案3家，审核并通过外商投资企业备案325宗。发动全区外商投资企业参加联合年报，应参加联合年报的外商投资企业1077家，实际参加网上联合年报外商投资企业819家，比上年增加165家，参检率76.04%，参检通过率100%；通过电话、邮件等方式为外商投资企业提供咨询服务超1500次。

【利用外资】 2019年，蓬江区新批准外商直接投资企业80个，增资项目21个；合同外资金额2.63亿美元，同比下降43.47%；实际利用外资金额1.62亿美元，同比增长4.21%，完成全年工作任务的108.02%，提前3个月完成全市下达目标任务，完成总量和进度排名均为全市第二。全年新引进或增资扩产投资总额超千万美元的外资项目3个，投资总额合计9465万美元。

（袁结文）

农业·水利

农业综述

【农业农村概况】 2019年，蓬江区实现农业总产值11.12亿元，同比增长3.17%。其中种植业产值3.03亿元，同比下降0.96%；林业产值0.22亿元，同比下降22.87%；牧业产值1.87亿元，同比下降6.14%；渔业产值4.44亿元，同比增长6.81%；农林牧渔服务业产值1.56亿元，同比增长19.39%。全年水产品产量18 840吨，同比增长7.16%；肉类产量5832吨，同比下降19.08%，其中猪肉产量200吨，同比下降94.43%。是年，蓬江区新增市级示范性农业新型研发机构2家，全区累计获市级认定的示范性农业新型研发机构5家。

【美丽乡村建设】 2019年，蓬江区重点打造棠下镇良溪村、荷塘镇南村村、杜阮镇长乔村、潮连街道塘边社区卢湾村4个乡村振兴示范村。投入资金575万元，完成4个示范村基础建设，并通过区级验收。启动第二批示范村（居）建设，选定棠下镇仁厚村、荷塘镇高村村、杜阮镇杜臂村、潮连街道富冈社区为第二批4条示范村（居），并基本完成规划设计。

【农村综合改革】 2019年，蓬江区农业农村和水利局印发《江门市蓬江区推进乡村振兴综合改革试点创建市级城乡融合发展先行区实施方案》，为乡村振兴综合改革工作提供指引。落实综合改革资金2000万元用于棠下镇及杜阮镇试点示范创建工作奖补。棠下镇以良溪村为试点，重点推进农村人居环境整治，挖掘乡村特色和文化，发展文旅产业，推进产城融合，完成良溪村第一期工程，通过区级示范村验收。杜阮镇以田园综合体为重点，推动一、二、三产业深度融合，田园综合体一期项目，总投入3480.43万元，已进入全面施工阶段。

【农业产业化经营】 2019年，江门市植保有限公司被评为省级重点龙头企业，新增江门市绿诚农副食品配送有限公司、江门市水产冻品副食市场物业管理有限公司等市级农业龙头企业2家。至年底，全区累计有市级以上龙头企业15家，其中省级以上龙头企业5家。是年，新增市级农民专业合作示范社2家，新增市级示范性家庭农场2家。

【农村经济发展】 2019年，蓬江区农村集体经济总收入17.06亿元，其中集体收入超1000万元的村31个，占总村数的41%；超500万元的村59个，占总村数的79%；超250万元的村70个，占总村数的93%。村集体拥有物业面积424.98万平方米，出租收入5.12亿元，同比增长1.79%。发挥农村集体“三资”交易平台职能，探索集体土地合作开发交易模式，为棠下镇石头村合作开发项目招纳合作方，涉及投资金额6亿元。

【扶贫开发工作】 2019年，蓬江区以巩固2016—2018年精准扶贫脱贫工作成效为重点，完成市下达的2019年扶贫工作要求。至年底，全区城镇重点帮扶对象年人均可支配收入达14 832元以上，农村重点帮扶对象年人均可支配收入达8905元以上。全区327户937名帮扶对象按2019年标准实现脱贫，脱贫率100%；全部精准帮扶对象实现“八有”要求，并达到100%退出标准。

【农业品牌建设】 2019年，蓬江区新增江门市植保有限公司的2%春雷霉素水剂——彩隆、江门市宏富茶业有限公司的柑普茶、广东鲜美种苗股份有限公司的新美甜308等省名牌产品3个；通过复审的省名牌产品3个，分别为江门市江帆水产制品厂有限公司的即食天然海蜇、广东汇海农牧科技集团有限公司的膨化乳猪料和8895膨化罗非鱼料。杜阮凉瓜现代农业产业园被认定为区级现代农业产业园，并申报市级现代农业产业园。

【农村集体“三资”管理】 2019年，蓬江区健全完善农村集体“三资”规范管理体系，对原“9+1”农村集体“三资”管理制度进行全面修订和完善。重新印发出台6个农村集体“三资”工作方面的指导意见，分别为《江门市蓬江区农村集体资金资产资源管理指导意见》《蓬江区农村集体经济组织资产资源交易管理指导意见》《蓬江区农村集体经济组织小型建设项目承（发）包管理指导意见》《蓬江区关于违反农村集体“三资”管理规定行为问责意见》《蓬江区农村集体经济组织主要负责人经济责任审计实施办法》《蓬江区农村集体经济组织“三资”规范管理量化考核办法》。

【农业科技发展】 2019年，蓬江区推进基层农业科技推广项目，组织江门市和煦农业科技有限公司等5家农业生产单位完成基层农业科技推广体系改革项目建设，下达资金100万元用于扶持企业引进新设备设施，建设健康养殖示范基地，推动农业标准化生产。蓬江区选聘杜阮凉瓜（蔬菜）、水产（特种养殖）、花卉园艺等主导产业专家3名，甄选主导产业技术指导员19名，认定科技示范主体190家，投入专项资金160万元，扶持培育主导产业生产基地9家，培育农产品特色种养基地1个。进行农产品质量安全及相关政策法规宣传，引导农业经营主体、农民专业合作社自行举办业务培训班3期；举办农产品生产主体规范经营培训班2期，履行责任告知义务；组织村级食品（食用农产品）协管员监管业务培训班1期，共500多人次参加培训。是年，江门市翔胜鸽业有限公司的潮连白鸽成功通过无公害农产品认证复审。

【农业污染防治】 2019年，蓬江区完成市政府下达的生猪减量和生猪零存栏目标任务，全区累计清空畜禽养殖场4584家，栏舍清空率96.28%，其中生猪养殖场4432家，累计清理生猪45.1万头，下拨自行拆除奖励资金5.7亿元，率先在全市范围内实现生猪零存栏。提高畜禽粪污利用率、设施配套率等治理目标，持续推进非禁养区治理工作，全年拆除禽鸟养殖8家，拆除面积2.55万平方米。

【农产品质量监管】 2019年，蓬江区产地环节种植业、畜牧业、水产品，屠宰环节农产品质量安全抽检合格率均达100%，通过政府购买服务委托有资质的第三方检测机构完成年度定量检测任务592份。全区实现镇级农产品质量安全检测室全覆盖，并100%实现监测数据实时上传。7月，通过省农业农村厅组织的国家农产品质量安全县中期核查；11月，蓬江区创建为国家农产品质量安全县。

【农村土地承包经营权确权登记颁证】 2019年，蓬江区棠下镇、杜阮镇、荷塘镇、潮连街道等4个镇（街）全面完成农村土地承包经营权确权登记颁证工作，涉及52个经联社、30 644户农户，确权地块面积5204.96公顷，以全市最高分通过市级验收，结果评定为优秀，相关数据已通过省确权办质检，提交农业农村部国家数据库。是年，由市农业农村局完成农村土地经营权确权档案数字化加工工作的政府采购流程并签订合同，蓬江区中标公司已和区档案局沟通土地确权档案数字化具体要求，推进土地确权档案数字化工作。

【农业综合执法】 2019年，蓬江区农业农村和水利局重点开展种子、农药、兽药、饲料、肥料、农机等农资生产、经营等环节的执法监督巡查；开展打击私屠滥宰、扫雷行动和非洲猪瘟防控等专项行动，共立案件6宗，涉案货值23.84万元，罚没金额9.35万元，没收假农药“敌草快水剂”28瓶。

（刘茵婷）

种植业

【概况】 2019年，蓬江区农作物种植面积3896.73公顷，同比下降0.4%；农作物总产量82 683吨，同比增长11.7%。

【粮食种植】 2019年，蓬江区粮食作物种植面积452.93公顷，总产量3491吨，其中稻谷类产量828吨、玉米产量537吨、豆类产量116吨、薯类产量2010吨，同比增长36.74%。

【经济作物种植】 2019年，蓬江区油料种植面积80.07公顷，油料总产量236吨，同比下降8.9%，其中花生产量225吨、芝麻产量11吨；蔬菜种植面积3053.33公顷，蔬菜总产量68 788吨，同比增长5.5%。

【水果种植】 2019年，蓬江区水果种植面积11.1公顷，水果总产量5429吨，其中果用瓜类2175吨、园林水果总产量3254吨，同比增长1.6%。

（杨青梅）

林 业

【概况】 2019年，蓬江区森林资源丰富，森林总面积8428.5公顷，其中林地面积7812.22公顷。全区森林覆盖率为26.17%，森林蓄积量为84.7万立方米。林业产值0.22亿元，同比下降22.87%。全年落实上级林业部门预算及专项资金4 756 196.36元。

【依法治林】 2019年，蓬江区加强林业行政执法工作，立刑事案件7宗，侦破6宗（其中2宗为2018年案件）；立行政案件23宗，已办结22宗；办理刑事案件10宗（其中2宗为2018年案件、1宗为地方派出所立案案件）19人，拘留14人、逮捕10人、取保候审14人、移送起诉5宗15人；查处行政违法对象24个（其中5个为单位法人），行政罚款26.49万元。没收野生动物269只，缴获捕鸟网18张、捕兽夹2个，救助野生动物10只；部署落实专项行动6项，出动执法检查人员352人次，检查酒楼、市场、餐厅362家；开展日常巡查648人次，检查重点区域、场所908处。处理12345政府热线交付事项9宗，办结9宗。定期结合派出所日常巡逻、治安防控工作，在市场、养殖场、林区、酒楼等场所进行入户宣传256次，悬挂横幅、标语72条，竖立警示宣传牌8个；撰写有关扫黑除恶专项斗争、森林和野生动物保护简报18篇，公众号推送文章1篇，张贴扫黑除恶专项斗争海报51张，编写制作林业系统扫黑除恶宣传手册6000册、保护野生动物宣传小册子2000本。

【林业管理】 2019年，蓬江区加强生态公益林建设、保护和管理，推进生态公益林提质增效，实施森林质量精准提升工程，完成杜阮镇那咀水库第一重山51.9公顷商品林调整为生态公益林，并对调整的商品林实施林相改造，优化树种，提高森林质量。组织全区开展义务植树活动，3月12日在潮连人才岛环岛公园示范段、棠下镇莲塘村和江肇高速棠下出口旁开展义务植树活动，共有1000人参加，植树8000棵，植树面积6.67公顷。全面落实森林资源管护工作，规范使用林地审批手续，把好现场查验和资料审核关，使用林地项目通过省林业局审核共5个，使用林地面积6.32公顷。严格执行森林年度采伐限额制度，全年共发放林木采伐证91个，采伐蓄积24 025.8立方米。

【森林防火】 2019年，蓬江区在清明、重阳等重要节假日制定防火工作方案，落实森林防火责任。加强防火检查，重点检查应急队伍、防火器材情况，全年累计防火检查59次，及时排查森林火灾隐患，运用护林员管理系统对护林员巡查实施动态监测，切实保护森林资源。开展护林员培训，组织镇（街）林业管理部门人员和专职护林员69人开展2019年蓬江区森林防火技能暨护林员培训，培训内容涵盖涉林法律知识及案例分析、护林员系统操作方法、镇（街）护林和防火经验分享以及高压水泵操作讲解等。加强防火宣传，全区发放森林防火宣传单15 000余份，悬挂横幅720余幅、森林防火教育牌111个，出动防火宣传车2580余次；开展“森林防火知识进校园”活动，向学校1000余名师生讲解防火知识并派发宣传资料。

【林业有害生物防治】 2019年，蓬江区组织各镇（街）开展薇甘菊、松材线虫病发生情况普查工作，各镇（街）已按要求对辖区内薇甘菊进行喷杀，喷杀面积约238公顷。推进松材线虫病防治工作，制定《蓬江区松材线虫病应急防治工作方案》，成立防治领导小组并召开专题会议推进防治工作。全年清理病死、濒死松树1948棵。

（张爱玲）

畜牧业

【畜禽饲养】 2019年，蓬江区家禽（鸡、鹅、鸭）存栏量37.41万只，同比下降8%；家禽出栏量244.35万只，同比增长5%；饲养量301.77万只，同比增长10%；产鸽存栏量47.52万对，同比增长1%。

【畜禽养殖污染综合整治】 2019年，蓬江区推进畜禽养殖资源化利用工作，完成2019年度畜禽粪污综合利用目标任务，畜禽粪污综合利用率达72%，规模养殖场粪污处理设施装备配套率达85%，大型规模养殖场粪污处理设施装备配套率达100%。

【畜禽定点屠宰监管】 2019年，蓬江区屠宰检疫生猪69.03万头，监督屠宰场无害化处理病害肉品24 030公斤，受检率、病害动物及产品处理率均达100%。全区有生猪屠宰场3个，分布于棠下镇、杜阮镇、荷塘镇。屠宰环节监测猪尿22 423份，阳性检出率为零。自2011年7月起，一直保持“瘦肉精”类药物零检出。为防止非洲猪瘟疫病传播，根据《关于中南区试点实施活猪调运有关措施的通知》要求，组织辖区生猪屠宰企业与非中南区养殖企业建立产销合作关系，落实“点对点”调运备案政策。经审核，上报8家非中南区养殖场到蓬江区生猪定点屠宰场进行屠宰，缓解生猪供应不足问题。

【动物防疫检疫】 2019年，蓬江区禽鸟饲养量1135.86万羽（其中乳鸽657.35万羽），生猪饲养量0.61万头，羊饲养量267头。禽流感和口蹄疫强制免疫率均达100%。完成动物疫病抗体监测样本2695份，抗原样本4500份。抗体检测合格率（自检）：口蹄疫89.7%，新城疫95.4%，禽流感H5为92.3%、H9为98.6%、H7为95.2%，布氏100%，抗原合格率100%，均达国家标准。全区生猪上市量0.61万头，产地检疫量0.61万头；禽鸟上市量1013.55万羽，产地检疫量1013.55万羽，申报检疫率均达100%。生猪屠宰量69.03万头，家禽屠宰量140.55万羽，屠宰检疫率100%；监督屠宰场（批发市场代宰点）无害化处理病死禽鸟1.56万羽、病害肉品21.09吨。

（林晓云）

水利

【概况】 2019年，蓬江辖区内主要河流有西江、江门河、天沙河、杜阮河，总长71.84千米。堤防工程总长137.1千米，捍卫面积在万亩以上堤围（江新联围蓬江段、潮连围、荷塘围）长63.74千米，其中属西江堤围的江新联围蓬江段防洪标准为50年一遇，荷塘围、潮连围防洪标准为30年一遇，天沙河城区段和杜阮河下游段堤围防洪标准为50年一遇，天沙河棠下段和杜阮河上游段防洪标准为20年一遇。全区有水库16宗，其中中型水库1宗（那咀水库），设计洪水标准为50年一遇，校核标准为1000年一遇；小型水库15宗，设计洪水标准均为30年一遇，校核标准为300年或以上一遇。水闸78座，其中中型水闸5座、小型水闸73座，农村电排站64座，总装机容量14714千瓦。年内推行可持续发展治水思路，继续实施防洪减灾工程，以江堤加固、小型水库除险加固、水环境治理、水生态安全、节水型社会建设作为水利发展重点，推进民生水利工程建设，全年累计完成投资0.75亿元。（邓丽燕）

【水利基本建设】 2019年，蓬江区实施水利工程建设项目2个，分别为杜阮镇贯溪电排站重建工程、江新联围加固工程（蓬江段），总投资金额9354万元，已动工建设。

【水资源管理】 2019年，蓬江区用水总量控制指标2.7亿立方米，全区实际用水总量2.02亿立方米。年初全区共有取用水户27户，办理取水延续3户，注销5户，年终保有取水证22户。全年审批总水量为4698.41万立方米/年，实际年用水量3684.42万立方米/年，均在计划内取水。全年征收水资源费679.29万元，完成水资源考核各项指标任务。

【水旱灾害防治工作】 2019年，蓬江区进行机构改革，三防指挥职能由原区农林和水务局转移到新组建的区应急管理局，原三防会商室（包括信息化系统）、荷塘物资仓库及相关抢险物资（包括应急泵车）移交应急部门统一协调使用。组织开展水利工程安全检查工作，确保工程安全运行。5月下旬，辖区内持续性降雨，多地出现不同程度内涝水浸现象，其中以棠下镇北片区（五洞、北达、天乡等地）最为严重，部分村庄及道路受浸，最深达1米，区农业农村和水利局出动应急泵车到受灾地区进行抢排，暴雨期间无人员伤亡及重大损失。8月29日，在荷塘镇水利所开展水利防汛知识讲座，并在六坊村开展防汛人员转移应急演练，提高防汛及应急避险能力。组织各水利工程管理单位对水利工程进行冬修，对存在问题的设施设备及时进行维修保养或更换，确保防汛安全。

【水行政执法】 2019年，蓬江区管理河段均为河道采砂禁采区，区农业农村和水利局印发禁采公告，并进行公告、公示。是年，全区河道执法检查约275次，出动执法人员598人、执法车辆173辆次、执法船8船次，完成清理整治违规堆放场4处。

【河长制工作】 2019年，蓬江区继续完善河（湖）长体系，设有区级河（湖）长7名、镇级河（湖）长61名、村级河（湖）长128名。区河长办制定出台《蓬江区全面推行河长制工作领导小组工作规则》《江门市蓬江区2019年度河长制湖长制述职方案》《蓬江区全面推行河长制湖长制工作2018年度考核实施方案》《西江蓬江区段河湖“清四乱”专项行动方案》《让五邑河更美行动方案（2019—2020）蓬江区任务分解表》《蓬江区整治侵占江河湖泊违法违规建设问题专项行动方案》等政策性规则和方案，全年下发河长制管理文件157份，完成河长制日常管理工作。区级河（湖）长巡河84次，处理巡河问题47宗；镇级河（湖）长巡河2344次，解决巡河问题1066宗；村级河（湖）长巡河6685次，解决问题2695宗，巡河范围覆盖辖区全域。自4月起，在全市率先实行第三方常态化、全覆盖的巡河机制，每月平均巡河里程达1000千米以上，结合蓬江区开发的河长制APP，将巡河问题及具体位置实时上传至巡河系统中，实时显示河湖管护情况，高效处理巡河数据，实现智慧化管理巡河。全年组织举办全区性河长制湖长制业务培训2次，参训人员396人次。开展河湖治理宣传工作，全年印发河（湖）长巡河专报21期、河长制工作简报22期，设立区、镇、村三级河（湖）长公示牌255块；全区河湖治理工作被国家媒体宣传报道2次，被省级媒体宣传报道3次，被市级媒体宣传报道29次。建立全天候河长制水质自动化监测系统，在区内6条主要河流交汇口（棠下沙海、泥海、桐井河出口、环市街丹灶河出口、丰乐污水处理厂出口、杜阮河出口）建立全天候太阳能自动化水质监测站，对5个指标（PH、水温、氧化还原电位、溶解氧、浊度）进行实时监测。

【水库移民后期扶持】 2019年，蓬江区大中型水库移民后期扶持总人口15人，核定到人人口15人，动态核减人口0人，移民涉及1个镇、2个村（自然村）；小型水库移民后期扶持总人口209人，核定到人人口207人，动态核减人口2人，移民涉及1个镇、6个村（自然村）。是年，实施3项移民扶持项目，分别为大中型水库移民后期扶持资金项目（直补）、大中型水库移民生产扶持项目和小型水库移民生产扶持项目。大中型水库移民后期扶持资金项目采取“直补到人”方式，按省定的每人每年600元的标准发放，项目资金总额0.9万元；大中型水库移民生产扶持项目资金总额0.6万元；小型水库移民生产扶持项目资金总额12.54万元，富余人口2人，结余资金0.12万元。2018年度大中型水库移民后扶资金（市级统筹部分）项目计划（杜阮镇中和村罗山村农耕桥工程），补助资金总额20.87万元，工程于4月12日开工，6月12日正式完工，7月12日竣工验收合格。按照后扶资金管理规定，资金到位后及时发放到人、到户，发放资金合计34.79万元。

【“村村通”自来水工程】 2019年，蓬江区为保障农村饮水安全，实现全区村村通自来水，启动棠下镇供水一体化“村村通”自来水工程，将市政供水管网干管连接至棠下镇三堡村、良溪村、河山村、中心村、罗江村、天乡村、虎岭村、五洞村、三和村、北达村、乐溪村等11个行政村，解决5766户、18 758万人的饮水安全问题。工程项目由市融浩水业公司负责建设，新建供水管道约45千米，总投资4209.3万元，12月底全面完工，实现全区自来水管网全覆盖。 （朱俊峰）

工业

【概况】 2019年，蓬江区积极融入粤港澳大湾区建设，坚持工业立区，推动实体经济稳步发展。兰芳园、海目星激光装备、科业电器、天壹食品等项目顺利投产或试产；全年新增规模以上工业企业48家；嘉宝莉、天地壹号、中油碧辟、大参林、中汽运集团5家企业被认定为江门市总部企业。是年，全区完成规模以上工业增加值203.66亿元，同比增长0.1%。 （陈春花）

【工业企业技术改造】 2019年，蓬江区根据国家、省、市、区产业结构调整目录、行业准入负面清单，以及《广东省工业企业技术改造指导目录（试行）》《广东省工业和信息化厅关于企业技术改造投资项目核准和备案管理实施细则》等文件要求，积极引导并指导企业通过全省统一的投资项目在线监管平台、广东省工业企业技术改造监测系统，实施技改项目备案工作，进一步落实国家产业政策，鼓励企业转型升级，加大科技投入，创新驱动发展。是年，区科工商务局安排专人负责技改备案项目登记审查，并指导企业进行技改备案，全年共发放技改备案证49个。深入开展暖企服务，到海信电子、天地壹号、格威精密机械、顶益食品、盈通新材料、盈骅等多家企业走访调研，宣传技改备案及国家、省、市的相关扶持政策，及时了解企业生产经营情况、增资扩产需求以及企业发展存在难题，搭建政企联络平台，推动企业加速成长。

【节能降耗】 2019年，蓬江区积极鼓励企业开展自愿性清洁生产，通过扶持政策引导，鼓励企业加大清洁生产投入，开展电机能效提升、能源管理中心建设、绿色制造名单申报等工作，支持条件成熟的企业开展省、市、区各级清洁生产申报工作。支持嘉宝莉科技、四方威凯、顶津食品、万丰摩轮等27家企业获得省、市、区各级节能降耗扶持资金合计160.78万元。发动企业申报绿色制造示范，指导嘉宝莉化工集团股份有限公司7款产品成功申报“绿色设计产品”，组织开展蓬江产业转移园循环化改造工作。鼓励企业通过工艺改造、设备更新、废弃物回收利用等途径，实现节能、降耗、减污、增效，促进企业绿色转型升级。（冯嘉琪）

【工业园区建设】 2019年，江沙园区扩园范围、杜阮镇骑龙山、金镜山片区列入省级产业集聚地，一并纳入蓬江产业转移工业园进行管理，享受省级产业园区政策。整个产业园区总体范围包括棠下江沙示范园区、杜阮骑龙山工业园区和金镜山工业园区，列入省级产业转移园区（含产业集聚地）面积约1092.47公顷，其中棠下镇844.87公顷、杜阮镇247.53公顷。8月，蓬江产业转移工业园被省工信厅列入2019年广东省循环化改造试点园区，成为全市唯一新增循环化改造园区，也是全市唯一实现集中供热的园区。园区通过华电分布式能源站配套项目，达到能源阶梯利用，为工业园区内的用能企业提供冷、热、电产品。园区已规划配套服务中心、学校、银行、酒店、商场、餐饮、公园等服务设施，年内完成拉通堡莲路南端至江肇高速棠下出口段道路建设。园区有入园企业36家，其中已投产企业27家，在建企业9家。全年规上工业总产值超217亿元，规上工业增加值44亿元，完成工业固定资产投资22亿元，全口径税收6.61亿元。园内重点发展电子智能制造、健康食品、机械制造（摩托车及零配件）等主导产业，已吸引海信家电、康师傅食品、天地壹号饮料、滨崎食品、香港美心食品、华电能源等知名企业，落户产业项目计划投资总额超200亿元，产业集聚效应基本形成。是年，园区加大招商引资和企业扶持力度，推动产业园快速发展，新投产项目5个，新动工建设项目6个，计划总投资10亿元；筹建项目8个，计划总投资超30亿元；新引进并签订投资协议项目2个，意向落户项目5个。

（利子莹）

【企业服务与发展】 2019年，蓬江区根据市委、市政府《关于深入开展江门市2019年“暖企业、促投资”行动的通知》工作要求，结合实际情况，制定《蓬江区2019年区领导联系重点企业（暖企）行动方案》。市、区领导先后带队走访大长江集团、海信产业园等超150家企业，已解决或取得阶段性成效的企业诉求超90条。全年共兑付企业扶持资金34 639.69万元。（李　丹）

【技术创新】　2019年，蓬江区鼓励企业开展技术升级改造工作，激活企业技术创新动能。蓬江区广东科杰机械自动化有限公司、江门亿都半导体有限公司、广东海信电子有限公司等9家企业申报江门市2019年市级机器人应用专题项目，合计获得扶持资金235.62万元。蓬江区江门东洋油墨有限公司、广东汇海农牧科技集团有限公司、海信（广东）空调有限公司、江门市利华实业有限公司等4家企业申请并被认定为第十八批广东省省级企业技术中心。（冯嘉琪）

【重点产业】　2019年，电力、热力生产和供应业规模以上增加值44.43亿元，同比增长13.4%。电气机械和器材制造业规模以上增加值26.18亿元，同比下降4.6%。摩托车制造业规模以上增加值27.47亿元，同比下降2.8%。金属制品业规模以上增加值17.12亿元，同比下降19.4%。计算机、通信和其他电子设备制造业规模以上增加值19.18亿元，同比增长30.2%。化学原料和化学制品制造业规模以上增加值9.98亿元，同比下降9.8%。橡胶和塑料制品业规模以上增加值10.93亿元，同比增长2.8%。酒、饮料和精制茶制造业规模以上增加值8.56亿元，同比增长10%。食品制造业规模以上增加值10.53亿元，同比增长448.7%。通用设备制造业规模以上增加值4.82亿元，同比下降26.3%。（陈春花）

【民营经济】　蓬江区民营经济主体数量持续增长，至2019年底，全区实有市场主体总数94 308户，同比增长4.5%。全区登记私营企业21 276户，从业人员143 881人，注册资金4840 406.96万元；个体工商户65 507户，从业人员127 400人，注册资金196 753.58万元。新登记市场主体总数13 324户（不含外资），新增注册资金733 465.24万元（不含外资），其中新设立企业3139户，新设立个体工商户10 185户。是年，民间投资149.11亿元，增长-11.5%，占全区投资55%；民营批发零售业商品销售额505.42亿元，占批发零售业商品销售总额95.69%。

【中小微企业发展】　2019年，蓬江区为降低企业融资成本，配合市工信局推行“政银保”项目，组织22家企业申请项目保费补助资金共93.9万元。做好清理拖欠民营中小企业账款工作，全年清偿拖欠账款完成率100%。加大工业“小升规”培育力度，以主营业务收入1000～2000万元的小微工业企业为重点培育对象，构建工业“小升规”重点企业培育名录，助力小微企业高质量发展；落实各级扶持政策，为近221家（次）企业兑现扶持资金近1603万元，支持小微企业发展壮大。加快推动平台载体建设，依托中小企业公共服务平台，带动社会服务资源更好地为小微企业服务；组织企业参加各类培训活动，帮助企业提升管理效能，改进经营和管理模式，提升企业效益，促进中小微企业加快发展。至年底，建有国家中小企业公共服务示范平台1个、省级中小企业公共服务示范平台6个、市级中小企业公共（技术）服务示范平台23个。（利子莹）

建筑业

【概况】 2019年，蓬江区完成建筑业总产值45.76亿元，同比增长18.74%。全区工业项目新建成面积58.6万平方米，在建工程总量90.4万平方米，其中新开工55.5万平方米；房地产项目新建成面积192.2万平方米，在建工程总量611.1万平方米，其中新开工201.3万平方米；商贸项目新建成面积22.4万平方米，在建工程总量96.4万平方米，其中新开工39.6万平方米。（廖健龙）

【建筑工程招投标】 2019年，蓬江区住建局办理招标文件备案项目72项，已完成招投标项目69项，其中邀请招标项目1项、公开招标项目68项，总中标价38.72亿元，最高限价40.08亿元，中标价平均下浮率3.39%，节约投资1.36亿元，项目按要求实施全过程信息公开。（李艳梅）

【建筑工程质量】 2019年，蓬江区住建局巡查在建工程1032项，发出质量整改通知书200份；开展质量专项检查4次，专项检查发现质量隐患509条。存在质量问题和隐患已督促落实整改，有力打击转包、违法分包等违法行为，整治工程质量问题。

【建筑施工安全】 2019年，蓬江区住建局制定并印发工程质量安全监督工作督查计划，并按计划就工程质量安全工作情况进行督查，督促企业常态化进行施工领域问题隐患排查，妥善管控施工现场各类风险点、危险源。先后组织开展今冬明春消防安全暨岁末年初安全生产排查整治行动，春节及全国“两会”期间施工安全专项检查，“清明”“五一”及汛期房屋市政工程安全生产大排查大整治，强对流、强降雨天气防御专项检查，“安全生产月”专项检查，国庆节、中秋节质量安全专项督查，元旦、春节期间质量安全专项督查等专项检查和整治工作。多次组织开展危大工程包括起重机械方面的法规宣讲及安全检查工作。6月，组织开展主题咨询、观摩、应急演练、法规宣传、专项检查等“安全生产月”系列活动。对检查中发现的安全生产违法违规行为，采取通报整改、警告约谈等措施。

【建设工程执法监管】 2019年，蓬江区住建局开展安全生产大检查12次，检查在建工程2342项，检查企业632家次，出动检查人员1074人次，发出安全隐患整改通知书368份、暂时停工通知书或局部停工通知书21份、扣分通知书140份。排查安全隐患2192条，督促落实整改2192条，整改率100%。

（赵崇俊）

【勘察设计】 2019年，蓬江区有工程勘察类企业8家，按资质等级分：甲级1家、乙级7家。工程设计企业9家，按资质等级分：甲级4家、乙级3家、丙级1家、丁级1家。工程勘察新签合同额约0.49亿元，工程设计新签合同额约2.65亿元。

【绿色建筑发展】 2019年，蓬江区城镇新增绿色建筑面积93.21万平方米，占新建建筑比例62.02%，超额完成市住建局下达的城镇新增绿色建筑面积55万平方米、占新建建筑比例45%的目标任务。是年，获绿色建筑设计标识证书项目：万象华府，国标一星，建筑面积20.58万平方米；滨江碧桂园1～13号楼及地下车库A、B区，国标一星，建筑面积18.17万平方米；西江华府1～11号楼及地下车库，国标一星，建筑面积17.84万平方米；新昌碧桂园2～13号楼及地下车库A、B区，国标一星，建筑面积18.4万平方米。（周伟华）

【工程创优】 2019年，蓬江区有4项工程获市建设工程优质奖。其中1项获五邑杯奖，5项工程获市优质工程结构奖，9项工程获评为江门市建设工程安全生产文明施工示范工地。（赵崇俊）

房地产业

【概况】 2019年，蓬江区坚持“房住不炒”的理念，加强房地产市场管理，规范房地产市场秩序，稳妥推进房地产业发展。至年底，全区共有房地产开发企业93家，房地产中介机构131家。

【房地产市场投资与销售】 至2019年12月，蓬江区完成房地产开发投资144.47亿元，同比上升21.2%；销售面积112.09万平方米，同比下降18.9%；销售收入102.67亿元，同比下降24.4%；商品房销售均价11 219元/平方米，同比下降0.4%；商品房批准预售面积103.72万平方米，同比上升13.9%。

【房地产市场】 2019年，蓬江区住房和城乡建设局制定《蓬江区住建局2019年防范化解房地产领域重大风险工作方案》《蓬江区住建局关于加快解决部分群众购房户不能办证问题的工作方案》《蓬江区住建局2019年房地产领域开展信访矛盾化解攻坚专项行动实施方案》《2019年江门市蓬江区房地产领域社会矛盾专项治理行动工作方案》《2019年江门市蓬江区涉房地产问题专项治理工作方案》《2019年蓬江区房地产中介机构乱象专项整治工作方案》，并开展相关工作。先后对辖区内房地产开发项目开展巡查工作，全年检查房地产开发项目32个、中介机构11个，开展联合检查6次，对发现的问题现场督促企业及时整改，规范企业经营行为。全年办理房地产开发资质申办业务102宗，其中新办资质38宗。

2019年蓬江区新建商品房销售情况表

指标名称	单位	数据	同比增长（%）
批准预售面积	万平方米	103.72	13.9
销售面积	万平方米	112.09	–18.9
其中：商业		12.12	–27.1
住宅		67.13	–29
销售金额	亿元	102.67	–24.4
其中：商业		12.98	–27.4
住宅		75.43	–28.8
销售均价	元/平方米	11 219	–0.4

（李俊朗）

【问题楼盘处置】 2019年，蓬江区印发《江门市蓬江区人民政府办公室关于印发江门市蓬江区处置问题楼盘联席会议工作机制的通知》，召开问题楼盘联席会议研究和部署有关工作。区住房和城乡建设局会同相关部门做好问题楼盘处置工作，发挥处置问题楼盘联席会议工作机制的优势，采用“一楼一策、一事一议”解决思路，加快全区问题楼盘处置工作进度。全区涉及的问题楼盘共11宗，部分重点项目的处置工作有明显进展。其中，嘉悦名都名校1号花园二期楼盘已办证房屋44户，范罗冈花园4幢已办理住宅不动产初始登记确权48户，江会路

67号之二和之三已协调税务部门处理项目的税费问题。（钟健华）

【保障性住房建设】 2019年，蓬江区没有保障性住房建设任务。辖区内的保障性住房主要是公租房，均为社会力量建设，对往年已建设并交付使用的公租房按相关规定管理，共1532套，涉及项目13个，主要集中在工业园区，当年新增分配人次900人，至年底在住2985人，分配对象主要是外来务工人员。政府投资公租房的建设、入住申请审批、分配、发放补贴等由市统筹，其中低收入困难家庭等定向群体提出申请，区负责审核，市审批并统筹分配。是年，全区受理租赁公租房（廉租房）申请事项247宗，其中符合租赁公租房申请资格的家庭81户、符合租赁公租房申请资格的外来务工人员49户、符合租赁廉租房申请资格的家庭117户；受理公租房（廉租房）资格年审申请事项882宗，并报市住建局审批。是年，经区审核符合条件的保障家庭共领取补贴金额66 267元。（陈健育 钟健华）

【物业管理】 2019年，蓬江区物业管理住宅小区180个，物业服务企业90家。通过日常检查、联合检查、“双随机”事中事后检查和消防安全生产专项检查，加强对物业服务企业监督管理。主要对物业小区管理制度建设、公共环境卫生、病媒生物防治、消防设施器材保养、电动自行车充电停放管理、物业区域管护等情况进行抽查，发现问题立即督促整改。对违反物业管理相关法律的物业服务企业，按《江门市住房和城乡建设局江门市发展和改革局关于物业服务企业及项目负责人信用信息管理办法》的有关标准，对负责管理的物业服务企业及项目负责人进行信用扣分，并通过约谈、责令整改等方式督促物业服务企业做好相关工作。召集各镇（街）物业管理部门以工作会议、培训班形式互相交流工作经验，就行业热点、难点问题互相讨论，有针对性提出指导意见建议，指明思路，明确职责，细化措施，提高全区物业管理水平。（范秋芳）

交通运输业

【概况】 2019年，蓬江区公路通车总里程608.61千米，公路密度1.88千米/百平方千米。全区有道路客运企业4家，营运客运267辆，其中客运班车155辆、客运包车112辆。客运站点7个（一级站1个，简易站1个，招呼站2个，港澳线配客点2个，机场专线配客点1个）。客运线路覆盖全省各地级市、五邑各市（区），辐射周边各省（区）。全区有危险货物运输企业16家，危运车辆349辆；普货营运车辆3671辆；驾驶员培训机构16家，教练车721辆；在经营网约出租车企业5家，网约车816辆；巡游出租车企业3家，巡游出租车269辆。全区机动车维修业户255家，其中一、二类汽车维修57家，三类汽车维修168家，摩托维修30家。

是年，全区有港航企业14家，其中普货港口码头企业10家、危货码头企业1家、水路运输企业3家（普货水路运输企业1家，危货水路运输企业2家）。营运船舶14艘，其中油船7艘，主要从事广东省内河各港间成品油运输；普货运输集装箱船5艘，普货运输多用途船2艘，从事广东省内河普通货船运输。（邹国威 高永念）

【交通基础设施建设】 2019年，蓬江区以融入粤港澳大湾区主要城市1小时生活圈和15分钟能通达高速公路入口为目标，不断提高辖区内道路建设水平，提升辖区道路通行能力和效率。全年区交通道路提升项目30项（中期调整后人才岛新建道路增加3条），包含道路新建及改扩建等，其中开展前期6项，在建18项，完工6项。总投资86亿元，年度计划投资14.8亿元，完成投资额16.99亿元，完成投资率114.8%。协助市推进银洲湖高速、滨江快线、甘棠路、迎宾西线和丰乐路北延线建设。推行智能视频实时监控，安装“两客一危”车辆视频监控201辆。（郑秦生）

【运输市场管理】 2019年，蓬江区全面执行“三检合一”工作，进一步优化货运车辆年审；全面执行落实全省机动车驾驶培训“一张网”工作，推进驾驶培训考试有效衔接，允许学员跨地区自主转学，实行学员转学时互认，方便群众参加机动车培训，全年参加培训33 329人。2月，蓬江区发出全市首张网约车运输证，网约车开始持证依规经营。（邹国威）

【交通运输安全监管】 2019年，蓬江区全面排查辖区内交通运输行业的安全生产隐患，并建立检查台账，严格落实闭环管理制度，按照“三定原则”（定人员、定措施、定时间）进行限期整改。先后开展蓬江区“防风险保平安迎大庆”安全生产攻坚保障行动、道路危险货物运输安全专项整治、自然灾害风险隐患专项排查整治、“奋战50天全年保平安”安全生产重点攻坚行动等专项行动，共检查企业20家，出动67人次，发现安全隐患45处，并已按相关要求全部完成整改。是年，全区交通运输行业未发生较大及以上安全生产责任事故，道路客运安全生产责任事故指标处于可控状态。（李艳嫦）

【公路建设】 2019年，蓬江区高速公路有佛江高速、江肇高速、江鹤高速、广中江高速等；高速公路路口主要有龙湾出入口、杜阮叱石出入口、杜阮北出入口、棠下出入口、沙富出入口、荷塘出入口、潮连出入口。贯彻落实习近平总书记提出的“建好、管好、护好、运营好”农村公路，即“四好农村路”建设目标，开展“四好农村路”建设，先后投入7000多万元用于农村公路建设、路面维修、绿化品质提升和生命安全防护工程等。完成棠良线、乐公线、杜叱线、东堤路等4条示范路建设，总长16.15千米；完成仙溪村村道改造工程等17个农村公路硬底化改造项目，总长17.09千米；完成六坊村三坊桥等8座桥涵改造项目以及部分公路路面维修、绿化改造等。是年，蓬江区被评为2019年度广东省“四好农村路”示范县。（郑秦生）

【交通运输企业】 江门汽车总站 该站始建于1954年，位于江门市蓬江区建设三路139号，占地面积12万平方米，是广东省江门市汽运集团有限公司属下的国家一级汽车客运站和全国道路运输百强诚信客运站，是五邑地区最大的客运站场，主要提供道路旅客运输、站场经营、快件物流、汽车维修等道路运输服务。2019年，总站车场内设有停车位342个、大型客车发车位28个，有营运客车185辆；员工687人，其中驾驶员231人、修理工72人、客运服务员58人、保卫人员88人、其他岗位人员238人。全年日均发车量580班次，日均发送旅客6600人次，最高峰达4万人次。线路通达海南、广西等10多个省和广东省内各主要城市，覆盖五邑地区各市镇。是年，该站获2018年度诚信考核AAAA企业、2018年度交通运输部“百诚道路客运信息监测网”先进单位、2019年江门市劳模和工匠人才创新工作室、2019年江门市女职工创新工作室、2019年江门市文明单位等称号。

江门市德骏石化运输有限公司　该公司于2004年成立，位于环市街道篁边油库旁，占地面积2150平方米，是一家专业运输油品的危运企业，也是中国石油化工集团有限公司江门地区唯一的零配承运公司，负责五邑地区中石化152座油站的油品配送。2019年，有管理人员13人、驾驶员31人、押运员33人，有油品运输专用车辆46辆，其中牵引车19辆、罐式挂车17辆、一体式罐车10辆；每月运输量达4万多吨。（邹国威）

信息业

【概况】　2019年，蓬江区持续提升全区电子政务外网的综合服务及运维保障能力，全区各级各部门已接入光纤电路达230多条，实现区、镇（街）、村（居）三级政务专网全覆盖，满足政务部门社会管理和公共服务等业务需求。

【电子政务建设】　电子政务外网建设管理　2019年10月，蓬江区政务服务数据管理局出台《蓬江区电子政务外网互联网协议第六版（IPv6）改造工作实施方案》，持续提升全区电子政务外网的综合服务及运维保障能力。开展蓬江区政务“上云”工作，完成3个单位共4个业务系统的“上云”迁移工作，成为全市首批率先完成“上云”迁移工作的县区。

政务信息化系统集约化建设　2019年，蓬江区全面启用广东省协同办公平台电子公文交换系统。8月21日召开蓬江区协同办公平台电子公文交换系统培训，会议就省平台系统操作进行培训并明确有关工作要求和注意事项，促进后续打造整体协同的“数字政府”。完成蓬江区政府网站向广东集约化平台的整体迁移工作，11月1日召开蓬江区政府网站与政务新媒体考评暨广东省政府网站集约化平台培训会议，并于5日正式在省平台上线运行，为区政府网站进一步优化资源、共享数据、规范管理打下良好基础。

政务数据共享共治机制　2019年，全面启动蓬江区数据治理工作，制定《蓬江区政务大数据平台建设方案》。召开政务数据治理专项工作动员部署暨培训会议，对2020年蓬江区政务数据治理专项工作进行部署，对政务信息资源目录进行梳理讲解。通过梳理、归集、治理部门信息资源等一系列工作，逐步形成全区统一的数据标准规范和数据治理体系，实现数据目录“应编尽编”，推动政务数据“共享是原则、不共享是例外”，形成“共建、共治、共享”数据治理工作格局，以数据治理为支点，推动“数字政府”改革建设向纵深发展。

【政务信息安全】　2019年，蓬江区强化政务信息安全基础设施建设，完成区政府中心机房安全建设项目，全面加强安全建设和管理，从物理安全、网络安全、主机安全、应用安全、数字安全和备份恢复等方面加强安全建设和管理，有效保障全年政务网络安全零事故发生。（潘艳芳）

【工业企业信息化】　2019年，蓬江区贯彻落实省、市相关互联网扶持政策，积极发展工业互联网，推动企业“上云上平台”。组织海信空调、明道信息技术、联诚达科技3家企业申报2019年江门市工业互联网标杆示范项目，其中海信空调、明道信息技术2家企业成功通过申报，并获专项资金合计328万元。是年，蓬江区在广东省工业互联网应用服务平台成功注册并通过审核的工业企业38家，另有4家企业认证通过申报“上云上平台”供应商。全区第一批15家企业成功申领工业企业“上云上平台”服务券，合计金额420.77万元，已全部划拨至企业；第二批26家企业成功申领服务券合计398.63万元，其中包含广东滨崎控股集团有限公司获得的两化融合贯标奖励金额10万元。蓬江区成功申领服务券的企业数、服务券总金额均列全市前列。（黎 悦）

商贸服务业

【概况】 2019年，蓬江区主要商贸经济指标稳中有进，全年社会消费品零售总额303.87亿元，同比增长5.6%。

【流通行业监管】 2019年，蓬江区开展商贸行业专项检查工作，共完成“双随机一公开”抽查计划4项，随机检查企业12家，其中拍卖企业5家、二手车交易市场4家、报废汽车回收拆解企业1家、单用途商业预付卡发卡业务企业2家，检查中除发现1家拍卖企业和1家二手车交易市场已停止营业外，未发现其他问题。

【农贸市场升级改造】 2019年，由蓬江区科工商务局牵头对白沙汲芳市场、荷塘镇高村市场等8家农贸市场的硬件设施环境进行全面整治，重点针对农贸市场硬件设施落后、布局不合理等突出问题进行升级改造。通过升级改造，实现区农贸市场布局合理、设施齐全、环境整洁、安全可靠、群众满意的目标。（黄肖军）

【参加各类展销会、展览会、博览会、交流会】 2019年3月，蓬江区人民政府在香港举办蓬江区（香港）投资环境推介会，邀请各类乡贤、企业代表、社会知名人士等200多人参加，向嘉宾介绍蓬江区发展情况，推介蓬江区投资环境。是年，先后组织各相关部门及近100家企业参加江门（北京）投资推介会、2019江港（澳）共建大湾区对接会、2019年慕尼黑上海光博会、第十三届中国（深圳）激光智能装备博览会、第五届珠江西岸先进装备制造业投资贸易洽谈会、2019江门（深圳）投资合作交流会、2019粤商大会、2019江门（广州）投资合作交流会等大型商务活动。（陈哲涵）

旅游业

【概况】 2019年，蓬江区接待游客859万人次，其中过夜游客488万人次、一日游游客371万人次；全区旅游收入75.8亿元，其中国内旅游收入69.31亿元、旅游外汇收入9668万美元。全区有星级酒店2家、旅行社总社34家、分社14家、旅行社网点49家。

【旅游宣传与推广】 2019年，蓬江区文化广电旅游体育局制定《蓬江区“两天一夜游”文旅精品线路方案》，将区内特色文旅资源串珠成链，打造将自然风光与人文景观融为一体的独具蓬江特色的旅游线路，并联合区内各旅行社重点推介给各地游客体验。11月16日，蓬江区委宣传部、区文化广电旅游体育局联合举办“侨乡欢乐行·万人游蓬江”启动仪式暨“中国体育彩票杯”珠三角龙狮邀请赛，当日组织3600多名游客参加“两天一夜游”“精品一日游”等旅游精品线路，游览华侨华人博物馆、东湖公园、墟顶老街、棠下镇良溪古村、江门人才岛、叱石风景区等历史人文和自然景观；11月22—24日，在良溪古村举办棠下镇乡村文化旅游节暨牛肉美食节；12月14—16日，在东湖广场举办2019年侨乡美食嘉年华暨蓬江区“粤菜师傅”工程展示活动。

【旅游开发建设】 2019年11月15日，蓬江区人民政府与江门景诚旅游开发有限公司在华侨华人文化交流合作大会上签约“江门侨镇”项目。项目总投资额50亿元，计划在滨江新区建设集旅游观光、休闲娱乐、环保于一体的文化旅游休闲度假区。

【旅游行业管理】 2019年，蓬江区文化广电旅游体育局落实每周检查制度，加强区内旅行社、星级酒店等旅游企业安全管理，指导监督旅游企业落实安全生产责任，年内共出动检查85次，检查涉旅企业55家，出动检查人员423人次。11月20—21日，组织业务骨干、涉旅企业工作人员约50人赴开平潭江半岛酒店参加全国旅游监管服务平台培训班，进一步推进区落实全国旅游监管服务平台推广应用工作，提高全区旅行社从业人员对监管服务平台内容的熟悉度、增强和掌握操作应用技能，确保平台监管信息能准确如实反映情况。

【旅游景区（点）建设】 2019年，蓬江区重点打造棠下镇良溪古村连片乡村旅游示范区，串联石头村、陈垣故居等人文景观并赋予其更加丰富的文化内涵，组团发展“寻根文化”，讲好侨乡故事，助推区旅游业发展。是年，棠下镇石头村被评为江门市乡村旅游示范村；推动启明里、南芬里片区提质改造升级，完成沿街建筑外立面的整饰亮化及口袋公园建设工作。

【棠下镇乡村文化旅游节暨牛肉美食节】 2019年11月22日，蓬江区在棠下镇良溪村后珠玑巷纪念广场举行2019棠下镇乡村文化旅游节暨棠下牛肉美食节启动仪式。该旅游活动作为2019中国侨都（江门）华侨华人嘉年华蓬江分会场之“侨乡欢乐行·万人游蓬江”系列活动之一，以棠下食牛文化和古村落为亮点，推出棠下乡村一日游线路，并举办棠下人文风采展、棠下特色食品和产品展销会、棠下全牛宴现场品鉴大会等特色活动，借助“美食+文化+自然风光”，吸引周边城市5万多名游客参加。

（刘志辉）

文化

WENHUA

教育

【概况】 2019年，蓬江区中小学共73所（公办中小学65所，民办中小学8所），包括普通高级中学1所、十二年一贯制学校1所、职业技术学校2所、初级中学14所、九年一贯制学校7所、小学47所、特殊教育学校1所。在校中小学生89 960人（公办学校77 434人，民办学校12 526人），其中高中3844人、职中241人、初中22 563人、小学63 267人、特殊教育45人。幼儿园在园幼儿21 052人。全年小学适龄儿童毛入学率103.44%，净入学率100%，辍学率为零，小学毕业生升学率100%；初中学龄少年毛入学率107.76%，净入学率100%。初中户籍生三年保留率95.92%，高中阶段毛入学率102.92%。幼儿园101所，其中区直公办园2所、镇（街）村办园29所、民办园70所。中小学专任教师5221人，其中特殊教育学校9人、职业学校73人、高中351人、初中1976人、小学2812人，幼儿园专任教师1586人。

是年，全区教育总投入155 899万元，其中国家财政性教育经费投入119 289万元。生均一般公共预算教育事业费：职业高中61 417.79元/生，普通高中15 015.21元/生，普通初中15 539.8元/生，普通小学9996.3元/生，幼儿园1043.13元/生。生均一般公共预算公用经费：职业高中4519.7元/生，普通高中1707.67元/生，普通初中3153.1元/生，普通小学2093.88元/生，幼儿园761.71元/生。生均一般公共预算教育经费：职业高中61 463.77元/生，普通高中16 018.97元/生，普通初中16 602.27元/生，普通小学10 245.1元/生，幼儿园1015.53元/生。

2019年蓬江区中小学基本情况表

<table>
<tr><th>类别</th><th>小学</th><th>十二年一贯制学校</th><th>初中</th><th>九年一贯制学校</th><th>普通高中</th><th>中等职业学校</th><th>特殊教育学校</th><th>合计</th></tr>
<tr><td>学校数（所）</td><td>47</td><td>1</td><td>14</td><td>7</td><td>1</td><td>2</td><td>1</td><td>73</td></tr>
<tr><td>学生数（人）</td><td>63 267</td><td colspan="3">22 563</td><td>3844</td><td>241</td><td>45</td><td>89 960</td></tr>
<tr><td>专任教师数（人）</td><td>2812</td><td colspan="3">1976</td><td>351</td><td>73</td><td>9</td><td>5221</td></tr>
</table>

2019年蓬江区幼儿园基本情况表

<table>
<tr><td rowspan="4">幼儿园总数（所）</td><td rowspan="3">按性质划分</td><td>区直公办</td><td>2</td></tr>
<tr><td>镇（街）村办</td><td>29</td></tr>
<tr><td>民办</td><td>70</td></tr>
<tr><td>合　计</td><td colspan="2">101</td></tr>
<tr><td>幼儿数（人）</td><td colspan="3">21 052</td></tr>
<tr><td>专任教师数（人）</td><td colspan="3">1586</td></tr>
</table>

【教育综合改革】 2019年，蓬江区进一步深化教育体制机制改革，挂牌成立农林小学教育集团和蓬江幼儿园教育集团。蓬江区教师发展中心挂牌，与广东第二师范学院通过省县共建，有机整合教研、电教和教师培训等职能，为全区教师专业发展培养提供良好的平台。

【教育信息化和科创教育】 2019年，蓬江区教育局组织中小学信息技术教师77人到江苏省参加“现代教育技术”培训班（信息技术教师专场）。组织参加2019年江门市第二届小学科学、中小学信息技术、中小学综合实践、高中通用技术青年教师专业能力大赛，实验中学教师张傲晗获信息技术初中组一等奖，范罗冈小学教师唐玉艳和紫茶小学教师文翠红获信息技术小学组二等奖。4个课题成功申报为广东省教育技术中心2019年度教育信息化应用融合创新课题，1个课题通过省“十三五”教育技术专项“互联网+儿童文学阅读”资源应用研究课题，20个课题通过省“基于可视化学习的微课资源开发与应用研究”课题结题。在2019年全国中小学教师“一师一优课、一课一名师”活动中，蓬江区晒课5350节，其中优课805节，获评区级优课248节、市级优课43节。农林小学、里村小学完成3D打印教材的编写和出版，有效推广3D打印技术在全区教学中的应用。

是年，区教育局联合区科学技术协会举办2019年蓬江区青少年科技实践能力暨中小学教师创新素养竞赛、2019年蓬江区青少年科技创新大赛、2019年青少年科普知识竞赛。在2019年江门市实践能力挑战赛中，蓬江区有6支队伍获市一等奖、5支队伍获市二等奖、1支队伍获市三等奖，赛后区有6支队伍参加省赛。全区有10项教师创新素养项目入选参加2020年省科技创新大赛。参加广东省青少年科技创新大赛，7所学校共获奖11项；6所学校的9件作品推送参加省青少年科技创新大赛；参加江门市机器人比赛和省中小学电脑制作活动；推送3名教师参加广东省中小学物理、科学教师自制教具实验大赛，均获一等奖。

【教育督导】 2019年，蓬江区制定《蓬江区中小学校责任督学挂牌督导工作实施方案》，设立学校挂牌督导责任片区10个，划分责任区所属学校和挂牌责任督学。增聘彭宏等21人为区政府基础教育督学，优化督学队伍。开展春、秋季开学专项督导、薄弱学校“二十条底线”实地督导。对全区30所幼儿园办园行为进行督导、评估，25所幼儿园经市人民政府教育督导室复核认定为规范化幼儿园，全区规范化幼儿园占比77%。是年，农林小学、发展小学、江华小学、北苑小学、紫茶小学南校区、培英初级中学、第八中学、实验中学、棠下镇实验中心小学、荷塘镇禾冈小学、荷塘镇白藤小学、陈白沙小学、丰乐小学、杜阮镇杜阮小学校本部、潮连中心学校初中部、荷塘中学校本部、杜阮镇楼山初级中学、棠下初级中学、第二中学、棠下镇名品学校小学部等20所中小学校被确定为义务教育质量监测样本学校，实际参测学生592人，全年无安全事故发生，受到国家级、省级组织巡查人员一致好评。

【教育基础设施建设】 2019年，蓬江区投入资金7.9亿元（含社会资金），建设学校基础设施项目5个，分别为里仁中学、里仁小学、广东实验中学附属江门学校、范罗冈小学滨江校区二期、棠下中学食堂综合楼建设工程；项目建成后，新增义务教育阶段学位4680个、高中学位2400个。投入资金2000多万元，用于改善全区各中小学校基础设施建设，其中有美景小学场室改造工程、紫茶小学南校区场室改造工程、范罗冈小学紫茶路校区改造工程、蓬江区特殊学校场室装修改造工程、机关幼儿园泰宁校区改造工程等。

【教学教研】 2019年，蓬江区抓常规管理、抓联动研究、抓队伍建设、抓课堂改革、抓评价建设，落实规范化管理，加强毕业班教学教研，举办初中中英数学科素养培训班，组织蓬江区首届“工匠杯”中小学教师教学技能大赛，开展中小学教育教学质量监测，全方位提升教学质量。区教育局分别获江门市2019年高中阶段教育质量管理一等奖、江门市2019年初中协同教育质量管理一等奖。全区有8所学校被评为“江门市初中教育质量先进学校”，2所学校被评为“江门市教育质量进步学校”，13个备课组被评为“江门市优秀备课组”。紫茶小学教师陈国柱获全国中小学青年教师教学能力大赛（小学数学组）一等奖，华侨中学教师严小玲获初中语文全国现场教学比赛一等奖；范罗冈小学代表蓬江区参加广东省中小学英语朗读能力在线展示活动获一等奖；区教师发展中心教师黄肖慧课题成果获广东省2019年教育教学成果一等奖。在广东省中小学青年教师教学能力大赛江门市选拔赛中，全区有14个学科的教师代表江门市参加广东省中小学教师教学比武。

【扶困助学】 2019年，蓬江区落实各项助学金220.96万元，受惠学生1988人次。其中，义务教育家庭经济困难寄宿生生活费补助5.25万元，受惠学生84人次；建档立卡学生资助55.1万元，受惠学生137人次。五邑慈善会资助困难家庭学生1.9万元，受惠学生16人次；高中阶段困难家庭学生资助0.34万元，受惠学生2人次；优待困难转服退军人等优抚对象子女资助0.72万元，受惠学生9人次。中等职业学校国家助学金1.6万元，受惠学生16人次；中等职业学校免学费补助86.1万元，受惠学生492人次；普通高中国家助学金18.9万元，受惠学生189人次；学前教育助学金52.95万元，受惠学生1059人次。

【德育工作】 2019年，蓬江区加强学生思想政治教育，全区中小学生掀起学习《中国梦·我的梦——习近平新时代中国特色社会主义思想学习读本》热潮。学校每天利用晨读时间，开展以“祖国70年的巨大变化”为主题的3分钟演讲。开展每天课前5分钟读本诵读及“点赞祖国巨变”“我们都是追梦人”等主题实践活动。充分利用电子屏、内网、微信、宣传栏等多种宣传媒介，将爱国主义贯穿整个教育过程。把握时间节点，组织青少年走出校园，到纪念场馆、烈士陵园、革命遗址等场所。落实“智慧团建”，举行全区少先队员离队和新团员入团宣誓仪式。广泛开展“经典诵读”活动，紫茶小学陈逸朗参加“我为祖国点赞”全国赛获一等奖。

【体卫艺教育】 2019年，蓬江区通过各种形式的体育研讨和培训活动，提高体育教师自身素质和业务能力，体育教师参加广东省、江门市青年教师教学能力大赛均获优异成绩。通过举办第四届中小学校园足球联赛及乒乓球、羽毛球、游泳、篮球、田径等多项比赛，提高中小学生竞技运动水平。开展田径运动会开幕式队形队列、特色体育展示和阳光体育大课间评比等活动，磨练学生进取意志，提高学生身体素质。全区中小学生参加省、市相关体育比赛均获优异成绩，其中美景小学武术队获第十七届香港国际武术节团体第一名，获集体太极拳、集体南拳金奖和个人项目金牌37面、银牌10面、铜牌7面。棠下中学获市中小学生足球比赛高中女子组第一名；江华小学获2019年广东省中小学生网球锦标赛团体第一名，其中谢睿琪获女子单打冠军，唐婧、王欣妍获女子双打冠军。是年，开展预防近视宣讲、预防肺结核大型讲座72场，80 000人次参加。在中华人民共和国成立70周年之际，举办以

“歌唱祖国，放飞梦想”为主题的中小学生合唱比赛。各中小学积极参加扫黑除恶漫画比赛、“百旺杯”手抄报比赛、“大手拉小手”手抄报比赛等，做到艺术实践与生活紧密相融。

【学校安全工作】 2019年，蓬江区教育局严格落实管理责任，深化安全教育和安全管理，开展校舍安全管理、食品与饮水安全管理、校车安全管理等专项联合督导检查，落实隐患整治28处，整治率100%。开展校车交通安全大检查。开展食堂及校园周边食品安全专项检查，落实领导陪餐制度。组织召开校园安全专责小组联席会议，全方位加强防溺水专项教育和防溺水巡查，落实高危地带巡查“无死角”。加强传染病防控，强化日常晨检，未出现传染病疫情暴发现象。健全应急机制，强化部门联动，高要求落实各项考务工作，组织大型考试5次，共2.3万人次参加，考试安全平稳有序，实现“零投诉、零失误、零违规”目标。全区中小学（幼儿园）设置扫黑除恶宣传专栏130块，张贴宣传海报280张，发放宣传单12万份，发送宣传短信15万条，开展“六进”活动24场次，推送微信公众号信息38次，投入宣传经费13万元。联合区人民检察院举办“携手关爱，共护明天”开放日活动。组织开展“宪法在我心中”法治宣传进校园宣传教育活动，举办宣讲活动35场。是年，全区15所学校创建省级毒品预防教育示范学校。

【教师队伍建设】 2019年，蓬江区新招聘综合素质强的中小学教职员230名。幼儿专任教师大专以上学历占86.19%，小学专任教师大专以上学历占99.85%，初中专任教师本科以上学历占97.51%；高中专任教师本科以上学历占100%，研究生占15.41%。全年调整干部171名。全区中小学教师参加培训活动累计11 723人；参与交流教师200人，交流比例超5%。开展新一轮名师工作室建设，全区有省级工作室7个、市级工作室6个、区级工作室11个，名师队伍数量和水平均位于江门地区前列。

是年，出台《蓬江区区域内教师流动管理办法》，推动教师从“学校人”向“系统人”转变，实现教育系统内待遇的统管统发、人员的统管通用，积极发挥职称评聘的导向作用。组织召开2019年蓬江区教育系统师德师风建设暨落实最高检“一号检察建议”专题会议，以“做新时代教师”为主题，扎实开展新时代教师十项职业行为准则的学习贯彻。坚决查处师德违规行为，开展师德师风自检自查，组织召开蓬江区“最美教师”先进事迹宣讲会，持续深化师德师风建设。全面承接广东第二师范学院与江门市合作创建国家教师教育创新实验区的县区级合作创建工作，江华小学、紫茶小学、紫茶中学、棠下中学4所学校成为广东省创建国家教师教育创新实验区示范性教师教育基地学校。

【学前教育】 2019年，蓬江区新认定公办性质幼儿园8所、普惠性民办幼儿园26所。全区公办（含公办性质幼儿园）在园幼儿8021人，普惠性民办幼儿园在园幼儿6526人。是年，学前教育财政投入665.19万元。推进公办幼儿园（蓬江区机关幼儿园泰宁里校区）建设，增加优质公办幼儿园学位。完成潮连街、杜阮镇、荷塘镇、环市街等中心幼儿园建设。

【义务教育】 2019年，蓬江区小学一年级新生11 377人，毕业生9172人；初中一年级新生8017人，毕业生6490人。异地务工子弟45 607人，占义务教育学生总人数53.14%。是年，投入专项经费60

万元，推动集团化办学向纵深发展。进一步完善紫茶小学教育集团、范罗冈小学教育集团、江华小学教育集团、陈白沙教育集团、怡福中学教育集团、江门九中教育集团等6个教育集团的运行机制，集团均达到“六有”（有场所、有牌子、有人员、有制度、有方案、有活动）标准。

【普通高中教育】 2019年，蓬江区高中一年级新生1447人，毕业生1051人。其中，棠下中学高中一年级新生1190人，毕业生952人；广德实验学校高中一年级新生257人，毕业生99人。棠下中学本科上线614人，增幅11%，连续5年实现本科上线两位数增长，获2019年江门市高中阶段教育质量先进学校一等奖。广德实验学校本科入围率90.82%。

【民办教育】 2019年，蓬江区有民办中小学校8所、民办幼儿园70所，审批筹设教育培训机构21所，已设立20所。投入民办教育资金2109.25万元用于改善办学条件，其中区级专项资金30万元。修订完善《蓬江区民办教育办学指南》，推动民办学校分类管理、分类扶持。健全民办教育年检办法及相关制度，完成2018年度112所民办中小学、幼儿园及培训机构年检。组织民办学校、教育培训机构负责人及骨干教师进修培训，提高民办教育管理水平。排查培训机构55所、托管中心112家，进一步创设良好的教育生态环境。

【职业教育】 2019年，蓬江区有学生在读的职业技术学校为荷塘职中，有教职工58人，专任教师38人，一年级新生77人，毕业生132人，升学就业率100%。是年，荷塘职业技术学校开设计算机平面设计、计算机网络技术、电子商务、机电设备安装与维修、数控技术应用、服装设计与工艺、会计电算化等专业。

【社区教育】 2019年，蓬江区开展“全民终身学习活动周”系列活动，3000人次参加。利用社区大学江门市终身教育学习网平台——“邑学网”，充实社区学院端口网上学习资源，推动全区社区教育数字化发展。组织专家和社区教育工作人员到社区送教上门98场，受惠群众10 000人次。全面推进潮连街、天福社区、丰雅社区、范罗岗社区4个老年教育基地和篁庄社区、东仓里美术馆2个文化传承基地建设，初步形成“潮连特色小镇”、天福“长者学苑”2个特色社区教育模式。继续深挖10个社区教育实验点项目内涵，形成具有区域特色的社区教育品牌。

【特殊教育】 2019年9月1日，蓬江区特殊教育学校揭牌成立。该校是区教育局直管的公办特殊教育学校，选址于蓬江区紫坭路26号，占地面积2500平方米，建筑面积4469平方米；招生对象为学习障碍孤独症、多动症、唐氏综合征、脑瘫儿童及语言、行为、动作运动有障碍或情绪问题儿童。是年，该校有教学班2个，学生16人，送教上门学生29人，教职工9人。 （邹细萍）

科学技术

【概况】 2019年，蓬江区加快实施创新驱动发展战略，大力推进科技创新工作高质量发展，着力推动产业优化升级，促进科技成果转化。区地方财政科技投入额度1.786亿元。全区累计高新技术企业377家，存量居全市第一。

【科技金融结合】 2019年，蓬江区科工商务局指导全区科技型企业开展研发创新活动，组织114家科技型企业进行市科技金融扶持资金贷款贴息项目备案，全区通过备案企业74家，通过备案研发费用25 155万元，共获得科技贷款贴息扶持资金518.16万元。（陈基珍）

【科技创新平台建设】 2019年，蓬江区引导海信电子、海信通信申报重大科技创新平台扶持，指导海信宽带、海信空调申报2019年广东省科技专项资金重大科技创新平台建设和重大技术成果产业化研究。全区新增认定省级工程技术研究中心4家，市级特派员工作站3个。全年成功申报省科技专项资金3家，共获得扶持资金135万元。（刘云翔）

【孵化器、众创空间建设】 2019年，蓬江区鼓励孵化服务载体建设，全区已认定市级以上科技企业孵化器11个，在孵企业420家，孵化器总面积16.5万平方米，新增认定市级科技企业孵化器1家，孵化面积3524.3平方米。是年，广东科炬高新技术创业园有限公司被评定为2018年度广东省科技企业孵化器运营评价优秀（A级）孵化器，获扶持资金30万元；珠西创谷（江门）科技园有限公司被评定为2018年度广东省科技企业孵化器运营评价良好（B级）孵化器，获扶持资金10万元。全区累计在广东科技企业孵化育成平台上备案登记的众创空间13家，众创空间总面积31 518平方米；新增认定市级众创空间2家，众创空间面积5926平方米。

（陈基珍）

【科技人才建设】 2019年，蓬江区根据《关于进一步集聚新时代人才建设人才强市的意见》要求，加大高层次人才创业团队创新创业支持力度，全区5家公司获市高层次人才团队创业启动资助共180万元。是年，全区有院士工作站3个，与3位院士建立合作关系。（刘云翔）

【科技创新创业大赛】 2019年，蓬江区有44家企业参加国家、省、市创新创业大赛，其中江门市三尚新材料科技有限公司成功入围国赛决赛，并获得省赛初创组一等奖和市赛初创组第二名。是年，参加省创新创业大赛的企业获成长组优胜奖8家，参加市创新创业大赛的企业获成长组三等奖10家。

【高新技术产业】 2019年，蓬江区组织申报国家高新技术企业198家，通过认定国家高新技术企业127家，累计有效高新技术企业达377家。是年，组织申报广东省高新技术产品334项，通过认定264项；组织203家科技型小微企业录入江门市科技型小微企业名录库，全区有955家企业入库。

【科技项目】 2019年，蓬江区开展2019年度江门市基础与应用基础研究重点项目申报工作，组织全区4家企业（嘉宝莉化工集团股份有限公司、江门市蓬江区珠西智谷智能装备协同创新研究院、广东四方威凯新材料有限公司、江门市鸿镭激光机器人自动化有限公司）申报项目5个，其中嘉宝莉化工集团股份有限公司项目2个（“无毒不扩散的水性光固化涂料的机器学习与调控机制”“一种基于生物发酵废气的高性能水性涂料的开发”）、江门市蓬江区珠西智谷智能装备协同创新研究院项目“分布式智能一体化乡村生活污水处理技术基础研究与应用”获市科技局立项，获资助金额合计45万元。开展2019年度江门市基础与理论科学研究类科技计划项目申报工作，组织全区3家企业（广东菰稻科技有限公司、江门市固创科技有限公司、江门市蓬江区珠西智谷智能装备协同创新研究院）申报项目3个，其中广东菰稻科技有限公司项目“菰稻远缘育种基础理论研究”、江门市蓬江区珠西智谷智能装备协同创新研究院项目“工业智能终端信息互联基础技术研究”获市科技局立项。开展2019年度江门市医疗卫生领域科技项目申报工作，组织全区2家医疗机构（江门市第二人民医院、江门市蓬江区中西医结合医院）申报项目13个，其中江门市第二人民医院项目6个（“江门市妊娠期糖尿病妇女产后糖代谢转归的横断面研究”“长链酰基辅酶A合成酶1基因表达与急性心肌梗死相关性分析”“妊娠期高血压疾病孕妇不同阶段血流参数变化特点及与血生化指标的关系”“红细胞分布宽度对急性缺血性卒中患者静脉溶栓预后的预测研究”“前列地尔联合匹伐他汀对老年不稳定性心绞痛患者心肌缺血的影响”“乌司他丁联合血必净注射液治疗脓毒血症合并毛细血管渗漏的疗效观察”）、江门市蓬江区中西医结合医院项目2个（“经皮内镜下治疗腰椎管狭窄症疗效观察”“肘关节恐怖三联征术后铰链式支架固定对关节稳定及功能康复的疗效分析”）获市科技局立项。开展2019年省科技专项资金（“大专项+任务清单”）项目申报工作，组织全区4家企业（江门市国彬机器人有限公司、江门市蓬江区联诚达科技发展有限公司、江门市蚂蚁机器人有限公司、江门市印星机器人有限公司）申报“智能机器人专项”专题项目4个。（陈基珍）

【专利与知识产权】 2019年，蓬江区市场监督管理局实施知识产权发展战略，加大知识产权培育力度，全面推进知识产权管理、服务体系建设，在江门市智荟城工业设计中心建立蓬江区商标品牌培育指导站，深入企业边调研边指导工作，不断提升知识产权创造、运用、保护、管理能力。全区专利申请量6519件、专利授权量3545件、PCT专利申请量59件、有效发明专利量999件，数量均居全市首位；发明专利申请同比增长6.64%，增幅居全市前列；商标注册量6602件，有效注册商标总量2.26万余件，数量均居全市首位。发放商标品牌战略奖补和专利扶持奖补项目共813件（项），金额167.84万元，其中境外注册商标奖励14件、金额4.2万元，实用新型专利授权奖励739件、金额36.95万元，4家促进经济高质量发展专项资金金额100万元，48项发明专利资助、3项PCT专利申请资助、5家企业贯标后补助金额共26.69万元。全区实有国家知识产权优势企业1家，省知识产权保护重点企业1家，省知识产权优势企业6家，市知识产权示范企业46家。严厉打击侵犯知识产权违法行为，切实维护广大消费者、专利权利人和创新主体的合法权益，立案查处商标侵权案件9宗。（吕颖珊）

文化艺术

【概况】 2019年2月，江门市蓬江区文化广电旅游体育局成立，内设5个股室，行政执法编制10名；下属文化馆、图书馆、博物馆3个事业单位，事业编制共17名。是年，抓好区、镇（街）、社区（村委会）三级文化设施建设，进一步夯实公共文化发展基础；继续打造陈垣、戴爱莲名人文化品牌，加强文化遗产保护与传承工作，加强文化交流、文艺精品创作，屡获佳绩。

【公共文化建设】 2019年，蓬江区规划建设区文化中心，选址位于滨江新区，与江门市档案中心整合，投资9.5亿元，总建筑面积约10.74万平方米。加快图书馆、文化馆总分馆建设，按照“1个总馆+6个分馆+18个服务点”模式，致力推动基础设施标准化、文化资源共享化、服务系统网络化，区图书馆和区文化馆分别建成图书馆分馆5个、文化馆分馆4个以及服务点18个。启用潮连“洁梅书屋”，依托中国知名艺术家李延声工作室，将民间闲置祖屋改造成基层书屋，作为公共文化场所对外开放。

【塑造文化品牌】 2019年，蓬江区依托陈垣书屋文化阵地，举办各类比赛、展览、讲座等阅读推广活动567场次。辖区内15间“陈垣书屋”自助图书馆与社区、学校共建共管共享，深得广大市民群众喜爱，其中“陈垣书屋”（东仓里馆）成为江门市网红打卡点。全年图书馆总分馆、自助馆入馆读者超80万人次。11月23日，由蓬江区文化广电旅游体育局主办，蓬江区图书馆（陈垣图书馆）承办的蓬江区纪念陈垣先生诞辰139周年青少儿语言艺术大赛在江门市实验中学报告厅举行，相关学校师生、市民读者400多人参加。完成陈垣故居文物保护与整体提档升级项目方案设计，并推动该项目纳入蓬江区2020年公园改造计划，拟将陈垣故居打造成充满浓郁人文气息与氛围、陶冶爱国情操与文化教育的人文风景园。5月16—17日，蓬江区文化广电旅游体育局联合中国舞蹈家协会、广东省舞蹈家协会在广东珠西国际会展中心举办第二届“戴爱莲杯”人人跳全国群众舞蹈展演，吸引来自全国71个城市119个展演队伍报名参加，超5万名舞蹈爱好者参与，各级媒体报道、网络直播、新闻推送链接点击率逾数千万。（钟华丽）

【文化市场管理】 2019年4月25日，蓬江区文化广电旅游体育局联合属地部门配合市文化广电旅游体育局，对蓬江区涉黑线索重新梳理，并把发现疑似涉黑涉恶现象的2个购物点上报区扫黑除恶办公室。是年，联合区扫黑除恶办在全区中小学校开展主题征文比赛，在各镇（街）开展扫黑除恶进基层巡演活动3场。完善艺术品经营备案和文艺表演团体、演出经纪机构许可业务办事指南，并将该业务进驻区法人一门式。完善广东政务服务网73项业务的办事指南和业务流程，合计办理行政许可相关事项317个，其中新办34个，变更、延续24个，年审、换证251个，注销8个。完成文化市场年报工作，其中网吧41家、歌舞娱乐场所31家、游艺娱乐场所5家。全年安全生产检查共出动检查人员1428人次，检查文体旅游经营场所645家次，在网吧、娱乐场所、高危经营场所、旅游行业等管理微信群发布安全生产宣传信息600多条。指导各文体旅游经营场所根据实际情况在电子显示屏或LED显示屏上宣传创文和扫黑除恶标语，劝导文体旅游经营场所消费者禁止吸烟，下发文明公益、扫黑除恶海报1000余份；督促歌舞娱乐场所按照《娱乐场所管理条例》有关要求，张贴“未成年人禁入”“12318举报电话”“房间包间核定人数”等公示信息。（苏伟杰）

【文化交流】 2019年5月，在第二届“戴爱莲杯”人人跳全国群众舞蹈展演期间，组委会邀请中国舞蹈家协会、各省市舞蹈家协会领导、各展演队伍领队及指导教师共150人参加舞蹈事业发展座谈会，共同探讨江门“中国舞蹈之城建设”及“戴爱莲杯”人人跳全国群众舞蹈展演推选标准，为江门舞蹈文化品牌的打造以及全国群众舞蹈事业发展建言献策；组织东艺宫灯、卢艺鹿角椅、罗氏柑普茶等参加第十五届中国（深圳）国际文化产业博览交易会；东艺宫灯参展广东民间工艺博览会，在华裔青少年寻根之旅活动中，向华裔青少年传播中国宫灯文化历史和制作技艺。7月，原创舞蹈《禾雀花开》等赴香港红磡体育馆参加以“跃动大湾区”为主题的庆祝香港回归祖国22周年晚会表演；白眉拳、周家拳传承人率队参加广东省第十二届武术精英大赛，并获佳绩。（钟华丽）

【文艺创作】 2019年，蓬江区文艺创作精品获国家级奖项3个、省级奖项6个、市级奖项5个。原创舞蹈《五邑侨乡美》获第二届“戴爱莲杯”人人跳全国群众舞蹈展演“魅力之星”奖，《我爱夏天》获2019“小荷风采”全国舞蹈大赛最高奖“小荷之星奖”，《鸡公榄》获广东省第五届少儿舞蹈大赛暨“小荷风采”全国少儿舞蹈大赛广东省选拔赛表演金奖和创作金奖；《晒陈皮》获2019广东省群众艺术花会（少儿艺术）美术类一等奖，隶书《八言对联》获2019广东省群众艺术花会（少儿艺术）书法类二等奖，隶书《王维诗一首》获2019广东省群众艺术花会（少儿艺术）书法类三等奖；《我爱夏天》获2019广东省群众艺术花会（少儿艺术）舞蹈类银奖，《歌唱二小放牛郎》获2019广东省群众艺术花会（少儿艺术）戏剧类铜奖，《绿意》获2019广东省群众艺术花会（少儿艺术）音乐类银奖；《爱莲》获2018年度江门市群众文艺作品评选音乐类三等奖，《乒乓小将》获2018年度江门市群众文艺作品评选舞蹈类一等奖；《小白鹭和小雪人》获2019江门市群众艺术花会（少儿艺术）舞蹈类铜奖，《我心中的英雄》获2019江门市群众艺术花会（少儿艺术）戏剧曲艺类金奖，《许我一片绿意》获2019江门市群众艺术花会（少儿艺术）音乐类金奖。（朱晓静）

【文艺演出】 2019年1月5日，“BOB UP栋笃笑·江门站”演出在江门体育中心体育馆举行。4月13日，“许冠杰·谭咏麟阿Sam & 阿Tam happy together 巡回演唱会（江门站）”在江门体育中心体育场举行；20日，“李克勤30周年演唱会（江门站）”在江门体育中心体育馆举行；27日，“‘细界’LIVE.MUSIC.LIFE Ⅳ阿细巡回演唱会”在江门市东湖影剧院举行。5月11日，“5·11黄俊英粤笑粤乐国金晚宴”在江门市国际金融大厦5楼国金酒楼举行。7月6日，“靓家居感恩回馈业主歌手音乐会”在江门市万达广场一层一号中厅举行。8月3日，“爱在七夕‘歌神校长’与你共度经典金曲之夜”在江门市百乐门餐饮管理有限公司国际宴会厅举行；24日，“宫崎骏2019动漫音乐会——夏之青春”在江门市东湖影剧院举行。9月13日，“2019‘四大天王’贺中秋，唱响金曲年华国金晚宴”在江门市威尔逊酒店有限公司国金酒楼宴会大厅举行。11月30日，“冰雪皇后之爱莎的魔法秘密”演出在江门市东湖影剧院举行。（李俊伟）

【群众文化活动】 2019年5月15日，蓬江区文化广电旅游体育局组织近500名群众舞蹈爱好者参与中国舞蹈协会“5·15，我们一起舞——我和我的祖国广场舞蹈快闪”视频拍摄；16—17日，举办第二届“戴爱莲杯”人人跳全国群众舞蹈展演，全国71个城市119个展演队伍参加。9月27日，区文化广电旅游体育局举办“蓬江情·祖国颂”庆祝中华人民共和国成立70周年文艺晚会；30日，举办蓬江区庆祝中华人民共和国成立70周年大型交响合唱音乐会。是年，蓬江区打造“百姓文化大舞台”文化活动品牌，全年完成“百姓文化大舞台”800场次、“送戏下乡”50场、“送电影下乡”672场。新增棠下镇良溪村、荷塘镇禾冈村、杜阮镇长乔村、白沙街兴盛社区4个“村居欢乐送”示范点。举办“墨韵飘香·品读蓬江”书画展，展出国内知名画家李延声画作以及关山月美术馆、古元美术馆、珠海美术馆、江门市美术馆等的画家画作80多幅。

【非物质文化遗产保护】 2019年，蓬江区文化广电旅游体育局完成江门东艺宫灯申报第五批国家级非物质文化遗产代表性项目；完成蓬江区第五批非物质文化遗产名录评选，罗贵率众南迁故事、潮连民间传说、梁家拳、杜阮凉瓜外婆茶、荷塘煎鱼饼5个项目成功入选；同时，成功推选罗贵率众南迁故事入选江门市第七批非物质文化遗产名录，成功推选省级非遗项目洪圣庙会传承人卢国超入列广东省非物质文化遗产代表性传承人。截至年底，全区有国家级非物质文化遗产2个（其中一个属江门市申报）、省级非物质文化遗产3个、市级非物质文化遗产5个、区级非物质文化遗产7个。

【文化信息资源共享工程】 2019年，蓬江区图书馆拥有电子图书4.35万册、歌德电子借阅机15台、广东省文化e站阅读机2台，以及移动图书馆，读者可在手机上阅读图书馆电子文献。区图书馆加入江门五邑联合图书馆，共享五邑地区公共图书馆数字资源；设有馆办门户网站，同时连接到全国文化信息资源共享工程网站。蓬江区文化馆、图书馆均开通微信公众号，定期发布和分享文化信息资源。蓬江区图书馆、各镇（街）文化站、村（居）综合性文化服务中心均设有电子阅览室，采用文化共享工程公共电子阅览室云平台进行管理。 （钟华丽）

【图书馆工作】 2019年，蓬江区图书馆新增馆藏图书3.35万册，分类编目图书4万多册，并对多个分馆、服务点的图书增加RFID（电子标签）；入馆读者80万人次，借阅图书14.9万册，接受读者咨询3.7万人次。是年，区图书馆基本完成5个分馆、18个服务点建设。举办春季、秋季、寒假和暑假“2019年共读推广免费公益培训班”，在6个镇（街）的分馆、服务点、社区和陈垣书屋举办“2019年图书馆百场免费公益培训班”，免费公益培训班的培训内容包含阅读写作班、语言艺术班、美术书法班、经典阅读班、亲子阅读班、围棋班、机器人班等。全年举办免费公益培训班512场次，培训学员13 500人次。

是年1月，区图书馆在宣传文化长廊举行“春联凝书香　文化入万家”赠春联活动，200多位市民参加。2月，举办以“趣谈灯节习俗乐猜元宵灯谜”为主题的传统故事分享会和猜灯谜活动，400多名群众参加。4月，老红军陈洁梅故居经由潮连街坦边社区修葺托管、区图书馆资助和市美术馆捐赠图书共同建成的洁梅书屋正式启用并对外开放。6月，由区文化广电旅游体育局、区民政局主办，区慈善会、区图书馆承办的“蓬江区书香暖流·爱心图书漂流”活动，在全区选取60户特殊群体家庭开展为期1年的图书漂流活动。9月，区图书馆协助广东省立中山图书馆、广东广播电视台《今日关注》和广东触电传媒在杜阮小学松园校区建立书香暖山区第100间爱心阅览室，阅览室藏书1500册。10月，举办“我和我的祖国”庆祝中华人民共和国成立70周年——江门市五邑变迁图片展、“祖国在我心中”庆祝中华人民共和国成立70周年朗诵比赛，参赛朗诵作品60多个；由区残疾人联合会主办、市利民社会工作综合服务中心承办、区图书馆（陈垣图书馆）协办的“畅游图书，乐享阅读”——蓬江区文化进家庭“五个一”系列主题活动在区图书馆举行，全区特殊群体和社工机构志愿者代表40多人参观交流，体验电子数字阅读，学习使用便捷的联合5U图书借还管理系统。11月，区图书馆举办蓬江区纪念陈垣先生诞辰139周年青少儿语言艺术大赛暨颁发陈垣奖学金活动，400多位市民参加。（赵芷芬）

【文化馆工作】 2019年，蓬江区文化馆举办总分馆免费公益培训班4期，总分馆联动开展，设有成人类和少儿类，共260班次，培训人员约6000人次。举办“相约蓬江”2019年蓬江区艺术大讲堂系列活动9场，邀请多名蓬江区艺术导师做客大讲堂，为广大文化艺术爱好者免费提供学习艺术文化的平台。区文化馆创作部结合重大赛事，抓好群众艺术创作，上半年获国家、省、市、区级奖项12项。10月15—16日，区文化馆组织蓬江乐社和乐韵曲艺社到开平洋村，代表区参加市文化广电旅游体育局主办的2019年江门市第四届粤剧曲艺私伙局大赛初赛、决赛，蓬江乐社获铜奖和优秀乐队奖。是年，区文化馆开展文化惠民送戏下乡文艺活动81场，受惠观众约10万人次。全年完成农村电影公益放映684场。（朱晓静）

【文物保护工作】 2019年，蓬江区文化广电旅游体育局推动潮连卢氏大宗祠、洪圣庙、陈白沙墓成功入选第九批省级文物保护单位名录，开展省级文物保护单位罗氏大宗祠、陈垣故居申报第八批国家级重点文物保护单位工作，协助推动陈白沙祠成功入选第八批全国重点文物保护单位名录。是年，指导棠下镇良溪村开展罗氏大宗祠维修（一期）工作，指导良溪村罗氏大宗祠维修（二期）申报工作，完成棠下镇中心村文昌阁、济川桥维修保养申报工作。至年底，辖区内拥有国家级重点文物保护单位1个、省级文物保护单位10个、市级文物保护单位29个。（钟华丽）

【新闻出版行业】 2019年，蓬江区在营出版物零售企业共254家，新设立28家，注销4家。全年出动执法人员757人次，检查出版物企业269家次。配合市文广旅体局查处违法销售境外出版物案件2起、销售盗版WINDOWS操作软件案件1起，收缴非法境外出版物1600多本、侵权复制品7盒。责令3家企业停止无证零售出版物行为。

【印刷行业商会】 2019年，蓬江区印刷行业商会会长由广东兴艺数字印刷股份有限公司董事长担任，理事会成员27名。是年，组织会员110人参加华南国际印刷工业展览会和中国国际瓦楞展，让企业了解印刷技术、工艺的革新与发展方向；协助蓬江区委宣传部（蓬江区新闻出版局、蓬江区版权局）召开行业管理会议1次，环保、消防、安全生产知识培训班1次，累计超200人参加。（赵康成）

档案工作

【概况】 2019年，根据《蓬江区机构改革》要求，原蓬江区档案局（馆）职能分开，档案行政管理职能划转到中共江门市蓬江区委办公室，对外挂牌蓬江区档案局。设立蓬江区档案馆，为区委直属公益一类事业单位，正科级建制，加挂江门市蓬江区人民政府地方志办公室牌子，内设办公室、综合股。区档案馆围绕区委、区政府中心工作和档案工作目标任务，推进市档案中心项目建设，按时完成市档案中心项目2019年的任务目标。

【档案资源建设】 2019年，蓬江区档案馆加强档案资源建设，全区馆藏档案8.15万卷，新增档案0.2万卷文书档案，收集大型活动照片档案102张，开放1984年至1989年文书档案40件。按照《全宗规范》（DA/T 12–2012）要求，建立完善馆藏全宗卷单位28个，占馆藏全宗比例的65%。

【档案资源利用服务】 2019年，蓬江区档案馆接待查阅利用档案1100多人次，查阅利用档案资料3800多件，复印41 000多页，为区委、区政府和各单位提供档案利用服务，配合做好考核、检查、巡视、巡察、审计等工作。利用婚姻档案、土地存根档案、公证档案、工伤档案等为群众办理退休、户口迁移、土地纠纷、核实工龄等事项提供有效凭证。

【档案监督指导】 2019年，蓬江区档案局将档案工作纳入公共部门绩效考核，加强全区的档案监督指导。全年督促指导区内18个机关事业单位，积极开展档案管理工作及农村土地承包经营权确权登记颁证档案工作。做好全区23个重大建设项目档案管理登记工作。

【档案信息化建设】 2019年，蓬江区档案馆开展馆藏档案数字化，完成数字档案馆系统建设，于12月运行并通过验收。全年完成馆藏纸质文书档案的全文数字化25万页，数字化比例占87%。做好档案目录数字化核对与数据备份工作，实现案卷级目录机检条数10.17万条、文件级目录机检条数144.8万条，接收电子文件2287份。

【档案宣传培训】 2019年，蓬江区档案局、馆以“新中国的记忆”为主题，研究制定宣传活动方案，开展“6·9”国际档案日宣传活动，在东湖广场、区档案大楼及各镇、街广场等场所设立咨询点，以答题抽奖的形式向广大群众宣传普及档案知识，现场派发档案宣传资料850份，赠送档案宣传物品1250份。增强全民依法护档管档意识。是年，蓬江区档案局印发《关于做好江门市蓬江区级机构改革中档案工作处置及管理工作的通知》，并召开蓬江区级机构改革档案处置及管理工作培训会议。举办全区档案专题业务培训会4次，区档案局、馆领导和相关工作人员以及全区各单位档案员298人次参加；全年参加省、市档案业务培训共5人次。 （容淑仪）

地方志工作

【概况】 2019年，蓬江区地方志办深入学习《广东省地方志工作条例》和省委办公厅、省政府办公厅联合印发的《关于进一步加强新时代地方志工作的通知》，全面履行组织、指导、督促和检查地方志工作的法定职责，推进机构、职能、权限、程序、责任法定化，将相关规定认真贯彻落实于志鉴编纂、审查验收、出版、开发利用等全过程，以健全完善的工作机制，确保地方志事业步入科学发展的轨道。

【年鉴年报编纂】 2019年12月，《蓬江年鉴·2019》完成编纂工作，由华南理工大学出版社公开出版发行，按时保质完成“一年一鉴、公开出版、当年出版”的任务。全书反映蓬江区自然、政治、经济、文化、社会的基本面貌和发展情况，共计66.4万字。严格按照省、市地方志办的要求，完成《广东年鉴》《粤港澳大湾区城市群年鉴》《江门年鉴》的蓬江区部分年度文稿的编纂、审核校对工作。是年，严格按照《广东省地方志资料年报制度》要求，完成全区45个单位2018年度资料年报审核验收工作。

【地方志资源开发利用】 2019年，蓬江区地方志办深入开发利用自然村落普查及成果，开展全区家谱族谱征集工作，全年收集家谱族谱31本。充分利用自然村落历史人文普查的成果和相关历史文献资料，深入挖掘蓬江区的历史文化，助力乡村振兴战略。

【《全粤村情·蓬江区卷》出版】 2019年，《全粤村情·蓬江区卷》历经四年完成基础普查、初稿撰写、初审、总纂、复审、终审等工作，并于2019年底公开出版。全书记载216个自然村的地理环境、历史沿革、姓氏源流、人口民族、传统文化、特色习俗、人物等要素，共计80万字，是全市第二部出版的自然村落历史人文普查成果汇编。

【地方志信息化建设】 2019年，蓬江区地方志办贯彻落实广东省地方志办试点共建地情网栏目的要求，以图文并茂的形式完成蓬江区首期试点共建栏目内容的组稿任务，内容涵括特色小镇1个、产业园区1个、地理标志产品名录2个。 （刘少玲）

卫生健康

【概况】 2019年，蓬江区医疗机构总收入5.17亿元，同比增长18.58%；门诊总数276.44万人次，同比增长27.17%；出院病人数40 373人，同比增长21.57%。12月底，全区有医疗卫生机构209个，其中综合性医院1个、中西医结合医院1个、乡镇卫生院3个、社区卫生服务中心6个、综合性门诊部18个、其他180个；医疗机构床位数2660张；卫生技术人员3162人，其中执业（助理）医师1113人、注册护士1603人、药剂人员108人、检验人员46人、其他人员292人；卫生技术人员高级职称119人、中级职称301人。是年，棠下镇成功创建国家卫生镇。全区累计有潮连街、棠下镇、荷塘镇、杜阮镇等4个国家卫生镇（街），有省卫生村39个、市卫生村10个。

【医药卫生体制改革】 2019年，蓬江区加大对区属医疗机构基本建设、设备购置、专科建设、人才培养等方面的投入力度，财政对卫生事业总投入金额5767万元，同比增长29%。推进医联体建设工作，开展江门市第二人民医院与江门市中心医院医联体建设试点工作，进一步整合医疗卫生资源。以医联体为载体，开辟急危重症患者上转救治绿色通道，术后恢复期患者及危重症稳定期患者下转至基层医疗机构继续治疗和康复。完善团队考核激励机制，稳步扩大签约服务覆盖面，做好履约服务，全区全人群签约率32.72%，重点人群签约率75.87%，贫困人口签约率100%，计划生育特殊家庭签约率100%，残疾人签约率100%。是年，区属公立医院全面取消医用耗材加成，并同步优化调整医疗服务价格；推行药品跨区域联合集中采购，通过药品集中带量采购的有效途径，降低药品费用；全面推行住院医疗费用按病种分值付费为主、特定病种门诊医疗费用按项目付费、普通门诊统筹医疗费用按人头包干付费的多元复合式基本医疗保险支付方式，做好定点医疗机构国际疾病分类标准（ICD-10）及诊治编码的督促指导工作，提高基本医疗保险基金使用效率。

【卫生党风行风建设】 2019年，蓬江区卫生健康局发挥政治建设统领作用。开展纪律教育月活动，推动学习常态化制度化；加强和改进意识形态工作，强化主体责任意识，提高抓意识形态工作能力水平；加强公立医院党建工作。按照省委组织部、省卫生健康委《全省公立医院党建工作2019年重点任务》要求，推进落实公立医院党的建设工作。继续全面实行党委领导下的院长负责制，医院党总支委对医院进行全面领导，负责医院“三重一大”事项决策；巩固加强基层党组织建设。制定支部活动计划，组织下属医疗机构党支部到偏远地区开展义诊和宣传教育活动；组织开展年度领导干部民主生活会，加强党风廉政建设。贯彻执行党风廉政建设责任制，推进党风廉政建设和反腐败工作“两个责任”“一岗双责”落实。

【疾病预防控制】 2019年，蓬江区卫生健康局做好H7N9禽流感防控工作，与相关部门联防联控，组织对全区医疗机构、活禽经营市场、经营限制区、集中屠宰点等进行防控督导。加强抗病毒药物及应急物资的储备和使用，完善发热门诊建设管理，做好预检分诊工作。加强公共卫生信息报送工作，全面实施法定传染病网络直报，各医疗单位传染病疫情报告率和传染病疫情报告及时率100%。积极落实预防接种门诊冷链设备更新补充工作，计划免疫接种率达90%以上。举办慢性病、传染病、严重精神障碍项目等培训班4场。是年，蓬江区启动登革热疫情防控Ⅳ级事件应急响应，出现登革热病例195例，召开登革热防控工作会议5次，现场检查督导22次。组织开展严重精神障碍患者救治救助工作，全区登记在册的严重精神障碍患者2837人，发放严重精神障碍患者监护补助费637.52万元；严重精神障碍患者监护责任补偿保险购买人数1901人，保费38.02万元。

【卫生应急】 2019年，蓬江区卫生健康局组织医疗机构参加高沙海关口岸监管环核辐射突发事件等各类应急演练，强化医疗机构在实战中的应对能力。做好三防及抢险救灾医疗保障工作，指导各医疗机构开展防风防汛工作督导，做好预警和防范措施，全面开展安全隐患排查，做好医疗救治和防病准备。全年做好各类活动医疗保障工作52场次，派出医护人员156人次、救护车45车次。

【基本公共卫生服务】 2019年，蓬江区卫生健康局从绩效评估、经费安排、医防融合、资金分配和区域信息平台建设等方面推进项目服务工作，加强优化机构服务流程的工作指导，积极探索开展诊间服务；将家签、健康管理融入日常诊疗工作中，完善绩效分配，将考核结果与项目补助挂钩，按照评估的服务数量和质量，依据国家基本公共卫生服务补助水平参考标准，在下一年度的项目补助资金进行结算，并将考核结果与基层医疗机构主要领导、分管领导绩效工资挂钩。是年，区级年度评估各基层医疗机构均在900分以上（其中950分以上机构5所），评估等次均为良好及以上（其中优秀机构5所），充分发挥资金对项目工作的促进作用和使用效益，并在江门市2019年基本公共卫生服务项目绩效评估中获全市第一名。

【中医药工作】 2019年，蓬江区新设置中医备案诊所21家。辖区3家乡镇卫生院和6家社区卫生服务中心已全部完成中医馆建设并对外开放，各基层医疗机构中医馆全面开展中医药健康管理，为社区（村）居民提供中医体质辨识和中医药养生服务。北街社区卫生服务中心中医馆与江门市五邑中医院建立中医治未病专科和脑心同治专科联盟单位，联合组建工作室，开展针灸、推拿、艾灸、刮痧、拔罐、耳穴、针刀等中医传统疗法，引进无痛蜂疗法、雷火龙灸、岭南膏方、蜂毒蜜点涂疗法等中医特色疗法。

【医政管理】 2019年，蓬江区开展医政管理行动。杜阮镇卫生院成为江门市第一批“互联网+护理服务”试点医疗机构之一，通过创新管理制度、服务模式、运行机制等，培育护理服务新业态，实现“线上线下，同质管理”，增加护理服务供给，满足人民群众个性化健康需求。根据省对口支援新疆的工作要求，区卫生健康系统派出由妇产科、内科、影像科、护理科等专家组成的医疗队进驻新疆生产建设兵团第三师45团图木舒克市进行柔性援疆工作，进一步提高当地医疗卫生技术水平。联合市公安局蓬江分局、区司法局下发《关于加强全区公安民警司法行政干警紧急医疗救治工作的通知》，为在职公安民警、司法行政干警建立就医绿色通道，提供紧急医疗救治服务，保障伤病后得到及时有效的医疗救治。解决历史遗留个体医诊所问题。全面放开社会办医疗机构的设置限制，中医诊所由原来的设置审批登记管理转变为告知性备案，口腔诊所、中医诊所数量同比分别增加34%、129%；完成医疗机构设置审批12宗、执业登记11宗、校验97宗、注销10宗、变更登记60宗，办理医师执业注册业务330宗、护士执业注册业务336宗。

【基层卫生】 2019年，蓬江区棠下镇卫生院总诊疗数452 920人次，杜阮镇卫生院总诊疗数490 325人次，潮连街道社区卫生服务中心总诊疗数159 158人次，白沙街道北街社区卫生服务中心总诊疗数103 767人次，白沙街兴盛社区卫生服务中心总诊疗数74 215人次。区卫生健康局开展“优质服务基层行”活动，组织全区棠下镇卫生院、杜阮镇卫生院、潮连街道社区卫生服务中心、白沙街道北街社区服务中心、白沙街兴盛社区卫生服务中心5家医疗机构严格按照标准开展不少于6个月的自评自查；成立活动领导小组和专家库，严格按照评价标准和指南开展区级审核和工作指导，督促落实专项整改措施，提升综合服务能力。是年，全区有4家参加创建和评选的基层医疗卫生机构通过市级复核，杜阮镇卫生院申报推荐标准通过省级复核，并被国家卫生健康委予以通报表扬。

【卫生设施建设】 2019年，江门市第二人民医院新住院大楼建成，部分已投入使用；区中西医结合医院新大楼建成，全部投入使用。棠下镇卫生院新住院大楼已封顶，荷塘镇卫生院完成分阶段装修改造工程，杜阮镇卫生院新建住院大楼、门诊大楼；

3个镇卫生院已具备二级综合医院标准，并对35个村卫生站开展农村卫生服务中心规范化建设，5所社区卫生服务中心均已达到规范化社区卫生服务中心标准。

【卫生监督】 2019年，蓬江区卫生健康局接收公共场所卫生许可事项申请1082宗，办结1079宗，已完成其中379宗公共场所卫生许可（新办）资料审查和现场审查工作，发放卫生许可证618张；5月起，公共场所卫生许可事项全面实施告知承诺制改革。全年作出各种行政处罚115宗，罚款71.76万元，没收非法所得15.76万元。其中对46家公共场所作出警告的当场行政处罚，对12家违法违规单位进行立案处罚，罚款2.09万元；对5家医疗机构作出警告的当场行政处罚，对12家医疗机构不良执业行为进行记分并立案处罚，罚款8.44万元，没收非法所得6.88万元；对非法行医场所作出行政处罚38宗，罚款61.23万元，没收非法所得8.88万元；报送关于医疗方面的扫黑除恶线索15条，其中2条线索中的累教不改、存在多次非法行医的人员已由公安部门及检察院侦办结案，并被区人民法院以非法行医罪予以判决。

【卫生信息化】 2019年，蓬江区9家公立医疗机构均使用健康档案系统和家庭医生签约系统管理各项工作，提高工作与管理效率。是年，区卫生健康局协助江门市卫生健康局做好全市医疗卫生信息平台建设工作，对接医院医疗数据和电子病历数据，实现区域医疗卫生信息互联互通，潮连医院、白沙兴盛社区卫生服务中心、北街社区卫生服务中心已接入江门区域卫生信息平台。

【家庭医生签约服务】 2019年，蓬江区卫生健康局为增强家庭医生团队对常见病、多发病的诊疗及慢性病防治、预防保健和健康教育的能力，组织开展家庭医生服务团队“滚雪球”培训，培训时间共30天，历时6个月，共35人参加；落实各镇（街）开展健康管理员全员再培训19期，培训353人次。在稳定签约数量基础上，以杜阮镇卫生院和潮连街道社区卫生服务中心为试点单位，进一步推进基层医疗机构改善服务流程，通过服务流程的合理设计，优化、规范全科诊疗，完善预约、定向分诊、诊前、诊疗服务模式。是年，全区全人群签约率32.8%，重点人群签约率76.28%，计划生育特殊家庭签约率100%，残疾人签约率100%，贫困人口签约率100%。

【健康促进与教育】 2019年，蓬江区全面深入巩固健康教育与健康促进工作，打造1个健康主题公园和1条健康步道，创建27个健康促进机关、11个健康促进医院、71个健康促进学校、4个健康促进企业、61个健康促进社区及33 877户健康家庭。各医疗机构结合基本公共卫生服务、健康直通车、“学雷锋，践行动”“健康与您”“砥砺奋进新征程 建功立业新时代”“服务百姓健康行动”等主题，重点对青少年、妇女、老年人等人群开展烟草危害、用眼保健、家庭卫生等大型义诊、专题讲座活动，派出医护人员882人，义诊患者7865人次，参加讲座群众5252人次，发放宣传资料33 624册。是年，全区群众各项健康指标均稳步提升，其中成人健康素养水平33.8%，比2014年提高23个百分点；成人吸烟率14%，比2017年下降0.7个百分点。

【医疗机构概况】 江门市第二人民医院 该院是一家集医疗、预防、教学、科研、保健、急救、社区医疗为一体的二级甲等综合性医院，占地面积约2公顷，总建筑面积6万多平方米。2019年，开设病床800张（编制床位1200张），员工458人，业务收入1.31亿元，门诊量176 311人次。医院院办院管的环市街道社区卫生服务中心主要承担环市街道辖区国家基本公共卫生服务项目、基本医疗服务和辖区2.3万余名在册儿童的预防接种工作，已签约家庭医生签约服务协议书人群3.73万人，其中贫困、残疾等特殊人群签约率达100%。此外，辖区65岁老年人免费健康体检人数3917人，体检率达省级推荐标准的70%。是年，在区基本公卫考核中，社区中心总成绩排名第二。12月，市二医院与市中心医院达成共建紧密型医联体合作，加挂江门市中心医院蓬江分院牌子，引入三甲医院先进管理经验与人才队伍，全面提升医院服务质量和业务水平，在保障优势科室老年病区稳步发展前提下，着重建设儿童康复、健康管理等有潜力的项目，增强医院妇产科、急诊科、外科等各临床科室人才储备。

江门市蓬江区棠下镇卫生院 该院始建于1958年，位于棠下镇圩镇中心地带，是一家以基本公卫（公共卫生）、基本医疗为一体的综合性卫生院。2019年，该院是江门市第二人民医院医联体单位，是江门中心医院、江门人民医院的合作医院，有职工204人，医务人员占90%以上，其中副高职称6人、中级职称27人，设有内科、外科、妇产科、中医科、康复科、家庭病床科、公卫科等20多个临床医技及职能科室，床位130张。全院占地面积14 835平方米，业务用房面积3200平方米，另在辖区内配置乡村卫生站13个。全年业务收入4217.4万元，同比增收418.36万元，增幅11.01%；门诊总人次45.29万人，同比增幅14.49%。大力推进家庭医生签约服务工作，已组建家庭医生服务团队16个，分片区直接联系签约群众提供医疗服务，到各个服务点提供随访、健康教育服务。常住人口签约35175人，签约率44.4%；重点人群签约17 969人，签约率73.46%。

江门市蓬江区荷塘镇卫生院 该院成立于1958年，位于江门市蓬江区荷塘镇中兴三路62号，占地面积6500多平方米，建筑面积7871平方米，业务用房面积5529平方米，门诊大楼、住院楼依照国家乡镇卫生院统一视觉识别系统规范进行建设装修，是集医疗救助、教学科研、预防康复为一体的综合性医院，医院编制床位数150张，实际开放住院床位100张。服务区域30多平方千米，服务人口9万多人，承担常见病、多发病的门诊和住院诊疗，开展院内外急救服务、康复、计划生育技术服务和基本公共卫生服务等工作。2019年，门诊诊疗人次523 685人次，住院4817人次。临床科室设有急诊科、内科、外科、妇产科、儿科、眼科、耳鼻喉科、口腔科、皮肤科、麻醉科、（公共卫生科）预防保健科，医技科室设有药剂科、检验科、放射科、手术室、血库（可与检验科合设）、理疗（康复）科、消毒供应室、病案室。下设一体化管理村卫生站10所。是年，有职工174人（在编104人、编外70人），其中卫生专业技术人员145人（编内93人，编外52人）；高级职称2人，中级职称31人，注册护士63人，护士与床位比为0.63。

江门市蓬江区杜阮镇卫生院 该院是江门市第二人民医院医联体试点分院，与江门市中心医院、江门市人民医院、江门市五邑中医院、江门市妇幼保健院分别建立专科联盟，在医联体框架内，上级医院通过提供医疗技术和医疗资源扶持，使该院逐步完善行政、业务、药械、财务及人员统一，加速门诊楼建设。该院是全国首批“群众满意的乡镇卫生院”“全国百佳乡镇卫生院”“全国优质基层服务行达标医院”之一，是杜阮镇唯一一家公立性医保定点医院，为公益一类事业单位，业务用房面积12 306平方米，住院床位150张，在岗职工192人，专业技术人员167人，其中高级职称18人、中级职称22人。2019年，门诊诊疗人次49.1万人，同比增长10.4%；出院人次7883人，同比增长7.11%；业务总收入5880万元，同比增长8.4%。设置内儿科、外科、妇产科、家床科、功能科等科室，下设龙溪、瑶芦、楼山等9个紧密型镇村卫生服务一体化管理的村级卫生站，承担辖区80.5平方千米10.3万常住人口的医疗救护、公共卫生、预防保健、健康教育等多项职能。家庭病床科作为该院重点发展科室，承接上级医院重病转康复的患者，使患者在家就可得到连续、有效、经济、便利的治疗。

江门市蓬江区潮连医院 2019年，该院在岗人员79人，专业技术人员65人，其中高级职称3人，中级职称8人，初级职称54人。门诊124 846人次，一方人次95 597人，同比增加11 857人，增长12.4%，其中门急诊28 771人次，同比增长22.14%。全年普通住院出院822人次，同比增长24.33%；实际占用床日5534床，床位使用率25.27%；家庭病床撤床102人次，同比减少77.45%；手术病人35人次，同比减少8.57%。随着家庭病床服务、中医馆业务不断发展，门诊病人明显增加，医疗业务收入明显提升；通过控制药品、耗材的不合理使用，成本得到有效控制。全年总收入1457.36万元，同比增长1.29%；医疗业务收入1131.12万元，同比增长3.12%；药占比34.75%，较上年同期持平。与江门市人民医院建立紧密型医联体以来，江门市人民医院定期每周安排医生专家、护理专家、影像专家到该院坐诊、查房、指导，并安排康复专家1人常驻参与院部管理及中医馆建设管理，该院康复治疗及家庭病床服务业务得到较大发展。是年，积极打造家庭医生服务团队，在院内建立家庭医生工作室，在社区建立家庭医生工作站，加强与社区的密切协作和互动，充分发挥社区健康管理员的能动性，将基本医疗与国家基本公共卫生服务紧密结合；积极推进慢病医防融合，较好地完成国家基本公共卫生服务项目工作。

蓬江区中西医结合医院 该院是一所以中西医结合骨科为特色，集创伤急救、临床康复、教学科研为一体的大专科小综合的专科医院。2019年，有职工370多人，其中中高级职称技术人员110多名；门诊量达15万人次，出院量达1.2万人次。该院门诊部设置8个骨科住病区，以及专家门诊、急诊科、康复医学科、内科、妇科、中医科、体检中心、检验科、影像科、心电图室、B超室。骨科是该院的特色和龙头科室，业务量占全院95%以上，已形成关节科、脊柱科、创伤骨科、手外科、中医正骨科等二级分科。2月19日，顺利完成新大楼整体搬迁，首期开放床位450张。该院重点发展脊柱微创专科，已在区内独立开展椎间孔镜下治疗腰椎间盘突出，并创建樊粤光省名中医工作室、容英潮职工创新工作室，指导该院骨科的学科建设，完成华南地区首例全生物型牛津单髁膝关节置换术。

江门市蓬江区白沙街道北街社区卫生服务中心 该中心创建于1993年，中心设院长1名、副院长1名，设置行政办、医疗办、财务办、护理部公卫办等4个职能科室，设置综合科（门诊）、良东门诊、综合科（病房）、家庭病床科及健康体检科等5个临床科室（部门）。2019年，全科门诊诊疗服务152 036人次，住院服务904人次，病床使用率60%以上，全年业务收入2700.6万元。中医馆开设蜂疗、红外热成像、雷火龙灸等特色中医疗法，另开展针灸、拔罐、刮痧、推拿、熏洗等中医传统康复适宜技术，中医中药诊疗比例达30%。

江门市蓬江区白沙兴盛社区卫生服务中心 2019年，该中心无新增医师，新增护理人员1人，康复治疗技术人员3人、公卫工作人员4人、药房工作人员2人、检验室1人。全年进行公共卫生服务项目工作、基本医疗、护理和基本医疗保险等工作培训20次，考试20次。是年，中心向区卫生健康局申请“医疗机构执业许可证”变更：增加诊疗科目，于4月4日正式变更增加“精神科：精神病专业”。联合区红十字门诊部在白沙迦南社区、羊桥社区开展宣传活动，举办主题为“爱心相伴、‘救’在身边”红十字会“博爱周”义诊活动。该活动免费为103位市民体检，包括量血压、测血糖、做心电图、做B超等各种检查，减免体检金额32 370元；发放宣传折册、单张530份；张贴宣传海报21张。9月，完成计划免疫接种场地的扩建装修工作，提供更宽敞舒适的接种环境；10月，完成儿童保健场地扩建工作，解决儿保场地不足问题；11月，配合市政部门完成中心排水工程升级，解决雨天积水问题。

江门市蓬江区白沙街道仓后社区卫生服务中心 2019年，该中心与江门市五邑中医院签定《老年人健康体检服务合作协议书》，共同为仓后社区65岁及以上常住居民提供国家基本公共卫生服务项目老年人健康管理内容，有效实现全科专科联动，以更专业、先进的设备仪器为老年人提供健康管理服务。联合红日社会工作服务中心、江门市中心医院、白石正骨医院、蓬江区残疾人联合会、蓬江区民政局、市医疗保障局蓬江分局、仓后政务服务中心等多部门，携手家庭医生，现场为仓后居民提供基本公共卫生、家庭医生服务、健康讲座、疾病咨询、政策宣传等便民暖心服务，吸引超过150名居民参加。

江门市蓬江区白沙街道堤东社区卫生服务中心 2019年，该中心有员工80人，其中副主任医师2人、主治医师10人、执业医师9人、硕士研究生1人、主管护师3人、初级护师5人、执业助理医师6人、护士及药剂师28人、其他卫生技术人员10人、行政后勤人员6人。上半年，选送1名医生到江门市中心医院进行业务学习培训。辖区常住居民79 974人，已建立电子居民健康档案63 980人，电子档案建档率80%，居民健康档案合格率90%。至12月，有诊疗记录、慢病随访记录、体检记录等动态使用档案31 594份，档案动态使用率50%。是年，举办健康教育讲座12场、健康义诊活动9场，发放健康教育宣传资料32种34 696份，更新健康宣传栏12期；在门诊输液大厅和预防接种门诊播放健康教育视频674次，累计2345小时。开展2019年度家庭医生签约服务工作，根据实际情况，组建6个家庭医生团队提供家庭医生服务，以及院内院外同时以一人一签原则开展家庭医生签约服务，常住人口签约23 993人，常住人口签约率30%；重点人群签约率65%，计生特殊家庭、残疾人、贫困人口签约率100%。

（陈舒畅）

体育

【概况】 2019年，蓬江区大力扶持镇（街）、社区（村委会）建设公共体育场地及增设体育设施，广泛开展各类全民健身活动，培养青少年体育竞技人才，促进体育产业健康发展。

【体育设施建设】 至2019年6月11日，蓬江区体育场地面积221.13万平方米，人均体育场地面积2.89平方米/人，其中足球场地59个、篮球场551个、乒乓球场344个、羽毛球场246个、全民健身路径253条。是年，新建文体公园3个、篮球场3个，新增健身路径18套、健身器材139件、乒乓球桌12张，翻新篮球场2个。

【群众体育】 2019年，蓬江区开展2019年度全区体质测定与监测工作，对辖区内18—69岁的1513名群众进行体质测试，并对其中200名群众进行健身跟踪指导。8—11月，举办包括广播体操、足球嘉年华、篮球嘉年华、平衡车比赛、广场舞展演等不同类型的群众体育赛事，打造以“体育惠民活力蓬江”为主题的“体育节”品牌活动赛事，培养群众参与运动的兴趣和习惯，进一步提升体质健康水平，促进全民健身深入发展。足球嘉年华和篮球嘉年华，是蓬江区首次以“亲子体育”为切入点，利用趣味引导、亲子参与的方式开展的大型体育活动。是年，蓬江区组队参加江门市第二十届体育节暨2019年度“中国体育彩票杯”江门市第九套广播体操展示活动，获“优秀奖”“优秀组织奖”和“体育道德风尚奖”，以总分第一的成绩代表江门市参加省赛，并在省赛中获一等奖；组织2支队伍参加2022年广东省第十六届运动会（群众体育组）江门市足球选拔赛，包揽冠、亚军。

【竞技体育】 2019年，蓬江区文化广电旅游体育局联合区教育局举办蓬江区中小学生乒乓球、足球、游泳、羽毛球、篮球、田径等6个项目的竞技比赛，为全区青少年各项体育项目爱好者搭建交流互动平台，推进全区学校阳光体育活动和素质教育，提高广大青少年学生的身体素质和课余体育训练水平，加强高水平后备人才培养。是年，组队参加江门市第九届运动会，获“团体总分第四名”“金牌总数第四名”“最佳赛区”“体育道德风尚奖”的荣誉。

【体育产业】 2019年，蓬江区体育彩票销量1.6亿元，全区在线销售网点128个，比上年净增加8个。是年，成功举办各项会展文体活动共59场，包括国际级体育赛事活动2项、国家级体育赛事活动6项、省级体育赛事活动2项、市级及以下级别体育赛事活动16项。其中，世界排球联赛连续两年在江门体育中心举办，参赛国家7个，历经6天赛程、12场比赛，吸引42 572人现场观赛；比赛现场由75家国内外媒体报道，发布稿件超800篇，3家国内电视媒体和1家网络直播媒体对赛事进行转播，共转播23场次，塑造“排球之乡”的城市品牌形象，推动“体育+”产业融合发展。

（肖海欣）

社会生活

SHEHUI SHENGHUO

人口健康发展

【概况】 2019年，蓬江区户籍总人口510537人，户籍人口出生6345人，人口出生率12.4‰，人口死亡率5.92‰，人口自然增长率6.51‰，总和生育率1.48，符合政策生育率95.97%，政策外多孩率3.1%，出生人口性别比110.03。

【妇幼健康】 2019年，蓬江区完善妇幼健康服务体系建设，做好妇幼公共卫生服务工作。全区孕产妇死亡率控制在10/10万以下，婴儿死亡率控制在3‰以下，定期开展妇幼健康管理工作指导，全年为2632人提供免费孕前优生健康检查服务，为1800名35～64岁妇女进行两癌免费筛查，为243名孕妇进行产前唐氏筛查，产前结构畸形超声筛查230人，为3016名妇女免费发放叶酸，地中海贫血初筛843人，地中海贫血初筛率319%；初筛阳性夫妇复筛296人，初筛阳性夫妇复筛率79.6%，复筛阳性夫妇基因检测140人；为338名新生儿免费提供听力筛查，为319名新生儿提供遗传代谢性疾病筛查；接受艾滋病、梅毒、乙肝检测263人，检测率100%；孕期检测251人，产时检测12人，孕期检测率95.4%；乙肝表面抗原阳性产妇分娩新生儿24人，新生儿注射乙肝免疫球蛋白24人，及时注射乙肝免疫球蛋白24人。综合干预服务，降低艾滋病、梅毒和乙肝对妇女儿童的影响。规范妇幼基本公共卫生服务，产后访视率、新生儿访视率和早孕建册率达90%以上；免费提供基本避孕服务，全区药具发放网点406个，发放避孕套、复方短效口服避孕药、外用药961489份，做好药具存储、调拨和发放管理，各人工和自助网点发放呈常态化。

【卫生健康宣传】 2019年，蓬江区卫生健康局结合各类卫生健康主题日、纪念日，组织开展多形式、多层次的健康素养传播活动118次。充分利用健康教育宣传栏、户外LED屏幕、媒体报纸、蓬江卫生健康简报、新婚夫妇学校班、健康主题公园、健康步道等宣传阵地，及时向社会和公众传播相关健康信息，扩大宣传覆盖面。与江门电视台合作，制作、播放基本公共卫生服务宣传广告、健康素养公益广告120次；更新区局下属健康教育宣传栏9次。根据健康素养66条、卫生保健、科学育儿、健康养护等卫生健康知识，设计制作宣传单张和宣传品，印刷健康教育宣传材料13万余份，发放健康教育宣传材料11万余份。是年，5家基层医疗卫生机构参加创建和评选，均通过市级的复核。开展健康促进单位创建工作，健康家庭33879户、创建“广东省无烟单位”32家。

【人口监测与家庭发展】 2019年，蓬江区流动人口292213人，流入半年以上283345人，18～49周岁育龄妇女87231人，已婚育龄妇女68789人。流动人口主要来自广西、四川、湖南、贵州、河南、湖北等6省，占总流动人口的50.14%。发放入户调查问卷147份，其中给3岁以下婴幼儿家长的问卷50份，给提供3岁以下婴幼儿照护服务的机构调查摸底97份。

是年，蓬江区卫生健康局落实计划生育利益导向政策，全区发放各类奖扶金5153.9万元，惠及376541人次。其中发放计划生育家庭特别扶助金667.8万元，惠及6807人次；发放农村节育奖162.7万元，惠及32527人次；发放农村部分计划生育家庭奖励金531.1万元，惠及33 746人次；发放城镇独生子女父母奖励3792.3万元，惠及303 461人次。投入62.85万元为全区计划生育家庭购买保险，其中计划生育家庭意外保险24.93万元，惠及8310户；妇女两癌筛查保险34.22万元，惠及3422户；“失独家庭”住院补贴保险3.7万元，惠及190户。开展“春风送温暖”“5·29生育关怀”等慰问活动，慰问卫生计生困难家庭125户，慰问金额9.5万元。

【老龄健康】 2019年，蓬江区卫生健康局探索建立五种“医养结合”模式，包括养老机构内设医疗机构、医疗机构内设养老机构、养老机构与辖区医疗机构合作、医疗机构开设老年病区、为居家养老老人提供可及性医疗服务。江门市第二人民医院、各镇卫生院和各街道社区卫生服务中心等9家医疗机构均设有住院病床或护理康复病床，为辖区内老年人提供基本医疗、公共卫生、护理康复等服务。杜阮镇卫生院依托家庭医生服务团队开展居家养老医疗健康服务工作，并在省卫健委召开的医养结合工作现场会上作经验介绍。“银龄安康”行动工作成效明显，至年末，为辖区99 353名60岁及以上老年人购买意外伤害综合保险，投入保费993 530元。老年人自付费购买覆盖率27.2%，完成上级下达的任务。辖区在册百岁及以上老人43名，是年新增13名百岁老人，发放“百岁寿星”牌匾13个，慰问金和慰问品共计43 000元。每月把五邑智能卡公司制作好的长者卡按受理点分类，邮寄至各一门式受理点派发，累计代发长者卡4376张。

（陈舒畅）

人力资源

【概况】 2019年，蓬江区人力资源和社会保障局内设有办公室（综合规划股）、法制股（行政审批服务股）、资金基金监督审计股、就业创业促进股（异地务工人员工作股）、职业能力建设股（专业技术人员管理股）、事业单位人事管理股、人才服务管理股、养老与失业保险股（城乡居民养老保险股）、工伤保险股（区劳动能力鉴定委员会办公室）、执法大队（劳动关系股、信访股），下辖区社会保险基金管理局、区人才技术服务中心、区就业服务中心、区职业训练及职业技能鉴定指导中心、区劳动人事争议仲裁院等5个事业单位。蓬江区人社局承担有关公务员管理职责划入区委组织部，军官转业安置职责整合至新组建蓬江区退役军人事务局，外国专家管理职责整合至新组建蓬江区科工商务局。全国博士后创新（江门）示范中心蓬江分中心调整为蓬江区委组织部属下事业单位。根据省、市关于社会保险费征管职责划转工作规定，从2019年1月1日起，广东省社会保险费由税务机关全责征收。

【就业创业】 2019年，蓬江区城镇新增就业人员8950人，失业人员实现再就业5110人，就业困难人员实现就业435人，实现创业1083人，分别完成目标任务的101.7%、102.2%、103.57%、102.17%，城镇登记失业率为2.01%，有效控制在市要求3.2%以内。依托“企业用工及人力资源网上服务平台”进行网上招聘、网上求职、网上推荐，实现用人单位就业实名制全覆盖；强化网上用工备案、用工申报、申领补贴的常态机制，主动推送扶持政策，实现就业实名制服务和管理；强化公共服务体系建设，按照信息化、专业化、社会化的要求，全面推进“以人为本”就业服务，为各类就业人员提供职业介绍、职业指导、劳动保障政策咨询、信息发布等多元化公共就业服务，实行“一对一”跟踪服务；搭建就业创业服务平台，为各类人群提供政策配套服务，实现稳定就业；规范就业专项资金管理，严格做好就业专项资金管理工作，建立完善规范申报、审核制度，利用就业实名制系统精准发放就业补助补贴。全年受理各项补贴申请12 000多宗，发放就业创业补贴2296.73万元，惠及1559家企业、6798人。

是年，蓬江区高校毕业生就业率96%。开展高校毕业生创业培训31期，培训学员786人；利用就业实名制登记系统，对在册登记的501名离校未就业高校毕业生开展“一对一”就业帮扶，实现就业率91%。落实好三年百万青年见习计划，全区见习基地20家，提供见习岗位79个，成功对接42人。做好全区高校毕业生求职创业补贴发放工作，为623名生活困难的高校毕业生发放求职创业补贴124.6万元，发放高校毕业生就业补贴113.2万元，惠及379人。

是年，组织“粤桂扶贫”专场对口招聘会和大型公益招聘会，精准对接扶贫群众。全年举办本地和赴外专场招聘会8场，参会企业889家，提供就业岗位1.95万个。深入园区、镇（街）举办系列政策宣讲会10场，组织海信集团、金莱特、嘉宝莉、大长江等企业代表参加宣讲活动。

【人才引进】 2019年，贯彻落实江门市人才强市“新四十条”，积极引进高层次人才，蓬江区受理高层次人才认定评定49人，发放人才专项补贴资金967.07万元。加强职称人才队伍管理，全区通过专业技术职称认定及评审人数1239人，其中初级856人、中级269人、高级114人。充分发挥“联络蓬江”服务中心作用，聘请的6名博士为海外专家，举办海外青年人才对接活动9场，引进高层次人才2名，促成13个港澳台青年创业项目落地蓬江。通过博士后政策培训宣讲、主动上门送服务等举措积极发动企业建站，已建成博士后科研工作站1个、博士后创新实践基地3个、博士工作站3个，在站（基地）博士后6人。完成江门人力资源服务产业园建设，该园引进广州中智、猎聘网、香港侨青、江门外劳等人力资源机构20家。全年组织实施供需对接服务、精准扶贫工作、交流论坛及讲座等活动30场，参与人次3840人，入园机构服务各类企业13 200家，服务各类人才60万人，实现产值3.1亿元，税收近530万元。

【技能人才培养】 2019年，蓬江区人力资源和社会保障局完成粤菜相关职业技能培训1354人次；完成家政相关职业技能培训1254人次。落实各项人次激励政策，审核发放技能晋升补贴369.3万元，惠及1799人；审核发放企业高技能人才养老保险补贴858.47万元，惠及6375人次；审核发放高级技师生活补贴83万元，惠及83人；审核发放企业首席技师补贴3.6万元；审核发放技能名师工作室建设经费70万元和领衔人补贴16.2万元，全年新增3间技能名师工作室。

【人事管理】 2019年，蓬江区人力资源和社会保障局组织全区各镇、街和区直单位下属事业单位招聘事业单位职员，共26个单位发布招聘岗位136个，报名人数5675人，招聘事业单位职员141人，全区招聘教师167人。做好全区事业单位聘用合同管理工作，全年办理事业单位聘用合同签订、变更、续订、解除、终止共454份。全区企业职工最低工资标准1550元/月，非全日制职工最低工资标准15.3元/小时，在岗职工月平均工资为5948元。做好事业单位工资福利的主要日常工作，审批增资7791人次，减资302人次（含退休92人），发放死亡一次性抚恤金55人，发放干部职级补贴5人；联同有关部门督促新增设的事业单位落实绩效工资制度，进一步规范事业单位工资津补贴发放。全区在库流动人员人事档案31914册；新增档案3305册，办理档案转出480册，接收零散档案材料366份，开具存档证明等证明材料472份，办理档案借阅等相关业务396人次，接收毕业生网上报到2425人次。

【劳资监管】 2019年，蓬江区劳动监察部门全面重点推进工资集体协商工作，对镇、街各大中型企业签订工资集体协商的实施情况进行不定时检查。开展专项夏季用工和建筑工地专项检查工作、用工平台的执法检查工作、劳资纠纷信访维稳工作，继续抓好劳资纠纷矛盾化解工作。全年办理日常来信来访案件2365件，其中立案案件78件，涉及人数6125人，涉及金额6891.46万元，法定期限内结案率100%。对各类用人单位的日常巡查次数达4255次，接受来电来人咨询10000余人次，发放各种劳动法律法规宣传资料3000余份。全年未发生重特大恶性群体性事件，未发生农民工到省进京聚访闹访事件。

【劳动关系协调】 2019年，蓬江区累计签订工资集体合同339份，覆盖企业2878家，覆盖职工142184人，覆盖率80%。是年，区劳动人事争议仲裁院立案受理劳动争议案件1926宗，受理涉案人数2833人，涉案金额8278.72万元；办结案件1906宗，法定审限内结案率100%。

【“粤菜师傅”工程】 2019年，蓬江区推进“粤菜师傅”重点工程，组织职业技能培训，全面提升全区劳动者的职业能力素养和技能。先后开展粤菜师傅工程送课下乡公益技能培训班、蓬江区建档立卡精准扶贫对象“粤菜师傅”培训班、蓬江区强制戒毒人员“粤菜师傅”培训班，省际“粤菜师傅”技能扶贫培训以及本地职业技能公益性培训，举办培训班11期，参加培训446人次。挖掘蓬江特色食材，举办杜阮凉瓜宴、棠下良溪“牛肉节”，开展“粤菜师傅”技能大赛（江门）暨“粤菜师傅”工程展示会，打造蓬江“粤菜师傅培养+绿色旅游+特色农产品”产业链。联合蓬江区驻天等县扶贫工作组和天等县人力资源和社会保障局，在天等县组织举办3期“粤菜师傅”技能培训班，培训学员271人次。对口四川省甘孜州泸定县扶贫，开展“粤菜师傅”技能扶贫培训2期，组织当地70名村民参加。

（何　伟）

社会保险

【城镇职工基本养老保险】 2019年，蓬江区参加城镇职工基本养老保险（含离退休人数、区机关事业单位基本养老保险人数）37.14万人，城镇职工基本养老保险基金总收入327160万元，基金总支出336179万元，当期收支结余赤字9019万元，历年累计结余192206万元。全区参加城镇职工基本养老保险离退休人员8.53万人；1月1日起调整企业退休人员基本养老金，人均增加139元，调整后全区企业退休人员人均基本养老金2264元/月；全年平均养老金2254元/（人·月），平均替代率38%（社平工资口径）。全年开展异地联网待遇资格认证业务2334笔，比上年增加328笔，增长16.35%。

【城乡居民基本养老保险】 2019年，蓬江区参加城乡居民基本养老保险8.1万人，城乡居民基本养老保险基金总收入8346万元，基金总支出7303万元，当期收支结余1043万元，历年累计结余11 373万元。是年，城乡居民基本养老保险符合领取长期待遇条件的有2.9万人；1月起调整城乡居保基础养老金，从173元/月增加到195元/月，全年平均基本养老金207.31元/（人·月）。

【失业保险】 2019年，蓬江区参加失业保险25.64万人，失业保险基金总收入6510万元，基金总支出7890万元，当期收支结余赤字1380万元，历年累计结余53 723万元。全区领取失业保险金0.41万人，领取一次性失业保险金0.28万人，失业保险基金为失业人员缴纳职工基本医疗保险费2.06万人次。

【工伤保险】 2019年，蓬江区参加工伤保险27.93万人，工伤保险基金总收入5828万元，基金总支出7742万元，当期收支结余赤字1914万元，历年累计结余10 513万元。全年全区享受工伤保险待遇0.14万人。

【养老保险制度改革】 2019年，蓬江区落实企业职工基本养老保险省级统筹工作，执行省统一的企业养老保险缴费基数上下限，企业职工基本养老保险缴费费率21%，其中用人单位缴费费率13%，个人缴费费率8%。推进机关事业单位工作人员养老保险制度改革，完成准备期职业年金个人缴费补缴、准备期非财政全额供款单位的职业年金单位缴费补缴、准备期机关养老保险费补缴三大任务，提前完成准备期财政全额供款单位的职业年金单位缴费补缴。完成215个机关事业单位基金清算工作，征收养老保险金额71 666万元（不含省属单位）；征收职业年金额30 684万元（不含省属单位）。在补支方面，完成138个机关事业单位补支工作，累计支付127 374人次，金额66 548万元。自1月1日起对纳入机关事业单位养老保险发放待遇人员调整基本养老金，人均基本养老金增加254元；全年有140个机关事业单位2952名退休人员纳入机关事业单位基本养老保险基金发放养老金，发放金额1785.76万元，月平均养老金6049元/（人·月）。

【社会保障卡建设】 2019年，蓬江区社会保障卡持卡人累计74.55万人，通过社会保障卡领取职工基本养老保险待遇68 428人，占领取待遇总人数的86%；通过社会保障卡发放城乡居民养老保险待遇22 828人，占领取待遇总人数的85%。

【社会保险基金监督】 2019年，蓬江区人力资源和社会保障局在辖区内开展社会保险基金管理风险专项检查，抽查社保经办机构1个，进一步完善蓬江区社保基金管理风险防控机制。核查处理社会保险基金监管系统疑点信息6350条，追回社会保险基金涉及35人15.83万元。 （何 伟）

医疗保障

【概况】 2019年3月1日，江门市医疗保障局蓬江分局挂牌成立，为江门市医疗保障局派出机构，主要承担蓬江区医疗保障工作，监督管理纳入医疗保障范围内的医疗服务行为和医疗费用，依法查处医疗保障领域违法违规行为；组织实施蓬江区药品、医用耗材价格和医疗服务项目、医疗服务设施收费等政策。

【基本医疗保险】 2019年，蓬江区基本医疗保险参保人数59.59万人，其中城镇职工基本医疗保险38.79万人，同比增加2.73%；城乡居民基本医疗保险20.8万人，同比增加0.2%。城镇职工基本医疗保险基金总收入128 390万元，基金总支出126 575万元，当期收支结余1815万元，历年累计结余34 013万元。城乡居民基本医疗保险基金总收入17 815万元，基金总支出16 847万元，当期收支结余968万元，历年累计结余5691万元。是年，全区享受基本医疗保险待遇162.33万人次，其中城镇职工基本医疗保险在职人员普通门诊42.72万人次、次均医疗费用支出136.29元；特病门诊14.83万人次、次均医疗费用支出566.29元；住院2.43万人次、次均医疗费用支出12 584元；城镇职工基本医疗保险退休人员普通门诊33.44万人次、次均医疗费用支出143.82元，特病门诊35.07万人次、次均医疗费用支出366.33元，住院3.44万人次、次均医疗费用支出14 284.68元。城乡居民基本医疗保险参保人员普通门诊19.55万人次、次均医疗费用支出61.89元；特病门诊7.99万人次、次均医疗费用支出339.36元；住院2.86万人次、次均医疗费用支出9095.99元。

【生育保险】 2019年，蓬江区参加生育保险27.04万人，同比增加3.62%。蓬江区生育保险基金收入7548万元，同比增加2224万元，增长41.77%；基金支出7582万元，同比减少2196万元，下降22.46%；当期基金结余亏损34万元，基金累计结余亏损2314万元。从7月1日起，生育保险缴费费率由0.8%降至0.5%。12月，生育保险基金并入基本医疗保险（一档和二档）基金，不再单列生育保险基金收入，在职工医保统筹基金待遇支出中设置生育待遇支出项目。全年全区享受生育保险待遇6.74万人次。

【医疗救助】 2019年，蓬江区医疗救助与基本医疗保险、大病保险实现省内和跨省“一站式”联网结算，为困难群众提供更加便捷的医疗保障服务。根据《关于印发江门市蓬江区医疗救助实施办法的通知》规定，全区医疗救助对特困供养人员救助比例为100%，最低生活保障家庭成员救助比例为80%，低收入家庭成员、因病致贫家庭重病患者和其他特殊困难人员救助比例为70%。二次医疗救助对救助对象自付医疗费用在2000元或以上的，按80%的比例给予二次医疗救助，对特困供养人员按100%比例给予二次医疗救助。是年，全区医疗救助困难群众0.23万人次，医疗救助基金支出338.99万元。其中资助困难群众参加基本医疗保险0.11万人，支出36.5万元；门诊和住院救助0.12万人次，支出302.49万元。

【医保精准扶贫】 2019年，江门市医疗保障局蓬江分局创新建立“2+3”医保扶贫体系（即基本医疗保险和大病保险“两重医保”以及医疗救助、二次医疗救助、医疗保险精准扶贫托底救助“三重救

助”），对精准扶贫对象实施100%医疗保障精准扶贫。全年精准扶贫资助0.31万人次，支出151.17万元。（高嘉宝）

【医保基金监管】 2019年，蓬江区社会保险基金管理局联合大病承保机构对蓬江区定点医疗机构开展多种形式的专项检查，检查定点医疗机构267家，定点药店302家，查阅疑似违规案例22 382份，查实违规案例14 818份，涉及金额282万元，在月度结算中予以扣除。通过强化住院探访工作，精细化医疗保险专项检查内容，并结合社保信息系统数据和基金支出增长异常点，利用医疗保险智能审核监管系统，实现对定点医疗机构和参保人结算信息的逐条审核，精准监控，实现基本医疗保险日常管理的专业化、精细化和高效性，达到合理控费的效果，有效遏制医疗费用支出过快增长。（何 伟）

民政

【概况】 2019年，蓬江区民政局内设机构4个，下辖事业单位2个——区福彩中心、区殡葬事业管理所，直属机构1个——区社会组织管理局。做好“1+N”党建引领基层社区协商治理工作，动员社会组织参与创文提质升级和社会治理网格化，并荣获广东省城乡社会治理十大创新经验。通过“公建民营”改造和鼓励民办投入资金增加2个养老机构，科学布点“益食堂”14个，实现镇（街）全覆盖。

【社会组织登记管理】 2019年，蓬江区依法登记在册社会组织295个，其中社会团体105个、民办非企业单位190个（含社工机构18家）。开展2018年度检查工作，加强对社会组织人员、资金、章程履行情况等方面的监管，参加检查的社会组织有240个，年检率87.32%。收到社会组织重大活动报备材料39份，实地走访调研社会组织65个。全年有2个社会组织被评估4A以上等级，其中蓬江区恒爱社会工作综合服务中心为5A级、蓬江区荷塘稻草人社会工作中心为4A级。（周 玲）

【村社区建设】 2019年，蓬江区社区协商治理试点工作全面启动。通过走访社区、制作社区地图、分析社区资源，形成调研报告。利用节庆平台，在社区中开展主题党日活动，邀请社区党员参与义工活动，向社区居民宣传社区协商概念。试点社区定时召开联席会议，多渠道推进试点工作开展，以购买服务的方式新增环市街碧桂园社区和白沙街西园社区作为试点社区；举行广东省城乡社区治理创新经验推广交流会，会上发布2018年度广东省城乡社区治理十大创新经验，蓬江区推动“1+N”多方主体参与社区治理新模式入选。配合区“三资”规范管理工作领导小组，修改完善并印发农村村务公开、农村印章使用管理、村规民约、村民自治章程等4个指导意见。制定《蓬江区村务监督委员会工作实施细则》，强化基层民主管理和民主监督工作。6月，对55个村委会的村务公开栏及村务监督委员会建设情况进行抽查。是年，全区有社区78个、村委会55个，其中白沙街道新增设甘棠社区、白沙社区与丰盛社区合并、海傍社区拆分并入甘化社区和良化北社区。（李佩仪）

【社会工作】 2019年，蓬江区社工机构18个，持证社工522人，中级社工师118人。举办社会工作人员培训认证和考前培训班，培训社会工作人员330人次，参加考前培训班137人，通过考试72人。全年全区社会工作人员获得社会工作者登记初级证书24人、中级证书5人，奖励金额31 000元。其中，棠下镇获奖1人，奖励金额1000元；环市街道获奖13人，获奖金额13 000元；白沙街道获奖12人，获奖金额13 000元；蓬江区民政局获奖3人，获奖金额4000元。（周　玲）

【老龄工作】 2019年，蓬江区高龄津贴惠及长者13 711人，按照80～89周岁长者每人每月30元、90～99周岁长者每人每月100元，100周岁及以上长者每人每月300元的标准，全年累计发放高龄津贴626.522万元。蓬江区率先设立蓬江区重度失能老人照护补贴项目，通过区级福利彩票公益金和区慈善会专项经费资助等渠道筹措专项资金约100万元（福彩公益金及区慈善会各筹集50万元），以政府采购服务方式购买第三方商业保险机构保障服务，为入住蓬江区定点养老机构的保障对象提供照护服务。全区有两家养老机构纳入遴选定点服务范围，分别是白石托老服务中心和杜阮镇颐养院，有37人通过评估享受照护补贴待遇，共发放补贴金41 172.14元。

是年，蓬江区把长者饭堂“益食堂”纳入十大民生实事项目，采用“财政兜底+慈善捐赠+长者支付”的资金来源和筹集渠道，实现镇（街）全覆盖目标。全区启动“益食堂”长者饭堂运营站点14个，其中环市街道4个、白沙街道6个、潮连街道1个、棠下镇1个、杜阮镇1个、荷塘镇1个，全年服务长者5万人次，有效解决全区约300名年满60周岁以上政府兜底低保低收、孤寡、贫困优抚对象的就餐问题。

是年，蓬江区投入资金3000万元建设首个公建民营运营服务项目——幸福四季家园养老中心，位于蓬江区华泰路232号，建筑面积8000平方米，共有4层，可提供床位231张，优先满足辖区内特困供养对象入住需求。（何立超）

【地名管理】 2019年，根据《行政区域界线管理条例》文件要求，蓬江区与鹤山市进行第四轮行政区域界线联检工作，双方制定联检方案。界线走向是自西南向东北，西南始于鹤山市、蓬江区、新会区三交点070384X，东北迄于佛山江门线与该界线的交点；界线总长度为63.718千米，共埋设9颗界桩（含起始三交点）。全年审批地名16批。

（李佩仪）

【慈善事业】 2019年，蓬江区慈善会以慈善五助（助老、助困、助学、助医、助残）为主题，创新丰富活动形式和载体，通过“运动+慈善”吸引公众模式、“主题+慈善”爱心融城活动、“微心愿+慈善”圆梦帮扶模式，结合线上线下立体化宣传，开展新春送福、“益”起共植公益林、行善城市定向赛、圆梦微心愿等近150场募捐帮扶活动。是年，全区募集善款2646.78万元，捐赠物资2.77万元，用于扶贫助困助学助残等慈善救助项目2246.86万元，受惠人数超5万人次。（陈雪华）

【城乡居民最低生活保障】 2019年，蓬江区城乡居民最低生活保障标准从800元/（人·月）提高到850元/（人·月）。至12月，全区享受城乡最低生活保障对象有397户583人，发放低保救济金531.15万元，比上年减少236.32万元，减幅31.02%。城镇每月人均补助金769元，农村每月人均补助金666元。

【特困人员供养】 2019年，根据省、市要求，蓬江区特困供养人员供养标准调整为1360元/（人·月）。截至12月，全区特困人员192人，落实供养经费316.78万元，其中城市“三无”人员78人，支出供养资金126.92万元；农村五保户54人，支出供养资金89.8万元，福利院特困人员60人，支出供养资金100.06万元。（冯影姿）

【救助收容】 2019年，蓬江区救助生活无着的流浪乞讨人员147人次，发放救助金额428.57万元。开展“一站式”结算服务，方便低保户、低收入家庭在医院即时结算减免民政医疗救助资金，全年救助13 115人次，发放医疗救助金337.81万元。发放临时救助金12.42万元，救助困难家庭25户。（方佩仪）

【殡葬事业】 2019年，蓬江区民政局按照省、市的统一安排部署，6月份成立蓬江区违法违规私建“住宅式”墓地等突出问题专项摸排工作领导小组，全面启动摸排工作，经初步摸排，全区暂未发现违法违规私建“住宅式”骨灰安放建筑、大墓、活人墓等情况。是年，区民政局办理户籍人员殡葬基本服务2932宗，减免金额408.88万元；通过“一门式”办理异地火化13宗，减免金额12 365元；参加全市节地生态葬法活动120宗，发放奖励补贴金额24 000元。（杨五云）

【社会福利事业】 2019年，蓬江区有居家社区养老服务机构58家，其中示范中心1家、镇（街）级居家服务站2家、村级居家养老服务站55家。养老机构10家，提供全托床位1429张，其中民办养老机构7家（床位1142张），公办3家（床位287张）。蓬江区“益食堂”长者饭堂14家，实现镇（街）全覆盖目标。全年下达村级居家养老服务设施市级、区级运营经费合计137.5万元。

是年，蓬江区有孤儿52人，其中集中供养40人，分散供养12人，发放孤儿基本生活费120.57万元；事实无人抚养儿童48人，发放事实无人抚养儿童基本生活费61.05万元。从1月1日起，集中供养孤儿基本生活标准提高至1990元/（人·月），散居孤儿基本生活标准提高至1240元/（人·月）。做好残疾人“两项补贴”发放工作，向279名困难残疾人发放生活补贴56.39万元，向4858名重度残疾人发放护理补贴1266.2万元。（黄伟源　冯影姿）

【儿童福利】 2019年，蓬江区民政局指导各村（居）委员会对辖区内的困境儿童及留守儿童进行全面排查，建立一人一档案制度，实行动态管理，定时更新“广东省农村留守儿童管理系统”的数据，确保系统与实际名册完全同步。全年全区农村留守儿童3人、困境儿童381人、重病儿童36人、残疾儿童282人、家庭困境儿童3人、事实无人抚养儿童47人，农村留守儿童3人。累计支出384.21万元，其中孤儿220.93万元，自身困境及家庭困境儿童102.23万元，父母双方不能履行抚养义务的儿童61.05万元。资助12名社会散居孤儿，其中小学2人、初中2人、高中4人、大学4人；根据他们所在教育阶段，分类别、分层次发放助学金，共发放助学金5.2万元提高津贴标准。重病儿童生活补贴提高至496元/（人·月），残疾儿童及家庭困境儿童生活补贴提高至255元/（人·月），父母双方不能履行抚养义务的儿童全部纳入低保并按低保标准全额享受低保。

是年，蓬江区民政局建立农村留守儿童关爱保护和困境儿童保障工作联席会议制度。联合镇

（街）督促受委托监护人签订《农村留守儿童委托监护责任确认书》，强化受委托监护人的责任意识，落实监护责任，确保农村留守儿童的权益和权利得到保障，使农村留守儿童健康安全成长；不定期联合镇（街）到困境儿童及留守儿童家中探访，了解他们的学习情况和生活状况；通过购买服务对全区农村留守儿童开展关爱服务，社工通过与他们交谈，了解他们的心理状况并及时进行评估。

是年，全区6个镇（街）及134个村（居）委员会分别配有儿童督导员及儿童主任140人，已在全国村居儿童主任（乡镇督导员）管理系统登记录入。举办基层儿童服务队伍业务培训班，就困境儿童、留守儿童关爱保护及保障救助政策向参训人员作出解读宣讲，明确儿童督导员、儿童主任的工作规范及基本职责，强调以儿童利益最大化为原则，共同做好儿童工作。（罗嘉颖）

【福利彩票发行】 2019年，蓬江区开机销售投注站90个，“快乐十分”投注机63台，“中福在线”销售厅2个。销售福利彩票2亿元，其中电脑票销售8249万元、快乐十分销售6024万元、中福在线销售4197万元、刮刮乐销售1530万元，完成年销售任务120.8%，超额完成市中心下达的年销售任务。全年筹集区本级公益金1448万元。（徐海燕）

【婚姻登记】 2019年，蓬江区办理结婚登记3436对（内地公民结婚3336对，涉港澳、华侨结婚67对，涉外结婚33对），离婚登记1426对（内地公民离婚1392对，涉外、港澳、华侨离婚34对），补领结婚证书543宗，补领离婚证书112宗，出具无婚姻记录证明12宗。推进婚姻登记机关婚姻家庭辅导服务工作，全年完成夫妻婚姻危机介入202对，现场劝和153对，劝和率75.7%。蓬江区婚姻登记处按民政部3A标准升级改造，于9月搬迁到新址，驻江门市蓬江区白沙大道东6号首层1023—1031号，面积536.31平方米，内设咨询台、服务窗口、候登大厅、颁证大厅、办证室、社工室等功能室。11月，蓬江区婚姻登记处获江门市蓬江区妇女联合会授予“巾帼文明岗”称号。（黄敏坚）

民族·宗教

【概况】 2019年，蓬江区有壮族、土家族、苗族、瑶族等少数民族38个，登记在册的少数民族群众17 743人，其中户籍人口4693人，居住半年以上少数民族流动人口13 050人，占全区少数民族人口的83.4%。蓬江区有宗教活动场所8个，其中佛教场所4个，基督教场所3个，另有伊斯兰教临时礼拜点1个。全区有民间信仰活动场所209个，其中棠下镇73个、杜阮镇59个、荷塘镇40个、环市街道28个、潮连街道5个、白沙街道4个。

【民族工作】 2019年，蓬江区开展民族团结进步创建“进机关、进企业、进社区、进镇（街）、进学校、进寺庙”活动，区人社局、白沙街道、白沙街道胜利社区、崇文学校、珠西创谷（江门）科技园股份有限公司、棠下公坑寺被选为创建单位。全年开展知识讲座、主题班会、文艺演出、学习会等活动10多场次，派发宣传资料2000份。做好少数民族服务管理，预防、化解社会矛盾。区民族宗教事务局为10余名群众解答民族成份更改咨询和办理工作，为12名少数民族学生解答高考、中考录取政策，为17名少数民族群众解决子女入学转学问题，协助400多名穆斯林群众举办少数民族传统节日“开斋节”“古尔邦节”庆祝活动。宣传党和国家的民族政策和法律法规，举办少数民族进城务工人员语言政策培训班3期。组织相关部门和镇（街）开展民族宗教领域矛盾纠纷的排查和研判工作，定期走访少数民族群众较多的厂企，与少数民族代表人士保持沟通交流。实现区、镇（街）、村（社区）三级工作网络全覆盖。开展涉民族因素矛盾纠纷专项排查行动7次，全区未发生破坏民族团结的不和谐事件。

【宗教工作】 2019年，蓬江区民族宗教事务局加强新修订《宗教事务条例》等宗教政策法规的宣传，编印《习近平总书记关于宗教问题和宗教工作系列重要论述摘编》学习手册3000份、《宗教政策法规应知应会手册》口袋书3000份、《宗教事务条例》2000份，发到全区各级党组织以及宗教活动场所组织学习；发送宗教政策法规宣传短信10万余条；举办宗教政策法规学习会2场。开展宗教政策法规学习月活动；联合公安部门针对境外宗教渗透活动和非法宗教活动开展排查行动13次，打击取缔2个境外宗教渗透组织和1个佛教非法聚会点，抓获参与人员12人，收缴非法宗教出版物200余册、传教资料3000余份，驱逐出境2人；开展全区教职人员消防培训和应急演练1场，发送预警信息40条，开展安全检查行动18次，排查出风险点、危险源6个，联合各镇（街）到全区多个民间信仰场所开展检查行动30余次。（古健龙）

应急管理

【概况】 2019年2月19日，蓬江区应急管理局正式挂牌成立。核定人员编制19名，其中行政编制1名，行政执法专项编制18名。设局长1名，副局长3名，总工程师1名，正副股级领导职数12名。该局承担全区突发事件应急委员会、区安全生产委员会、区减灾委员会、区森林防灭火指挥部、区三防指挥部和区防震抗震救灾工作领导小组日常协调工作。蓬江区应急管理局驻蓬江区五福一街8号七楼。

【应急指挥平台建设】 2019年，蓬江区应急管理局完成应急会商系统的交接，建成应急平台网站门户，可以直接访问市级或区级应急、水利、气象、城管、自然资源、生态环境、公安、教育、民政等部门提供的数据类系统和视频类系统共19个信息系统（含近2000路视频信号）。收集包括自然灾害事故和安全生产事故的风险点、防范点，防灾救灾期间可用的物资、队伍等救援力量、庇护场所，气象站、水库等雨量、水位监测的点位等17类静态数据信息。是年，区应急管理局推进全区智能应急广播（大喇叭）项目，以棠下镇为试点，并制定《棠下镇应急广播“大喇叭”覆盖效果图》，确定每个安装点位配套3个高清晰号角式扬声器，可通过文字转语音或预设音频的方式，实现预警广播、应急喊话、信息通告等功能。

【保障体系】 2019年，蓬江区有应急庇护场所93个，应急救援队伍16支，应急民兵分队120人，专业消防民兵33人，新增应急管理救援专家37名，安全生产类专家19名。借助相关企业单位的专业人员及设备组建应急救援队伍，全区各镇（街）、区直有关部门、村居、社区和企业开展不同形式的应急培训演练239场，培训人数6196人次。提高了队伍的应急救助、灾后生产、社区减灾工作能力。区应急管理局与区水利部门对接，接管区级三防应急物资仓库，开辟位于环市街道火炬创业园的三防物资仓库，并梳理相关物资储备情况，加强应急物资管理；对各个镇（街）减灾委员会相关成员单位进行应急物资摸底调查，掌握各个镇（街）相关成员单位的物资储备库位置、联系人方式及储备数量，并联系维保公司对损坏的应急装备进行加急检修，做好设备的维修保养，有效减少灾情的发生。

【应急值守和信息报送】 2019年，蓬江区应急管理局制定《蓬江区应急管理局应急值班工作制度》《蓬江区应急管理局坐班人员信息报送手册》《蓬江区应急管理局应急值守和应急响应处置工作流程图》《蓬江区应急管理局机构改革过渡期应急响应处置方案》等文件，落实由值班领导带班，在编人员值班和合同制人员坐班的24小时应急值班制度，明确突发事件信息报送以及应急处置工作流程，并召集全体坐班人员开展值班工作及应急值班系统专用电脑使用的培训。全年接报各类突发事件信息49起，其中事故灾难类事件31起，自然灾害类事件18起。

【应急管理预案体系建设】 2019年，蓬江区应急管理局结合国家、省、市各个应急预案修编进度，积极开展应急预案修编准备工作，统筹修编自然灾害救助、防汛防旱防风、森林防灭火、地质灾害、地震、危险化学品、非煤矿山、工贸行业8个领域的专项应急预案操作手册，以此作为机构改革过渡期相关突发事件应急处置工作的指引性文件。11月，完成8个领域“一页纸预案”制定。全年受理企业应急预案备案163家，其中危险化学品生产、经营单位74家，轻工、建材等工贸企业89家。

【应急宣教培训】 2019年4月2日，蓬江区应急管理局在杜阮镇嘉宝莉厂区组织开展危险化学品事故和在杜阮镇子绵村牛山组织开展森林火灾扑救联合“双盲”应急演练，19个部门400余人参加。5月11日，承办江门市减灾委组织开展2019年江门市“5·12防灾减灾宣传活动”启动仪式暨台风灾害应急救援演练，海陆空近300名应急救援队员参加。10月23—25日，组织各镇（街）100余名森林防灭火业务骨干开展业务培训。

【“三防”工作】 2019年，因受“龙舟水”强降雨和7号台风“韦帕”影响，蓬江区启动2次的防风Ⅳ级应急响应。区应急管理局联同区直各有关部门，切实做好应急值守工作，密切留意各镇（街）受灾情况，全区转移人口19人，受灾情况较轻，无人员伤亡事故发生。

【地质灾害防治】 2019年蓬江区有13个地质灾害点，蓬江区应急管理局10多次联同区直有关单位及各镇（街）开展实地走访工作，准确掌握地质灾害点的整治进度，要求镇（街）加强监测，做好临保措施，树立相关警示牌和围拉安全警戒线，采取防灾避险非工程措施实现避免人员伤亡，督促治理责任主体迅速开展治理。

【防震减灾】 2019年，蓬江区应急管理局联同区教育局成功创建省级防震减灾科普示范学校1所，为江门市怡福中学；市级防震减灾科普示范学校3所，分别为江门市蓬江区荷塘中学、江门市蓬江区农林双朗小学、江门市蓬江区棠下镇实验小学，并在该3所学校举办防震减灾科普讲座；重新认定江门市美景小学为防震减灾科普教育基地。组织人员参加2019年第二届全国防震减灾知识大赛江门赛区选拔赛，取得“二等奖”的优异成绩。配合做好广东省地震局对蓬江区建筑物抗震能力、地震应急准备能力调研工作，为珠三角基础数据的收集及对地震的预评估提供重要的参考价值。是年，全区减灾示范社区17个，其中新创建环市街五福社区和棠下镇良溪村为减灾示范社区，投入资金3.2万元完善创建点硬件设施建设，调拨价值4.2万元的应急物资补充创建点的物资储备。 （刘勇钊）

镇·街道

ZHEN · JIEDAO

棠下镇

【概况】 棠下镇位于蓬江区北部，东隔西江与荷塘镇、顺德区相邻，南邻环市街，西邻杜阮镇，北邻鹤山市，面积131平方千米，下辖23个行政村和3个居委会。棠下镇濒临南中国海，位于低纬区，属南亚热带海洋性气候，温和湿润，少霜无雪，年平均气温约22℃，全年降雨量约2000毫米，年平均时照数达1916小时。主要流经河流有天沙河和西江。截至2019年12月，全镇常住人口103865人，户籍人口78975人，外来人口24890人。

【党政建设】 2019年，棠下镇26个村居党组织完成“四室一厅”规范化建设，投入250万元建设棠下镇党群服务中心（滨江站），成为党员群众资源交换和服务共享的平台，该项目被列为江门市重点项目。推动“活动阵地到支部”，综合利用村居闲置物业，全镇建成村组一级党支部活动阵地6个。继续推进石头村、周郡村、三堡村3个“红色村”党建示范工程建设，投入17万元对周郡码头纪念公园进行升级改造，投入100万元升级改造三堡烈士陵园、建设三堡村党群活动中心等。是年，全镇党员2295人，发展党员25人，转正党员27人。

是年，棠下镇推进党校及“两新”组织建设，落实主题党日、“三会一课”等制度。镇委党校举行专题培训活动27场次，参与人员3191人次；组织主题学习教育活动15场，参加轮训人员1407人次，提交调研报告12份；结合村（居）及“两新”分教点学习安排，完成全镇2497名党员轮训工作。

【经济发展】 2019年，棠下镇公共财政预算收入完成7.63亿元，同比增长43.15%。规模以上工业总产值完成335亿元，同比增长2.02%；规模以上工业增加值完成79.75亿元，同比增长14.8%；全社会固定资产投资完成128.54亿元，同比增长12.4%；社会消费品零售总额0.6亿元，同比增长84.63%；实际利用外资2069万美元，同比增长4.71%；外贸进出口额完成129.2亿元，同比增长7.57%；民生项目、教育事业投入财政资金合计2.47亿元。

是年，棠下镇围绕龙头企业、总部经济，抓好招商引资工作，坚持产业招商、精准招商、以商引商。江门蓬江产业转移工业园棠下园区落户企业39家，包括海信集团、康师傅食品、天地壹号饮料、滨崎食品、香港美心食品、华电能源等知名企业，计划投资总额超200亿元，已落户项目43个，新投产项目2个（兰芳园、海目星）。重点发展智能家电、健康食品、精密机械、激光产业四大主导产业，建成示范性先进制造业产业基地。重点推进松铃机车、科业电器、天地壹号增资扩产，推动美心食品、诺贝电机、一汇食品等项目建成投产。

是年，棠下镇打造“一村一品”优势产业，依托江门农博会等平台，擦亮罗氏柑普茶、乐溪红葱等棠下本地知名品牌，发展良溪无核沃柑产业示范基地项目；推动渔业养殖，通过各村鱼塘改造，引导农户尝试周期新品种养殖，打造天乡石明养殖场水产示范基地；深化推进“良溪古村”美丽精品线路建设和五洞牛肉美食廊道景观升级改造建设。

【城乡建设】 2019年，棠下镇完成蓬江区政府下达的“四好农村路”建设工作，包括村道硬底化改造、桥涵改造、路面维修和绿化建设等25个项目，投资1118.8万元。供水一体化工程已基本完成，各村主体管网已铺设，实现“村村通”自来水。投入46万元兴建棠下镇北片区残疾人康乐中心，新建二类以上标准公厕27间，全镇无害化卫生户厕普及率100%。加快推动虎岭初中教学楼和宿舍楼、实验小学运动场、棠下卫生院住院大楼等项目建设。

是年，棠下镇24个行政村（社区）155个自然村全面启动“三清三拆三整治”工作，累计完成“三清理”17 462宗，清理杂草杂物、积存垃圾7136.28吨和淤泥、漂浮物、障碍物5.18万立方米；“三拆除”902宗，共8.81万平方米；“三整治”2963处，梳理整治“三线”超1.5万米。持续开展“散乱污”企业专项整治工作，第三批省清单中报送149家，其中关停取缔企业100家，升级改造企业49家，已完成整改工作。

是年，棠下镇对陈垣广场、棠下公园损坏的地面、公厕、路灯、沙井盖等公共设施进行修复及翻新，投入资金15万元；对良溪村良中球场进行升级改造，新增良北体育路径1条，投入资金23万元；对中心村灯光球场进行升级改造工程，投入资金20万元。

【教育文化】 2019年，棠下镇有小学10所，初中2所，在校学生10 036人，教职工563人（在编教职工476人，临聘教师87人）。省一级学校1所，区一级学校11所。全镇教职工大专及以上学历达标率100%，本科以上学历超98%。全镇教育系统集体获区级以上奖励31项，教师获区级以上奖励361项，学生获区级以上奖励312项。是年，棠下镇重点推动虎岭初中新教学楼、宿舍楼报批工作，实验中心小学新运动场权属转移和报批工作，虎岭小学综合楼和运动场修建工程。开展“不忘初心、牢记使命”主题教育，举办多种形式的学习、讲座、经验交流、演讲比赛、庆祝中华人民共和国成立70周年合唱比赛、教职工趣味运动会及中小学班主任专题培训等系列活动共80场次；开展“5·12”防震防灾演练、“6·30”消防应急演练、防溺水等安全教育活动共380多场次；组织中小学教师470多人参加省、市、区各类学科培训65场次。

是年，棠下镇举办文化惠民粤曲进基层活动、广场舞大赛、“棠下牛肉”美食节、纪念罗贵建基良溪888周年等各类文化活动20多场次，举办免费公益培训班40节，在良溪村、横江村开展村居“欢乐送”和“健康养生舞”活动250课时，送电影下乡为群众放映300余场。

【医疗卫生】 2019年，棠下镇有医院1家，社区卫生服务站15个，卫生技术人员187人，门诊诊疗量452 920人，住院4098人。依托社区卫生服务中心建立电子健康档案63 861份，建档率80.6%；新生儿童预防接种证建证率100%；新生儿访视人数1264人，访视率96.41%；早孕建册人数1230人，建册率93.82%；产后访视人数1275人，访视率97.25%；老年人健康体检4319人，慢病管理人数4554人；严重精神障碍患者在册管理人数421人，申请发放严重精神障碍患者监护人补助653人次，发放监护补助金1 137 040元。完成辖区常住居民家庭医生式签约服务35 175人，其中普通人群签约10 715人，重点人群（0～6岁儿童、65岁及以上老年人、孕产妇、高血压患者、糖尿病患者、结核病患者、严重精神障碍患者、残疾人等）签约24 460人。全镇申请创建健康家庭2543户和健康社区1个，开展健康促进活动3场；开展义诊服务9场次，开展健康讲座12场次。

【综治信访维稳】 2019年，棠下镇受理登记信访案件2259宗，其中市政府服务热线2134宗，来访、来信登记85宗（含疏导劝返），区信访局交办案件40宗，信访案件办结率99%；受理各类矛盾纠纷案件38宗，成功调处38宗，成功率100%。镇、村两级调解组织共调处化解各类矛盾纠纷186起，调解率100%，成功率98%。

是年，棠下镇开展各类法治宣传活动123场次，村居律师法治讲座78场次。定期召开每季度安全生产暨食药安全、森林防火等工作会议，加强日常管理和隐患排查，累计出动检查人员1035人次，排查生产经营单位510家，发现安全生产隐患1302处，整改安全隐患1012处，整改率77%；行政处罚企业8家，排查“三小场所”（小档口、小作坊、小娱乐场所）1453所，发现隐患1802处，完成整改隐患1645处，整改率91%。全年没有发生较大以上安全事故，安全生产形势总体稳定。

是年，棠下镇开展扫黑除恶攻坚工作，立涉黑恶类案件65宗，破案70宗，刑事拘留79人，逮捕38人，打掉涉黑恶团伙6个，严肃查处深挖保护伞案件1宗。

是年，全镇总警情1029宗，立刑事案件645宗，破案220宗，刑事拘留139人，逮捕109人，打掉各类违法犯罪团伙12个，抓获团伙成员74人；受理治安案件625宗，查处101宗，抓获违法人员193人，其中行政拘留159人，查处吸毒人员42人。

是年，棠下镇开展社区戒毒（康复）“8·31”工程和吸毒人员出所衔接管控、服务工作。全镇服务对象41名（社区戒毒12人，社区康复29人），落实193名社会面吸毒人员的社会化系统“分类分级”模块信息录入，建档率100%。

【人力资源和社会保障】 2019年，棠下镇城乡居民参加基本养老保险11 199人，城乡居民参加基本医疗保险42 171人；城镇新增就业4872人，城镇失业再就业22人，就业困难人员实现就业12人，城镇登记失业率控制在3%以下；办理就业困难人员申领灵活就业社保补贴初审工作17人次，合计16 926元，办理就业创业补贴117家企业919人，合计1 834 281.58元。

是年，棠下镇低保户45户，孤儿2人，特困人员22人，低收入家庭4户，普惠儿童53人，精准扶贫108户；发放低保金30多万元、孤儿供养金3.46万元，特困供养金32.64万元；领导干部走访慰问576人次，发放慰问金、慰问品逾60万元。春节期间，向辖区内在册对象以外的贫困家庭102户207人发放油和大米等慰问物资共4.51万元。

是年，棠下镇80岁或以上老人1944名，80～89岁老人每月发放津贴共50 850元，90～99岁老人每月发放津贴共24 600元，100岁以上老人每月发放津贴共300元，发放百岁老人慰问金总额900元。60岁以上户籍老人购买“银龄安康行动”意外保险14 561人。全镇各村居建设完成并投入使用的幸福院22个。年末，棠下镇颐养院“公建民营”项目与中标方签订服务合同。棠下镇长者饭堂正式挂牌并开展送餐服务。

是年，棠下镇持证残疾人1729人，其中视力残疾183人、听力残疾179人、言语残疾10人、肢体残疾876人、智力残疾152人、精神残疾251人、多重残疾78人，各类康复需求对象367人，建档1729个，康复需求筛查率100%，建档率100%。残疾人居家无障碍改造11户，白内障筛查活动举办17场次。向红日社会工作服务中心购买社工服务、职业技能训练和推荐就业等服务，开展“志愿在康园”系列活动，帮助残疾学员提升基本生活能力。投入资金50万元改建五洞村康园中心，为残疾人提供就业、康复场所。

【人口和计划生育】 2019年，棠下镇户籍总人口78 975人，已婚育龄妇女15 749人，户籍人口总出生1229人，其中一孩530人，二孩623人，三孩及以上76人，出生人口性别比104.49；流动人口34 247人，流动人口新出生437人，其中一孩153人，二孩210人，三孩及以上74人；举办卫生健康、公卫咨询、义诊活动9场，参与群众达2000多人；发放各类健康素养、公卫宣传资料、健康教育海报25 000多份；建立卫生计生执法监管网络，切实履行属地监管职责，开展打击非法行医13起，取缔无证行医诊所6间；开展计划生育保险服务，为符合条件的家庭3751户11 903人投保计划生育意外保险，每年每人30元；农村计划生育家庭奖励扶助对象1331人，发放金额132.67万元，农村计划生育节育奖励1201人，发放金额39.19万元；城镇独生子女奖励对象427人，发放金额32.29万元，独生子女伤残死亡家庭特别扶助对象7人，发放金额4.29万元；新增各项符合奖励对象247名，删减符合奖励死亡、迁出、超生对象31人。

【一门式服务中心】 2019年，棠下镇一门式服务中心受理业务105 678件，其中公安业务33 150件、村居业务4271件、综合业务68 257件，日均受理量390件。 （黄远辉）

荷塘镇

【概况】 荷塘镇地处珠江三角洲腹地，位于西江下游四面环水的江心岛镇，与江门、中山、佛山三地交汇。面积32平方千米，下辖13个村委会和1个社区。2019年，全镇户籍人口4.9万人，常住人口8.1万人。是年，荷塘镇获全国爱国卫生运动会授予“2019—2021年国家卫生镇”称号。

【党政建设】 2019年，荷塘镇开展“不忘初心、牢记使命”主题教育，组织开展各类学习培训43次，培训人员4000多人次。全镇党员1969人，吸收入党积极分子12人，预备党员12人，党员按期转正21人。推行基层党组织规范化标准化建设，全面完成14个村（居）党群服务中心的升级改造。严格规范党组织设置，全面完成镇内14个村（居）属下党支部以及镇内机关、事业单位党支部补选委员工作，补齐配强党支部委员。完成南村乡村振兴示范点验收工作。做好软弱涣散村（社区）党组织整顿工作，研究制定整顿方案，建立整顿台账。提高“两新”组织覆盖率，新成立江门市柏力酒店有限公司、江门霞光照明有限公司、广东基顺隆新型药用包装材料有限公司、江门市思盟电器有限公司、禾冈幼儿园、六坊幼儿园6个“两新”党组织。

【经济发展】 2019年，荷塘镇生产规模以上工业总产值74.44亿元，规模以上工业增加值13.91亿元，固定资产投资5.26亿元，限上社会消费品零售总额4.58亿元，外贸进出口12.48亿元，地方财政一般公共预算收入1.28亿元。列入市重点建设项目4项，项目总投资4.85亿元，其中当年投资任务1.3亿元，完成全年投资额的100%。

是年，荷塘镇村组两级农村集体经济总收入9252.46万元，其中村委会收入3862.55万元，占42%；村小组收入5389.91万元，占58%。全年农业生产总值23 944万元。

是年，荷塘镇招商引资成功落户项目7个，总投资额5.5亿元，其中超亿元项目2个，津泰运动与祯泰物业公司投资3亿元；基顺隆公司投资6000万增资扩产，扩建第二车间；海阁拉斯集团投资1亿元，已投产运营；绿色未来公司投资1000万元，已投入运营；赛克斯公司投资6000万元增资扩产，已动工建设；中泰包装公司投资2000万元，已投入运营。在谈项目5个，投资额4.75亿元，包括维龙物流超亿元项目等。

是年，荷塘镇认定高新技术企业24家，拥有工程技术研究中心的企业36家，院士工作站1家，科技特派员工作站1家。第一批科技专项资金项目安排资金总额940.15万元，其中区级财政安排329.05万元，镇级财政安排611.09万元。

【城乡建设】 2019年，荷塘镇完成社会投资广东益麟投资有限公司龙湖花园商住小区建设，项目总占地面积75 969.6平方米。包括龙湖花园商住小区A、B地块1#、2#、3#商业综合楼、住宅及1377个地下车库停车位，建筑面积210 477.3平方米，投入资金7.78亿元。

是年，荷塘镇配合开展南村村乡村振兴村落景观提升工程和高村村“乡村振兴战略—生态宜居美丽乡村建设”整治项目，南村村成功创建为区级示范村；促成高村村总投入近500万元，新建占地面积4000平方米、建筑面积2000多平方米的二类标准市场。推进“三清三拆三整治”和“四好农村路”建设，对西堤路进行绿化补种、换种，对六坊村三坊桥进行改造，对六坊陈塘至塔岗村道路进行村道改造，全镇13个村基本达到干净整洁村标准。

是年，荷塘镇清理村巷建筑材料垃圾等1285处，重量1491吨，拆除危房废弃猪栏露天厕所95座，面积8405平方米，拆除乱搭乱建违章建筑25处，面积997平方米，拆除非法商业广告招牌16宗，面积174平方米；整治垃圾乱扔乱放113处，整治污水乱排乱倒37宗；已清拆违法建筑物81栋，建筑面积68 565平方米，恢复被占用堤防长3946米，出动500多人次，耗费资金50多万元。

是年，荷塘镇出动检查人员9490人次，检查企业4745家次，对115家散乱污企业实施两断措施、65家企业进行再次两断措施，对986家散乱污企业实行“回头看”，完成364家省清单、345家市动态清单“散乱污”企业整治任务。

【教育文化】 2019年，荷塘镇有小学7所、初中1所、高中1所，在校学生7471人，教职工490人（在编教职工455人，临聘教师35人）。全镇教职工大专及以上学历达标率99.8%，本科以上学历超96.5%。是年，荷塘职业技术学校获得高考目标达标奖。

是年，荷塘镇加快推进教育现代化建设，投入资金1200多万元。其中784万元用于信息化建设，建成荷塘中学多功能会议厅、录播室、智慧图书馆；全镇学校添置一批办公室电脑和10个教室的一体机教学平台；联育小学等4所学校进行学校智能监控系统改造。全年区级以上立项课题19项，其中省级3项、市级2项、区级14项，结题1项。

【医疗卫生】 2019年，荷塘镇有医院1家，社区卫生服务站10个，卫生技术人员155人，门诊诊疗量523 685人，住院4817人。依托社区卫生服务中心建立电子健康档案73 542份，建档率80%；新生儿童预防接种证建证率100%；新生儿访视人数730人，访视率98.52%；早孕建册人数698人，建册率94.19%；产后访视人数721人，访视率97.3%；老年人健康体检3351人，老年人健康管理率71%；慢病管理人数5277人；严重精神障碍患者在册管理人数

338人，申请发放严重精神障碍患者监护人补助306人次，发放监护补助金451 410元。完成辖区常住居民家庭医生式签约服务28 520人，签约率31%，其中，普通人群签约14 685人，重点人群（0～6岁儿童、65岁及以上老年人、孕产妇、高血压患者、糖尿病患者、结核病患者、严重精神障碍患者、残疾人等）签约13 835人。开展义诊活动10次，投入14大类基本公共卫生服务经费686.5万元，派出工作人员800多人次，为人民群众和外来工送医送药、开展咨询与健康检查，就诊（包括健康检查）人数达10 000多人次，发放健康教育资料30 000多份。

【综治信访维稳】 2019年，荷塘镇以全国“两会”、中华人民共和国成立70周年及澳门回归20周年重大维稳安保工作为中心，深化落实综治维稳各项工作。全年没有发生危害国家政治安全特别是政权安全、制度安全重大政治事件、“街头政治”活动和规模性非法聚集，重大影响涉政治安全案（事）件、进京到省集访事件、进京到省滋事闹事事件。

是年，荷塘镇矛盾纠纷调处率100%，没有因矛盾纠纷调处不及时或不适当而引发非正常死亡、民转刑案件、群体性上访和群众性械斗事件的发生。受理各类劳资纠纷来访投诉案件342宗，案件涉及人数919人，涉及金额1057万元，结案324宗，为827名农民工追回欠薪978万元，受理工伤认定和矛盾纠纷调外工作申请案件143宗。设有镇级公共法律服务工作站1个，每个村（居）设立公共法律服务站和法律援助工作点，配合一村（社区）一法律顾问工作的进一步开展，为荷塘镇村民委员会、村民小组及广大群众提供法律服务322次，法律咨询254人次，出具法律意见27份，法制宣传66次，调解12次，参与诉讼3次。

是年，荷塘镇顺利通过市综治委、市委政法考核验收并成功摘除“涉恶突出问题重点整治镇”的帽子。全年排查各类线索47条，经研判上报至区的线索数为22条，成案15条，线索成案率68%。立涉黑恶案件9宗、破案9宗，打掉涉黑恶团伙2个，刑事拘留20人，逮捕10人，起诉27人。调查涉黑涉恶腐败数1件，打掉“保护伞”3人；追缴、没收、查封、冻结、行政处罚等金额1784万元。

是年，荷塘镇顺利通过江门市禁毒委的考核验收，并摘除“市禁毒重点警示镇”的帽子。全年破获涉毒案件41宗，缴获毒品8.62克，抓获嫌疑人34人，其中刑事拘留9人，行政拘留25人，逮捕6人，起诉8人，被强制隔离戒毒17人。强化毒品预防教育，把荷塘中学打造成荷塘镇全民禁毒教育基地，大力开展“六进”宣传活动，在荷塘镇内10所中小学校集中开展毒品预防教育讲座25场次，参与师生人数超20 000人次，举行镇级禁毒宣传活动35场次，举行村（居）禁毒宣传活动336场次。荷塘镇社区戒毒（康复）站实行“一人一档”及“四位一体”帮教23名服务对象，对社区戒毒（康复）人员开展谈话367次，走访村居14个共120人次，社区戒毒社区康复人员执行率和报到率均100%。

【人力资源和社会保障】 2019年，荷塘镇一般公共预算民生类支出1.78亿元，同比增长5.62%。最低生活保障标准提高到850元/月，参加城乡居民基本养老保险3.2万人；城镇新增就业1288人，城镇失业再就业250人，就业困难人员实现就业5人，城镇登记失业率控制在3.2%以下；办理就业困难人员申领灵活就业社保补贴初审工作13人次，共计1.1万元，办理就业创业补贴36次。

是年，荷塘镇开展低保年审工作，对在册低保户进行全面审核，对有困难的家庭做到应保尽保；现有低保63户82人，其中农村低保57户74人，城镇低保6户8人，纳入低保771户次1010人次，发放低保金61.43万元；办理申请医疗救助7人次共发放救助金2292元；为6名特困学生发放助学金9500元；资助4.32万元为1户低保户进行危房改造；投资25.93万元建设光伏发电扶贫项目，16户低保户实现脱贫，脱贫率100%。

是年，荷塘镇居家养老服务站14个村（居）均已建设完毕并投入使用。全年为9537名60岁以上老人购买10元保费“银龄安康”意外保险共95 370元；为12 862名80～89周岁老人发放30元/月的生活津贴38.59万元，为1551名90～99周岁老人发放100元/月的生活津贴15.51万元，为78名100周岁以上老人发放300元/月的生活津贴2.34万元。

是年，荷塘镇做好优抚对象生活津贴、补贴资金发放工作，投入162.04万元发放各类补贴。为87名重点优抚对象办理2018年度社保医保补助，共计36.15万元；为2017、2018年入伍的24名士兵发放义务服兵役优待金，共计52.8万元。办理优抚对象医疗救助或临时困难救助39人次，资助金额8.01万元，其中申请医疗救助25人次，资助金额5.56万元，临时困难救助14人次，资助金额2.45万元。

【人口和计划生育】 2019年，荷塘镇年内户籍人口总出生627人，出生人口性别比为112.54，出生率13‰，人口自然增长率6.80‰，户籍人口政策生育率93.94%，流动人口总出生606人，流动人口政策生育率83.66%。全年兑现独生子女父母奖励金652 690元，发放计划生育家庭特别扶助金15 200元。开展扶助关怀计生特殊困难家庭工作，慰问计生困难家庭52户，发放慰问金和慰问品共计30 100元。

【一门式服务中心】 2019年，荷塘镇一门式服务中心共有12个部门303项业务，其中综合业务220项，公安业务83项。下放到村居9个部门84项业务。全年业务总量81 605件，其中综合窗口业务量18 631件，公安窗口61 973件，村（居）业务量1001件。

（梁美蓉）

杜阮镇

【概况】 杜阮镇地处江门市蓬江区西部，西接鹤山市，南倚广东省级风景名胜区新会圭峰山国家森林公园，毗邻港澳地区，总面积80.9平方千米。2019年，杜阮镇下辖19个村和4个社区，总人口11万人，户籍人口5.06万人，流动人口超6万人。

【党政建设】 2019年，杜阮镇开展“不忘初心、牢记使命”主题教育，贯彻学习习近平新时代中国特色社会主义思想，学习“第一议题”26次，召开理论学习中心组学习、专题集中研讨33次，专题民主生活会2场，结合巡视巡察整改落实工作，领导班子共检视问题18个，制定整改措施39条，主动认领区委巡察反馈的98个具体问题，细化制定273条整改措施，全部按时间节点对账销号。强化监督执纪问责，持续纠正“四风”，谈话提醒21人次，函询1人，诫勉谈话1人。选派镇优秀干部到村任党总支书记，及时调整两个问题村的“两委”班子成员，促进基层治理工作。全年投入100多万元对各村（居）服务中心门面、办事大厅、党群会议室等进行升级改造，规范各项上墙制度，完成镇党群服务中心和23个村（居）党群服务中心建设。打造长乔村乡村振兴党建示范点。实施“头雁”工程，向龙安村、木朗村、长乔村和杜阮村派出第一书记，有效推动乡村振兴战略实施。是年，杜阮镇入党积极分子18人，预备党员23人，转为正式党员25人。新建4个“两新”党组织，其中1个为非公企业联合党支部，3个为单独组建的非公企业党组织。

【经济发展】 2019年，杜阮镇实现地区生产总值74.8亿元，同比增长4.5%；规模以上工业总产值139.3亿元，同比下降17.1%；规模以上工业增加值31.87亿元，同比下降20.3%；固定资产投资总额41.65亿元，同比增长14.23%；社会消费品零售总额6.66亿元，同比下降11.8%；外贸进出口总额34.75亿元，同比增长28.32%；地方公共财政一般预算收入2.51亿元，同比增长2.12%。支持企业技改节能申报，工业企业技改资金投入5.15亿元。

是年，杜阮镇金镜山、骑龙山工业园区升级为蓬江区产业转移工业园，进驻规模以上工业企业43家，其中骑龙山工业园10家、金镜山产业园33家。推进重点项目建设，加滢精细化工有限公司已建成投产，骏东木业完成厂房钢架结构；地尔汉宇项目已封顶，面积27万平方米；竞晖电器、盈通增资扩产、飞肯摩托等8个项目签约落地，计划总投资超15亿元。房地产建设稳步推进，碧桂园、美的、中梁、联发房地产项目已大部分建成并在售，龙光地产、合生地产项目成功落户。

是年，杜阮镇农村集体经济组织（村组两级）收入1.7亿元，村级经济稳步发展。在镇、村资产交易平台进行交易的农村集体资产、资源共169宗。凡工程交易标的额在3万元以上的，由镇“三资”办审批后，统一在镇、村农村小型工程交易平台进行招投标。全年在镇、村农村小型建设工程交易平台进行交易47宗，金额2917万元。

【城乡建设】 2019年，杜阮镇继续推进“厕所革命”工作，卫生户厕改造率100%。按照蓬江区建设“四好农村路”的要求，完成吒石下山路、木朗村道改造工程，松岭村道改造工程已完成工程量的90%，全镇主干道路硬底化达100%。成立巡察管控市容专业队和“两违”（违法用地、违法建设）专业队，拆除户外广告牌185宗；完成江肇、江鹤高速出入口环境整治和景观提升工程。大力推进“三旧”改造，高标准开展美丽乡村示范村建设，长乔村通过示范村验收，杜臂村已全面开工建设。

是年，杜阮镇持续推进河长制及黑臭水体整治工作，投入117万元用于河流巡查保洁，巩固河道综合治理成果。落实水资源保护，回收那咀水库第一重山林地，投入78.3万元进行林相改造，完成种植工程总面积51.9公顷。落实“五清”专项行动，清理水面漂浮物226吨，清理河道底泥13.9万立方米，清理违规建筑1180平方米，清除河道障碍物1068立方米，清理河道非法排污口0宗。开展废品回收站和垃圾屋专项整治，完成垃圾屋（池）拆除和改造21个。推进畜禽养殖污染治理，清空畜禽养殖场537家，拆除畜禽养殖场面积34万平方米，清理畜禽23万只。

是年，杜阮镇开展“三清三拆三整治”工作，完成“三清理”7402宗。全面推进“小散乱污”企业专项整治，全镇纳入省、市级整治清单的“散乱污”企业451家。聘请第三方水质检测机构，投入4.9万元对杜阮河各河段每月抽检1次，狠抓河道工业污染整治。

【教育文化】 2019年，杜阮镇有11所学校，其中8所小学、2所初中、1所九年一贯制的民办学校，共有教师716人，在校学生12 354人。全年学校师生获得区级以上奖励1275项。着力完善教育基础设施建设，楼山初中新建教学楼已投入使用，龙榜小学改扩建工程已封顶。进一步完善村（居）综合性文化服务中心，启动新时代文明实践所（站）建设，选址金域华府3楼，配合推进蓬江区文化馆、图书馆总分馆制建设，新馆面积1500平方米，计划投入资金300万元。

【医疗卫生】 2019年，杜阮镇有医院1家，社区卫生服务站9个，卫生技术人员167人，门诊诊疗量49.1万人次，出院7883人次。依托社区卫生服务中心建立电子健康档案90 898份，建档率85.7%；新生儿童预防接种证建证率100%；新生儿访视人数1156人，访视率99.23%；早孕建册人数1135人，建册率97.42%；产后访视人数1139人，访视率97.77%；老年人健康体检3495人，老年人健康管理率72.11%；严重精神障碍患者在册管理人数437人。完成辖区常住居民家庭医生式签约服务36 862人，签约率34.8%，其中普通人群签约16 960人，重点人群（0～6岁儿童、65岁及以上老年人、孕产妇、高血压患者、糖尿病患者、结核病患者、严重精神障碍患者、残疾人等）签约19 902人。开展健康讲座12场次。

【综治信访维稳】 2019年，杜阮镇推进“党建+N全科网格”建设，录入省综治信息系统网格事件4091宗；投入88万元，完善全镇30个重点地段的视频监控系统建设。健全矛盾纠纷化解机制，调解民事纠纷193件，成功处理193件；排查调处各类矛盾纠纷204宗，成功调处202宗；受理“12345”政府服务热线案件1890宗。

是年，杜阮镇深入开展“扫黑除恶”专项斗争，安排专项经费200万元，开展“六进”宣传活动973场次；破获涉黑涉恶案件23宗，刑事拘留25人，逮捕19人，公诉35人，查扣涉案资金共25.15万元。举办综治平安建设和禁毒宣传活动893场次，参与群众5万多人次；制作重点区域广告牌6453个、宣传横幅标语598条，派发各类宣传资料20多万份。成功破获“503”较大跨省贩毒案件；全年破获贩毒案件5宗，抓获涉毒人员15人，其中刑事拘留13人、取保候审2人；行政拘留79人，强制戒毒23人。全镇刑事发案571宗，立刑事案件545宗，破刑事案件182宗，查处治安案件135宗；全年抓获各类犯罪嫌疑人283人，其中刑事拘留155人，逮捕96人，移送起诉130人，查处各类违法人员278人。

【人力资源和社会保障】 2019年，杜阮镇城乡居民参加基本养老保险7576人，城乡居民参加基本医疗保险28 263人；城镇失业再就业203人，就业困难人员实现就业26人，城镇登记失业率控制在0.12%以下；办理就业困难人员申领灵活就业社保补贴初审工作64人次共7.26万元，办理就业创业补贴30次。

是年，杜阮镇开展社区养老服务，包括养老饭堂、平安通服务和80岁以上老年人巡防服务项目。共发放80岁老人高龄津贴34.5万元、90岁老人高龄津贴23.6万元、100岁老人高龄津贴0.5万元；发放优抚定补、慰问金、优待金、安置金以及各项医疗、解“三难”（住房困难、医疗困难、生活困难）救助金共356万元。建成蓬江区残疾人综合服务中心杜阮站并投入使用，覆盖周边9个村（居）近400名残疾人。解决残疾人就业难问题，在两个康园中心开展辅助性就业，为符合就业年龄阶段的残疾人购买社保，不低于江门市人均工资1550元。全年发放护理补贴1 512 210元、低保残疾人生活津贴70 950元。

是年，杜阮镇做好精准脱贫工作，完成光伏发电、凉瓜种植基地、惠民就业培训基地、扶贫公交广告等产业扶贫项目，收益分红10.53万元。投入专项资金94.98万元，与江门捷丰科技有限公司合作，对凉瓜、玉米进行精深加工，为精准扶贫对象提供就业岗位。持续做好与广西天等县向都镇对口帮扶工作，全年划拨对口帮扶资金100万元，建设扶贫项目3个。

【人口和计划生育】 2019年，杜阮镇出生总人口649人，政策外出生27人，符合政策生育率95.84%，出生人口性别比为109.35。完成国家免费孕前优生健康检查238人、增补叶酸189人、地中海贫血防控210对，免费发放避孕药具14 000多人次。开展卫生计生大型主题宣传活动12场，举办健康知识讲座、健康咨询12场次。全年发放计划生育家庭特别扶助金、农村节育奖、农村部分计划生育家庭奖励金、城镇独生子女父母奖励等计生奖扶金332.15万元。

【一门式服务中心】 2019年，杜阮镇一门式服务中心经办业务73 635件，同比下降27.76%。其中公安窗口受理49 861件，同比下降30.83%；综合窗口受理23 774件，同比下降1.69%。村（居）经办业务5452件，同比下降3.81%。 （曾舒婷）

环市街道

【概况】 环市街道办事处地处江门市中心城区，是蓬江区政治、经济、文化中心，面积31.178平方千米。机关内设综合性办事机构9个，事业单位6个（含参公1个）；全街基层党组织176个（含党委、党总支部、支部），占全区基层党组织总数的14.57%，其中街党工委下辖一级党组织36个，全街党员3069人；社会组织8家，培育与协助注册登记社会组织8家，包含家庭综合服务、妇女儿童维权、法律咨询、心理疏导、母婴健康类服务等。2019年，环市街道下辖9个经联社，21个居委会，总人口19.44万人，其中户籍人口12.44万人，流动人口7万人。

【党政建设】 2019年，环市街道深入学习贯彻习近平新时代中国特色社会主义思想，以及党的十九大和党的十九届四中全会等会议精神，先后召开38次党工委会议、中心组学习会24次，举办集中学习、宣讲会议近26次。党员干部开展主题教育，抓好学习教育、调查研究、检视问题、整改落实四项重点措施。全年组织集中研讨6次，深入调研并形成专题报告12个，基层党组织书记轮训134人次，落实专题党课77堂；班子及成员检视问题57个，整改措施119条；各党组织查摆出问题334条，已整改完成319条。

是年，制定街道党建工作实施方案和落实省三年行动计划考评方案，强化党建目标责任制。提升基层组织力，强化班子综合研判力，配强社区、经联社“两委”干部；落实“头雁”工程，举办书记培训16场次，建立42人书记后备库；聚焦服务资源和能力不足，做好社区软弱涣散整顿工作；发展党员30人。强化基层党组织战斗堡垒作用，东风、天福、丰雅社区成为环市社区党建名片，竞晖、金羚为“两新”党建新示范点，4个单位被评为市、区先进党组织，5人获市、区级优秀党务工作者和优秀党员称号。

是年，坚持把党的政治建设摆在首要位置，以中央、省委巡视和市委提级巡察以及区委村居巡察整改工作为抓手，以“七个抓”为工作重点，驰而不息整治“四风”，集中整治形式主义、官僚主义突出问题，综合运用监督执纪“四种形态”，加强干部教育日常监督管理。其中中央第十二巡视组反馈意见6大方面58个具体问题、省委第十三巡视组反馈意见4大方面55个具体问题、省委第七巡视组反馈6大方面50个问题，基本完成整改；市委巡察反馈意见4大方面45个具体问题，完成整改38个；区委村居巡察反馈意见4大方面19个具体问题，完成整改17个。全年全街问责处理5人，诫勉谈话4人。

【经济发展】 2019年，环市街道实现规模以上工业总产值351亿元，社会消费品零售总额72.7亿元，固定资产投资25.6亿元，其他营利性服务业16.6亿元，地方公共财政预算收入3.07亿元，公共财政支出1.998亿元。

是年，全面提升招商引资实效，新引入超5亿元项目1个；新登记企业1074家，其中超千万企业16家、超亿元企业3家，新登记企业注册资金20.9亿元。推进国海科技、竞晖电器、亿都电子等一批企业增资扩产，香记（江门）咖啡增资257万美元、江门希界维影城增资100万美元、国海科技增资30万美元、江门全动置业增资138万美元、竞晖电器实业有限公司增资32万美元在杜阮金镜山建设新厂房、江门保丽科技增资50万美元、江门亿都增资100万美元、江门市和景投资有限公司增资45万美元；银龙阁海鲜酒楼增资50万美元。力促迪浪大数据、创显大湾区智慧教育总部中心项目等一批重点项目落地建设。其中，迪浪大数据项目总投资8650万元，建筑面积8万平方米；创显大湾区智慧教育总部中心项目总投资6300万元，建筑面积11万平方米，用地面积2.53公顷。

是年，环市街道以物业出租、房地产投资、厂房招商引资和特色产业建设等推动农村集体经济平稳有序增长。全年股民人均纯收入8943元；属下九个经联社物业总建筑面积204.39万平方米，同比增长6.31%；物业出租年收入2.55亿元，同比增长3.38%；产生税收9531万元，同比增长45.2%；集体总收入10.3亿元，同比增长34.38%。

是年，落实集约节约用地政策，推动“三旧”改造项目开展。“三旧”改造项目9个，建设面积18.4公顷，总投资44亿元。其中，村改造项目3项，完成佛山万科置业与里村合作第一期地块清拆，面积4公顷；顺利推进广州荔园房地产集团与里村合作地块项目，面积1.93公顷；完成东风旧村的地块主体建设，面积2.67公顷。“工改工”项目7项，其中完成篁庄群华科技园二期的主体建设，面积1.2公顷；完成柏力科技园砌筑，面积2.67公顷；完成创新科技孵化器综合楼内部改造，面积0.63公顷。

是年，按照第四次全国经济普查领导小组的统一部署，完成第四次全国经济普查工作。全街核查单位8375家，正常填报7734家，上报国家系统情况95%。完成普查上报881户，上报率124%。

【城乡建设】 2019年，环市街道推进生态环境治理攻坚行动，办结省第三批第五环保督察组交办的环保案件46宗；完成散乱污企业整治4家；完成“五大行业”的6家企业关停搬迁；加强固废危废专项整治行动，共排查汽修企业38家，其中35家基本按照环保相关规定设置危废储存间、签订危废转移合同、建立危废管理台账等。

是年，环市街道抓好水环境综合治理项目建设，完成丹灶河下游沿线、丹灶河南支等截污一期工程，铺设污水管网超7000米，清淤27 300立方米；完成群星经联社实施的丹灶河上游黑臭水体治理应急工程。全年累计巡河822人次；投入40万元用于河道保洁，扎实推进“五清”行动，排查混合入河排污口146个，清理河流长度40.34千米、清理垃圾杂物约151吨、清理水域障碍物约60平方米、清理违章建（构）筑物4宗，清理面积225平方米。

是年，环市街道开展“三清三拆三整治”工作，以篁庄仁寿经济社为区级示范点，完成9个经联社示范点建设，完成三批次“红黑榜”任务共754项，完成率100%。推进“厕所革命”，投入资金155万元，新建（改造）无害化卫生户厕9户，全街无害化卫生户厕普及率100%，其中两座厕所升级改造达到国家Ⅱ级标准。

是年，环市街道加强森林防火基础设施建设，落实龙舟山防火路一二期共2.5千米工程建设；投入近50万元建设大西坑林区消防水罐30个，确保辖区不发生森林火灾及其他森林资源安全事故。

是年，环市街道推进社区公园升级改造工程。其中投入资金34万元，升级改造育德社区、怡福社区口袋公园及道路改造；投入资金8万元，完成凤山公园建设可行性研究报告编制；投入资金35万元，对江门大道两侧闲置地和辖区绿植缺失的社区公园以及地段开展增种绿化工作，增种面积2100平方米。

【教育文化】 2019年，环市街道有小学6所，在校学生2876人，教职工391人（在编教职工288人，临聘教师103人）。省一级学校有2所，市一级学校有3所，区一级学校有1所。全街道教职工大专及以上学历达标率100%，本科以上学历超85%。在坚持传统的“传、帮、带”的基础上，通过说课、公开课、示范课等形式，提高教师驾驭教材和课堂的能力。组织教师学习师德师风的制度文件，与教师签订师德师风承诺书，规范教师行为。开展“不忘初心、牢记使命”的主题教育，举办多种形式的学习、讲座、经验交流、演讲比赛及宣传师德典型系列教育活动共32场次。加强校园安全管理，举行校园逃生演练活动，开展“5·12”防震防灾演练、“6·30”消防应急演练、防溺水等安全教育共25场次。

是年，环市街道开展“艺熠环市”惠民送戏、送教等文化送暖活动，提供菜单式培训课程100多课时，指导社区、经联社结合节庆日举办“我们的节日”“讲文明树新风”“扫黑除恶”等各种主题的百姓文化大舞台活动共363场次。组织开展系列公益培训课程和文化体育活动，共举办免费公益培训课程100节（次），包括篮球、绘画以及舞蹈等。区文化馆、图书馆分馆成功落户环市街文化站。坚持以“专业+业余”的模式培养文艺骨干。搭建社区群众文体队伍成长平台，指导组建49支文化志愿服务队，通过购买政府服务举办文化志愿服务队培训及启动精品社团培育工程，针对需求开展10期培训班，指导编排舞蹈《最爱你的人》、小品《让爱回家》等一批原创文艺作品走进群众中演出。

【医疗卫生】 2019年，环市街道有序开展国家基本公共卫生服务项目、家庭医生签约服务等各项重点工作，有针对性地普及健康知识，提高群众的健康素养，促进群众的身心健康和家庭幸福。依托社区卫生服务中心建立电子健康档案100 010份，建档率80.32%；新生儿童预防接种证建证率100%；新生儿访视人数2651人，访视率99.06%；早孕建册人数2564人，建册率95.81%；产后访视人数2541人，访视率94.95%；老年人健康体检3920人，老年人健康管理率70.75%；慢病管理人数6947人；严重精神障碍患者在册管理人数457人，申请发放严重精神障碍患者监护人补助562人次，共发放监护补助金479 820元。完成辖区常住居民家庭医生式签约服务37 360人，签约率30.01%，其中普通人群签约12 326人，重点人群（0～6岁儿童、65岁及以上老年人、孕产妇、高血压患者、糖尿病患者、结核病患者、严重精神障碍患者、残疾人等）签约25 034人。全街申请创建7062户健康家庭和2个健康社区，开展健康促进活动30场；开展义诊服务42场次，开展健康讲座15场次，发表卫生计生稿件107篇。

【综治信访维稳】 2019年，环市街道受理群众来信来访来电5103件次，接访调解出嫁女群体等42批次，参与调处各类突发事件和矛盾纠纷26宗。做好全国两会、博鳌论坛、一带一路高峰论坛、世界园艺博览会、庆祝中华人民共和国成立70周年等重大活动，清明、“五四”“六四”“七一”“八一”、对越自卫反击战20周年等敏感节点的维稳安保工作，均没有发生群体性事件或越级到省到京的非正常上访事件。

是年，环市街道以东风、天福、丰雅3个社区为试点，通过建设软硬件系统，推进“党建+N 全科网格”管理体系建设，实现党建、应急处置、城市管理和综合执法、环境卫生、创文宣传、环保、消防安全、市场监督管理、义工服务、信访维稳等力量的统筹入网格，3个试点社区共导入人口数据30 462条、房屋数据8343条，通过区平台处理网格事项561件次，为国庆、华侨嘉年华活动、“12·20”等重大特防安保、重要应急、维稳会议、依法治街工作会议、扫黑除恶会议等工作的顺利开展提供信息化保障。

是年，环市街道安排215万元专项资金用于开展法治宣传、创建平安、无毒、无邪教社区和社会治安重点整治等工作。推动无邪教社区和“一墙一窗”反邪教警示教育阵地建设，实现辖区无邪教组织窝点、无新滋生邪教人员、无越级进京滋事活动、无发生重大邪教案事件的目标；开展全民禁毒工程和禁毒宣传教育工作，提高全民法律素质和法律意识，坚持法制教育与法治实践相结合，开展普法依法治理工作。组织开展重点场所“六进”宣传活动693场次，开展扫黑除恶、禁毒等法制宣传活动230多场，开展法律咨询活动92场，接待群众咨询接近4000人次，发出普法信息2200条，覆盖人群近9万人。投入150万元推进除恶专项斗争工作，摸排线索15条，有效线索14条，已核实涉黑涉恶线索12条，成案率92.3%。

【人力资源和社会保障】 2019年，环市街道参加城乡医疗保险37 601人，完成率109.4%；城镇新增就业1224人，完成率102%；失业人员实现再就业1177人，完成率113.17%；就业困难人员实现就业97人，完成率114.12%；促进创业239人，完成率132.78%；城镇登记失业率0.44%，有效控制在市要求的3.2%以内。组织50家大型企业为台湾青年来江门实习提供岗位资源，其中江门华岸汇企业管理有限公司招收招商专员2名，企服专员1名。全年举办各类大型现场招聘会8场；近100家企业的专业厨师参加“粤菜师傅”“南粤家政”等各类培训班。

是年，环市街道开展社区养老服务，包括养老饭堂、平安通服务和80岁以上老年人巡防服务项目，共发放80岁老人高龄津贴23.82万元，90岁老人高龄津贴10.89万元，100岁老人高龄津贴1.2万元。

发展慈善公益事业，募集慈善捐款100.56万元，用于开展各项慈善救助活动，如在甘光仪学校、丹灶小学、里村小学、东风小学、丰乐小学开展“430学堂”服务项目，开展困难家庭助学、助困、节日慰问等临时性项目。有序推进残疾人福利保障工作，发放专项补贴金151.11万元，临时救助金0.82万元，残疾人教育补助金0.72万元，节日慰问金3.6万元。做好各类优待抚恤工作，共为优抚对象发放生活补贴和医疗救助金185.3万元，为参战人员申请临时救助金5万多元。

是年，环市街道精准扶贫户33户92人已全面预脱贫，预脱贫任务完成率100%；共发放精准扶贫低保金6.57万元，发放医疗救助金0.33万元；上门慰问精准扶贫家庭32户，发放慰问金及慰问品合计9.28万元。通过“一对一”就业帮扶，有45名精准扶贫对象实现就业，其中固定就业22人、自主创业1人、灵活就业22人、推荐就业1人。通过政企合力提供可行帮扶措施，用“以人定岗”方式，解决3户精准扶贫户的就业问题。

【人口和计划生育】 2019年，环市街道户籍人口出生1904人，符合政策生育率95.64%，人口出生率15.73‰，自然增长率12.87‰，落实四术（即计生四术，包括人流、上环、皮埋术、结扎）措施716例，居住满半年以上流动人口出生933人，政策生育率87.46%，征收社会抚养费27 355.14元。是年，环市街道执行各种奖励扶助政策，完善奖励机制，做好户籍独生子女父母奖励金的宣传、审核与发送工作，全年兑现独生子女父母奖励金共7 068 340.7元，发放计划生育家庭特别扶助金882 420元。开展扶助关怀计生特殊困难家庭工作，慰问计生困难家庭137户，发放慰问金和慰问品共计68 500元。

【一门式服务中心】 2019年，环市街道一门式服务中心受理业务21.6万件，其中综合业务13.2万件（含一门式村居业务10 117件），以社保业务为主；公安业务8.4万件（含咨询发证自助类业务19 903件），以户政常住人口业务为主。推动政策宣传服务进示范园区，为辖区大型企业宣讲相关社保政策、居住证业务等，并为企业开通绿色专窗，提供预约办理社保、居住证等服务，累计提供个人参保历史证明打印近20 000份、办理居住证近5000张。

（吴卓锦）

潮连街道

【概况】 潮连街道位于西江江心绿岛，与江门市中心城区和滨江新区一桥相连、隔江相望，是粤港澳大湾区连接珠江西岸和广佛、深港澳等核心地区的交通要地，面积12.68平方千米。2019年末，潮连街道户数4038户，常住人口24 555人，户籍人口13 584人，流动人口11 993人；汉族占82.8%以上，其中流动人口中有壮、苗、瑶、回、黎、土家、布依等少数民族；其中港澳同胞有20 000人，居住香港17 000人，居住澳门3000人；海外华侨近5000人，侨居欧洲、美国、加拿大、澳大利亚、日本和东南亚等20多个国家和地区。

【党政建设】 2019年，潮连街道把学习贯彻落实习近平新时代中国特色社会主义思想作为首要政治任务，紧扣主题教育总要求和总目标，既做好规定动作，又创新做法，将主题教育融入人才岛建设中。坚持把抓好巡视巡察整改作为最大政治任务，做好省委第七巡视组反馈意见整改工作、市委第一巡察组反馈意见整改工作和区委巡察社区党组织整改工作。街道党工委班子会安排“第一议题”学习38次，开展理论学习中心组专题学习6次；修改完善规章制度、工作流程30余项；扎实开展“五个一”工作，主题教育期间开展专题研讨6场次，形成专题调研报告12篇，各党组织书记讲专题党课27场次，开展主题党日活动72场次。

是年，潮连街道选优配强社区党组织书记和加强社区后备干部培养，调整豸冈社区和富冈社区党组织书记，豸冈社区经整改摘掉“软弱涣散社区”的“帽子”，对党组织书记轮训12次，卢边社区党总支被市委组织部评为先进党组织。党建阵地建设进一步规范。投入190多万元，对社区场地进行改造，基层党组织阵地建设进一步规范统一。党建工作制度有效落实。“三会一课”落实，“两学一做”学习教育实现常态化、制度化，“四议两公开”得到落实；出台《潮连街抓党建工作“一岗双责”制度》等4项党建工作制度，机关党的建设得到加强。新成立芝山社区综合委员会，实现社区大党委覆盖全街6个社区党组织和辖区机关企事业单位和“两新”企业党组织，构建共建共治共享社会治理新格局。党员干部队伍建设得到加强。充分利用街党校平台，全年开班12期，注重加强党员干部队伍管理教育，完善日常规章制度，加大考核问责力度，激发先锋模范作用。

【经济发展】 2019年，潮连街道实现国内生产总值24亿元，同比增长3.7%；规模以上工业总产值33.92亿元，同比下降1.2%；规模以上工业增加值8.22亿元，同比下降2%；固定资产投资总额35.31亿元，同比增长36.38%；地方一般预算收入1.08亿元，同比增长5.97%；外贸进口总额18.73亿元。

是年，潮连街道全面完成重点项目投资任务。已动工建设项目38个，完成项目勘察45个、项目方案设计50个，投资额35.83亿元，完成年度投资任务115.3%。其中，科创中心、科技产业园、人才公寓一期、人才岛智慧城市展示中心等4个项目同时动工，环岛公园示范段项目完成，潮连大道、振兴大道、环岛公园水系改造工程等全面动工，发展大道过江通道进入立项前期工作。落实各项科技创新扶持资金362万元，引导企业创新升级和技术改造。全年累计高新技术企业达18家，产值约4亿元；累计省级工程技术研究中心2家、市级工程技术研究中心11家。全街各社区集体物业27万多平方米，全年实现集体总收入5208.1万元，同比下降4.19%；股民人均分红2547元，同比下降1.96%。

【城乡建设】 2019年，潮连街道支出乡村振兴建设经费800多万元，累计完成“三清三拆三整治”834宗，开展人居环境整治90余宗。6个社区人居环境整治提升工程纳入人才岛建设项目，塘边卢湾示范村建设被区评定为优秀等次，同时被推送上“学习强国”平台。完善环卫基础设施，投入环境卫生及绿化管护经费780多万元，完成坦边和潮连工业园生活垃圾中转站升级改造工程；完成7座社区公厕升级改造任务；推进生活垃圾分类工作，投入10多万元购置“四分类”垃圾桶700多个，顺利通过国家卫生镇复审。

是年，潮连街道有社区公园31个，总面积46400平方米。投入资金1000多万元，对各社区公园进行升级改造。进一步完善社区体育设施设备配套，对豸冈岐山球场、坦边球场进行翻新修缮，铺球场专业环保丙烯酸球场涂料以及对篮球架、球场周边围栏进行修缮；新建休闲体育小公园1个。

【教育文化】 2019年，潮连街道有小学1所，九年一贯制学校1所，在校学生2038人，教职工123人（在编教职工117人，临聘职工6人）。全街教职工大专及以上学历达标率100%，本科以上学历超82%。完成潮连中心学校和永思小学的校园景观改造。蓬江区教师发展中心选址在潮连中心学校内挂牌。是年，潮连中心学校的女子篮球队获广东省女子篮球比赛第五名。

是年，潮连街道完成新时代文明实践所和6个社区新时代文明实践站建设，建成蓬江区文化馆潮连街道分馆，并将潮连街道文化站迁至文化馆。每年专项支出30万元，以对社团开展活动进行奖补的形式，扶持发展文体社团，进一步活跃潮连群众性文体工作。

【医疗卫生】 2019年，潮连街道有医院1家（同时挂牌社区服务中心），卫生技术人员61人，门诊诊疗量159 158人，住院789人。依托社区卫生服务中心建立电子健康档案25 110份，建档率80.3%；新生儿童预防接种证建证率100%；新生儿访视人数283人，访视率98.61%；早孕建册人数280人，建册率97.56%；产后访视人数279人，访视率97.21%；老年人健康体检1074人，老年人健康管理率68.89%；慢病管理人数1942人；严重精神障碍患者在册管理人数79人，申请发放严重精神障碍患者监护人补助211人次，发放监护补助金128 080元。完成辖区常住居民家庭医生式签约服务10 683人，签约率34.85%。高血压患者规范管理率80%；糖尿病患者规范管理率80%；严重精神障碍患者规范管理率90%；传染病报告率100%；卫生监督协管信息报告率100%；65岁老年人中医药健康管理率56.48%；肺结核患者健康管理率100%。申请创建1953户健康家庭和1个健康社区，开展健康促进活动9场；开展义诊服务12场次，健康讲座12场次。

是年，潮连医院与江门市人民医院签约，建立紧密型医联体并挂牌为江门市人民医院潮连分院，总院派驻一线专家对分院进行实地医疗帮扶。专家团队分别从医政管理、技术指导、人才培养、资源共享等方面逐项开展对口支援工作。

【综治信访维稳】 2019年，潮连街道投入扫黑除恶专项资金80万元，重点加大“在征地、租地、拆迁、工程项目建设等领域”的打击力度；通过涉黑涉恶线索移交管理机制梳理上报有效涉黑涉恶线索4条，立案受案13宗，刑事拘留22人，逮捕15人，起诉15人，行政处罚14人。扫黑除恶专项斗争宣传工作投入资金51.2万元，开展重点场所“六进”宣传活动704场次，发放宣传物品38 600余份，在潮连桥两侧、潮连大道两侧新增重点区域广告499个。全年没有发生重大群体性事件，没有进京到省非正常上访事件。

是年，潮连街道做好全国“两会”，中华人民共和国成立70周年，澳门回归20周年等时间点的维稳工作。投入资金220.8万元用于平安建设及综治维稳工作，包括投入17万元购买社工服务，大力推进社区戒毒、社区康复工作；投入163.2万元加强治安联防队伍建设，配足治安队员34人；投入20万元进一步升级改造街内视频监控系统；投入15.6万元，推进“党建+N 全科网格”建设，搭建街、社区两级综治视联网设备，实现村（居）覆盖率100%；投入5万元用作信访维稳准备金。

【人力资源和社会保障】 2019年，潮连街道城乡居民参加基本养老保险1418人，城乡居民参加基本医疗保险10 817人；城镇新增就业711人，城镇失业再就业545人，就业困难人员实现就业28人，城镇登记失业率控制在3.2以下；为企业办理就业创业补贴10单、创业资助补贴10单，为个人办理灵活就业补贴28单，补贴费用合计30 732元。

是年，潮连街道开展社区养老服务，包括养老饭堂、平安通服务和80岁以上老年人巡防服务项目。开设养老饭堂1个，平安通服务承接机构——恒爱服务机构在册170人；共发放80～89岁老人高龄津贴1.21万元，发放90～99岁老人高龄津贴0.48万元，发放100岁及以上老人高龄津贴0.6万元。全街低保户7户，特困人员7户，低收入家庭4户，保障人口26人，纳入精准扶贫5户17人，人均可支配收入14 832元，全部实现精准户脱贫。全年发放低保金8.21万元，医疗救助金6.33万元，孤儿生活费0.95万元，特困人员供养费12.45万元，临时救助费1.53万元。副科级以上领导干部共帮扶慰问61人次，发放帮扶资金6.1万元；加强救灾救助工作，设庇护场所6个；发放残疾人生活津贴6270元、重残护理补贴405 460元、社区残协专员补贴14 400元，发放康园中心人员补贴36 672元，贫困残疾学生和贫困残疾人子女助学4080元，贫困残疾人困难救助11 500元，节日慰问13 400元，扶持残疾人创业1万元，残疾人机动车燃油补贴2028元。

【人口和计划生育】 2019年，潮连街道常住人口24 555人，常住人口已婚育龄妇女5220人，常住人口出生280人，政策外出生7人，政策生育率97.5%；出生率96.34%，自然增长率8.1‰，户籍人口出生性别比83.65。依托社区卫生服务中心建立电子健康档案25 110份，建档率80.3%；老年人健康体检1074人，老年人健康管理率68.89%，高血压患者规范管理率80%，糖尿病患者规范管理率80%；0～6岁儿童健康管理率97.28%；孕产妇建档率97.65%、健康管理率96.16%、访视率97.21%；严重精神障碍患者规范管理率90%；新生儿童预防接种证建证率100%；传染病报告率100%；卫生监督协管信息报告率100%；65岁老年人中医药健康管理率56.48%；肺结核患者健康管理率100%。家庭医生签约服务10 683人，常住人口签约率34.85%，其中重点人群家庭医生签约率86%，计生特殊家庭签约率100%，城乡低保、五保签约率100%，残疾人签约率93.72%。全年兑现独生子女父母奖励金27.2万元，特殊家庭扶助金5.7万元。全年慰问计生困难家庭3户，发放慰问金和慰问品共0.3万元。

【一门式服务中心】 2019年，潮连街道一门式服务中心成功创建江门市“巾帼文明岗”。从7月27日起，潮连街道一门式服务中心结合多种形式宣传群众“5+X”预约服务，让群众更自主地安排业务办理时间。前台办事窗口设置绿色通道，优先服务对象为70岁以上长者、孕妇、抱婴者、残疾人、现役军人、“高层次人才绿卡”持有人及其他需要特殊照顾的对象；为有办事需求的企业提供下企业专题服务活动，让上班族享受不出企业便可办事的便民服务。是年，潮连街道一门式服务中心综合窗口受理业务15 567件，其中社保业务13 097件、民政业务1395件（含五邑通长者卡年审业务1072件）、人社业务470件、卫计业务519件、城管业务54件、住建业务17件、残联业务10件、慈善会业务5件。公安窗口受理业务19 357件，咨询发证22 122件。全年收到“12345”市长热线群众表扬15次、表扬信5封和锦旗3面。

（陈振南）

白沙街道

【概况】 白沙街道位于蓬江区南部中心，西与环市街道、杜阮镇相邻，南与新会交界，东面沿西江、江门水道与江海区隔河相望，面积22.2平方千米。2019年，白沙街道下辖43个社区居委会和3个经联社，其中新设立甘棠社区、白沙社区与丰盛社区合并、海傍社区拆分并入甘化社区和良化北社区。年末辖区户籍人口208 659人、常住人口259 606人。

【党政建设】 2019年，白沙街道探索“党建+”新模式，新建5个社区综合党委，实现社区综合党委全覆盖，完成小区、物业、业委会、商圈建立党组织试点工作。推行“党建+N 全科网格”社会治理模式，白沙街西园社区作为运行试点，依托全科网格化社会治理平台建立“专业+专职+兼职”网格员队伍，实现“一网运行、全域覆盖、多元合一、一员多用”。

开展主题教育知识竞赛、“《我的中国心》快闪”等12场富有特色的党日活动；推进党支部标准化规范化建设，成功摘掉兴盛、美景两个“软弱涣散社区”党组织的“帽子”；调整7个基层党组织设置，全面完成236个基层党组织466名委员补选工作；新建“两新”党组织6个，新发展党员40人。落实意识形态和党风廉政责任制，开展“第一议题”学习42次；综合运用监督执纪“四种形态”，立案审查案件10宗，谈话提醒24人次；在扶贫领域、涉黑涉恶、农村集体“三资”管理八大方面开展群众身边不正之风和腐败问题专项治理工作；完善社区公章管理、议事制度等14项制度。

【经济发展】 2019年，白沙街道工业总产值30.83亿元，工业增加值8.32亿元；固定资产投资总额22.36亿元，同比增长14.7%；限上社会消费品零售总额37.49亿元，同比增长8.3%；一般公共预算12 298万元，同比下降24.68%；工业投资总额4102万元，技改投资总额1500万元，装备制造业投资总额1207万元；外贸进出口总额88亿元；公共财政收入1.22亿元。

重点项目建设 2019年，江门市远杨物流茶业市场项目正式投入运营；推进总投资额1亿元、占地面积2.53公顷的江门远航农副产品交易市场项目建设、招商工作；珠西创谷科技园121家企业入驻，成为中国港澳台青年在江门创业的聚集之地；推进“三旧”改造项目11个，改造面积85.73公顷。其中，西区工业区联运旧改项目（越秀天悦文华）等7个旧厂改造项目正在推进，水南六里、东华名岸、胜坚紫悦等3个旧村项目正在施工建设中，胜利新村旧城改造项目施工中。全面启动蓬江长堤历史建筑活化试点建设工作，完成首批22间房屋升级改造和中心文化活动广场等配套设施改造。

科技发展 2019年，白沙街道新增认定国家高新技术企业14家。珠西创谷联合大湾区科技创新机构为首批8家参与计划的企业提供战略制定、产品开发、商业合作、融资支援等服务。

安全生产 2019年，白沙街道开展事故风险隐患排查治理，共出动2387人次，检查955家次，排查隐患302处。开展消防安全联合检查行动12次，组织企业集中培训5次，配合区应急管理局对10家违反《安全生产法》等法律法规企业开展行政执法。全力推进社区火灾隐患整治，出动5487人次，排查建档重点场所、人员密集场所7家，“三小场所”204家，整改隐患1165处、清出违规住人54人，投入各类资金129万元，有效预防和遏制火灾事故发生。

【城乡建设】 2019年，白沙街道以西园、花园、东观三个旧社区为试点，投入1700万元开展10项环境综合整治工程；推进象山、西园社区垃圾分类试点工作，配合开展蓬江市场及周边环境整治工作。

是年，白沙街道龙湾河综合治理工程、北街废弃码头已竣工，罗氏能源有限公司办公楼提标改造和天沙河水毁堤防三处修复工程已完工验收；完成第三批“散乱污”企业整治任务7家，完成省定“散乱污”企业综合整治动态任务清单14家；推进五大行业关停搬迁工作，落实东洋油墨新厂区地块，关停天润化工等企业5家。

是年，白沙街道投入10.4万元打造社区15分钟健身圈，社区公园建设体育路径基本覆盖44个社区；投入188.1万元重新改建西园社区公园，加建1条健身体育路径，改建乒乓球场和儿童公园，更新5张乒乓球桌和一批儿童游乐器材。

是年，白沙街道出动1000多人次清理拆除沿岸生活垃圾、建筑废料、枯枝杂草58吨，沿岸违章建筑15宗，行洪障碍物及三无渔船2处，违规耕种15宗，全面完成市、区下达西江蓬江段清违清障任务；清理沟渠、整治房前屋后杂草杂物136处，处理废弃建筑材料、积存垃圾391吨，拆除乱搭乱建、违章建筑34宗，完成危房解危31宗，厘清“三线”乱搭乱接455宗，整改线路长14.55千米。

【教育文化】 2019年，白沙街道有学校19所，在校学生33 994人，教职工1999人（在编教职工1791人，临聘教师208人）。全街教职工大专及以上学历达99.9%，本科以上学历达94.8%。

是年，白沙街道成立蓬江区文化馆白沙街道分馆，内设阅览室、舞蹈室、影视厅、会议室、茶艺室；成立白沙街新时代文明实践所，面向人民群众开展理论宣讲、主题教育、文化传承，打造融思想引领、道德教化、文化传承等多种功能于一体的基层综合平台；在24小时自助图书馆白沙街良化馆和甘化社区、农林社区、良化南社区图书室3个服务点分别配置新电脑和增添一批新报刊。联合白沙商会在长堤青年广场举办2019年白沙文化节暨重阳慈善晚宴活动；在东湖广场举办白沙街“不忘初心、牢记使命”主题教育暨社会综合治理宣传文艺晚会。

是年，蓬江区长堤历史文化街区活化工作取得实质性进展，其试点工程启明里、南芬里文化旅游项目及品质提升正式动工。该项目秉承“民生为先、修旧如旧、活化利用、留住乡愁”的理念，占地面积2.33公顷，房屋50余栋，总投资1亿元。其中首期工程于10月动工建设，投资992万元。

【医疗卫生】 2019年，白沙街道有社区服务中心4个，卫生技术人员379人，门诊诊疗量356 362人，住院3463人。新生儿童预防接种证建证率100%；新生儿访视人数2297人，访视率98%；早孕建册人数2217人，建册率95%；产后访视人数2272人，访视率97%；老年人健康体检14 901人，老年人健康管理率55%；慢病管理人数14 743人；严重精神障碍患者在册管理人数1135人，申请发放严重精神障碍患者监护人补助727人次，发放监护补助金1 142 120元。家庭医生签约97 262人，其中重点人群（0～6岁儿童、65岁及以上老年人、孕产妇、高血压患者、糖尿病患者、结核病患者、严重精神障碍患者、残疾人等）签约54 185人。全街申请创建11 543户健康家庭和16个健康社区，开展健康促进活动3场；开展义诊服务180场次、健康讲座186场次。推进基本公共卫生服务和家庭医生签约服务，居民电子健康档案建档率80.19%，家庭医生签约近10万人，家庭医生签约服务重点人群签约率78%。

是年，白沙街道甘化社区被江门市卫生健康局确定为国家级老年人心理关爱项目试点社区，对65岁以上老人心理问卷调查536人次、心理干预等服务项目1项，创建“慢病示范和心理健康体系”试点。

【综治信访维稳】 2019年，白沙街道组织开展扫黑除恶、全民禁毒等专项斗争行动和社会治安重点治理整治工作，排查涉黑涉恶及行业乱象线索170条，刑事拘留228人，逮捕128人，移送起诉128人；打掉涉恶犯罪团伙8个，查扣涉案资产11 091.5万元，开展禁毒宣传活动902场，参与群众20.4万人（次）；受理并介入协调处理群众来访70批次158人，发现并介入处理排查各类纠纷385宗，成功调处385宗，调处率100%；受理“12345”政府热线投诉4566宗，成功办结4234宗，办结率92.73%；投入45万元购买社区戒毒（康复）和医疗技术服务，实施个案辅导10例，辖区社会治安秩序良好。

【人力资源和社会保障】 2019年，白沙街道城乡居民参加基本养老保险1651人，城乡居民参加基本医疗保险55 276人；城镇新增就业2966人，城镇失业再就业2679人，就业困难人员实现就业303人，城镇登记失业率控制在1.5%以下；办理就业困难人员申领灵活就业社保补贴初审工作2621人次共2 917 746万元，办理就业创业补贴2654次。

是年，白沙街道开展社区养老服务，包括养老饭堂、平安通服务和80岁以上老人巡防服务项目，共发放80～89岁老人高龄津贴231.1万元，发放90～99岁老人高龄津贴95.8万元，发放100岁以上老人高龄津贴9.3万元。

是年，白沙街道有低保户163户，发放低保金、残疾人、优抚对象等困难补助补贴2700万元；创新通过扶贫资金入股珠西创谷立体停车场方式，为街道内贫困户带来分红收益，全街105户251名帮扶对象全部达到脱贫标准；举办重阳敬老慈善晚宴、扶困助学等慈善品牌活动，筹集善款216 274元举办2019年白沙文化节暨重阳慈善晚宴，扶困助学活动募筹善款240 500元；组织白沙商会成员23人赴广西崇左市天等县开展扶贫协作对接活动，向天等县扶贫“爱心超市”捐赠善款10万元，走访和慰问34名建档立卡贫困妇女代表和龙园制香厂困难女职工，赠送棉被等生活慰问品。

【人口和计划生育】 2019年，白沙街道户籍人口出生1617人，出生率8.12‰，自然增长率1.53‰，符合政策生育率97.4%，出生人口性别比为113.61。发放独生子女父母奖励和特别扶助金3424万元。发放计划生育家庭特别扶助金513.2万元。开展扶助关怀计生特殊困难家庭工作，慰问计生困难家庭357人，发放慰问金和慰问品9.33万元。

【一门式服务中心】 2019年，白沙街道推进一门式公共服务中心建设，设有绿色通道、简单快速业务叫号、预约号、邑微警等，优先办理70岁以上老人、残疾人士、孕妇、现役军人和批量业务的预约。从7月开始，实行“5+X”周六上午预约服务。法人一门式业务进驻自然人一门式业务，实现自然人和法人业务一门融合，实现企业与群众办事“只进一扇门”。全年办理业务333 483件，其中综合业务201 458件（社区办理业务27 648件），公安业务129 536件，法人业务2489件。 （林小萍）

人物与荣誉

RENWU YU RONGYU

先进人物简介

朱延安　1973年8月出生，湖北大冶人。1995—2001年，任湖北昌丰化纤工业有限公司技术管理部技术科长；2004年至今，任嘉宝莉化工集团股份有限公司水性漆事业部总经理。2008年，被评为全国优秀化工科技工作者；2010年，获中国石油和化学联合会技术发明一等奖，江门市科学技术一等奖；2011年，被评为江门市第五批优秀中青年专家和拔尖人才；2015年，被评为中国涂料工业百年突出贡献人物；2019年，获“改革开放四十年中国涂料行业科技发展推动者”称号；2019年5月，获“广东省五一劳动奖章”。

吴清双　1981年5月出生，黑龙江海伦市人。2003年7月至今，任职于广东四方威凯新材料有限公司，现为研发中心高级主任工程师。2013年和2018年，分别获江门市科技奖；2018年，获江门市首届“侨乡青年榜样”提名奖；2019年5月，获“广东省五一劳动奖章”。（区总工会）

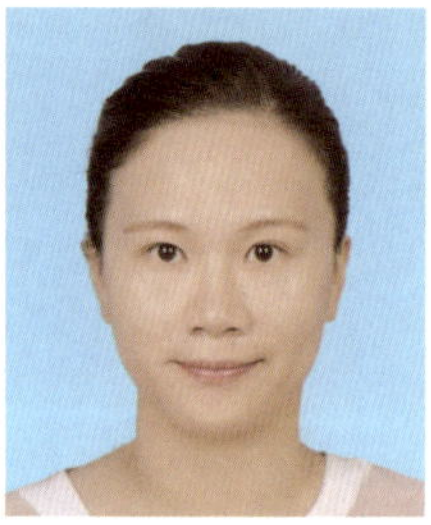

周丽娜　1986年7月出生，广东信宜人，江门市紫茶小学教师，2010年7月参加工作。2018年11月，获广东省第七届中小学班主任专业能力大赛二等奖；2018年12月，所执教课例被评为“一师一优课、一课一名师”活动国家级“优课”；2019年，获“全国模范教师”称号。（区教育局）

赵兴昌　1999年6月出生，海军战士。2018年9月，在蓬江区入伍。2019年经过“千里挑一”选人过程，成功入选中华人民共和国成立70周年阅兵海军方队。（区武装部）

获誉个人名录

2019年蓬江区获全国性表彰的先进个人

姓名	性别	工作单位及职务	获誉名称	授予时间
曾思婷	女	江门市蓬江区人力资源和社会保障局副股长	“全国人力资源和社会保障法治知识竞赛”团体优秀奖	2019年4月
周丽娜	女	紫茶小学教师	全国模范教师	2019年9月

2019年“广东省五一劳动奖章”获得者

姓名	性别	籍贯	政治面貌	工作单位及职务	获誉名称	授予单位	授予时间
朱延安	男	湖北	中共党员	嘉宝莉化工集团股份有限公司	广东省五一劳动奖章	广东省总工会	2019年5月
吴清双	男	黑龙江	中共党员	广东四方威凯新材料有限公司	广东省五一劳动奖章	广东省总工会	2019年5月

2019年蓬江区获市级以上机关表彰的先进个人

姓名	性别	获誉名称	授予单位	授予时间
曾思婷	女	“广东省人力资源和社会保障法治知识竞赛”一等奖	广东省人力资源和社会保障厅	2019年1月
郑景文	男	乡村从教满二十年	广东省教育厅 广东省人力资源和社会保障厅	2019年1月
何子雅	男	乡村从教满二十年	广东省教育厅 广东省人力资源和社会保障厅	2019年1月
梁思华	女	第34届广东省青少年科技创新大赛三等奖	广东省科学技术协会 广东省教育厅 广东省科学技术厅 广东省知识产权局 中国共产主义青年团广东省委员会	2019年1月
黄　龙	男	第34届广东省青少年科技创新大赛三等奖	广东省科学技术协会 广东省教育厅 广东省科学技术厅 广东省知识产权局 中国共产主义青年团广东省委员会	2019年1月
梁熠铭	男	第34届广东省青少年科技创新大赛三等奖	广东省科学技术协会 广东省教育厅 广东省科学技术厅 广东省知识产权局 中国共产主义青年团广东省委员会	2019年1月
李雪松	男	新时代南粤民警之星	广东省公安厅	2019年3月
林俊峰	男	百篇优秀裁判文书对象	广东省高级人民法院	2019年5月
陈文学	男	百篇优秀裁判文书对象	广东省高级人民法院	2019年5月
陈纪豪	男	百名岗位能手对象	广东省高级人民法院	2019年5月
区仲爱	女	广东省公安机关“出入境民警之星”之“出入境窗口之星”	广东省公安厅出入境管理局	2019年5月
陈耀棠	男	最美基层民警	广东省公安厅	2019年9月
晋仁霞	女	广东省十大书香阅读成才奖	广东省总工会	2019年12月
黄春霞	女	广东省第四次全国经济普查优秀工作者	广东省第四次全国经济普查领导小组 广东省统计局	2019年12月
代必博	男	民兵工作先进个人	广东省军区	2019年12月
孙　言	男	个人二等功	广东省公安厅	2019年12月

续上表

姓名	性别	获誉名称	授予单位	授予时间
谭建丰	男	个人二等功	广东省公安厅	2019年12月
李鹏锋	男	广东省优秀工会工作者	广东省总工会	2020年1月
韩宏杰	男	广东省优秀工会工作者	广东省总工会	2020年1月
钟丽燕	女	2018—2019年度江门市中等职业学校学生技能竞赛会计手工项目指导教师一等奖	江门市教育局	2019年1月
黄雪芳	女	2018—2019年度江门市中等职业学校学生技能竞赛会计手工项目指导教师一等奖	江门市教育局	2019年1月
伍雪菲	女	2018—2019年度江门市中等职业学校学生技能竞赛广告设计与制作项目指导教师一等奖	江门市教育局	2019年1月
伍雪菲	女	2018—2019年度江门市中等职业学校学生技能竞赛动漫设计与制作项目指导教师三等奖	江门市教育局	2019年1月
张杏娇	女	2018—2019年度江门市中等职业学校学生技能竞赛会计电算化项目指导教师二等奖	江门市教育局	2019年1月
张国治	男	第二届江门市青少年机器人竞赛暨中小学生“人工智能编程”成果展评活动优秀辅导员	江门市教育局	2019年1月
唐姣贤	女	第二届广东省青年教师教学能力大赛江门市初赛（中职组）一等奖	江门市教育局	2019年1月
黄雪芳	女	第二届广东省青年教师教学能力大赛江门市初赛（中职组）三等奖	江门市教育局	2019年1月
黄　梦	女	第二届广东省青年教师教学能力大赛江门市初赛（中职组）三等奖	江门市教育局	2019年1月
伍雪菲	女	第二届广东省青年教师教学能力大赛江门市初赛（中职组）三等奖	江门市教育局	2019年1月
赵健洪	男	第二届广东省青年教师教学能力大赛江门市初赛（中职组）三等奖	江门市教育局	2019年1月
林水清	女	第二届广东省青年教师教学能力大赛江门市初赛（中职组）三等奖	江门市教育局	2019年1月
姚秋吉	女	第二届广东省青年教师教学能力大赛江门市初赛（中职组）三等奖	江门市教育局	2019年1月
黄　龙	男	第二届江门市青少年机器人竞赛暨中小学生“人工智能编程”成果展评活动优秀裁判员	江门市教育局	2019年1月
林敏玲	女	第二届江门市青少年机器人竞赛暨中小学生“人工智能编程”成果展评活动优秀裁判员	江门市教育局	2019年1月
刘　清	男	江门市中小学生足球比赛优秀裁判员	江门市教育局	2019年1月
冼卫坚	男	江门市“中国体育彩票杯”中小学生篮球比赛优秀裁判员	江门市文化广电旅游体育局 江门市教育局	2019年1月
陈坚荣	男	个人三等功	江门市中级人民法院	2019年2月
黄海声	男	个人三等功	江门市中级人民法院	2019年2月

续上表

姓名	性别	获誉名称	授予单位	授予时间
张春武	男	江门市中小学生足球比赛优秀教练员	江门市教育局	2019年4月
姚玖妮	女	江门市优秀共青团员	中国共产主义青年团江门市委员会	2019年4月
郭淑敏	女	“法治进校园”巡讲活动精品教程评比大赛精品教程二等奖	江门市人民检察院	2019年5月
王荣宏	男	个人三等功	江门市公安局	2019年6月
曹　阳	男	个人三等功	江门市公安局	2019年6月
甘太球	男	个人三等功	江门市公安局	2019年6月
张世成	男	个人三等功	江门市公安局	2019年6月
李泽民	男	个人三等功	江门市公安局	2019年6月
胡效红	男	个人三等功	江门市公安局	2019年6月
陈春华	男	个人三等功	江门市公安局	2019年6月
冯柏健	男	个人三等功	江门市公安局	2019年6月
颜文育	男	个人三等功	江门市公安局	2019年6月
欧阳英杰	男	个人三等功	江门市公安局	2019年6月
邝光森	男	个人三等功	江门市公安局	2019年6月
黄健雄	男	个人三等功	江门市公安局	2019年6月
郭荣秋	男	个人三等功	江门市公安局	2019年6月
容　健	男	个人三等功	江门市公安局	2019年6月
陈惠欢	女	江门市优秀共产党员	中共江门市委员会	2019年6月
郭晓君	男	江门市优秀党务工作者	中共江门市委组织部	2019年7月
林丽云	女	优秀指导教师	中国共产主义青年团江门市委员会 江门市教育局 少先队江门市工作委员会	2019年7月
王秋露	女	个人三等功	江门市公安局	2019年9月
周少辉	男	个人三等功	江门市公安局	2019年9月
冯健宏	男	个人三等功	江门市公安局	2019年10月
彭雄峰	男	个人三等功	江门市公安局	2019年10月
曹乐明	男	个人三等功	江门市公安局	2019年10月
虞与彬	男	个人三等功	江门市公安局	2019年10月
马荣钊	男	个人三等功	江门市公安局	2019年10月
吴劲强	男	个人三等功	江门市公安局	2019年10月
朱毅忠	男	个人三等功	江门市公安局	2019年10月
高锦初	男	江门市“星级文明户”	江门市精神文明建设委员会	2019年10月

续上表

姓名	性别	获誉名称	授予单位	授予时间
高维恩	男	江门市“星级文明户”	江门市精神文明建设委员会	2019年10月
胡长鹤	男	江门市“星级文明户”	江门市精神文明建设委员会	2019年10月
陈惠欢	女	江门市“星级文明户”	江门市精神文明建设委员会	2019年10月
容三女	女	江门市“星级文明户”	江门市精神文明建设委员会	2019年10月
钟庆和	男	江门市“星级文明户”	江门市精神文明建设委员会	2019年10月
陈锦煊	男	江门市“星级文明户”	江门市精神文明建设委员会	2019年10月
陈智和	男	江门市“星级文明户”	江门市精神文明建设委员会	2019年10月
黎建传	男	江门市“星级文明户”	江门市精神文明建设委员会	2019年10月
黎锦明	男	江门市“星级文明户”	江门市精神文明建设委员会	2019年10月
聂福民	男	江门市“星级文明户”	江门市精神文明建设委员会	2019年10月
容焕珍	女	江门市“星级文明户”	江门市精神文明建设委员会	2019年10月
李永春	男	江门市“星级文明户”	江门市精神文明建设委员会	2019年10月
高启开	男	江门市“星级文明户”	江门市精神文明建设委员会	2019年10月
蒋仲明	女	江门首届社区教育微课程大赛一等奖	江门市教育局	2019年11月
梁育钦	男	江门市优秀“最美家庭”	中共江门市委宣传部 江门市精神文明建设委员会办公室 江门市妇女联合委员会	2019年11月
代必博	男	嘉奖	江门军分区	2019年12月
谢健扬	男	嘉奖	江门军分区	2019年12月
陈　波	男	江门市劳动模范（先进工作者）	江门市总工会	2019年12月
容英潮	男	江门市劳动模范（先进工作者）	江门市总工会	2019年12月
杜颖聪	男	江门市劳动模范（先进工作者）	江门市总工会	2019年12月
徐泽祥	男	江门市劳动模范（先进工作者）	江门市总工会	2019年12月
李帅磊	男	江门市劳动模范（先进工作者）	江门市总工会	2019年12月
陈宗标	男	江门市劳动模范（先进工作者）	江门市总工会	2019年12月
刘郁新	男	江门市劳动模范（先进工作者）	江门市总工会	2019年12月
李寿福	男	江门市劳动模范（先进工作者）	江门市总工会	2019年12月
谢国刚	男	江门市劳动模范（先进工作者）	江门市总工会	2019年12月
苏振旋	男	江门市劳动模范（先进工作者）	江门市总工会	2019年12月
林侵稳	女	江门市劳动模范（先进工作者）	江门市总工会	2019年12月
李锦明	男	江门市劳动模范（先进工作者）	江门市总工会	2019年12月
王燕媚	女	最美江门人——最美社区工作者	江门市精神文明建设委员会	2019年12月

续上表

姓名	性别	获誉名称	授予单位	授予时间
曾庆敏	女	2019年江门市全国文明城市创建工作个人嘉奖	中共江门市委宣传部 江门市精神文明建设委员会办公室	2020年3月
赵鹏飞	男	2019年度江门市共青团先进工作个人	中国共产主义青年团江门市委员会	2020年4月

获誉单位名录

2019年蓬江区获市级以上机关表彰的先进单位

单位名称	获誉名称	授予单位	授予时间
荷塘镇人民政府	2019—2021国家卫生镇	全国爱国卫生运动会	2019年2月
蓬江区珠西智谷工会联合会职工书屋	全国“职工书屋”示范点	中华全国总工会	2019年12月
棠下镇良溪村村民委员会	全国综合减灾示范社区	国家减灾委员会 应急管理部 中国气象局 中国地震局	2019年12月
环市街道五福社区	全国综合减灾示范社区	国家减灾委员会 应急管理部 中国气象局 中国地震局	2019年12月
荷塘镇人民代表大会主席团	广东省县乡人大工作和建设先进集体（乡级）	广东省人大常委会办公厅	2019年1月
国家税务总局江门市蓬江区税务局第一税务分局	广东省三八红旗集体	广东省妇女联合会	2019年3月
广东科杰机械自动化有限公司	广东省五一劳动奖状	广东省总工会	2019年5月
江门顺丰速运有限公司五邑区销售部	广东省五一劳动奖状	广东省总工会	2019年5月
荷塘镇联育小学少先队大队六（2）中队	2018—2019年度广东省少先队先进中队	中国共产主义青年团广东省委员会 广东省教育厅 少先队广东省工作委员会	2019年6月
蓬江区司法局	2018—2019年全省国家机关“谁执法谁普法”优秀普法项目	广东省普法办公室	2019年9月
蓬江区人民法院刑庭	全省中基层法院2018年度奖励集体二等功	广东省高级人民法院	2019年9月
江门市公安局棠下派出所	集体二等功	广东省公安厅	2019年9月
江门市公安局蓬江分局刑侦大队	集体三等功	广东省公安厅	2019年10月
白沙街道江华社区	广东省“民主法治村（社区）”	中共广东省委全面依法治省工作领导小组办公室	2019年11月

续上表

单位名称	获誉名称	授予单位	授予时间
广东海信电子有限公司工会委员会	广东省模范职工之家	广东省总工会	2019年12月
江门东洋油墨有限公司工会委员会	广东省模范职工之家	广东省总工会	2019年12月
江门市电子八厂有限公司电子工段工会小组	广东省模范职工小家	广东省总工会	2019年12月
广东兴艺数字印刷股份有限公司职工书屋	广东省“职工书屋”示范点	广东省总工会	2019年12月
江门万富酒店管理有限公司江门分公司工会	广东省“爱心妈妈小屋”示范点	广东省总工会	2019年12月
江门市蓬江区第四次全国经济普查领导小组办公室	广东省第四次全国经济普查优秀集体	广东省统计局 广东省第四次全国经济普查领导小组	2019年12月
白沙街道第四次全国经济普查领导小组办公室	广东省第四次全国经济普查优秀集体	广东省统计局 广东省第四次全国经济普查领导小组	2019年12月
江门市蓬江区白沙商会	广东省工商联系统“四好”商会	广东省工商业联合会	2019年12月
江门市蓬江区税务局荷塘税务分局	广东省税务系统先进基层党组织	中共国家税务总局广东省税务局委员会	2020年4月
国家税务总局江门市蓬江区税务局团总支	2019—2020年度“广东省五四红旗团支部”	中国共产主义青年团广东省委员会	2020年5月
环市街道育德社区	广东省最美志愿服务社区	江门市精神文明建设委员会	2019年1月
环市街道公共服务中心	江门市“巾帼文明岗”	江门市妇女联合会	2019年3月
江门市公安局蓬江分局	江门市五四红旗团委	中国共产主义青年团江门市委员会	2019年4月
杜阮镇杜臂村村民委员会	江门市文明村	江门市精神文明建设委员会	2019年4月
环市街道天龙社区	江门市文明单位	江门市精神文明建设委员会	2019年4月
环市街道石冲社区	江门市文明单位	江门市精神文明建设委员会	2019年4月
环市街道篁边社区	江门市文明单位	江门市精神文明建设委员会	2019年4月
环市街道群众社区	江门市文明单位	江门市精神文明建设委员会	2019年4月
环市街道公共服务中心	江门市文明单位	江门市精神文明建设委员会	2019年4月
白沙街道长塘社区	江门市文明单位	江门市精神文明建设委员会	2019年4月
白沙街道花园社区	江门市文明单位	江门市精神文明建设委员会	2019年4月
白沙街道江华社区	江门市文明单位	江门市精神文明建设委员会	2019年4月
白沙街道风潮社区	江门市文明单位	江门市精神文明建设委员会	2019年4月
白沙街道良化北社区	江门市文明社区	江门市精神文明建设委员会	2019年4月
白沙街道石湾社区	江门市文明社区	江门市精神文明建设委员会	2019年4月
白沙街道花园社区	江门市文明单位	江门市精神文明建设委员会	2019年4月
环市街道碧桂园社区	江门市文明单位	江门市精神文明建设委员会	2019年4月
蓬江区人民检察院	江门市“爱心单位”示范点	江门市精神文明建设委员会	2019年4月
环市街道丰雅社区	江门市“爱心社区”示范点	中共江门市委宣传部 江门市精神文明建设委员会	2019年4月
江门格威精密机械有限公司	江门市先进集体	江门市总工会	2019年5月

续上表

单位名称	获誉名称	授予单位	授予时间
广东兴艺数字印刷股份有限公司	江门市先进集体	江门市总工会	2019年5月
江门市中阳光电科技有限公司	江门市先进集体	江门市总工会	2019年5月
广东盈通新材料有限公司研发中心	江门市先进集体	江门市总工会	2019年5月
中烟摩迪（江门）纸业有限公司安全环保部	江门市先进集体	江门市总工会	2019年5月
蓬江区人民法院	江门市先进党组织	中共江门市委员会	2019年6月
江门市公安局沙仔尾派出所	江门市先进党组织	中共江门市委员会	2019年6月
白沙街道甘化社区	江门市先进党组织	中共江门市委员会	2019年6月
江门市公安局蓬江分局“基础工作平台”项目团队	集体三等功	江门市公安局	2019年6月
江门市公安局蓬江分局刑侦大队	集体三等功	江门市公安局	2019年6月
江门市公安局蓬江分局户政大队	集体三等功	江门市公安局	2019年6月
江门市公安局蓬江分局警务保障室	集体三等功	江门市公安局	2019年6月
江门市公安局蓬江分局网警大队	集体三等功	江门市公安局	2019年6月
江门市公安局新城派出所	集体三等功	江门市公安局	2019年6月
江门市公安局棠下派出所	集体三等功	江门市公安局	2019年6月
蓬江区人民法院法警大队	法警业务技能大比武第一名	江门市中级人民法院	2019年8月
环市街道丰雅社区	江门市家庭文明建设示范社区	江门市妇女联合会 江门市精神文明建设委员会	2019年8月
江门市公安局荷塘派出所	2019年集体三等功	江门市公安局	2019年9月
江门市公安局蓬江分局特警大队	集体三等功	江门市公安局	2019年10月
仓后派出所	集体三等功	江门市公安局	2019年10月
荷塘镇人民政府	江门市特色文明镇	江门市精神文明建设委员会	2019年10月
荷塘镇南村村	江门市特色文明村	江门市精神文明建设委员会	2019年10月
荷塘镇高村村	江门市特色文明村	江门市精神文明建设委员会	2019年10月
荷塘镇良村村	江门市特色文明村	江门市精神文明建设委员会	2019年10月
荷塘镇禾冈村	江门市特色文明村	江门市精神文明建设委员会	2019年10月
白沙街道良化西社区	2019年度阅读推广工作先进单位	江门市文化广电旅游体育局	2019年11月
白沙街道丰乐社区	2019年度阅读推广工作先进单位	江门市文化广电旅游体育局	2019年11月
白沙街道象山社区	2019年度阅读推广工作先进单位	江门市文化广电旅游体育局	2019年11月
白沙街道范罗岗社区	2019年度阅读推广工作先进单位	江门市文化广电旅游体育局	2019年11月
江门市蓬江区人大常委会白沙街道工作委员会	江门市镇街人大示范点	江门市人大常委会办公室	2019年11月
白沙街道人力资源和社会保障服务所	2018—2019年度江门市青年文明号	江门市创建青年文明号活动领导小组办公室	2019年12月
蓬江区城市管理和综合执法局	2019年江门市城市管理综合执法队伍大练兵大比武一等奖	江门市城市管理和综合执法局	2019年12月

续上表

单位名称	获誉名称	授予单位	授予时间
江门市蓬江区潮连卫生院工会	江门市“爱心妈妈小屋”示范点	江门市总工会	2019年12月
江门市荷塘园林大酒店有限公司工会	江门市“爱心妈妈小屋”示范点	江门市总工会	2019年12月
海信（广东）空调有限公司职工书屋	江门市“职工书屋”示范点	江门市总工会	2019年12月
中国共产主义青年团江门市蓬江区委员会	江门市优秀组织	中国共产主义青年团江门市委员会	2019年12月

科技项目

2019年蓬江区通过国家级高新技术企业认定名录

序　号	级　别	企业名称
1	国家级	广东盈骅新材料科技有限公司
2	国家级	江门市东方活力体育器材制造有限公司
3	国家级	江门市乐米电器有限公司
4	国家级	江门市恒禾五金塑料制品有限公司
5	国家级	广东滨崎食品有限公司
6	国家级	派洛奇科技（广东）有限公司
7	国家级	广东东德科技股份有限公司
8	国家级	江门市普日智能设备工程有限公司
9	国家级	江门市天择精密橡胶制品有限公司
10	国家级	江门市蓬江区英格不锈钢制品有限公司
11	国家级	江门市新动力自动化工程有限公司
12	国家级	广东现代集装箱有限公司
13	国家级	江门市樵夫科技有限公司
14	国家级	江门市德宜鑫塑胶模具制品厂有限公司
15	国家级	江门市恒登塑胶五金制品有限公司
16	国家级	江门市恒健实业有限公司
17	国家级	江门市品信塑胶制品有限公司
18	国家级	江门市拓普科技信息有限公司
19	国家级	江门市兄弟机械制造有限公司
20	国家级	江门市英豪农科有限公司
21	国家级	江门市卓嘉电子有限公司
22	国家级	江门市蓬江区联诚达科技发展有限公司

续上表

序　号	级　别	企业名称
23	国家级	广东广天机电工业研究院有限公司
24	国家级	江门市蓬江区玖天灯饰照明有限公司
25	国家级	江门市蓬江区鑫浩源科技有限公司
26	国家级	江门市忠佳食品有限公司
27	国家级	广东华城信息科技有限公司
28	国家级	江门市安恒爆破工程有限公司
29	国家级	江门市盈华德科技实业有限公司
30	国家级	江门市同德化建设备有限公司
31	国家级	江门市西特智能科技有限公司
32	国家级	江门市威能实业有限公司
33	国家级	江门市星煌太阳能科技有限公司
34	国家级	江门市铸鑫照明科技有限公司
35	国家级	广东道生科技股份有限公司
36	国家级	江门市科业电器制造有限公司
37	国家级	江门劳士国际电气有限公司
38	国家级	广东兴艺数字印刷股份有限公司
39	国家级	乔登卫浴（江门）有限公司
40	国家级	江门市瑞期精细化学工程有限公司
41	国家级	广东鸿美达科技有限公司
42	国家级	广东天地壹号食品研究院有限公司
43	国家级	江门亿都半导体有限公司
44	国家级	江门市奥威斯电子有限公司
45	国家级	江门市力丰电机有限公司
46	国家级	江门市蓬江区华龙包装材料有限公司
47	国家级	广东科杰机械自动化有限公司
48	国家级	江门市恒通无纺布有限公司
49	国家级	江门市兴江转向器有限公司
50	国家级	江门市裕浩家用电器有限公司
51	国家级	广东顺畅科技有限公司
52	国家级	广东迪浪科技股份有限公司
53	国家级	江门市植保科技有限公司
54	国家级	广东共升教育科技有限公司
55	国家级	江门市蓬江区超明科技有限公司
56	国家级	广东中安消防智能科技工程有限公司
57	国家级	江门安迪科技工业有限公司
58	国家级	江门市永成厨具设备有限公司

续上表

序号	级别	企业名称
59	国家级	江门市保丽科技有限公司
60	国家级	江门市蓬江区星硕方数控设备有限公司
61	国家级	江门市翔发机电有限公司
62	国家级	海目星（江门）激光智能装备有限公司
63	国家级	江门市巨盛机车配件有限公司
64	国家级	江门市诚昌铝业有限公司
65	国家级	广东润立新材料科技有限公司
66	国家级	广东启航精密科技有限公司
67	国家级	江门市圣米琪灯饰有限公司
68	国家级	江门市傲视实业有限公司
69	国家级	江门江东华普塑料容器有限公司
70	国家级	江门市聚力化工科技有限公司
71	国家级	江门市菲芃格林齿轮有限公司
72	国家级	江门市思盟电器有限公司
73	国家级	江门市海丽纺织有限公司
74	国家级	江门广洁环保技术开发有限公司
75	国家级	江门市拓辉照明电器有限公司
76	国家级	江门市瑞祥复合材料研究院有限公司
77	国家级	江门市鼎丰节能厨房电气有限公司
78	国家级	江门市星和诚电子科技有限公司
79	国家级	江门市宏亿翔数控设备有限公司
80	国家级	江门市华灿包装材料有限公司
81	国家级	江门市金信恒科技有限公司
82	国家级	江门市印星机器人有限公司
83	国家级	江门市亮晶实业有限公司
84	国家级	江门市蓬江区高威塑胶颜料有限公司
85	国家级	江门市翔凤不锈钢有限公司
86	国家级	广东聚金激光技术有限公司
87	国家级	江门市美澳厨卫有限公司
88	国家级	广东东睦新材料有限公司
89	国家级	广东安飞汽车配件有限公司
90	国家级	广东敏华电器有限公司
91	国家级	江门市建联检测有限公司
92	国家级	广东今科机床有限公司
93	国家级	江门市蓬江区茵豪电器有限公司
94	国家级	广东四方威凯新材料有限公司

续上表

序　号	级　别	企业名称
95	国家级	江门凯信科技实业有限公司
96	国家级	广东盈通新材料有限公司
97	国家级	江门市振力机械有限公司
98	国家级	江门市蓬江区辛欣摩托车配件有限公司
99	国家级	江门市蓬江区豫源科技有限公司
100	国家级	江门市银城电线有限公司
101	国家级	江门市盈声电子科技有限公司
102	国家级	广东沃豪家具有限公司
103	国家级	江门市力高玻璃制品有限公司
104	国家级	江门市银锋机车配件有限公司
105	国家级	江门市焱林家具有限公司
106	国家级	江门市安捷易自动化科技有限公司
107	国家级	江门市天澜清洗设备有限公司
108	国家级	江门铨允电梯有限公司
109	国家级	江门市蓬江区六艺电器有限公司
110	国家级	江门市名威电器有限公司
111	国家级	江门市凯博力自动化机械设备有限公司
112	国家级	轻骑集团江门光速摩托车有限公司
113	国家级	江门市达百科机电设备有限公司
114	国家级	江门市蓬江区声汇电子有限公司
115	国家级	江门市奥多光电照明科技有限公司
116	国家级	鼎利光电（江门）有限公司
117	国家级	江门市蓬江区柏斯特水性涂料有限公司
118	国家级	江门市童章文教科技有限公司
119	国家级	江门市鸿安五金有限公司
120	国家级	广东绿洁能源科技有限公司
121	国家级	江门市联益精细化工有限公司
122	国家级	江门市唯是半导体科技有限公司
123	国家级	江门市规划勘察设计研究院有限公司
124	国家级	广东海信电子有限公司
125	国家级	江门市联壹咨询管理有限公司
126	国家级	江门菲普森电器制造有限公司
127	国家级	江门市华锐铝基板股份公司

文献专载

WENXIAN ZHUANZAI

江门市蓬江区人民政府工作报告

——2020年1月15日在江门市蓬江区第十届人民代表大会第五次会议上

江门市蓬江区人民政府区长 文丽

各位代表：

我代表区人民政府向大会作政府工作报告，请予审议，并请政协各位委员和列席人员提出意见。

2019年工作回顾

2019年是中华人民共和国成立70周年，是全面决胜小康社会的关键一年。区政府坚持以习近平新时代中国特色社会主义思想为指导，全面贯彻党的十九大和十九届二中、三中、四中全会精神，深入贯彻落实习近平总书记对广东重要讲话和重要指示批示精神，增强“四个意识”[1]，坚定“四个自信”[2]，做到“两个维护”[3]。在市委、市政府和区委的正确领导下，在区人大及其常委会的监督和区政协的支持下，面对国内外风险挑战明显增多的复杂局面，全区上下迎难而上、砥砺奋进，认真贯彻落实中央各项决策部署、省委“1+1+9”[4]工作部署和市委“1+1+5”[5]工作举措，抢抓建设粤港澳大湾区和深圳建设中国特色社会主义先行示范区的“双区驱动”机遇，结合“不忘初心、牢记使命”主题教育，坚持稳中求进工作总基调，践行高质量发展要求，加强区级统筹，全力稳增长、促改革、调结构、惠民生、防风险、保稳定，较好完成各项目标任务，推动全区经济社会平稳发展，连续四年入选全国中小城市综合实力百强区。

一年来，我们主要做了以下工作：

一、“六稳”工作成效明显，经济运行稳中向好

我们全力顶住经济下行压力，坚定落实稳就业、稳金融、稳外贸、稳外资、稳投资、稳预期的“六稳”工作部署，制定实施了49条切实可行、扎实有力的工作措施，建立健全重点项目、财税分析、招商引资、园区建设等联席会议制度、经济指标分析周例会制度，妥善应对国内外不利因素影响，实现主要经济指标止跌企稳、稳中有进。预计我区全年生产总值突破700亿元，同比增长4%左右；规模以上工业增加值同比增长0.5%；固定资产投资同比增长4%；社会消费品零售总额突破300亿元，同比增长5%；外贸进出口总额377亿元，同比增长1.3%；一般公共预算收入27.54亿元，同比增长3.66%。均完成2019年区人大常委会调整后的目标任务。

项目建设取得新成效。扎实推进“招商引资项目落实年”工作，全年共引进项目29个，计划总投资143.81亿元，同比增长121.35%，其中超20亿元项目2个、超10亿元项目4个。全力加快推进项目建设，深圳科技园江门园区、保利天汇等25个项目落地；联东U谷、罗马仕、宝钢包装等18个项目动工；项目落地率86.21%、动工率72.41%，均超过

全市平均水平。兰芳园、海目星激光装备等项目顺利投产，科业电器、天壹食品等项目试产。财政保障重大项目和平台建设力度不断加强，新增地方政府债券11.05亿元，同比增长38.13%。列入市重点项目完成投资115.93亿元，完成年度投资计划的110.7%。

产业基础进一步夯实。产业支撑能力不断提升，全年新增规上工业企业39家，海信、大长江、顶益食品等龙头企业持续发挥支撑作用，产值分别增长3.78%、7.18%和269.6%。总部经济稳步发展，嘉宝莉、天地壹号、中油碧辟等5家企业被认定为市总部企业，占全市总数近三分之一。载体空间不断拓展，建成工业载体58.6万平方米，同比增长88%；新开工工业载体50.2万平方米，同比增长15%；完成收储土地4945亩，盘活闲置用地约309亩。

市场活力进一步激发。全年预计减税降费超16亿元。市场主体总量突破9.4万户，同比增长4.3%，占全市总量约五分之一；新增就业8950人，失业人员实现再就业5110人，城镇登记失业率2.01%，有效控制在3.2%的目标以内。在全市率先实现企业设立登记压减到0.5个工作日，开办企业全流程1天办结。深化投资项目承诺制改革，推行“先承诺后审批、边建边批”管理模式，项目审批平均提速1～2个月。推进“证照分离”，实施106项事项分类改革。数字政府建设加快，推进政务服务事项标准化建设，实施“堵点清零”行动，开展周六上午预约办事工作新模式，企业办事便利度进一步提升。

二、夯实高质量发展基础，大湾区建设实现良好开篇

“1+3”产业平台建设全面提速。江门人才岛完成投资35.83亿元，道路、水系、环岛公园等38个项目全面铺开建设，建成环岛公园示范段，基本完成全岛农用地征收，首轮融资30亿元通过审批，腾讯、华为等重大项目和广东邮电职业技术学院签约落户。滨江新区启动区二期道路及水环境治理项目（“十路一湖”项目）从项目谈判到动工建设仅用三个月时间，彰显“蓬江百日速度”，完成年度投资计划的700%。建成园山湖、天沙河滨水景观示范段，丰乐路北延线隧道全面恢复施工，银葵医院、江门市档案中心等项目建设加快推进。蓬江产业园统筹整合江沙示范园区，丰盛东、西区以及杜阮镇金镜山、骑龙山工业园，园区总体规划面积达37 000亩；完成征地1763亩，主干道堡莲路南段建成通车。文旅产业提质增效，广东珠西国际会展中心、江门体育中心成功举办2019第八届江门先进制造业博览会、2019年世界排球联赛（江门站）、第二届“戴爱莲杯”人人跳全国群众舞蹈展演等活动超50场次，吸引超30万人次到场；启动首届文化旅游嘉年华活动，策划推出“两天一夜游”“精品一日游”，打造华侨华人文化交流展示客厅。

创新驱动成效凸显。全区专利申请量5914件、专利授权量3228件、有效发明专利量995件，数量均居全市首位。加快人才引育，建成博士后科研工作站1个、博士后创新实践基地3个、博士工作站3个，在站（基地）博士后达6人；2名专家入选省政府质量专家库，实现我区零的突破。着力培育高新技术企业，全区累计总数达380家，居全市首位。加快推进江门人力资源服务产业园建设，引进广州中智、香港侨青等20家知名机构，基本建立完整的人力资源服务链条。大力实施技术标准战略，13家企业成功申报标准化战略专项项目31个，其中国家标准7项。积极组织44家企业参加国家、省、市创业创新大赛，其中，三尚新材料公司获得省创新创业大赛

初创组一等奖。

对外开放水平不断提高。外贸进出口总额排名全市第一，预计全年实际利用外资1.62亿美元，超额完成全年工作任务。引入大湾区中心城市产业项目13个，总投资额50.86亿元。珠西创谷（江门）科技园成为全市首家获省认定的粤港澳台科技企业孵化器，被认定为省小型微型企业创业创新示范基地，成功引进企业130家，吸引50个港澳团队集聚蓬江创新创业。支持企业参与“一带一路”沿线国家合作建设，发动超200家企业参加多场境内外展会及外经贸活动。“联络蓬江”服务中心引进13个港澳台青年创业项目。

三、以“绣花功夫”提升城市品质，城乡人居环境焕然一新

城市建设扎实推进。城市品质进一步提升，完成投资66.14亿元，启动30项新建及改扩建道路工程，加快推进城心轴线品质提升示范区、江门河北岸两大特色项目，完成38座城市公厕升级改造。加快开展“三旧”改造，完成实施“三旧”改造382亩。推进集贸市场改造，着力解决蓬江市场“脏乱差”问题。在全市率先推进既有住宅增设电梯工作，开工21宗，完工4宗。在全市率先开展环卫一体化和市场化改革，覆盖环市街、白沙街、滨江启动区和市管道路及江门大道（蓬江段）等1300万平方米。顺利通过国家卫生城市复审，棠下镇通过国家卫生镇评估验收。

乡村振兴加快推进。仅用三个多月时间，推动4个乡村振兴区级示范村完成从动员建设到通过验收的大跨越，良溪村建设经验在“学习强国”全国平台首页发布。村级经济稳步发展，全区农村集体经济组织（村组两级）预计收入达14.91亿元，同比增长7%，73个村级农村集体经济组织建立股份合作制，占比超97%。现代农业发展成效显著，成功创建国家农产品质量安全县，提前一年完成乡村振兴战略龙头企业培育任务，新增省级农业龙头企业1家，广东省名牌（农业类）产品3个；市级农业科技民营研发示范性机构总数增至4家，数量位居全市第一；培育新型职业农民176名，总数达245名。持续推进农村人居环境整治，完成16个村（社区）公园改造提升和12座乡村公厕升级改造，农村无害化卫生户厕普及率达100%；完成4条“四好农村路”[6]示范路建设，获评2019年度广东省“四好农村路”示范县。

生态环境持续改善。全面完成污染防治攻坚战重点工作任务。黑臭水体治理工程实现了从严重滞后到迎头赶上的大提速，投资5.73亿元完成17项截污和清淤工程，天沙河、杜阮河基本消除黑臭现象，得到国家环保部考评组的高度评价。在全市首创全天候河长制水质自动化监测系统，河长制、湖长制工作获得市年度考核“优秀”等次，完成全国集中式饮用水水源地环境保护专项整治任务。全面完成省第五环保督察组交办案件和纳入省考核清单以及市动态清单的“散乱污”企业整治，完成在册登记的生物质锅炉和省级、市级VOCs（挥发性有机物）重点监管企业整治，建成两个废矿物油（废机油）收集项目。荷塘镇重点环境问题整治取得新突破，区域环境质量明显提升。

四、优化公共服务供给，民生福祉持续改善

民生水平稳步提升。全区财政用于民生支出28.99亿元，占一般公共预算总支出的67.77%，同比增长7.57%，其中，投入3.7亿元完成区人大代表票决的十项民生实事。城乡最低生活保障标准提高到850元/（人·月），特困供养人员标准提高到1360元/（人·月）。全力打好脱贫攻坚战，全区330户

952名建档立卡重点帮扶对象100%达到脱贫标准，助力广西天等县脱贫摘帽，持续做好与恩平市结对帮扶工作。探索“医养结合”“公建民营”，新增2个养老机构345张养老床位；擦亮“益食堂”特色品牌服务，实现助餐服务镇（街）层面全覆盖。深入开展省食品安全示范城市创建工作，集体食堂全部实现“明厨亮灶”。实施棠下镇供水一体化“村村通”自来水工程，解决11个村“饮水难”问题。

教育医疗优化升级。学校建设取得新突破，广东实验中学附属江门学校动工建设，里仁中、小学等工程有序推进，蓬江区特殊教育学校首期工程完工并投入使用，填补我区特殊教育学校空白。教学质量持续提升，全区本科上线人数同比增长11%，连续5年实现两位数增长。名师队伍数量和水平均居全市前列，共有各级各类名师435人，一名教师获评2019年“全国模范教师”。卫生健康服务进一步优化，推动5家区（镇）医院、35家村卫生站、5所社区卫生服务中心优化提质，扎实推进市第二人民医院与市中心医院共建紧密型医联体[7]，积极落实双向转诊，进一步完善家庭医生签约服务。

公共文化加快发展。落实“公共文化事业建设年”工作部署，高标准规划建设区文化中心，实现新时代文明实践中心（所、站）全覆盖，分别建成图书馆、文化馆分馆6个、服务点18个。丰富人民群众文化活动，建成10个“村居欢乐送”服务点，全年累计举办百姓文化大舞台活动800场次，“送戏下乡”50场次，“送电影下乡”672场次。潮连卢氏大宗祠、洪圣殿等成功入选第九批省级重点文物保护单位名录。打造蓬江文化手信品牌，依托东艺宫灯等非物质文化遗产打造特色文化纪念品。

社会治理不断加强。圆满完成党的十九届四中全会、中华人民共和国成立70周年庆祝活动等维稳安保任务，妥善解决周郡问题，刑事警情同比下降25%，社会环境和谐稳定。打造共建共治共享的社会治理格局，“1+N”多方主体参与社区治理[8]入选省城乡社区治理十大创新经验，建成全市首个“城管110”指挥中心[9]，推行“城管进社区”，初步构建“党建+N　全科网格”综合治理[10]体系。深入开展“扫黑除恶”专项斗争，打掉涉恶犯罪集团4个、涉恶犯罪团伙36个，扎实推进被省挂牌的垄断农村资源、建筑工程行业等两类问题整治工作。着力防范化解重大风险，全区保持处于债务风险安全地区。推进应急管理科技化、信息化建设，实现棠下镇重点区域应急广播全覆盖，启动建设蓬江区应急监控监测预警平台。落实区、镇（街）两级安全生产委员会“双主任”制，全区没有发生较大以上安全生产事故。工会、妇女儿童、民族宗教、外事侨务、统计、武装、双拥、退役军人事务、慈善会、档案、地方志、红十字会等各项社会事业扎实推进。

五、旗帜鲜明讲政治，政府建设取得新成效

政府系统党的建设不断加强。区政府党组开展“不忘初心、牢记使命”主题教育取得良好成效，省委巡视反馈问题全部按时间节点完成整改。进一步完善规章制度，修订印发《中共江门市蓬江区人民政府党组工作规则》《江门市蓬江区人民政府常务会议工作规程》。推动全面从严治党向纵深发展，坚定不移以“七个抓”[11]为着力点，政治生态得到有效扭转。落实中央八项规定，基层减负工作取得成效，以区政府或区府办名义制发的文件总数同比减少30%，以区政府名义召开的会议同比减少80%。加强政府系统意识形态和党风廉政建设，严格落实“一岗双责”[12]，推进审计监督全覆盖。

法治政府建设实现新突破。完善重大行政决策

及规范性文件制定流程，深入推进行政执法“三项制度”[13]。全面建立法律顾问制度，法律顾问聘请率、使用率均达100%。持续推进普法工作，法治平安文化公园获省级“法治文化主题公园”和全省“十佳法治文化主题公园”称号，“扫黑除恶”城市定向越野赛获评2018—2019全省国家机关“谁执法谁普法”优秀普法项目。

机构改革向纵深推进。基本完成区级机构改革任务，全区29个涉改部门顺利平稳过渡。深化“区区融合”，加快理顺滨江新区管理体制，实现与区职能部门合署办公。启动镇（街）财政管理体制改革。

自觉接受人大和政协的监督。办理人大代表建议44件，政协委员提案31件，办结率、满意率均为100%。及时向人大报告环卫一体化、黑臭水体治理工程等重大决策以及江门人才岛建设、区国有资产管理等情况，邀请市、区人大代表对蓬江产业园进行专项调研，首次实施区、镇两级民生实事项目人大代表票决制。每半年主动向人大、政协报告政府工作开展情况。

各位代表，过去一年我区经济社会发展成绩来之不易，这是在习近平新时代中国特色社会主义思想的科学指引下，在市委、市政府和区委的坚强领导下，在区人大、区政协的大力支持下，在港澳台同胞、海外侨胞、海内外投资建设者的关心下，全区人民撸起袖子加油干的成果。在此，我们向关心、参与和支持蓬江发展的各界人士，致以崇高的敬意和衷心的感谢！

在看到成绩的同时，我们也清醒地认识到工作中仍存在一些不平衡不协调不充分的矛盾和问题，主要表现在：经济发展质量不高，部分经济指标增速放缓，招商引资成效不明显，经济转型缺乏优质项目和大项目支撑，发展后劲不足，节约集约用地水平不高；城乡发展不平衡，城市建设和管理水平有待提高，农业农村发展基础薄弱，生态环境工作存在短板；教育、医疗卫生、养老、出行等公共服务与群众期待还有差距，农村老百姓“五难”[14]和城区老百姓“三难两差”[15]问题亟须解决；部分党员干部眼界不宽、办法不多，工作作风有待进一步改进，党风廉政建设任务艰巨等。对于这些问题，我们要勇于面对、努力破解，紧抓黄金发展机遇期，让蓬江在“二次创业”中坚定信心、再创辉煌。

2020年工作安排

2020年是我国实现第一个百年目标，全面建成小康社会和“十三五”规划的收官之年，是我区加快推进粤港澳大湾区建设、推动高质量发展、全面建设宜居宜业宜游美好蓬江的关键之年。

今年区政府工作的总体要求是：坚持以习近平新时代中国特色社会主义思想为指导，全面贯彻党的十九大和十九届二中、三中、四中全会精神以及中央经济工作会议精神，深入贯彻落实习近平总书记对广东重要讲话、重要指示批示精神，认真贯彻落实省委十二届八次、九次全会，市委十三届十次、十一次全会和区委九届十次、十一次全会精神，认真落实省委“1+1+9”工作部署和市委“1+1+5”工作举措，紧抓“双区驱动”机遇，紧扣全面建成小康社会目标任务，坚持稳中求进工作总基调，坚持新发展理念，全力做好“六稳”工作，统筹推进稳增长、促改革、调结构、惠民生、防风险、保稳定，着力推进中心城区产城融合示范区建设，坚决打赢三大攻坚战，扎实推进八项工作三年行动计划[16]，推动经济社会高质量发展，确保全面建成小康社会和“十三五”规划圆满收官。

今年我区经济社会发展的主要预期目标是：地区生产总值同比增长5.5%左右，规模以上工业增加值同比增长5%左右，固定资产投资同比增长10%，社会消费品零售总额同比增长7.5%，外贸进出口总额实现正增长，一般公共预算收入同比增长4%，城乡居民可支配收入增长与经济增长基本同步，节能减排约束性指标完成市下达的年度目标，城镇登记失业率控制在3%以内。为此，我们致力于做好以下工作：

一、抢抓“双区驱动”机遇，高标准打造产业载体平台

全力推进中心城区产城融合示范区建设。发挥江门人才岛和滨江新区核心带动作用，统筹全区产业资源，加强协作联动，打造全省一流的高质量发展“江门样板”。江门人才岛打造新兴产业、科创资源和高端人才高地，重点发展数字创意、人工智能等产业，计划投资30亿元，加快“WeCity未来城市”、华为ICT学院、广东邮电职业技术学院、科创中心、科技产业园等项目建设，力促IBM软件外包中心等项目早日落户，加快配齐配强基础配套设施。滨江新区打造富有侨乡特色、生态特色、水岸特色的滨水园林新城区，建设一体招商、一体开发、一体运营的滨江总部基地，重点发展总部经济、金融、会展、商贸、文旅产业，提速推进“十路一湖”项目和江门市档案中心等公共服务配套设施建设，确保丰乐路北延线南段建成通车。

加快推进蓬江产业园建设。落实园区建设三年行动计划，完善扩园提质整体规划，加快整合各园区资源，提高集约集聚发展水平。补齐基础配套设施短板，着力解决“断头路”问题，打通主城区的产城融合“主动脉”，优化提升公共交通保障能力和服务水平，着力增强园区物流集散能力，完善教育、医疗等配套服务。推动智能制造、高端电子信息、健康食品、激光产业和生产性服务业集聚发展。

加快推进文旅产业发展。依托会展文体中心等场馆资源，积极推动“体育+文化”“体育+旅游”“体育+会展”产业融合发展。吸引国内外大型体育赛事、文艺演出、会展落户。擦亮文化旅游名片，推动良溪古村、陈垣故居等景点提质升级。对接国内外顶尖文旅产业运营商，加快引进优质文旅项目，推动江门·侨镇、环市街联合片区项目动工建设，力促侨乡文化小镇项目落地。

拓展产业发展空间。全面开展摸底清查工作，建立全区载体资源库并动态更新，研究制定供地超两年未动工项目用地收回工作机制，盘活低效闲置用地。大力实施“三旧”改造三年行动计划。着力推动村级工业园区升级改造，重点抓好荷塘、杜阮工业园改造示范工作，各镇（街）分别打造1～2个试点，主动承接粤港澳大湾区中心城市产业转移和外溢。

二、坚持新发展理念，加快推动经济高质量发展

统筹抓好经济发展精细化管理。强化区级统筹，细化分解经济指标任务，进一步健全各项经济工作联席会议制度，狠抓重大项目、招商引资、统计、财税精细化管理，强化信息共享和部门联动，摸清全区资源底数，科学规划产业发展方向。持续深化供给侧结构性改革，补强优化装备制造业、高端电子信息、健康食品等支柱产业的产业链，推动产业转型升级。激发消费潜力，着力发展“夜经济”[17]，积极培育区域性专业市场，扩大汽车、住房、家电等大宗消费。深化国企改革，推动企业优化重组，做大做强滨江管理公司，健全“1+6+N”制度体系[18]。按时完成76项列入市重点项目建设，

确保完成110.48亿元年度投资计划。

加大招商引资力度。落实“招商引资提质年”部署，实施招商引资“一把手”工程，坚持质量优先，全区力争引进50亿元以上项目至少一个、引进20亿元以上项目一个并动工建设，各镇（街）引进10亿元以上项目至少一个，蓬江产业园引进10亿元以上项目3～5个，滨江管理公司落实10亿元以上项目至少一个。开展平台招商和总部经济招商，依托“1+3”产业平台，力促中铁建、中电建等企业的区域总部落地。实施龙头企业招商和“强链补链”招商，充分发挥海信、大长江两个百亿级龙头企业以及康师傅、天地壹号等优质食品企业的引领带动作用，加强产业集聚和升级。深入开展暖企安商，持续推进减税降费，落实首席服务官制度，建立诉求响应机制。力促联东U谷、美心食品二期等在建项目运营投产。

增强科技创新能力。力争规上工业企业设立研发机构比例超61%，国家级高新技术企业总数超400家，院士工作站增至4家。支持企业开展技术改造、技术升级，扶持科技型中小微企业发展壮大。深入开展人才引育，深化江门人力资源产业园建设。加大知识产权培育力度，进一步完善知识产权服务和环境支撑配套建设。深入实施质量强区战略，发挥质量品牌示范效应，推动企业高质量发展。

深化“放管服”改革。推动商事主体登记全流程“免预约”“全天候”“零见面”“无纸化”“智能秒批”办理，推广“证照分离”，推进“照后减证”“容缺审批”，将符合条件的总投资超5亿元工业项目纳入承诺制管理。加快自然人、法人一门式服务整合，全面切换上线市政务服务一体化平台，全力打造政务服务无堵点城市和全市政务服务新标杆。

进一步提高开放水平。完善快速路网，抓好迎宾西延长线、华盛路西延线等道路建设，加快谋划滨江快线、发展大道东过江通道等项目建设，主动对接共和、大泽、司前、珠西物流中心打造20分钟通勤圈。推动珠西创谷（江门）科技园建设港澳青年创新创业基地，进一步发挥省级科技企业孵化器作用。优化外资外贸企业服务，组织发动企业参加意大利米兰国际摩托车展览会、巴拿马国际贸易博览会、印度孟买展览会等重点展会，引导企业积极与国际市场对接，支持企业开拓“一带一路”新市场。进一步加强大湾区青少年交流合作，依托江门体育中心打造“大湾区江港澳少年警营”培训基地。全力协助新会区开展涉及荷塘镇的银湖湾滨海新区插花地前期征地和建设工作。

三、深化城乡提质，着力打造绿色宜居蓬江

持续抓好城市品质提升。落实创文长效机制，配合做好全国文明城市三年总评迎检工作。落实老旧社区改造、集贸市场改造、公园改造升级三年行动计划，着力治理老旧社区“环境差”问题，加快推进老旧小区增设住宅电梯工作；以蓬江市场、贯溪市场为试点推进升级改造工作；实施公园绿地升级改造，重点对园山湖公园、群星公园等实施提质改造，完善18个村（居）公园设施。进一步提升城市品质，高品质建设城心轴线品质提升示范区和江门河北岸，高标准开展碧道建设。持续推进城市道路升级改造，打通“断头路”、畅通“微循环”。着力解决“停车难”问题，新增1000个公共停车位，建设智慧停车引导系统。推进省、市卫生镇、卫生村建设，确保杜阮镇通过国家卫生镇复评验收。

深入实施乡村振兴战略。落实农村公共配套设施三年行动计划，完善农村基础设施建设，实现自然村集中供水“一体化”全覆盖；巩固省“四好农

村路”示范县创建成果，对41条全长35.35千米的农村公路进行改造。加快发展富民兴村特色产业，培育现代农业经营主体，积极引导农产品开展“三品一标”[19]、省名牌申报认证。持续推进农村人居环境整治，确保全部村（居）达到干净整洁村标准、60%村（居）达到美丽宜居村标准，推动潮连街全域创建省级生态美丽宜居镇（街），创建“江门市宜居村庄”2个，推进农村公厕新建改建工作，健全农村公厕后续管养长效机制。探索开展农村镇（街）环卫一体化改革，村庄保洁率和行政村垃圾处理率达100%，生活污水治理率达55%以上。深化农村综合改革，建立健全产权流转管理服务平台有关制度，推进农村宅基地和集体建设用地使用权确权登记发证工作。

全力打好污染防治攻坚战。打赢蓝天保卫战，全面完成VOCs企业减排任务，加快推进主城区高污染高排放工业企业淘汰、搬迁和改造工作，力争空气质量全面达标。打好碧水攻坚战，完成水环境综合治理项目（一期），谋划启动二期工程，力争年底前全面消除城市建成区黑臭水体，确保5个市控级以上考核断面水质稳定达标。打赢净土防御战，完成重点行业企业及工业园区土壤污染情况详查，加强固体废物转移管理。稳步推进生活垃圾分类，实现公共机构生活垃圾分类全覆盖，全力建设省级推进垃圾分类示范片区。

四、聚焦民生福祉，提升群众获得感幸福感安全感

进一步提高民生水平。重点推进一批民生实事，着力解决群众最急最忧最盼的操心事烦心事揪心事。落实援企稳岗社保政策，推动公共就业服务均等化，深入推进“广东技工”“粤菜师傅”“南粤家政”三大工程。打好精准扶贫攻坚战，基本实现扶贫线与低保线“两线合一”，城乡低保标准提高到900元/（人·月），配合推动广西天等县通过脱贫摘帽验收。着力打造康养服务体系，全面推进“医养结合”和“社区嵌入式”养老载体建设，强化公办养老机构托底保障功能，持续推进“公办民营”“公建民营”，支持社会力量开办规模化、连锁化养老服务机构，加快专业人才培育。

优化教育医疗服务供给。落实“教育发展扩容提质年”部署和教育三年行动计划，今年启动新建中小学校3所、改扩建5所，建成后预计新增小学学位1620个、初中2400个，确保广东实验中学附属江门学校在9月投入使用。加快公办幼儿园和普惠性民办幼儿园认定，深入实施薄弱幼儿园改造和农村幼儿园补短板提升工程，确保普惠性幼儿园覆盖率达80%，公办幼儿园在园幼儿占比达50%以上。提升教育质量，继续深化“县管校聘”改革，开展“广东省信息化中心学校”建设。落实医疗三年行动计划，着力推进棠下镇、荷塘镇卫生院新建改建工程，培养全科医生，不断提升基层医疗水平。深化医疗体制改革，重点推进市第二人民医院与市中心医院共建紧密型医联体试点，积极推进镇级医院医联体建设，完善家庭医生签约服务。

提升公共文化服务水平。做好第三批广东省公共文化服务体系示范区创建验收工作，继续推进新时代文明实践中心建设，加快区博物馆和区文化中心建设，力争通过省文化馆（站）评估定级。高标准做好申报工作，着力推动东艺宫灯申报国家级非物质文化遗产、陈垣故居申报国家级重点文物保护单位。加强舞蹈创排基地建设，打响“中国舞蹈之城”品牌。

擦亮“平安蓬江”招牌。紧抓不懈做好安全生产工作，加强应急救援队伍和装备建设，完善水利三防、森林防火、动物防疫和公共突发事件应急处

置机制，确保全区安全生产形势稳定。大力抓好食品药品安全工作，配合市创建广东省食品安全示范城市。提高社会治理精细化水平，统筹推进“党建+N 全科网格”综合治理管理机制建设，依托“城管110”指挥中心，推动实施城管一体化，形成“大巡查、大智慧、大执法、大参与”的社会治理格局。全面落实智慧新警务战略，加快推进“雪亮工程”[20]。纵深推进扫黑除恶专项斗争，确保被省挂牌整治的两类涉黑涉恶突出问题成功摘牌。深入开展创建综合减灾示范社区工作，确保每个镇（街）至少有1个村（社区）完成全国综合减灾示范社区创建工作。

加快社会各项事业全面发展。扎实推进妇女儿童发展规划省级示范区创建工作。抓好武装、兵役、双拥、民族宗教、外事侨务、港澳台、慈善会、红十字会工作，推进退役军人事务、统计、审计、档案、地方志、新闻等各项工作，支持工会、共青团、妇联、残联工作。

五、加强自身建设，着力打造法治廉洁高效政府

持续加强政府系统党的建设。在区委的领导下，不断加强区政府党组建设，落实第一议题学习制度，严格落实“三重一大”决策制度[21]，发挥各级政府党组织在抓好业务工作中的引领作用。强化建章立制，推动制度建设在各领域工作全覆盖。全面落实基层正风反腐三年行动计划，强化廉政监督和廉政风险防控，重点开展扶贫领域腐败和作风问题专项治理以及民生领域的专项整治。深挖涉黑涉恶腐败和“保护伞”，严肃查处“村霸”、宗族恶势力、地区“黑”组织和黄赌毒背后的腐败行为。

不断加强作风建设。落实“政治能力提升年”部署，持续加强和改进政府系统意识形态工作，以“七个抓”为重点，持续净化政治生态，大力提倡“马上就办、办就办好、真抓实干、滴水穿石”的工作作风，健全激励和容错纠错机制，鼓励干部担当作为。持之以恒正风肃纪，严格落实中央八项规定，坚决整治形式主义、官僚主义，厉行节约，持续压减“三公”经费。进一步减轻基层压力，继续精简会议文件，大力推进镇（街）行政管理体制改革和财政体制改革，激发干事创业活力。稳妥推进事业单位改革。

积极推进法治政府建设。主动接受人大依法监督和政协民主监督，认真执行区人大及其常委会各项决议决定，支持政协委员参政议政，提高人大代表议案、建议和政协提案办理水平。全面启动法治政府建设示范创建工作，争创全省乃至全国的法治政府建设示范区。持续推进执法规范化建设，全面推进行政执法“三项制度”，全面提升法治化水平和执法公信力。继续深入实施“七五”普法工作，落实“一村（社区）一法律顾问制度”和“公共法律服务集中服务日制度”。

各位代表，全面建成小康社会进入决胜期。新时代要有新作为，新使命呼唤新担当。让我们更加紧密地团结在以习近平同志为核心的党中央周围，在市委、市政府和区委的坚强领导下，不忘初心、牢记使命，只争朝夕、不负韶华，以闻鸡起舞、日夜兼程、风雨无阻的激昂斗志，全面建设宜居宜业宜游美好蓬江，为江门打造珠江西岸新增长极和沿海经济带上的江海门户作出蓬江应有的贡献！

附件：1．2019年主要经济指标完成情况表（预测）

2．2019年民生实事落实情况表

3．《政府工作报告》有关用语说明

附件1

2019年主要经济指标完成情况表（预测）

指标名称	计量单位	绝对值	增幅（%）
生产总值	亿元	突破700	4
规模以上工业增加值	亿元	—	0.5
固定资产投资额	亿元	—	4
社会消费品零售总额	亿元	突破300	5
实际利用外资	亿美元	1.62	4.21
外贸进出口总额	亿元	377	1.3
一般公共预算收入	亿元	27.54	3.66

附件2

2019年民生实事落实情况表

序号	项目名称	工作内容	完成情况
一	提升基础教育服务水平	1．补齐教育经费保障机制短板，建立学前教育、公办普通高中生均拨款制度及逐步增长机制，全区公办幼儿园年生均公用经费补助标准不低于300元/（生·年），对符合条件的普惠性民办幼儿园给予补助。全区公办普通高中生均公用经费补助标准不低于500元/（生·年）；继续落实义务教育公用经费生均拨款制度，全区义务教育学校生均公用经费标准小学不低于1150元/（生·年），初中不低于1950元/（生·年）。	已完成。 1．全区公办（含公办幼儿园）幼儿园及普惠性民办幼儿园春季学期所需资金数128.505万元（每生150元/学期），已经拨到各幼儿园使用；秋季学期所需资金215.83万元已划拨到各幼儿园使用。全年已按不低于300元/（生·年）的补助标准划拨到公办幼儿园（含公办性质）各普惠性民办幼儿园使用。 2．普通高中生均公用经费已经按500元/年，共160万元下达预算给学校使用。 3．春季学期义务教育生均公用经费已经按学生人数及标准（小学每生600元/学期，初中每生1000元/学期）核定春季学期所需资金5789.44万元。其中区直公办学校所需资金2560.84万元已经下达预算指标给学校使用，区直民办学校及镇（街）学校义务教育公用经费3228.60万元已经划拨到学校使用。秋季学期所需资金，区直公办学校已在年初下达预算到各学校，镇（街）学校所需资金2447.86万元已经下达预算到各镇（街）使用，民办学校所需资金868.68万元已经划拨到学校。全年义务教育学校生均公用经费标准已按小学不低于1150元/（生·年），初中不低于1950元/（生·年）的标准下达预算（划拨）到各学校使用。
		2．推进义务教育学校建设，基本建成里仁小学。	已完成。 已基本完成里仁小学建设。4幢教学楼主体建设已全部封顶，墙体砌砖已完成，外墙批灰已完成，现正进行外墙砖张贴。
二	提升居民医疗卫生服务能力	3．进一步加大基层补贴，落实棠下镇卫生院、荷塘镇卫生院、杜阮镇卫生院、潮连街道社区卫生服务中心的基层医疗卫生机构事业费补助；落实棠下镇、荷塘镇、杜阮镇农村卫生站医生补贴。	已完成。 1．进一步加大基层补贴。今年已安排预算指标403.2万元，落实棠下镇卫生院、荷塘镇卫生院、杜阮镇卫生院、潮连街道社区卫生服务中心的基层医疗卫生机构事业费补助，8月份已划拨。 2．落实棠下镇、荷塘镇、杜阮镇农村卫生站医生补贴预算指标69万元，已考核完成划拨。

续上表

序　号	项目名称	工作内容	完成情况
二	提升居民医疗卫生服务能力	4. 实施农村妇女“两癌”免费检查，保障妇女健康。	已完成。 全年完成“两癌”筛查任务1800人。
		5. 进一步加强基层医疗卫生人才队伍建设，全科医生规范化培训7名，全科医生转岗培训44名，乡村医生定向培养项目培训15名。	已完成。 1. 已选派8人参加全科医生规范化培训。 2. 已选派57名医生参加全科医生转岗培训。 3. 已选派15人参加乡村医生定向培养。
		6. 加大基层医疗基础设施建设，推动棠下镇卫生院住院大楼建设工程。	已完成。 已完成主体框架结构，砌体工程形象进度的100%，外墙饰面工程形象进度的100%。
三	提高市场食品质量安全水平	7. 全面加强食品质量安全监督管理，完成不少于2000批次食品抽检任务，食品检验量达到每年每千人5批次；2019年在区内10个省重点考核市场开展以蔬菜、水产品等为主的快速检测，及时公示快检信息，对疑似不合格产品处置率100%，全面快检批次不少于4.5万批次。	已完成。 1. 截至2019年12月3日，10个重点快检市场累计开展快检56 412批次（全年任务4.5万批次，已完成125.36%），不合格377批次，合格率99.33%。其中蔬菜49 968批次，合格率99.53%；水产品4539批次，合格率96.87%；肉禽蛋类1905批次，合格率100%。处理不合格产品956.29千克，处置率100%。 2. 根据市2019年食品抽检计划，结合区的实际，已制定区2019年每千人5批次食品抽检方案，计划2019年抽检生产、流通、餐饮环节的食品（含食用农产品）的检验量任务为2200批次。 3. 已抽检食品2334批次，及时开展节假日应节食品的抽检专项，已完成全年任务的105.61%。已全部出结果，其中不合格39批次，均立案调查中。
四	提高底线民生保障水平	8. 逐步提高低保、特困、孤儿、残疾人两项补贴标准，实现城镇低保补差水平不低于低保标准的75%，农村低保补差水平不低于低保标准的50%，且不低于省定标准；特困人员基本生活标准按不低于低保标准的1.6倍，且不低于当地现行特困人员基本生活标准确定。孤儿基本生活最低养育集中供养为1800元/（人·月）、分散供养为1025元/（人·月）；困难残疾人生活补贴为1980元/（人·年），重度残疾人护理补贴为2640元/（人·年）。	已完成。 1. 孤儿基本生活费：已完成提标工作。2019年3月起区孤儿基本生活最低养育集中供养提标到1990元/（人·月）、分散供养1240元/（人·月），并已补发1～2月差额。 2. 残疾人两项补贴：已完成提标工作。2019年1月提高区残疾人两项补贴标准。其中，困难残疾人生活补贴标准提高到165元/（人·月），重度残疾人护理补贴提高到220元/（人·月）。另外，已将非重度智力、精神残疾人纳入重度残疾人护理补贴范围。 3. 最低生活保障：2019年7月起区城乡最低生活保障标准提高到850元/（人·月），并对未达标月份予以补发。 4. 特困供养人员：2019年7月起区特困供养人员标准提高到1360元/（人·月），达到低保标准的1.6倍，并对未达标月份予以补发。

续上表

序号	项目名称	工作内容	完成情况
四	提高底线民生保障水平	9．进一步提高城乡居民基础养老保险基础养老金最低标准，达到170元/（人·月）以上。	已完成。 根据广东省人力资源和社会保障厅、广东省财政厅《关于提高全省2019年城乡居民基本养老保险基础养老金最低标准的通知》要求，2019年1月1日起，将全省城乡居民基本养老保险基础养老金最低标准提高至170元/（人·月），同时结合区《关于建立蓬江区2017年度至2020年度城乡居民基本养老保险待遇正常调整机制的通知》要求，按照三年调整机制计划，区自2019年1月1日起，在省、市最低基础养老金173元/（人·月）的基础上增加22元，即目前区城乡居民基础养老金已提高至195元/（人·月），调整工作已经在2019年5月底前完成。 截至11月底，全区享受城乡居民基本养老保险待遇26 906人，发放率达100%。
		10．实施残疾人精准康复服务，为残疾人提供肢体康复、精神康复、视力康复等32项康复资助服务，受惠残疾人不少于1900例（人次），有康复需求的残疾儿童和持证残疾人接受基本康复服务比例达85%。	已完成。 在对残疾人进行康复需求调查和评估的基础上，为符合条件的残疾人提供儿童抢救性康复、成人肢体康复、精神住院及送药、假肢矫形器装配、视力康复、托养等32项精准康复资助服务，至今共投入738.53万元资助残疾人接受康复治疗2234人（例），有康复需求的残疾儿童和持证残疾人接受基本康复服务比例达86.5%，已完成项目任务。
		11．加快推进蓬江区长者饭堂建设运营工作，力争在各镇（街）布点、全覆盖，完善相关配餐配套，为更多长者服务。	已完成。 各镇（街）已完成长者饭堂建设预期工作目标（今年内必须在各镇（街）辖区内建成至少一个长者饭堂建设并投入使用）。全区已基本完成镇（街）百分百全覆盖年度任务，累计服务蓬江区长者2万余人次。
五	加大力度促进就业创业	12．工伤保险在全面实施浮动费率的基础上，阶段性下调缴费费率，平均费率再下降20%左右。	已完成。 根据《江门市人力资源和社会保障局　江门市财政局　国家税务总局江门市税务局关于进一步做好我市阶段性下调工伤保险费率有关工作的通知》的规定：（一）2019年5月1日至2019年6月30日，我市各参保工伤单位工伤保险费率由现已执行的“统一阶段性下调20%”调整为“统一阶段性下调50%”。（二）2019年7月1日至2021年4月30日，我市各参保单位工伤保险费率按江人社发〔2016〕180号执行浮动费率的基础上，统一阶段性下调50%。（三）我市五类至八类行业的工伤保险基准费率分别下调至用人单位职工工资总额的1.0%、1.2%、1.3%、1.4%的阶段性降费政策执行至2021年4月30日止。 我区已按照市的文件要求执行，工伤保险在执行八类行业基准费率和浮动费率的基础上，各参保单位缴费费率统一阶段性下调50%，实施到2021年4月。 2019年前三季度，我区工伤保险降成本累计减负1566.35万元。
		13．深入推进“圆梦计划”，择优推荐在我区务工的优秀新时代工人参加学历继续教育的本、专科学习，打通新生代产业工人成长发展的向上通道。	已完成。 2019年蓬江区已有300余人参与“圆梦计划”，超额完成全部工作目标（250人）。经团区委以及各级团组织的努力，更多新生代产业工人不仅对“圆梦计划”有了进一步了解，并且通过“圆梦计划”实现了大学梦。

续上表

序　号	项目名称	工作内容	完成情况
六	加大精准脱贫攻坚力度	14．按照市扶贫办的工作任务，开展低收入人口精准识别，重点在全区范围组织开展低收入人口对象认定。制定完善相关配套帮扶政策，推动相关保障政策和增收政策的落实，建立长效帮扶机制。	已完成。 1．2019年，我区全力巩固2016—2018年精准扶贫脱贫工作成效，完成市对我区2019年扶贫工作要求。预计到年底，我区城镇重点帮扶对象年人均可支配收入达到14832元，农村重点帮扶对象年人均可支配收入达到8905元，全区330户952名帮扶对象按2019年标准实现脱贫，脱贫率达100%。 2．11月7日，经区政府常务会议审议通过，由区扶贫开发工作领导小组办公室印发《江门市蓬江区关于推进扶贫线与低保线“两线合一”长效帮扶机制两年扶贫行动方案（2019—2020年）》，区扶贫办草拟《江门市蓬江区推动扶贫线与低保线“两线合一”改革工作的实施细则（送审稿）》，并报区深化改革委员会审议。 3．根据市扶贫办的《江门市2019—2020年城乡精准扶贫精准脱贫开发资金管理办法》，区扶贫办草拟《江门市蓬江区2019—2020年扶贫开发资金管理细则（征求意见稿）》，征求和综合区扶贫开发工作领导小组各成员单位意见，并报区政府审议。 4．加快开展低收入人口入户核查工作，经初步统计，我区共有低收入人口843户1603人，截至11月底，已完成入户工作，入户率100%。 5．落实区级扶贫开发资金300万元，资金指标通过区财政局下达到各镇（街）。
七	加快提升公共文化服务水平	15．完善区、镇（街）、村（社区）三级文化设施网络，启动区文化中心建设，推动文化馆，图书馆总、分馆和新时代文明实践中心（所、站）建设。	已完成。 1．蓬江区文化中心建设已启动。目前已完成勘察工作，完成初步设计。 2．区图书馆已建成分馆4个，服务点18个；区文化馆已建成分馆3个，服务点18个。 3．蓬江区新时代文明实践中心场地布置已完工。已建立包括科普、法律、农科、基层党建、家庭教育、文化文艺等专业志愿服务队伍15支，以约1200名志愿者为主力，广泛开展基层实践所（站）宣讲和志愿服务活动近100场，受惠群众达3万多人。
		16．举办“百姓文化大舞台”“村居欢乐送”等群众性文体活动，打造“十分钟文化圈”。	已完成。 1．开展“百姓文化大舞台”活动800场次。完成“送戏下乡”50场次，“送电影下乡”672场次。 2．已在原有的6个“村居欢乐送”示范村（居）基础上，增设4个示范村（居）。 3．2019年先后开展“蓬江情　祖国颂”蓬江区庆祝中华人民共和国成立70周年文艺晚会、合唱音乐会、“侨乡欢乐行·万人游蓬江”系列活动、良溪建基888周年暨“棠下牛肉”美食节系列活动、2019年陈白沙文化节等大型文化活动。
八	建设“四好农村路”	17．改造影响人民群众出行安全的农村公路，完成农村公路15千米的建设任务，全力推进“四好农村路”示范路建设。	已完成。 1．完成省级“四好农村路”示范县申报工作，并通过省交通运输厅的评定和公示，获得“四好农村路”省级示范县称号。 2．完成示范路乡道Y166乐公线、乡道Y169棠良线、乡道Y165杜叱线、乡道Y114东堤路四条共16.15千米的大修项目以及棠下、杜阮8条村道路面硬底化改造工作。

续上表

序　号	项目名称	工作内容	完成情况
九	加大政务便民服务力度	18. 实施“数字政府”综合改革，拓展“一网通办”和“一窗通办”，推进“马上办、网上办、就近办、一次办”的“四办”便民服务。依托法人一门式服务平台，进一步整合涉税业务，提高企业开办便利度。进一步丰富“十分钟便民便企服务圈”，向下推动更多政务服务向镇（街）、村（社区）一级延伸，优化“侨都之窗”政务服务自助终端布点；向上不断拓展，争取更多市、省级部门支持，实现上级审批事项“受理前移、联网审批”，让本区群众不出区就能办所有事。	已完成。 1. 蓬江区法人一门式服务中心自“开办企业1个工作日示范点”启动以来，已为3800多人次提供服务，新增登记企业2284户，为企业提供“一日办”专人全程导办服务55次。 2. 7月起，我区整合了原分散在9个镇（街道）市场监管所的法人一门式服务窗口资源，把法人事项调整进驻到各镇（街道）公共服务中心，实现镇（街）一级法人事项与自然人事项一门办理。调整后，各镇（街道）公共服务中心新增进驻区市场监督管理局、区卫生健康局364项法人业务，结合2019年区社保局新增9项进驻镇（街）中心办理业务，可办事项从原来的13个部门303项增加至14个部门676项政务服务事项，区级法人一门式服务中心可办17个部门（含1个市级部门）782个事项，真正实现了镇（街）一级业务办理“只进一扇门”，大大增强了镇（街）一级政务服务大厅的服务范围和服务能力，提升企业和群众办事的方便性和满意度。 3. 我区各村（社区）一门式服务站可办理业务已达84项。2019年8月，我区选取了白沙街农林社区、象山社区及永盛社区作为基层减负便民专项工作试点社区，开展基层减负便民专项试点工作，尝试推动市政务服务一体化平台延伸村居。 4. 我区已在全区范围铺设150台“侨都之窗”。2019年，我区新增奥园广场、区法援处、区人社大厅等“侨都之窗”自助服务终端布点；9月，试点在江门农商银行的杷冲支行、环市支行投放“侨都之窗”自助服务终端，布局更趋合理。2019年，我区“侨都之窗”共处理17.85万件业务。
十	大力推进“厕所革命”	19. 加快老城区公厕建设，不断提升城市公厕服务管理水平，新建和提升改造城市公厕38座。	已完成。 已完成38座城市公厕建设工作。
		20. 新建和提升改造乡村公厕12座。	已完成。 已完成12座乡村公厕建设工作，共投入313万元。

附件3

《政府工作报告》有关用语说明

1.“四个意识”：政治意识、大局意识、核心意识、看齐意识。

2.“四个自信”：中国特色社会主义道路自信、理论自信、制度自信、文化自信。

3.“两个维护”：坚决维护习近平总书记在党中央的核心、全党的核心地位，坚决维护党中央权威和集中统一领导。

4.“1+1+9”工作部署：第一个“1”是指以推进党的建设新的伟大工程为政治保证。第二个“1”是指以全面深化改革开放为发展主动力。“9”是指9个方面重点工作：一是以粤港澳大湾区建设为重点，加快形成全面开放新格局；二是以深入实施创新驱动发展战略为重点，加快建设科技创新强省；三是以提高发展质量和效益为重点，加快构建推动经济高质量发展的体制机制；四是以构建现代产业体系为重点，加快建设现代化经济体系；五是以大力实施乡村振兴战略为重点，加快改变广东农村落后面貌，确保3年取得重大进展、5年见到显著成效、10年实现根本改变；六是以构建“一核一带一区”区域发展新格局为重点，加快推动区域协调发展；七是以深入推进精神文明建设为重点，加快建设文化强省；八是以把广东建设成为全国最安全稳定、最公平公正、法治环境最好的地区之一为重点，加快营造共建共治共享的社会治理格局；九是以打好三大攻坚战为重点，加快补齐全面建成小康社会、跨越高质量发展重大关口的短板。

5.“1+1+5”工作举措：第一个“1”是指坚定不移加强党的领导和党的建设。第二个“1”是指以新担当新作为不断把改革开放推向深入。“5”是指5个方面重点工作：一是举全市之力推动粤港澳大湾区建设；二是坚定不移推动高质量发展；三是大力实施乡村振兴战略；四是着力构建“三区并进”协调发展新格局；五是坚持共建共治共享。

6.“四好农村路”：习近平同志于2014年3月4日提出要求农村公路建设要因地制宜、以人为本，与优化村镇布局、农村经济发展和广大农民安全便捷出行相适应，要进一步把农村公路建好、管好、护好、运营好，逐步消除制约农村发展的交通瓶颈，为广大农民脱贫致富奔小康提供更好的保障。

7. 医联体：即区域医疗联合体，由一个区域内的三级医院与二级医院、社区医院、村医院组成，目的是有效整合同一区域的医疗资源。

8.“1+N”多方主体参与社区治理：以党建为引领，1是社区党组织，N是社区居委会、基层群团组织、企事业单位、社会组织、义工组织、居民等。

9.“城管110”指挥中心：以数字化城管系统为基础，按照网格化管理思路建设，实行“24.5小时”勤务模式（即24小时全天候应急值守、紧急事项半小时必达现场），快速解决群众诉求的城市应急响应平台。

10.“党建+N 全科网格”综合治理：通过先期统筹整合党建、信访维稳、住房和城乡建设、应急管理、城市管理和综合执法、环卫一体化、宣传舆情、公安、环保和消防救援等力量，以“党建+N全科网格”管理中心为枢纽，以大数据为支撑，构建成集信息收集、“网格化”巡查、应急、研判、处置为一体的指挥平台，并逐步对其他社会治理领域进行统筹整合，构建“大巡查、大智慧、大执法、大参与”的社会治理格局。

11.“七个抓”：抓干部教育、抓责任落实、抓规矩建设、抓监督落实、抓作风建设、抓查办案件、抓用人导向。

12.“一岗双责”：既要抓好分管的业务工作，又要以同等的注意力抓好分管部门的党风廉政建设，把反腐倡廉、案件防范工作与业务工作同研究、同规划、同布置、同检查、同考核、同问责，真正做到“两手抓、两手硬”，使党风廉政建设和反腐败工作始终保持应有的力度。

13. 行政执法“三项制度”：即推行行政执法公示制度、执法全过程记录制度、重大执法决定法制审核制度，是党的十八届四中全会部署的重要改革任务，对于促进严格规范公正文明执法，保障和监督行政机关有效履行职责，维护人民群众合法权益，具有重要意义。

14. 农村老百姓“五难”：饮水难、用电难、看病难、上学难、出行难。

15. 城区老百姓“三难两差”：看病难、上学难、停车难，集贸市场脏乱差、老旧社区环境差。

16. 八项工作三年行动计划：指教育、医疗、老旧社区改造、集贸市场改造、公园改造升级、农村公共配套设施、三旧改造、园区建设等八项工作的三年行动计划。

17.“夜经济”：现代城市业态之一，指从当日18时至次日早上6时所包含的经济文化活动，发展夜经济是提升城市消费需求、促进产业结构调整的有力举措。

18.“1+6+N”制度体系：“1”是指《蓬江区国有资产管理体制改革方案》。“6”是指《蓬江区区属企业重大事项审批备案暂行办法》《蓬江区区属企业投资监督管理暂行办法》《蓬江区区属企业融资管理暂行办法》《蓬江区区属企业资产出租管理暂行办法》《关于购买和租赁国有土地使用权及地上建筑物等资产的指导意见》《蓬江区区属企业领导人员管理暂行办法》。“N”是指围绕规范资本运作、维护资本安全、强化权力制约、严格人员管理、防范管控风险等重点领域，制定多项制度，全面建立“制度完善、机制健全、监管到位、调控有效”的国资监管制度体系。

19.“三品一标”：无公害农产品、绿色食品、有机农产品，农产品地理标志。

20.“雪亮工程”：以县、乡、村三级综治中心为指挥平台、以综治信息化为支撑、以网格化管理为基础、以公共安全视频监控联网应用为重点的“群众性治安防控工程”。通过三级综治中心建设把治安防范措施延伸到群众身边，发动社会力量和广大群众共同监看视频监控，共同参与治安防范，从而真正实现治安防控“全覆盖、无死角”。

21.“三重一大”决策制度：指重大事项决策、重要干部任免、重要项目安排、大额资金的使用，必须经集体讨论做出决定的制度。

江门市蓬江区2019年国民经济和社会发展计划执行情况与2020年计划草案报告

——2020年1月15日在江门市蓬江区第十届人民代表大会第五次会议上

江门市蓬江区发展和改革局局长　谢栋华

各位代表：

我受区人民政府委托，向大会报告我区2019年国民经济和社会发展计划执行情况与2020年计划草案，请予审议。

2019年经济和社会发展计划执行情况

今年以来，我区坚持以习近平新时代中国特色社会主义思想为指导，全面贯彻党的十九大和十九届二中、三中、四中全会精神，深入贯彻习近平总书记对广东重要讲话和重要指示批示精神，树牢“四个意识”，坚定“四个自信”，坚决做到“两个维护”，在市委、市政府和区委的正确领导下，在区人大及其常委会的监督和区政协的支持下，认真贯彻落实中央各项决策部署、省委“1+1+9”工作部署和市委“1+1+5”工作举措，紧抓粤港澳大湾区和深圳建设中国特色社会主义先行示范区的“双区驱动”机遇，结合“不忘初心、牢记使命”主题教育，坚持稳中求进工作总基调，践行高质量发展要求，勇于拼搏、真抓实干，狠抓各项重点工作完成，推动全区经济社会平稳发展。

一、经济运行总体平稳，积极因素加快集聚

以“六稳”为重点做好宏观调控，经济高质量发展基础进一步夯实。面对多方面因素叠加形成的经济下行压力，我区加大“六稳”等宏观政策的落实力度，制定了“六稳”总体工作清单及各专项工作清单，提出了系列具体工作措施，全力以赴稳定经济运行和提振市场信心。预计全区生产总值突破700亿元，同比增长4%；一般公共预算收入27.54亿元，同比增长3.66%；规模以上工业增加值同比增长0.5%；连续四年入选全国中小城市综合实力百强区。出口、投资、消费三大需求保持稳定。外贸进出口总额377亿元，总量保持全市第一；有效投资持续扩大，完成市重点项目投资115.93亿元，超年度投资计划10.7个百分点；固定资产投资同比增长4%；社会消费品零售总额同比增长5%。

推进粤港澳大湾区建设工作实质性开局。一是建立健全工作机制和工作体系。确立“领导小组+办公室+专项小组”的工作架构，并制定相关工作规则，统筹协调我区推进粤港澳大湾区相关重点领域专项工作；制定《江门市蓬江区推进粤港澳大湾区建设2019年工作要点》《蓬江区产业发展总体规划》，为推进大湾区建设描绘施工图。二是重大产业平台加快建设。江门人才岛年内累计投资35.83亿元，完成全岛水系改造工程示范段及全岛景观提升首期“五化”工程，成功引进腾讯和华为智慧城市项目。蓬江产业园产业发展和总体规划启动编制；园区总体规划面积达37000亩，联东U谷、罗马仕等项目相继落地；滨江新区启动区二期“十路一湖”项目建设，保利商业中心、保时捷4S销售中心等项目已开工建设。体育会展中心成功举办世界排球联赛、戴爱莲杯全国舞蹈展演、演唱会、制博会等超50场，吸引超30万人次到场观看。推出“两天一夜游”精品旅游线路，启动“侨乡欢乐行·万人游蓬江”系列活动；引入江门·侨镇项目，推动文体旅游业集聚发展。三是与港澳交流不断拓展。珠西创谷科技园入驻企业达130家，吸引50个港澳团队集聚蓬江创新创业；举办港澳青年创业家座谈会、江港澳三地青年交流等活动；安排1300余名港澳居民随迁子女就读我区学校。

扶持实体经济加快发展。一是深入开展暖企工作。健全市、区、镇（街）三级领导班子挂钩联系重点企业工作机制，走访大长江、海信等企业超150家，目前收集企业诉求超120条，已解决的诉求或取得阶段性成果的诉求90多条。加强各级企业扶持政策宣贯，引导企业申报，全年兑现各级、各项企业扶持资金累计4亿元。二是鼓励企业技术改造。支持海信、海目星、嘉宝莉等申请技改、节能系统扶持资金共1.2亿元，助力企业提升市场竞争力。三是全面落实减税降费工作。全区累计减税降费超9亿元，进一步降低企业经营成本，激活市场。

经济发展后劲不断增强。一是招商引资有新突破。全区新落户项目29个，总投资额143.81亿元，其中新引进超20亿元项目2个，超10亿元项目4个。

二是加快工业项目建设。兰芳园食品、海目星等项目建成投产；科业电器、天壹食品、骏东木业等项目加快建设。三是企业创新能力不断增强。2019年全区累计高新技术企业预计达380家；专利申请量5914件、专利授权量3228件、有效发明专利量995件，数量均居全市首位。四是载体空间持续拓展。我区建成工业载体58.6万平方米，同比增长88%；发行第一、第二批新增土地储备专项债券11.05亿元，完成土地收储4945亩；安捷电商产业园、松铃摩托、天地壹号南园区二期等项目动工建设，盘活闲置用地约309亩。

二、重点改革稳步推进，营商环境不断优化

深入推进“放管服”改革。一是持续深化商事制度改革。在全市率先打造开办企业1个工作日示范点，提高办事效率和服务质量，实现企业设立登记0.5个工作日、印章刻制备案2小时、符合条件的新办纳税人申领发票即办的服务模式，推动“微信+智能化审批”和银行STM智慧柜员机办证服务，进一步推进全程电子化商事登记。截至目前，共为新开企业提供“一日办”服务3126户次；全区市场主体总数突破9.4万，同比增长4.1%。二是进一步优化投资环境。深入推进投资项目承诺制改革，印发《蓬江区进一步深化投资项目承诺制改革试点方案》，推动项目落地再提速；全年完成承诺制及容缺审批项目138个，前期工作平均提速1～2个月；出台《蓬江区加快工业项目开工建设工作方案》，推动实现“交地即动工、落地即投产”，促进项目加快落地投产。三是进一步推进社会信用建设。完善信用信息共享平台建设，畅通“行政许可和行政处罚”信用信息归集和公示渠道，全区累计双公示信息共14.9万条；持续推进“守合同重信用”企业公示活动，公示“守合同重信用企业”317家，同比增长19%。

推动国企深化改革。一是完善区属企业监管“1+6+N”制度体系加强制度建设，制定《国企监管“1+6”制度》《蓬江区公有资产管理工作领导小组工作规则》及系列配套方案。二是鼓励国企做优做强。出台《支持江门市滨江建设投资管理有限公司做强做优做大的实施意见》，合作开发52#、26#、50#等地块；完成首轮18家“三无”企业清理注销，区属企业压减率21.69%。三是防范化解重大风险。做好区属企业资金筹划，保障企业刚性兑付资金需求，确保按期偿还到期本息；组织第三方审计机构对区属一级企业全面审计，实现首轮审计全覆盖。

“数字政府”建设加快推进。成立蓬江区“数字政府”改革建设工作领导小组，印发《蓬江区“数字政府”改革实施方案》，制定《2019年蓬江区“数字政府”改革重点任务清单》。推动“政务上云”工作，制定政务上云系统清单，率先推动首批政务信息系统上云。加强区级政务信息化项目的统筹建设，完成区政府中心机房安全建设项目，区政府网站全站迁移到省网站集约化平台。全面推广应用省协同办公平台，实现区直、镇（街）52个部门全覆盖。积极推进数据治理和数据共享工作，启动建设蓬江区政务大数据平台，完成区自然人一门式、区法人一门式与市一体化平台数据共享对接，累计共享对接数据19万多条。

率先推行环卫一体化和市场化改革。积极探索新型环卫作业模式，与北京环卫集团合作，坚持“管干分离、市场运作”原则，对综合清扫保洁、垃圾收集清运、公厕管护、绿化养护和保洁、垃圾分类等共7大项17小项环卫保洁服务内容进行整合，实施环卫清洁保洁一体化作业工作，实现环卫“一

把扫”，有效破解环卫工作多头管理和真空地带等老大难问题。

法治政府建设稳步推进。完善重大行政决策及规范性文件决定、出台程序，重视合法性审查工作，广泛征求社会各方意见，确保重大行政决策民主科学合法，规范性文件合法有效。全面建立法律顾问制度，全区各镇（街）、各部门、重点国企、事业单位法律顾问聘请率及使用率达100%。建立区法律人才专家库，年内各法律顾问及专家共为区重点工作提供法律意见638份。深入推进行政执法“三项制度”，行政执法质量及执法人员业务水平稳步提升，认真履行行政负责人出庭应诉制度，年内区级行政诉讼胜诉率达100%。严格履行“谁执法、谁普法”普法责任制，区内普法工作合力已经形成。积极开展法治政府示范创建活动，我区申报的广东省法制政府建设示范区创建工作在市级评审中取得总分第一名。

三、城乡建设不断加强，建设美丽宜居蓬江

统筹推进城乡一体化发展。一是实施城市品质八大行动，累计投资约66亿元，推动沥青化改造、口袋公园、（城心轴线）示范区亮化提升项目（二期）等一批项目建设。二是推动美丽乡村建设。开展示范村建设，四个乡村振兴示范村（良溪村、南村村、长乔村、塘边社区卢湾村）已完成基础建设。三是加快交通道路建设。实施交通道路提升项目30项，累计完成投资额16.99亿元，推动道路沥青化改造和道路工程PPP项目，不断提升辖区道路通行水平。四是推动农村四好公路建设。实现区域所有自然村、生态旅游区通达公路的目标；江门大道、滨江大道等主干线公路与附近村落的公路连通；所有通达公路及连接线公路硬底化率达到100%；县道年平均好路率均达到95%以上，乡村道年平均好路率均达到90%以上，公路路况水平明显改善；获得省级“四好农村路示范县”称号。

污染防治攻坚战稳步推进。一是大气治理方面。全面完成在册登记52台生物质锅炉整治；15家省级VOCs重点监管企业、8家市级VOCs重点监管企业已完成综合整治并通过复核评审；二氧化硫、二氧化氮、PM_{10}、一氧化碳、$PM_{2.5}$五项污染物浓度均达到《环境空气质量标准》（GB3095—2012）二级标准要求。二是水污染治理方面。查处涉水环境违法刑事案件8宗；全国集中式饮用水水源地环境保护专项整治全面完成。三是土壤污染治理方面。杜阮碧桂园土壤修复项目主体工程完工；已建成两个废矿物油（废机油）收集项目；推进危险废物信息化管理，现有912家企业已完成广东省固体废物管理信息平台危险废物申报登记、危险废物管理计划审核。

深入实施乡村振兴战略。一是制定《蓬江区实施乡村振兴战略总体规划》《江门市蓬江区推进乡村振兴综合改革试点创建市级城乡融合发展先行区实施方案》等文件，为乡村振兴提供指引。创建棠下镇良溪村、杜阮镇长乔村、荷塘镇南村村、潮连街卢湾村四个区级示范村（居），为全区的人居环境整治提供了很好的示范效应。二是探索集体土地合作开发交易模式，棠下镇石头村引进合作方开发项目，投资金额达6亿元。三是现代农业发展成效显著。成功创建国家农产品质量安全县，再添“国字号”名片。杜阮凉瓜产业园加快建设，建成4000立方米杜阮凉瓜（蔬菜）冷库；江门市植保公司成为全市首家绿色食品生产资料（农药类）企业；积极培育新型农业经营主体，认定省级农业龙头企业1家。

四、社会事业不断进步，民生福祉持续改善

就业和收入保障水平稳步提升。一是就业形势保持稳定。全区城镇新增就业人员8950人，失业人

员实现再就业5110人，就业困难人员实现就业435人，实现创业1083人，城镇登记失业率下降至2.01%。二是居民收入保障水平不断提高。城乡居保基础养老金最低标准由173元/（人·月）提高至195元/（人·月），全区共发放城乡养老待遇7183.91万元，发放率达100%。三是实施精准扶贫。全区330户952名建档立卡重点帮扶对象成功脱贫，累计脱贫率100%，助力广西天等县脱贫摘帽，持续做好与恩平市结对帮扶工作。四是慈善事业纵深发展。全年共募集捐款2622.03万元，用于扶贫助困助学助残等项目共支出2122.84万元，受惠人数超5万人次。

教育卫生文化不断进步。一是推动教育高质量发展。承接省二师与江门市合作创建国家教师教育创新实验区县区级合作创建工作，紫茶小学、棠下中学等4所学校入选广东省创建国家教师教育创新实验区示范性教师教育基地学校；里仁中小学、实验中学扩建、棠下中学食堂综合楼建设等工程有序推进，区特殊教育学校首期工程完工并投入使用；紫茶小学等六个义务教育集团运行机制进一步完善，发挥学校优质品牌效应，带动教育资源均衡发展。二是深化医药卫生体制改革。促进社会办医发展，全面放开社会办医疗机构的设置限制，口腔诊所、中医诊所数量较上年同期增长34%、129%。三是文化事业不断前进。潮连卢氏大宗祠、洪圣殿、陈白沙墓成功入选第九批省级重点文物保护单位名录，推选东艺宫灯申报第五批国家级非物质文化遗产名录；成功举办“蓬江情·祖国颂”蓬江区庆祝中华人民共和国成立70周年文艺晚会、第二届“‘戴爱莲杯’人人跳全国群众舞蹈展演”、2019年粤港澳大湾区青少年艺术展演（芭蕾专场）”等活动。

五、存在问题

在看到成绩的同时，我们也清醒地认识到当前面临的一些突出问题和薄弱环节。一是经济下行压力依然较大，包括经济增速放缓、实体经济发展困难、外贸形势不容乐观等；二是创新驱动能力有待加强，企业创新意愿和动力不足，科技成果转化能力不强；三是新兴产业仍处于起步阶段，引进的大项目不多、产业链不长，对上下游企业的带动力有限；四是公共服务水平与群众的期望仍有差距，医疗服务设施和条件有待进一步改善，优质教育资源相对紧缺等。面对这些问题，我们要高度重视，采取更加有力的措施，认真解决。

2020年工作计划

展望2020年，国内外经济形势复杂多变，发展任务繁重，面临的机遇和挑战较多。从国际环境看：当前世界经济增长持续放缓，仍处在国际金融危机后的深度调整期，世界大变局加速演变的特征更趋明显，全球动荡源和风险点显著增多。我国与美方达成第一阶段的经贸协议，中美经贸摩擦有所缓解，利好全球经济发展。从国内环境看：中央经济工作会议指出“当前和今后一个时期，我国经济稳中向好、长期向好的基本趋势没有变”；我省虽然面临国内外经济增长放缓、中美经贸摩擦等多重不确定因素，但随着粤港澳大湾区建设和深圳建设中国特色社会主义先行示范区效应加快释放，全省经济运行有望延续平稳增长态势。蓬江区作为江门市的中心城区，是粤港澳大湾区建设的重要一员，江门人才岛纳入粤港澳大湾区三年行动计划和广东省重点建设项目计划，市委十三届十次全会将江门人才岛提升到市级两大平台之一的全新高度，充分体现了省、市对蓬江的殷切期望，必将激励我们奋勇前进。

综合考虑宏观经济形势和我区发展实际，建议2020年我区主要经济社会发展预期目标安排如下：

——地区生产总值同比增长5.5%左右；

——规模以上工业增加值同比增长5%左右；

——固定资产投资同比增长10%；

——社会消费品零售总额同比增长7.5%；

——外贸进出口总额实现正增长；

——一般公共预算收入同比增长4%；

——城乡居民人均可支配收入增长与经济增长基本同步；

——节能减排约束性指标完成市下达的年度目标。

为实现上述目标，我区将坚持以习近平新时代中国特色社会主义思想为指导，全面贯彻党的十九大和十九届二中、三中、四中全会精神以及中央经济工作会议精神，深入贯彻落实习近平总书记关于粤港澳大湾区建设的重要论述和对广东重要讲话、重要指示批示精神，认真贯彻落实省委十二届八次、九次全会，市委十三届十次、十一次全会和区委九届十次、十一次全会精神，认真落实省委“1+1+9”工作部署和市委“1+1+5”工作举措，全面强化五个区级统筹，扎实推进八项工作三年行动计划，推动经济社会高质量发展，全面建设宜居宜业宜游美好蓬江。

一、以粤港澳大湾区建设为契机，建设高质量经济体系

加快粤港澳大湾区合作平台建设。一是加快江门人才岛建设。江门人才岛依托腾讯、华为优势技术和资源，加快发展新一代信息应用、服务外包、智能制造、数字创意、人工智能等新兴产业，加快“WeCity未来城市”、华为ICT学院、广东邮电职业技术学院、科创中心、科技产业园等项目建设，力促IBM大湾区智慧软件生态区等项目早日落户；加快建设环岛公园、市政道路、地下综合管廊、人才公寓等基础配套服务项目。二是推动滨江新区产城融合发展。完成滨江新区总部基地的总体规划设计调整，抓好滨江新区启动区二期“十路一湖”建设，推进丰乐路北延线尽快建成通车；启动迎宾西路、华盛路西延线建设，打通一批断头路，完善蓬江产业园区道路设施；加快蓬江“侨梦苑”蓬江园建设，打造具有江门特色、蓬江特色的华侨华人创业创新基地。三是加快保利五星级酒店及商业综合体项目建设，进一步完善体育中心配套设施；加强与大湾区核心城市的文体合作，吸引国际国内大型体育赛事、文艺演出、会展落户蓬江。

加快建设现代产业体系。一是加强招商引资。强化与粤港澳大湾区城市间交流，“一把手”要带头招大商、招好商，切实提高项目落地效率，促进招商成果转化；全区力争引进50亿元以上项目至少一个，引进20亿元以上项目一个并动工建设，各镇（街）引进10亿元以上项目至少一个，蓬江产业园引进10亿元以上项目3～5个，滨江管理公司落实10亿元以上项目至少一个。二是推动新兴产业项目建设。力促维龙物流、中德（江门）人工智能产业园、大长江整体搬迁等项目加快落地；加快美心食品二期、一汇食品、海目星激光研发楼等项目建设，力促欧佩德、竞晖电器等项目早日动工。三是加快产业载体建设。大力实施“三旧”改造和村级工业园区升级改造三年行动计划，着力推进村级工业园区升级改造，各镇（街）分别打造1～2个示范点；加快盘活低效闲置用地，收回供地超两年未动工项目用地。

持续实施创新驱动战略。一是加快培育高新技术企业，大力宣传科技扶持政策，挖掘潜力大的

企业纳入高新技术企业培育库，力争新增国家级高新技术企业突破400家，规上工业企业研发机构覆盖率达61%。二是鼓励摩托车及零配件制造、五金卫浴、电子信息等传统优势产业技术改造，申报国家、省、市各级专项扶持资金，持续增强企业竞争力。三是加快高水平科技企业孵化载体建设。重点引导珠西创谷建设港澳青年创新创业基地，力争被认定为省级科技企业孵化器。四是加快科技成果转化，指导科技型小微企业、科技型中小企业入库工作，组织企业申报各级政策扶持资金。五是促进科技金融结合。推动我区科技型企业与科技支行等金融机构合作，开展科技金融贷款项目贴息资助工作。

二、以深化改革为抓手，打造湾区一流营商环境

深化营商环境综合改革。一是持续深化商事制度改革。以“证照分离”“多证合一”、企业实名认证等改革措施为重点，不断优化营商环境；进一步丰富智能化创新服务，加快推进商事主体登记“微信+智能化审批”，实现“免预约”“全天候”“零见面”“无纸化”“智能秒批”办理。二是深化承诺制改革。推行工程建设项目立项用地规划许可阶段并联审批，实现申请一次即可办理项目立项、节能审查等多个审批事项；深化食品药品“申请人承诺制”改革，将承诺制扩大到零售药店和其他医疗器械专营门店《医疗器械经营许可证》核发、延续、变更、注销，以及《药品经营许可证》换发、变更和新开药店筹建等环节。三是加强企业信用监管。全方位、多渠道归集涉企信息，进一步推动涉企信息部门间共享共用；深化经营异常名录和严重违法失信企业名单的管理和应用，构建联合惩戒机制，全面营造守信激励、失信惩戒的信用环境。

推动政务资源一体化、政府治理智慧化。大力推动“数字政府”改革建设，构建一体化平台、大数据共享、部门协同联动的信息共享机制，依托统一的“江门政务云”平台和政务数据资源共享交换平台，积极推进政务信息资源共享和数据治理工作，推动基础设施建设集约化、政务信息资源一体化、政府治理智慧化，提高政府精细治理能力。

推动区属国资国企改革。一是紧抓企业“减肥消肿”。清理和优化整合一批区属企业，推动资产资源资本向优势企业集聚，力争区属企业数量比原来压减50%以上；做大做强滨江管理公司；以管理托管企业及盘活资产为重点，重组珠控集团。二是紧抓企业“止血活血”。全面清理不符合企业发展实际、不具备市场竞争力的业务和项目，切实转变经营思路，多管齐下充实企业资产资源、现金流和经营收入，做实做优区属国资重点平台。三是紧抓制度体系建设。健全“1+6+N”制度体系，完善资金使用、资本运营、工程建设和风险管理等“N”制度；完成区级企业内部决策及监管制度体系建设，建立绩效考核评价体系。

积极推进法治政府建设。全面提升全区依法行政能力水平，深化“放管服”改革，积极营造法治化营商环境，为主动融入粤港澳大湾区建设提供坚强有力的法治保障。一是依法全面履行政府职能。继续深化全区行政审批制度改革，进一步加大简政放权力度，落实权责清单负面清单制度，加快覆盖城乡居民的公共法律服务体系建设。二是完善依法行政制度体系建设。健全科学民主依法决策机制，进一步强化决策规范化，加强规范性文件制定和监督管理，健全备案审查和清理机制。三是严格规范公正文明执法。全面推开行政执法“三项制度”，继续健全“双随机、一公开”监管机制，落实行政执法责任制，促进行政执法规范化。四是营造法治

化营商环境。加快推动营商环境配套制度落实，推进法律服务业转型升级，积极改革创新法律服务形式。五是深入推进法治政府建设示范创建活动。贯彻落实《法治政府建设实施纲要（2015—2020）》和《广东省法治政府建设实施纲要（2016—2020）》要求，全面启动法治创建工作，争创全省乃至全国的法治政府建设示范区。

三、以统筹兼顾为指导，打造湾区高品质城市展厅

推动实施乡村振兴战略。一是加快推进市级现代产业园及田园综合体建设。制定申报省、市级统筹性建设用地指标的指南，增强项目申请上级建设用地指标的可操作性。二是推进农村人居环境持续向好。力争全区全部村（居）达到干净整洁村标准、60%村（居）达到美丽宜居村标准；推动“四好农村路”建设，持续改善农村出行条件。三是完善农村产权流转管理服务体系。建立健全规范产权流转管理服务平台管理制度、交易规则，打造“干净、廉洁、高效”的农村集体资产资源交易环境。

持续推进城市品质提升。落实老旧社区改造、集贸市场改造、公园改造升级三年行动计划。一是提升城市公园品质，重点对群星公园、丰乐公园、兰石公园和滨江人工水系进行提质改造，着力构建布局合理、功能完善、环境优美的精品城市公园，优化辖区居民生活环境。二是加强农贸市场综合治理。开展农贸市场脏乱差“八个集中治理项目”集中整治，选取辖区8个重点市场，着力解决农贸市场长期存在的占道经营、乱摆乱卖、卫生保洁不力等重点、难点问题，建设让群众满意的高品位城市。三是提升农村环卫保洁水平，探索开展农村镇（街）环卫一体化改革，切实解决镇、村交界卫生死角问题；高标准打造白沙街生活垃圾分类示范片区，形成可复制、可推广的生活垃圾分类模式。

持续打好污染防治“三大战役”。大气污染防治方面：落实蓝天保卫战重点工作任务清单，深化工业挥发性有机物治理，实施VOCs总量控制；提高清洁能源供给能力，扩大天然气供应规模；加强柴油货车污染治理，推进非道路移动机械污染防治。水质保护方面：进一步加快推进黑臭水体整治工作，推进治理工程项目，力促水质持续改善；持续抓好河长制、湖长制工作，推进全区河长制“五清”行动圆满完成；持续推进入河排污口整治，全面开展镇级饮用水源保护区整治；通过抓工程进度与行政执法并举，确保内河水质稳步提升。土壤污染防治方面：深入推进土壤污染状况详查，完成加油站地下油罐更新改造任务。

四、以共建共享为主线，解决好群众牵肠挂肚的操心事、烦心事、揪心事

积极推进就业创业工作。一是促进创业带动就业，积极贯彻落实省、市“促进就业九条”和“1+N”就业创业政策，做好稳定大学生、退役军人、就业困难人员等重点群体就业工作，提升公共就业服务均等化，优化服务流程，确保就业局势稳定。二是积极推进人才平台建设。全力推进江门人力资源产业园建设，加强产业园制度化和市场化建设，积极推进产业园+就业服务、招工服务，产业园+人才引进、人才服务等措施，为经济社会发展提供人力资源支持和智力保障。

做好教育医疗保障工作。一是加快学校建设。推动广东实验中学附属江门学校建成使用；力促范罗冈小学滨江校区二期、江华小学群华校区、紫茶小学群福校区等项目动工建设；做好特殊学校二期场室改造。二是提高医疗服务水平。落实医疗改革三年行动计划，推进市二院与市中心医院紧密型医

联体建设试点工作。三是持续推动“两线合一”工作。出台我区《关于江门市蓬江区推动扶贫线与低保线“两线合一”改革工作的实施细则》《江门市蓬江区关于推进扶贫线与低保线“两线合一”长效帮扶机制二年扶贫行动方案》，确保扶贫开发工作有序开展。

积极推进文化等事业发展。一是加快制定文旅产业发展规划，推动良溪古村、陈垣故居、长堤风貌街、叱石风景区等景点提质升级；积极对接国际、国内顶尖文旅产业运营商，加快引进优质文旅项目，力促江门·侨镇、环市街联合片区等文旅项目动工建设；打造高标准、高质量的“江港澳少年警营”。二是严格落实安全生产责任制。深入开展隐患排查治理工作，坚决防范生产安全、消防安全、道路交通安全等各类事故。三是加大森林防灭火基础设施建设。加快推进叱石风景区森防动态监管系统安装和运行，提高森林火源实时监测预警水平。四是积极推进应急管理体系和能力现代化。加快推动信息化系统开发和建设，加大先进适用装备的配备力度，提高突发事件响应和处置能力。五是加强“平安蓬江”建设。统筹推进“党建+N 全科网格”综合治理管理机制建设，形成“大巡查、大智慧、大执法、大参与”的社会治理格局。

各位代表，做好我区今年经济社会发展工作任务艰巨、意义重大。我们要在区委、区政府的坚强领导下，在区人大的监督支持下，不忘初心、牢记使命、只争朝夕、不负韶华，为江门打造珠江西岸新增长极和沿海经济带上的江海门户作出蓬江贡献！

江门市蓬江区2019年预算执行情况和2020年预算草案的报告

——2020年1月15日在江门市蓬江区第十届人民代表大会第五次会议上

江门市蓬江区财政局局长　刘民欣

各位代表：

我受区人民政府委托，向大会报告蓬江区2019年预算执行情况和2020年预算草案，请予审议。

2019年预算执行情况

2019年全区一般公共预算收入275 376万元，为调整预算273 616万元（按新市区财政体制折算）的100.64%，比上年增收9729万元，增长3.66%。全区一般公共预算支出427 748万元，为调整预算457 338万元的93.53%（由于债券还本支出24 788万元科目调整为转移性支出，实际执行率为98.89%），比上年增支22 731万元。一般公共预算收入加上市更库收入20 748万元、税收返还及上级补助115 340万元、再融资债券收入24 470万元、调入预算稳定调节基金17 125万元、政府性基金等调入资金80 498万元和上年结余644万元，减一般公共预算支出427 748万元、地方政府一般债券还本支出24 788万元和上解支出79 896万元，收支相抵结余1 769万元。

政府性基金预算收入274 291万元，完成调整预算的130.15%，比上年增收84 165万元，加上上级补助收入175 622万元，上年结余26 881万元，土地专项债券收入110 500万元，合计587 294万元；全区政府性基金预算支出371 276万元，完成调整预算的100.58%，比上年增支44 784万元，上解市支出120 000万元，调出资金77 244万元。收支相抵，累计结余18 774万元。

区本级国有资本经营预算收入11 775万元，国有资本经营预算支出11 775万元，加上上年结余1万元，收支相抵结余1万元。

社会保险基金预算收入486 510万元，社会保险基金预算支出492 555万元。收支相抵后，加上上年结余，滚存结余291 913万元。

2019年全区地方政府债务限额为416 853万元，其中一般债务限额178 101万元，专项债务限额238 752万元。2019年我区政府债务余额414 522万元，均为政府债券。

2019年财政专户收入2186万元，支出1712万元，累计结余808万元。

2019年，在区委区政府的正确领导下，在区人大的监督支持下，我区财政工作围绕区人大通过的2019年财政预算，按照“收支平衡，略有结余”的理财原则，坚持增收节支，统筹兼顾，全面推进预算管理改革，充分发挥财政职能作用，促进全区经济社会平稳发展。2019年我区财政重点工作主要有以下几方面内容。

一、强主业，统筹兼顾全面提升财力保障

受全面实施减税降费政策等多重因素叠加影响，2019年我区财政收入面临前所未有的压力。全区财政工作始终聚焦财政收支管理主业，坚持“开源节流、收支平衡”的基本原则，强化税收征管，多渠道开拓收入来源，确保财政收入的稳定增长；坚持厉行节约，落实过“紧日子”工作要求，提高财政收支管理水平，增强财政基本供给的保障能力。

强化财政收入管理。定期召开财税联席工作会议，加强各部门与镇（街）上下联动沟通，压实工作责任，大力协助税务部门依法征税，共同做好重点税源的征管工作，做到应收尽收；进一步盘活闲置行政事业资产资源，挖掘非税收入来源，弥补收入缺口。2019年全区一般公共预算收入275 376万元，同比增长3.66%，完成调整预算的收入目标。

提升预算收支管理效益。根据预算收入目标调整收入减少的情况，压减公用经费等一般性支出，结合预算执行率，调控优化各项支出，提高财政资金使用效率；盘活财政存量资金，加大对重点项目的资金支持力度，重点扶持实体经济发展和重点项目建设，提高财政资金的使用效益，进一步发挥政府投资的引导示范效应。2019年共压减公用经费等一般性支出3 299万元，盘活财政存量资金29 150万元。

规范镇（街）财政支出管理。建立完善镇（街）财力保障机制，通过区级盘活统筹，增加镇（街）财力16 850万元，重点保障荷塘镇、白沙街“三保”支出需求，落实镇（街）教师待遇与区直同步发放；深入推进乡镇集中支付改革，规范财政账户资金管理，强化预算约束，提高镇（街）预算管理水平。

二、促发展，多措并举深入推进财政管理改革

深入推进预算管理改革。推行“大专项+任务清单”管理模式，划分约束性任务和指导性任务，优化财政资金配置；强化绩效管理要求，探索建立绩效管理机制，逐步扩大项目绩效范围；印发《关于深化区级预算编制执行监督管理改革的意见》，明确各部门预算管理具体职责，精简财政资金和项目审批事项及程序，精简预算执行流程；压实部门责任，充分发挥各部门、各镇（街）推动改革发展的主观能动性；提高财政资金使用效益，推动全区经济社会高质量发展。

深化零基预算改革。按零基预算改革要求做好预算管理工作，完善基本支出定员定额标准体系，筹划2020年预算镇（街）基本支出定员定额标准建设；按省、市统一部署建设科学的支出标准体系。

启动镇（街）财政管理体制改革。简化区与镇（街）财权事权分配关系，优化收入分配机制，强化区级统筹，取消镇（街）分担的做法，切实减轻镇（街）责任，促进镇（街）聚焦主业，充分调动镇（街）积极性，激发镇（街）经济活力，做好经济发展和社会管理工作。拟订土地出让收入分配办法，激发镇（街）拓宽收入来源、优化收入结构的积极性。

推进涉农资金整合改革。通过加大涉农资金统筹整理力度，压实工作主体责任，以“大专项+任务清单”管理模式为主要方式，强化涉农项目库管理，完善管理制度体系建设，建立涉农项目绩效评价体系，提高涉农资金的综合效益。

三、惠民生，切实保障民生及重点项目支出需求

压缩行政运行支出规模，牢固树立过“紧日子”的思想，严控行政一般性支出；大力保障民生和重点建设项目支出，科学统筹财政资金，让群众感受到政府财力使用与自身的利益密切相关，增加群众获得感和幸福感。

强化建设项目资金统筹。按照“先谋事、再谋钱”的原则，加强项目库管理，对照市、区确定的重点建设项目清单，结合项目实际资金需求情况，根据项目的轻重缓急，统筹落实经费保障。2019年共投入乡村振兴战略资金25 005万元（含黑臭水体整治11 198万元）、市档案中心建设12 311万元和城市品质提升资金38 175万元。

健全社会保障体系建设。完善养老服务体系，2019年财政预算安排养老服务体系支出1 516万元，其中资助公办养老机构317万元，资助民办养老机构475万元，主要用于统筹规划养老机构和社区养老服务配套设施建设；高龄老人津贴724万元。加大保障底线民生支出，2019年财政预算安排困难群众生活救助2 837万元，城乡居民养老保险补助资金7 002万元。积极落实各项就业政策，从小额担保贷款贴息、岗位补贴和技能晋升培训补贴等几方面着手，促进就业再就业，2019年财政预算安排就业专项资金1 735万元和担保贴息贷款140万元。

推进民生领域改革。根据建立健全基层医疗卫生机构保障机制要求，重点保障基层医疗卫生机构人员基本工资和离退休人员费用需求，落实在编医护人员人均1.2万元的事业费补助，2019年共投入1944万元；推进环卫一体化改革工作，助力城市品质提升，2019年共安排5723万元。重点保障“党建+N全科网格”项目建设，安排资金72万元，2020年将继续加大投入。

四、重谋划，加强债务管理拓展投融资渠道

2019年区财政部门全面落实中央、省及市委市政府关于加强政府性债务管理的有关工作部署，及

时做好置换债券还本付息工作，积极清理存量政府债务，规范政府举债融资行为，积极谋划政府投资项目投融资方案，放大新增债券政策效应，用好再融资政策，平滑偿债高峰和财政支出压力，为蓬江区经济的持续稳定发展提供有力保障。

积极争取发行土地储备专项债券和再融资债券。在上级部门的支持下，2019年我区成功发行新增土地储备专项债券共11.05亿元，占全市同类债券的38%，解决了我区部分土地收储资金需求；积极用好再融资债券政策，成功申请发行再融资债券2.47亿元，以时间换空间，腾出更多财力投向重点建设项目。

有序化解隐性债务存量。按照“谁举债、谁使用、谁偿还”的原则，严格清理核实、积极稳妥化解隐性债务存量，通过转化为企业债务、压减规模等方式，确保债务规模只减不增、逐年减少。2019年共化解隐性债务4.89亿元，完成年度任务的107%。

积极谋划重点建设项目投融资渠道。2019年财政部门重点谋划了黑臭水体治理和滨江新区二期“十路一湖”约30亿元项目的投融资建设模式，在政府债务管理的高压线之下，在我区财政承受能力之内，灵活运用EPC+O的模式，推进项目建设，依法依规拉长财政付款周期，平滑财政支出压力，实现建设运营全生命周期高效管理。

五、强监督，全方位推进依法理财

做好“减税降费”监督指导工作。根据授权结合本地实际制定减税降费具体政策、细化操作办法，建立跨部门协调机制，建立减税降费工作联席会议制度，拟定落实减税降费政策工作方案，有效推动部门沟通与协作，细化职责任务分工，加强政策衔接和工作对接，及时协调我区在落实减税降费工作中遇到的重点难点问题，指导、监督全区减税降费实施工作，预计2019年辖区内共减税降费约16亿元。

落实预、决算公开工作要求。严格按照政务公开工作要求，建立全面、规范的财政信息公开制度，形成统一的财政预决算信息公开规范，督促各部门按法定时限将预算收支、“三公”经费、专项资金等财政信息，集中在区政务公开网络平台等系统公开。

自觉接受人大监督。对照人大监督工作要求，认真、主动办理人大代表提案建议；积极配合做好人大预算审查工作，针对专家、代表提出的预算编制精细度不够、科学性不足、统筹力度弱等问题，不放松不懈怠、不流于形式，端正态度做好整改落实工作。

扩大绩效评价范围。结合上级财政部门统一工作部署，增加绩效评价项目数量，实现事前、事中、事后过程全覆盖；增加绩效评价财政投入，聘请专业第三方机构进行专题评审，提高绩效评价客观性和科学性；不断总结绩效评价工作经验，扩大绩效评价覆盖范围，为2020年实现全面绩效筑牢基础。

加强政府投资项目财政评审监督管理。从源头抓起，从项目审批、立项、招标控制价（预算）、招标文件、施工合同、进度款支付至工程结算进行审核，审核建设工程预结算415项，审定金额8.58亿元，其中核减预算金额0.82亿元，核减率为12.06%；核减结算金额0.10亿元，核减率为3.70%，节约了财政资金。

2020年财政预算草案

编制2020年财政预算的指导思想：坚持以习近平新时代中国特色社会主义思想为指导，全面贯彻党的十九大和十九届二中、三中、四中全会以及中央经济工作会议精神，深入贯彻习近平总书记重要讲话精神，大力推动财政提质增效，巩固和拓展减税降费政策成效，紧紧围绕“四个走在全国前列”的实践要求，按省、市统一部署推行预算编制执行监督管理改革，构建推动高质量发展的财政体制机制，形成科学合理、重点明确、保障有力的预算管理体系，落实区委九届十次全会工作要求，为八项工作“三年行动计划”提供财力保障，促进全区均衡发展，推进基本公共服务均等化水平稳步提高。

编制2020年财政预算的基本原则：一是量入为出，结合财政预算收入已从高速增长转变为中高速增长的实际情况，科学预计收入，结合区委区政府各项重点工作，合理控制支出规模，确保财政收支平衡。二是优化结构，切实推行“大专项+任务清单”管理模式改革，区分约束性任务和指导性任务，倾斜财力优先保障约束性任务需求，优化财政支出结构，提高财政资金使用效益。三是勤俭节约，树立过“紧日子”的思想，进一步优化支出结构，压缩“三公”等一般性经费支出。四是保障有力，明确财政资金保障优先级次，优先安排基本运行、基本民生支出需求，确保政府基本公共服务水平稳步提高。五是投入有效，落实预算编制与执行挂钩机制，强化项目支出事前绩效评价管理，提高财政支出效益。

一般公共预算安排：

2020年全区一般公共预算收入286 391万元，同比增长4%，加上市更库收入21 578万元、上级返还补助减上解后净额31 721万元、调入资金121 000万元、上年结余1769万元，减出口退税7215万元，预计可支配财力455 244万元。按照《预算法》规定和“量入为出，收支平衡”的原则，2020年全区一般公共预算支出安排455 244万元，同比增支51 950万元，同比增长12.88%。其中，镇（街）支出106 137万元，减少13 863万元，同比下降11.55%，主要是由于实行新的镇（街）财政管理体制后，取消镇（街）分担，部分支出责任纳入区级统筹；区本级支出349 107万元，含对镇（街）转移支付支出，增支65 813万元，同比增长23.23%。

区本级支出安排如下：

1. 一般公共服务支出58 934万元，同比增加19 191万元，增长48.29%。取消镇（街）分担后，区本级支出相应增加16 915万元，其中税务征收经费、骨干企业扶持资金等项目因此原因增支较多。

2. 国防支出504万元，与去年基本持平。

3. 公共安全支出41 877万元，同比增加5965万元，增长16.61%，主要是治安巡逻队员专项经费等项目支出增支较多。

4. 教育支出60 155万元，加上改为镇（街）学校编列的义务教育经费等支出3 047万元后，实际增支3 358万元，增长6%。

5. 科学技术支出8351万元，同比减少1515万元，下降15.36%，剔除上年提前下达上级补助资金后实际增长72.54%。

6. 文化旅游体育与传媒支出24 881万元，同比增加15 546万元，增长166.53%，主要是由于市档案中心建设资金增加15 000万元。

7. 社会保障和就业支出51 163万元，同比增加6 989万元，增长15.82%，主要是由于取消镇（街）分担后，区本级支出相应增加3 102万元。

8. 卫生健康支出30 410万元，同比增加11 321万元，增长59.31%，主要是由于取消镇（街）分担后，对城乡基本医疗保险补助、基本公共卫生服务经费和城镇独生子女父母奖励等民生事项全部由区本级统筹安排，增支较大。

9. 节能环保支出2210万元，同比增加222万元，增长11.17%。

10. 城乡社区支出9025万元，同比减少11 445万元，下降55.91%，主要是环卫一体化等项目资金在政府性基金预算安排。

11. 农林水支出6928万元，同比减少589万元，下降7.84%，主要是乡村振兴战略资金等项目在政府性基金预算安排。

12. 交通运输支出3092万元，同比增加1953万元，增长171.47%，主要是由于上缴市公交发展资金等项目增加1953万元。

13. 资源勘探工业信息等支出2891万元，同比减少1184万元，同比下降29.06%，剔除去年上级提前下达资金后实际增长26.74%。

14. 商业服务业等支出1148万元，同比增加349万元，增长43.68%，主要是外贸扶持资金、农贸市场升级改造专项资金等项目支出增加。

15. 金融支出113万元，同比减少395万元，下降77.76%，主要是上市融资奖励专项经费等项目支出减少。

16. 自然资源海洋气象等支出4 650万元，同比增加2 781万元，增长148.8%，主要是地籍管理专项经费等项目增支较大。

17. 住房保障支出12 200万元，同比减少505万元，下降3.97%。

18. 粮油物资储备支出50万元，同比增加38万元，增长316.67%，主要是冻猪肉等应急物资储备专项经费增加。

19. 灾害防治及应急管理支出1318万元，同比增加616万元，增长87.75%，主要是由于机构改革后，新设区应急局，因科目调整增支较大。

20. 其他支出23 629万元，同比增加13 037万元，增长123.08%，主要是PPP项目建设等项目支出增加。

21. 债务付息支出5578万元，同比增加5578万元。

政府性基金预算安排：

1. 收入安排。政府性基金预算收入451 469万元。其中，国有土地使用权出让收入429 389万元，彩票公益金收入2580万元，城市基础设施配套费收入6000万元，污水处理费收入13 500万元。预计上级补助土地出让收入227 385万元，其他上级补助收入6000万元，加上上年结余18 774万元，政府性基金总收入703 628万元。

2. 支出安排。政府性基金预算支出433 628万元。其中，城乡社区支出417 589万元，其他支出3061万元，债务付息支出12 828万元，债务发行费用支出150万元。市级债务上解150 000万元，其中市债务上解140 000万元，全市重点项目建设统筹资金上解10 000万元。调出资金120 000万元，用于调入一般公共预算。政府性基金总支出703 628万元，收支相抵后，累计结余0万元。

国有资本经营预算安排：

2020年区本级国有资本经营预算收入44 568万元，其中区属国有企业的利润收入为11 618万元，国有股权、股份转让收入为32 950万元，上年结转1万元，合计44 569万元；国有资本经营预算支出44 568万元，其中国有资本经营预算支出43 568万元，调出一般公共预算1000万元；加上上年结余1万元，收支相抵结余1万元。

社会保险基金预算安排：

2020年社会保险基金预算收入442 080万元，社会保险基金预算支出455 943万元。收支相抵后，加上上年结余，累计结余278049万元。

地方政府债务安排：

1. 预计2019年债务限额及余额情况。2019年全区地方政府债务限额为416853万元，其中一般债务限额178101万元，专项债务限额238752万元。2019年我区政府债务余额414522万元，均为政府债券。

（1）我区政府债券414522万元。一是政府置换债券224022万元，其中一般债券176745万元，专项债券47277万元；二是土地储备专项债券190500万元，其中2019年新增土地专项债券110500万元。

（2）我区存量政府债务0万元。

2. 预计债券还本付息情况。预计2019年我区政府债券还本付息支出约35435万元，其中债券还本支出约24788万元，付息支出约10647万元。2020年存量政府债券还本付息支出约14834万元，其中债券还本支出约588万元，付息支出约14246万元。

3. 预计2020年发行新增债券情况。结合我区政府债务风险、综合财力、建设投资需求等因素，计划向上级部门申请2020年新增土地储备专项债券235666万元、新增自求平衡项目专项债券102000万元、再融资债券400万元。

财政专户收支安排：

预计2020年财政专户收入18118万元，其中基层医疗卫生院医疗业务等收入16997万元，棠下中学学杂费和住宿费等收入1121万元；支出18041万元，其中医疗卫生业务支出16920万元，棠下中学日常办公及设备更新等支出1121万元，结余77万元，主要是医疗卫生收入结余。

收回盘活存量资金安排：

收回超过两年的上级转移支付补助资金715万元，统筹用于教育、产业扶持等重点领域支出。

大力提质增效，加快构建现代财政管理体系。

一、以改革促发展，建立健全财力保障体系

发挥财政作用，贯彻“六稳”工作部署。2020年是全面建成小康社会收官之年，财政工作必须坚持稳中求进工作总基调，进一步优化资源配置，发挥财政杠杆和引导作用，提高财政保障能力，深入贯彻稳就业、稳金融、稳外贸、稳外资、稳投资、稳预期工作部署。

巩固和拓展减税降费政策成效。加强减税降费政策宣传力度，实行信息共享，密切关注各行业税负变化，及时研究解决企业反映的突出问题，持续发挥减税降费政策效应，坚决把该减的税减到位，把该降的费降到位。

转变财政职能，支撑蓬江融入大湾区建设。以“大财政”“大国资”为抓手，以江门人才岛、滨江新区CBD、蓬江产业转移工业园为核心，积极创新投融资和政府债务管理体系，进一步探索和实施新的合作开发模式，拓展资金筹措渠道，支撑1+3产业平台建设，安排科技及企业扶持资金1.4亿元、蓬江产业转移工业园运营经费0.5亿元，完善园区运营管理，加大优质企业扶持力度，促进做实做大实体经济。

推进预算改革，建立健全财政保障机制。压实部门预算主体责任，提高预算编制的科学性和精细度，全面实施新一轮镇（街）财政管理体制，建立健全财政保障机制，促进区域协调发展；深入推行“大专项+任务清单”管理模式改革，区分约束性任务和指导性任务，优先确保约束性任务支出需求。

围绕工作重心，提高基本民生保障水平。紧紧围绕区委、区政府重点工作部署，着力贯彻实施乡村振兴战略，全力保障八项工作“三年行动计划”的资金需求；明确财政资金使用优先级次，全力保障基本民生供给，促进政府基本公共服务稳步提高。

二、从管理要效益，深挖财政管理内生资源

优化收入结构，提高财政收入质量。健全税收征管体系，依法依规强化税源管理，促进各项收入应收尽收；逐步降低非税收入占比，提高财政收入质量。

强化预算管理，提高财政支出质量。结合“大专项+任务清单”管理模式改革，对项目计划进行级次排序；强化项目库管理要求，做到“先谋事，再谋钱”，杜绝“钱等项目”情况，进一步提高财政支出质量。

清除无效项目，深挖预算管理内生资源。结合近年来预算项目的执行情况，清除部分支出进度慢、群众满意度低、绩效评价不佳的项目；降低行政运行成本；在财力有限的情况下，通过不断强化支出管控，从财政预算管理中挖掘内生资源。

突出以收定支，做好开源节流工作。通过节支改善财政收支平衡状况，一般性支出在2019年已压减的基础上进一步压减，继续盘活各类存量资金和资产，保障重点支出需求。

三、重提质促增效，继续深化绩效管理改革

推进全面绩效，健全绩效管理体系。探索建立事前绩效评估机制，从项目申报必要性、投入经济性、绩效目标合理性、实施方案可行性、筹资合规性等方面进行事前评审；强化绩效目标管理，将绩效目标的审查情况作为下一年度预算编列的重要参考因素。

探索双监控模式，实现绩效管理全覆盖。探索建立预算执行监督机制，对预算执行进度和绩效目标完成程度实行双监控；完善对绩效目标监控、事中绩效跟踪以及事后绩效评价监督全过程的绩效监控体系，实现绩效管理全覆盖。

绩效结果硬约束，倒逼预算管理提质增效。建立绩效评价信息通报机制，建立绩效结果与预算安排挂钩、与部门单位考评挂钩的机制，压实部门单位预算执行主体责任，倒逼预算管理提质增效。

四、拓渠道守底线，科学统筹防范系统性风险

规范融资渠道，完善债务风险防范机制。按照“谁举债、谁使用、谁偿还”的原则，有序化解隐性债务存量；依法健全规范的地方政府举债融资机制，严堵“后门”，守住国家法律“红线”，加强地方政府债务预算管理和限额管理，坚决制止各类违法违规或变相举债行为；用好新增债券和再融资政策，进一步保障重大项目建设资金需求。

严控新增需求，切实兜牢民生底线。除区委、区政府重点工作部署外，原则上不再安排新增重大项目支出；拓宽筹资渠道，用好有限财政资源，补齐民生短板，严控无序提标扩围资金需求，切实保障基本民生支出需求，兜牢民生底线。

确保收支平衡，防范财政运行系统性风险。按“大财政、大预算”管理要求，强化“三本预算”统筹整合，发挥积极财政政策“稳增长、调结构、惠民生”作用；落实过“紧日子”要求，落实中央和省的统一部署，严控一般性支出，坚持“量入为出，收支平衡”基本原则，严控支出规模，防范、化解财政失衡等系统性风险。

各位代表，新的一年，财政工作面临着前所未有的机遇和挑战，任务十分艰巨，要全面完成财政工作目标任务，需要付出更多的心血和汗水，让我们在十九大精神的指引下，在区委区政府的正确领导下，在区人大的监督支持下，不忘初心，牢记使命，扎实推进财政改革与发展，不断提高财政保障能力，努力完成全年财政预算任务，以新担当新作为推动财政工作再上新台阶，为全面建成小康社会做出财政贡献！

江门市蓬江区人民政府关于区政府机构改革涉及区政府规范性文件规定的行政机关职责调整问题的决定

各镇政府、街道办事处，区直各单位：

为全面贯彻落实习近平新时代中国特色社会主义思想，深入贯彻落实习近平总书记对广东重要讲话和重要指示批示精神，根据省委编委批准的《江门市蓬江区机构改革方案》，按照《国务院关于国务院机构改革涉及行政法规规定的行政机关职责调整问题的决定》（国发〔2018〕17号）、《广东省人民政府关于省政府机构改革涉及省政府规章规范性文件规定的行政机关职责调整问题的决定》（粤府〔2019〕11号）和《江门市人民政府关于市政府机构改革涉及市政府规章规范性文件规定的行政机关职责调整问题的决定》（江府〔2019〕9号）确定的原则，平稳有序调整区政府规范性文件规定的行政机关职责和工作，确保行政机关依法履行职责、开展工作，推进机构设置和职能配置优化协同高效，现就区政府机构改革涉及区政府规范性文件规定的行政机关职责调整问题作出如下决定：

一、现行区政府规范性文件规定的行政机关职责和工作，《江门市蓬江区机构改革方案》确定由组建后的行政机关或者划入职责的行政机关承担的，在有关区政府规范性文件规定尚未修改或者废止之前，调整适用有关区政府规范性文件规定，由组建后的行政机关或者划入职责的行政机关承担；相关职责尚未调整到位之前，由原承担该职责和工作的行政机关继续承担。

各镇政府、街道办事处及其部门承担区政府规范性文件规定的职责和工作需要进行调整的，按照上述原则执行。

二、区政府规范性文件规定上级行政机关对下级行政机关负有批准、备案、复议等管理监督指导等职责的，上级行政机关职责已调整到位、下级行政机关职责尚未调整到位的，由《江门市蓬江区机构改革方案》确定承担该职责的上级行政机关履行有关管理监督指导等职责。

三、实施《江门市蓬江区机构改革方案》需要修改或者废止区政府及其部门规范性文件的，起草部门要抓紧清理，及时修改或者废止。相关职责已经调整，原承担该职责和工作的行政机关制定的部门规范性文件中涉及职责和工作调整的有关规定尚未修改或者废止之前，由承接该职责和工作的行政机关执行。

四、各级行政机关要精心组织，周密部署，确保行政机关履行法定职责、开展工作的连续性、稳定性、有效性，特别是做好涉及民生、应急、安全生产等重点领域工作。上级行政机关要加强对下级行政机关的监督指导，划入、划出职责的部门要主动衔接，加强协作，防止工作断档、推诿扯皮、不作为、乱作为，切实保障公民、法人和其他组织的合法权益。

江门市蓬江区人民政府

2019年5月23日

江门市蓬江区进一步深化投资项目承诺制改革试点方案

为深入贯彻落实《中共中央国务院关于深化投融资体制改革的意见》《中共广东省委广东省人民政府关于深化投融资体制改革的实施意见》《江门市投资项目承诺制改革试点意见》和《江门市进一步深化投资项目承诺制改革试点方案》精神，按照《江门市蓬江区投资项目承诺制改革试点实施方案》（以下称“实施方案”）部署，为进一步深入推进投资项目承诺制改革试点工作，制定本方案。

一、逐步扩大企业投资项目试点区域

企业投资项目在滨江新区、棠下镇、潮连街道和环市街道开展试点工作。对于我区确定的试点区域以外区域的企业投资项目，企业提出按照投资项目承诺制办理相关审批手续的，在风险可控、监管可以到位的前提下，由审批部门按照“一事一议”的原则，商企业妥善办理，原则上鼓励。［责任单位：审批事项主管单位，各镇（街）。若无说明，排第一位的为牵头单位，下同］

二、加大政府投资项目试点力度

政府投资项目原则上均应按照投资项目承诺制改革要求推进前期工作，逐步由目前“双轨制”管理向投资项目承诺制“单轨制”转变，切实加快政府投资项目前期工作。［责任单位：审批事项主管单位，各镇（街）］

三、进一步聚焦承诺制改革领域

（一）调整试点审批事项

根据试点经验，具有授权性、排他性的“不涉及新增建设用地的项目用地预审”“划拨国有土地供地方案审批”“工程建设涉及城市绿地、树木审批”“海域使用权审批”“规划选址意见书”“建设用地规划许可证核发”等6项不再纳入试点领域。上述事项，已经按照《实施方案》要求开展了具体项目试点的，相关单位要按照《实施方案》中的“承诺退出”机制，与建设单位协调，尽快妥善解决。［责任单位：区自然资源局、区农业农村和水利局、区城市管理和综合执法局分别牵头负责］

（二）分类推进改革试点

分类推进投资项目承诺制改革试点工作（详见附件1）。一是重点推进，树立改革标杆的事项。将实施基础条件较好的节能评估、水土保持方案审批、洪水影响评价审批、建设工程规划许可证核发、应建防空地下室民用建筑项目报建审批等6项审批事项作为重点推进，树立改革标杆的事项，相关单位要在总结试点经验的基础上，参照节能审查承诺制改革试点的经验做法，配合上级主管部门建立完备的承诺标准体系，切实做实做细，树立改革标杆。二是加大力度，争取取得突破的事项。将审批（审查）依据的标准体系较复杂、部分首次列入试点领域的建设项目环境影响评价文件审批、大中型工程初步设计审查、水运工程初步设计审查、公路工程初步设计审查、水利工程初步设计文件审批、公共场所建设项目设计卫生审查、放射性职业病危害严重的建设项目防护设施设计审批、海洋工程建设项目海洋环境影响报告审批等8项审批事项作为加大力度，争取取得突破的事项，相关单位要加大工作力度，争取在基准承诺标准建设和具体项目试点等方面取得一定突破，条件成熟后转入重点推进的范围。三是严控风险，审慎探索的事项。超限高层建筑工程抗震设防审批、建设项目安全设施设计审查等2项审批事项，虽基本符合试点条件，但考虑到安全因素，由相关单位在风险可控的情况下，选择部分类别、个别项目进行审慎探索。相关单位要切实加强试点项目的事中事后监管，严控风险。［责任单位：市生态环境局蓬江分局、区发展和改革局、区科工商务局、区自然资源局、区住房和城乡建设局、区农业农村和水利局、区卫生健康局、区应急管理局分别牵头负责，各镇（街）］

（三）探索区域评价制度

区域评价是指在特定的区域范围内，由政府统一组织投资项目审批过程中涉及的有关评价工作，编制区域评价报告，形成整体性、区域性评价结果，明确评价成果适用范围、条件和效力，根据区域评价结果，建设单位在区域内建设具体项目时，作出具有法律效力的书面承诺，承诺遵守区域评价要求及其他法律法规要求后，原则上不再单独开展相关评估评审工作，项目建设单位简易申报，审批部门即时确认。地震安全性评价、环境影响评价、地质灾害危险性评估、水土保持、洪水影响、气象灾害、交通影响、文物考古等审批事项，相关审批主管部门要按照市的统一部署，积极开展区域评价的准备工作。［责任单位：区发展和改革局，相关审批事项主管单位，各镇（街）］

（四）推进项目落地便利化

对于未纳入投资项目承诺制改革试点领域的审批事项，推进项目落地便利化改革措施。一是企业自主决策、政府备案管理。由企业自主决策、政府备案管理事项23项（详见附件2），其中，第三方机构实施的强制性评估事项6项，由企业依照标准规范自行组织开展。实行备案管理事项17项，一律由企业实施备案管理，相关部门不得变相审批。二是内部掌握事项改为部门间征求意见。由政府部门内部掌握的文物保护、避免危害气象探测环境等事项2项、被征地农民养老保障审核事项1项，不再由建设单位提出申请，改为政府部门间征求意见办理（详见附件3）。被征求意见的相关部门，必须在3个工作日内回复意见（不含委托评估、公示等时间）。内部审核和征求意见同步办理。三是外部性事项严控范围整合优化。对于涉及公共利益和安全，确需政府审查把关的27项外部性事项（详见附件4），相关部门要严控实施范围，严格把关，优化服务。［责任单位：审批事项主管单位，各镇（街）］

四、推进“容缺办理”双轨机制

（一）全面容缺使用土地证明文件

将划拨决定书、国有建设用地使用权出让合同、建设用地批准书或用地批复等其中之一作为办理其他行政部门各类相关审批时的使用土地证明文件（办理施工许可证除外），不动产权证在施工许可前完成办理即可。不动产权证的办理仍按照原规定执行。［责任单位：区自然资源局、审批事项主管单位，各镇（街）］

（二）不再提供法人登记信息证明

在办理投资项目审批事项时，相关部门不得再要求建设单位提供企业营业执照、组织机构代码证、法人代表身份证明等登记信息证明、材料，所需信息、材料由审批部门自行登录“江门市商事主体登记信息管理和公示平台”查阅、下载打印。注册地不在我区的，仍按照原规定执行。按照市的部署，相关责任单位须加快完成查询账号分配等工作并落实到位。［责任单位：区市场监督管理局、区政务服务数据管理局、审批事项主管单位，各镇（街）］

（三）扩大“容缺审批”实施范围

在《实施方案》容缺审批的基础上，将“市政及建（构）筑物工程规划验线”纳入容缺审批实施范围（详见附件5）。［责任单位：审批事项主管单位，各镇（街）］

（四）深化施工许可证“容缺审批”

在继续实施《实施方案》明确的“建设工程施工许可证核发”容缺审批基础上，允许企业在非主审要件容缺后补的情况下，先行办理临时施工手续，提前实施主体工程的辅助配套设施。取消施工合同和建筑节能设计的审查备案等事项。施工许可审批前置条件中的建设单位资金已经落实的证明材料，可由建设单位出具建设资金落实承诺书替代银行出具的到位资金证明。将工程质量安全监督手续与施工许可证合并办理。按照省、市的部署，相关责任单位须加快完成相关准备工作并组织实施。［责任单位：区住房和城乡建设局，各镇（街）］

（五）全面落实“容缺办理”制度

充分尊重建设单位意愿，对于建设单位暂无意愿实施“容缺审批”的，鼓励实行“容缺受理”，形成“容缺受理”“容缺审批”双轨机制。“容缺受理”是指对非即办类审批事项，在基本条件、关键材料具备，允许在非关键性材料缺少或存在瑕疵的前提下先行受理并进入审核程序，待材料补正后及时出具办理结果。“容缺受理”的范围参照“容缺审批”执行，相关单位可在“容缺审批”的基础上进一步放宽。［责任单位：审批事项主管单位，各镇（街）］

五、加快推进一批专项改革试点

为强化投资项目承诺制改革试点实施效果，在《实施方案》已经部署开展“容缺审批”等配套改革举措的基础上，再重点推进一批专项改革试点。

（一）实施联合审图

对工程建设项目（含房屋建筑和市政基础设施）施工图设计文件，实行建设、消防、人防等相关审查机构统一受理、联合审图、同步审查、统一反馈，各部门实行并联审批或备案。将消防设计审核、人防设计审查等技术审查并入施工图设计文件审查。在施工图设计文件审查领域推进“互联网+政务服务”，配合市建立统一的施工图设计文件电子审图系统，推行网上联合审图。施工图设计文件审查机构选择依托“中介超市”完成，对于财政性资金项目的施工图设计文件审查机构选择必须全面依托中介超市完成，法律法规另有规定的除外；对于社会性资金项目的施工图设计文件审查机构的选择按照自愿原则在中介超市选取。打破施工图审查区域垄断，鼓励有资质审图机构跨区域参与集中审查工作。进一步引入和培育施工图审查机构，以公平竞争推动服务水平和服务效率提升。区住房和城乡建设局会同相关部门，加快推进相关工作，争取在全市率先实施。［责任单位：区住房和城乡建设局、区发展和改革局、区政务服务数据管理局、蓬江消防救援大队，各镇（街）］

（二）探索联合验收

对需由政府或政府委托第三方机构验收的事项，探索联合验收。建设工程规划条件核实合格证核发、人防工程验收、建设工程消防验收、抗震设防验收、公共场所建设项目竣工卫生验收、防雷装置竣工验收、新建（扩建、改建）放射诊疗建设项目竣工验收、职业病防护设施验收、对入河排污口设置的验收、对堤防上新建建筑物及设施的验收、对大中型水利水电工程组织移民安置的验收、安全防范工程竣工验收、重大建设项目档案专项验收、公路工程建设项目竣工验收、地方铁路工程竣工验收、水运工程项目竣工验收、对取水工程或者设施的验收、对河口滩涂开发利用工程的竣工验收、对水利工程建设项目的政府验收等验收事项由行业主管部门牵头，组织规划、国土、消防、人防、档案、市政公用等单位开展，统一竣工验收图纸和验收标准，统一出具验收意见，限时完成。对于验收涉及的测量工作，实行“一次委托、统一测绘、成果共享”。企业可根据实际情况自主选择单项验收。［责任单位：区住房和城乡建设局、审批事项主管单位，各镇（街）］

（三）探索“标准地”模式

探索国有土地出让“标准地”改革试点，促进要素资源向优质企业集聚。在土地出让前明确建设用地的规划建设标准、能耗标准、环保标准、产业导向标准和投资强度标准、单位产出标准等控制性指标，土地成交时企业承诺按照标准建设，项目建设过程中相关部门依法加强监管，项目竣工后组织验收。区自然资源局要按照市的统一部署，加快推进相关工作。［责任单位：区自然资源局，相关审批事项主管单位，各镇（街）］

六、工作要求

（一）狠抓工作落实

各镇（街）、各单位要将思想和行动统一到区委、区政府的决策部署上来，进一步增强使命担当，切实克服看客思想，狠抓工作落实，将投资项目承诺制改革试点部署的各项工作任务落到实处。要切实加强调查研究，按照投资项目承诺制改革的思路，结合区域、审批事项特点，借鉴先进经验，找准突破口，切实取得成效。

（二）积极配合制定承诺标准

基准承诺标准的制定是推进投资项目承诺制的关键环节，相关单位要按照《实施方案》的要求，配合上级主管部门高标准制定标准；已经制定标准的，要坚决执行，积极推进。

（三）加强统筹协调

各项改革任务牵头单位要切实履行抓改革落实的主体责任，强化统筹协调，加强协同配合，完善工作机制，按照方案确定的改革目标、路径、方向，细化工作节点，推进各项改革任务尽快落地见效。

（四）落实保障条件

相关部门要做好推进承诺制改革工作人员、资金等方面的需求保障，特别是配合编制基准承诺标准等的保障工作。

附件：1. 蓬江区投资项目承诺制改革试点事项清单
2. 蓬江区企业自主决策、政府备案管理事项清单
3. 蓬江区内部掌握事项部门间征求意见清单
4. 蓬江区外部性事项严控范围整合优化清单
5. 蓬江区容缺审批实施清单

附件1

蓬江区投资项目承诺制改革试点事项清单

序号	事项名称	审批/联系主管部门	依据	备注
一、重点推进，树立改革标杆的事项（6项）				
1	固定资产投资项目节能审查	区发展和改革局	《中华人民共和国节约能源法》 《固定资产投资项目节能审查办法》	在推进投资项目承诺制改革的同时，推进区域评价制度改革。
2	工业和信息化领域技术改造项目节能审查	区科工商务局	《中华人民共和国节约能源法》 《固定资产投资项目节能审查办法》	
3	生产建设项目水土保持方案审批	区农业农村和水利局	《中华人民共和国水土保持法》 《广东省水土保持条例》	在水土保持方案已经批准并依法落实水土保持措施的开发区、工业园区内开办生产建设项目，可以免予办理水土保持方案审批手续。
4	洪水影响评价审批	区农业农村和水利局	《中华人民共和国水法》 《中华人民共和国防洪法》 《中华人民共和国河道管理条例》 《广东省水利工程管理条例》 《广东省河口滩涂管理条例》	将“滩涂开发利用工程建设方案审核”整合到该项办理。
5	建设工程（含临时建设）规划许可证核发	区自然资源局	《中华人民共和国城乡规划法》 《广东省城乡规划条例》	1. 建设工程规划许可证核发时一并进行设计方案审查。 2. 《国务院办公厅关于开展工程建设项目审批制度改革试点的通知》（国办发〔2018〕33号）部署的改革任务。
6	应建防空地下室民用建筑项目报建审批	区住房和城乡建设局	《中华人民共和国人民防空法》 《广东省实施〈中华人民共和国人民防空法〉办法》	市管权限，区直对口部门要加强业务指导和政策宣传。
二、加大力度，争取取得突破的事项（8项）				
7	建设项目环境影响评价文件审批	市生态环境局蓬江分局	《中华人民共和国环境保护法》 《中华人民共和国环境影响评价法》 《中华人民共和国固体废物污染环境防治法》 《中华人民共和国放射性污染防治法》 《建设项目环境保护管理条例》 《广东省环境保护条例》	如涉及“出具涉及海洋与渔业保护区的建设项目环境专题影响评价报告的意见”由环境保护部门征求海洋渔业部门意见。
8	大中型工程初步设计审查	区住房和城乡建设局	《建设工程勘察设计管理条例》 《广东省建设工程勘察设计管理条例》 《广东省建设厅大中型工程初步设计审查管理办法》	
9	水运工程初步设计审查	区住房和城乡建设局	《中华人民共和国航道管理条例》 《中华人民共和国港口法》 《港口建设管理规定》 《航道建设管理规定》	市管权限，区直对口部门要加强业务指导和政策宣传。

续上表

序号	事项名称	审批/联系主管部门	依据	备注
10	公路工程初步设计审查	区住房和城乡建设局	《公路建设监督管理办法》 《建设工程勘察设计管理条例》 《交通部办公厅关于公路工程基本建设项目设计审批有关问题的通知》 《中华人民共和国公路法》	市管权限，区直对口部门要加强业务指导和政策宣传。
11	水利工程初步设计文件审批	区农业农村和水利局	《国务院对确需保留的行政审批项目设定行政许可的决定》 《水利工程建设程序管理暂行规定》	
12	公共场所建设项目设计卫生审查	区卫生健康局	《公共场所卫生管理条例》 《公共场所卫生管理条例实施细则》	
13	放射性职业病危害严重的建设项目防护设施设计审批	区卫生健康局	《中华人民共和国职业病防治法》 《放射诊疗管理规定》	1．市管权限，区直对口部门要加强业务指导和政策宣传。 2．将“新建、扩建、改建放射诊疗建设项目卫生审查（预评价审核）”整合到该项。
14	海洋工程建设项目海洋环境影响报告审批	区农业农村和水利局	《中华人民共和国海洋环境保护法》 《防治海洋工程建设项目污染损害海洋环境管理条例》 《广东省实施中华人民共和国海洋环境保护法》	市管权限，区直对口部门要加强业务指导和政策宣传。
三、严控风险，审慎探索的事项（2项）				
15	超限高层建筑工程抗震设防审批	区住房和城乡建设局	《国务院对确需保留的行政审批项目设定行政许可的决定》 《超限高层建筑工程抗震设防管理规定》	1．在风险可控的情况下，选择部分项目进行试点。要切实加强事中事后监管，严控风险。 2．市管权限，区直对口部门要加强业务指导和政策宣传。
16	建设项目安全设施设计审查	区应急管理局	《中华人民共和国安全生产法》（2014年修正）第三十条； 《危险化学品建设项目安全监督管理办法》（2015年修订）第十、第十六条； 《建设项目安全设施“三同时”监督管理办法》（2015年修正）第十二条。	1．将“非煤矿矿山建设项目安全设施设计审查”“危险化学品建设项目安全条件审查”“危险化学品建设项目安全设施设计审查”“烟花爆竹批发经营企业储存烟花爆竹建设项目安全设施设计审查”“金属冶炼建设项目安全设施设计审查”等5项整合为“建设项目安全设施设计审查”1项。 2．在风险可控的情况下，选择部分项目进行试点。要切实加强事中事后监管，严控风险。

注：《实施方案》中的《蓬江区投资项目承诺制改革试点首批审批事项清单》《蓬江区投资项目承诺制改革试点后备审批事项清单》同时废止。

附件2

蓬江区企业自主决策、政府备案管理事项清单

序号	事项名称	审批/联系主管单位	依据	备注
一、第三方机构实施的强制评估事项（6项）				
1	地震安全性评价	区应急管理局	《中华人民共和国防震减灾法》	1. 明确实施项目范围，规范中介服务，破除行业、地区壁垒和部门垄断。 2. 由企业依照标准规范自行组织开展，可作为相关审批事项的申报材料之一，相关部门一律不得单独进行审批审查。
2	地质灾害危险性评估	区自然资源局	《地质灾害防治条例》 《建设项目用地预审管理办法》	
3	建筑工程施工图设计审查	区住房和城乡建设局	《建设工程勘察设计管理条例》	
4	职业病危害预评价	区卫生健康局	《中华人民共和国职业病防治法》	
5	建设项目安全预评价	区应急管理局	《中华人民共和国安全生产法》	
6	建设项目安全验收评价	区应急管理局	《中华人民共和国安全生产法》	
二、实行备案管理事项（17项）				
（一）立项阶段				
1	企业投资项目备案	区发展和改革局 区科工商务局	《企业投资项目核准和备案管理条例》 《企业投资项目核准和备案管理办法》 《外商投资项目核准和备案管理办法》	1. 《政府核准的投资项目目录》以外的企业投资项目实行备案管理。 2. 在不改变规划条件的前提下，对零土地技改项目实行承诺备案制。
（二）报建阶段				
2	入海排污口位置备案	市生态环境局蓬江分局	《中华人民共和国海洋环境保护法》	市管权限，区直对口部门要加强业务指导和政策宣传。
3	房屋建筑和市政基础设施工程最高投标限价及其成果文件备案	区住房和城乡建设局	《建筑工程施工发包与承包计价管理办法》	
4	航道工程建设项目开工备案	区住房和城乡建设局	《航道建设管理规定》	市管权限，区直对口部门要加强业务指导和政策宣传。
5	公路、水运工程招标备案	区住房和城乡建设局	《公路工程建设项目招标投标管理办法》 《水运工程建设项目招标投标管理办法》	市管权限，区直对口部门要加强业务指导和政策宣传。
6	港口工程项目资格预审、招标文件和招标结果备案	区住房和城乡建设局	《中华人民共和国招标投标法》 《水运工程建设项目招标投标管理办法》	市管权限，区直对口部门要加强业务指导和政策宣传。

续上表

序号	事项名称	审批/联系主管单位	依据	备注
7	对水利工程建设安全生产措施方案的备案	区农业农村和水利局	《水利工程建设安全生产管理规定》	
8	对水利工程开工情况的备案	区农业农村和水利局	《水利工程建设项目管理规定（试行）》	
9	对河道管理范围内建设项目施工安排的备案	区农业农村和水利局	《中华人民共和国河道管理条例》	
10	对水利工程项目招标的备案	区农业农村和水利局	《水利工程建设项目招标投标管理规定》 《工程建设项目货物招标投标办法》 《水利工程建设项目招标投标管理规定》	
11	因工程建设确需改装、拆除或者迁移城市公共供水设施审批	区农业农村和水利局 区城市管理和综合执法局	《城市供水条例》	1. 该事项为“因工程建设需要拆除、改动、迁移供水、排水与污水处理设施审核”子项。 2. 市管权限，区直对口部门要加强业务指导和政策宣传。
12	建设工程消防设计备案	蓬江消防救援大队	《中华人民共和国消防法》	《建设工程消防监督管理规定》第十三、第十四条规定之外的项目实行消防设计备案。
（三）验收阶段				
13	房屋市政工程竣工验收备案	区住房和城乡建设局	《建设工程质量管理条例》 《房屋建筑和市政基础设施工程竣工验收备案管理办法》 《广东省建设工程质量管理条例》	
14	公路工程交工验收备案	区住房和城乡建设局	《公路工程竣（交）工验收办法》	市管权限，区直对口部门要加强业务指导和政策宣传。
15	水利工程建设项目验收备案	区农业农村和水利局	《水利工程建设项目验收管理规定》	
16	对水土保持设施验收材料的报备	区农业农村和水利局	《中华人民共和国水土保持法》 《水利部关于加强事中事后监管规范生产建设项目水土保持设施自主验收的通知》	
17	建设工程消防验收备案	蓬江消防救援大队	《中华人民共和国消防法》	《建设工程消防监督管理规定》第十三、第十四条规定之外的项目实行消防验收备案。

附件3

蓬江区内部掌握事项部门间征求意见清单

序 号	事项名称	审批/联系主管单位	依 据	改革要求
1	被征地农民养老保障审核	区人力资源和社会保障局	《国务院关于加强土地调控有关问题的通知》 《关于切实做好被征地农民社会保障工作有关问题的通知》 广东省人民政府办公厅《转发省人力资源社会保障厅关于进一步做好我省被征地农民养老保障工作意见的通知》	改为办理用地批准时，由国土资源部门征求人力资源和社会保障部门意见。
2	新建、扩建、改建建设工程避免危害气象探测环境审批	气象主管部门	《中华人民共和国气象法》 《气象设施和气象探测环境保护条例》	1. 市管权限，区直对口部门要加强业务指导和政策宣传。 2. 办理选址意见或工程规划许可时，由城乡规划部门征求气象部门意见。
3	区级文物保护单位建设控制地带内的建设工程设计方案审批	区文化广电旅游体育局	《中华人民共和国文物保护法》	办理工程规划许可，由城乡规划部门征求文化行政主管部门意见。

附件4

蓬江区外部性事项严控范围整合优化清单

序 号	事项名称	审批/联系主管单位	依 据	备 注
1	企业（含外商）投资项目核准和招标核准	区发展和改革局 区科工商务局	《企业投资项目核准和备案管理条例》 《企业投资项目核准和备案管理办法》 《中华人民共和国招标投标法》 《中华人民共和国招标投标法实施条例》	1. 将“企业投资项目核准”与“依法必须招标项目的招标范围、招标方式和招标组织形式核准”等2项事项整合为“企业投资项目核准和招标核准”1项事项。 2. 《政府核准的投资项目目录》以外的项目，办理备案。
2	宗教活动场所内改建或者新建建筑物审批	区民族宗教事务局	《宗教事务条例》	
3	安全技术防范系统设计方案核准	区公安分局	《广东省安全技术防范管理条例》 《广东省安全技术防范管理实施办法》	
4	建设项目用地预审	区自然资源局	《中华人民共和国土地管理法》 《中华人民共和国土地管理法实施条例》 《建设项目用地预审管理办法》	
5	建设用地改变土地用途审批	区自然资源局	《中华人民共和国土地管理法》 《中华人民共和国城市房地产管理法》 《中华人民共和国城镇国有土地使用权出让和转让暂行条例》 《中华人民共和国土地管理法实施条例》	

续上表

序号	事项名称	审批/联系主管单位	依据	备注
6	国有建设用地供地审核	区自然资源局	《中华人民共和国土地管理法》 《中华人民共和国土地管理法实施条例》 《广东省实施〈中华人民共和国土地管理法〉办法》	
7	建设项目压覆重要矿产资源审批	区自然资源局	《中华人民共和国矿产资源法》 《国土资源部关于进一步做好建设项目压覆重要矿产资源审批管理工作的通知》	若省下放该项管理权限，将“压覆重要矿产资源审批”“压覆矿产资源核查”“矿产资源储量评审备案与登记手续”等事项归并办理，在办理用地审批时，由国土资源部门一并办理。
8	市政设施建设类审批	区城市管理和综合执法局	《城市道路管理条例》 《城市桥梁检测和养护维修管理办法》 《城镇排水与污水处理条例》	将“占道施工交通组织方案审核”改为审批部门征求公安部门意见。
9	建筑工程施工许可证核发	区住房和城乡建设局	《中华人民共和国建筑法》 《建设工程质量管理条例》	将“工程质量监督手续办理”合并到“建筑工程施工许可证核发”一并办理。
10	港区内港航设施使用岸线审批	区住房和城乡建设局	《中华人民共和国港口法》 《广东省港口管理条例》	市管权限，区直对口部门要加强业务指导和政策宣传。
11	修建跨河、拦河、过河、临河建筑物审批	区住房和城乡建设局	《中华人民共和国航道法》 《中华人民共和国航道管理条例》 《广东省航道管理条例》	1. 即“航道通航条件影响评价审核”。 2. 我市暂无管理权限，若省下放、委托相应管理权限，则按照本方案执行。 3. 区直对口部门要加强相关业务指导和政策宣传。
12	通航水域水上水下施工作业审批	区住房和城乡建设局	《广东省航道管理条例》	1. 我市暂无管理权限，若省下放、委托相应管理权限，则按照本方案执行。 2. 区直对口部门要加强相关业务指导和政策宣传。
13	新建、改建、扩建从事港口危险货物作业的建设项目安全条件审查	区住房和城乡建设局	《中华人民共和国安全生产法》 《危险化学品安全管理条例》 《港口危险货物安全管理规定》	市管权限，区直对口部门要加强业务指导和政策宣传。
14	公路建设项目公路工程施工许可	区住房和城乡建设局	《中华人民共和国公路法》 《广东省公路条例》	市管权限，区直对口部门要加强业务指导和政策宣传。
15	交通建设项目施工图设计审查	区住房和城乡建设局	《建设工程勘察设计管理条例》	1. 若省将该事项调整为第三方机构实施的强制评估事项，则按照第三方机构实施的强制评估事项的要求进行管理。 2. 市管权限，区直对口部门要加强业务指导和政策宣传。

续上表

序　号	事项名称	审批/联系主管单位	依　据	备　注
16	移民安置规划审批	区农业农村和水利局	《大中型水利水电工程建设征地补偿和移民安置条例》	将“对大中型水利水电工程移民安置规划大纲的审批”“对大中型水利水电工程移民安置规划的审核”等2项整合为“移民安置规划审批”1项。
17	取水许可	区农业农村和水利局	《取水许可和水资源费征收管理条例》	
18	拆除、移动城镇排水与污水处理设施方案审核	区农业农村和水利局	《城市供水条例》	该事项为“因工程建设需要拆除、改动、迁移供水、排水与污水处理设施审核”子项。
19	入河排污口设置审核	区农业农村和水利局	《中华人民共和国水法》 《中华人民共和国水污染防治法》 《入河排污口监督管理办法》 《广东省东江西江北江韩江流域水资源管理条例》	
20	建设项目使用林地及在林业部门管理的自然保护区、沙化土地封禁保护区建设审批（核）	区自然资源局	《中华人民共和国森林法》 《中华人民共和国森林法实施条例》 《中华人民共和国自然保护区条例》 《建设项目使用林地审核审批管理规范》	待省级权限下放后实施，暂按照省的要求执行。
21	工程建设涉及城市绿地、树木审批	区城市管理和综合执法局	《城市绿化条例》 《广东省城市绿化条例》 《城市古树名木保护管理办法》	待“古树名木移植审核审批”省级权限下放后，将“古树名木移植审核审批”整合到“工程建设涉及城市绿地、树木审批”一并办理。
22	建设项目选址意见书 核发	区自然资源局	《中华人民共和国城乡规划法》 《广东省城乡规划条例》 《风景名胜区条例》	
23	建设用地（含临时用地）规划许可证核发	区自然资源局	《中华人民共和国城乡规划法》 《广东省城乡规划条例》	
24	乡村建设规划许可证 核发	区自然资源局	《中华人民共和国城乡规划法》 《广东省城乡规划条例》	
25	建设工程消防设计审核	蓬江消防救援大队	《中华人民共和国消防法》	1. 《建设工程消防监督管理规定》第十三、第十四条规定的项目办理消防设计审核手续，其他项目办理消防设计备案手续即可。 2. 简化前置手续，部分项目可持县级以上人民政府出具的会议纪要作为建设工程规划许可证明文件，申请办理消防设计审核。

续上表

序　号	事项名称	审批/联系主管单位	依　据	备　注
26	防雷装置设计审核	气象主管部门 区住房和城乡建设局 第三方机构	《气象灾害防御条例》 《国务院对确需保留的行政审批项目设定行政许可的决定》	1.市管权限，区直对口部门要加强业务指导和政策宣传。 2.委托或认定第三方机构实施的项目，继续由第三方机构办理。实施备案制管理的，继续按照备案制管理。
27	竣工验收	区住房和城乡建设局 区农业农村和水利局 区城市管理和综合执法局 区公安分局 区卫生健康局 区自然资源局 区档案局 蓬江消防救援大队等	《中华人民共和国城乡规划法》 《中华人民共和国人民防空法》 《中华人民共和国消防法》 《中华人民共和国水污染防治法》 《中华人民共和国环境影响评价法》 《中华人民共和国海洋环境保护法》 《中华人民共和国防震减灾法》 《中华人民共和国职业病防治法》 《中华人民共和国公路法》 《中华人民共和国港口法》 《中华人民共和国航道法》 《中华人民共和国海域使用管理法》 《中华人民共和国河道管理条例》 《建设项目环境保护管理条例》 《公共场所卫生管理条例》 《气象灾害防御条例》 《放射诊疗管理规定》 《大中型水利水电工程建设征地补偿和移民安置条例》 《广东省安全技术防范管理实施办法》 《重大建设项目档案验收办法》 《公路工程竣（交）工验收办法》 《关于重新印发〈铁路建设项目竣工验收交接办法〉的通知》 《港口工程竣工验收办法》 《航道工程竣工验收管理办法》 《取水许可和水资源费征收管理条例》	按照联合验收的要求组织实施。

附件5

蓬江区容缺审批实施清单

一、涉及新增建设用地的项目用地预审

区级立项的建设项目新增建设用地预审，如符合审批条件，项目单位若承诺在30日内补齐项目用地预审申请报告、申请表等资料的，业务主管部门可以先出具用地预审意见。［责任单位：区自然资源局，各镇（街）］

二、大中型建设工程初步设计审查

对于政府投资的大、中型项目，若初步设计的前置审批手续因程序上的原因未能及时获批，可凭建设单位后补相关审批手续的承诺书办理初步设计审查申请，由业务主管部门先行开展初步设计技术文件的审查，并根据审查结果出具批复。［责任单位：区住房和城乡建设局，各镇（街）］

三、市政设施建设类审批

涉及工程规划许可证作为审批条件的市政设施建设类审批事项，项目建设单位向业务主管部门申请办理市政设施建设类审批时，提交经规划部门审核盖章的设计图纸以及建设单位书面承诺后续补充提交工程规划许可证，业务主管部门可在收齐其他申报材料后先行办理相关的申请手续。［责任单位：区城市管理和综合执法局，各镇（街）］

四、建设工程施工许可证核发

对于政府投资的市政基础设施建设项目，若建设工程用地手续因程序上的原因未能及时获批，可凭建设单位后补建设用地批准手续的承诺书及国土部门出具的建设工程用地属国有建设用地或不涉及新增建设用地的建设用地意见办理施工许可申请；若建设单位无法及时提供工人工资支付分账管理制度要求的相关材料，可凭建设单位的承诺书，承诺后补工人工资支付专用账户管理协议书和做好工人工资分账管理预付款支付手续，先行办理施工许可手续。建设单位在办理建设工程质量监督注册手续时，可先提交建设工程质量监督注册表，施工管理、监理人员的任命（聘任）文件和执业资格证书，建设项目五方责任主体的法定代表人授权书和项目负责人的终身责任承诺书，经审查合格的勘察文件、施工图设计文件。其他资料暂时收集不齐全的，可凭建设单位补交资料的承诺书先行办理工程质量监督注册手续。［责任单位：区住房和城乡建设局，各镇（街）］

五、公路建设项目设计审查（审批）

包括公路建设项目初步设计审查（审批）及施工图审查（审批）两部分。

（一）公路工程初步设计审查、审批：对区管权限的公路建设项目，需要开展初步设计的（如新建、改扩建工程），初步设计概算审查因程序上的原因未能及时获批，可凭建设单位后补相关审批手续（造价部门的审查意见亦可）的承诺书办理初步设计批复，由业务主管部门先批复技术方案，待后补的概算审查意见出具后，再批复概算；技术较为简单、修改幅度较小的项目，可在专家评审后直接进行初步设计批复，修改意见在批复中一并出具，在施工图设计阶段一并审核确认。对区管权限的公路建设项目，大修工程、路面改造工程、安保工程和养护工程等不再开展初步设计，实行一阶段施工图设计。［责任单位：区住房和城乡建设局，各镇（街）］

（二）公路工程施工图设计审查、审批：对区管权限公路建设项目，施工图设计预算审查因程序上的原因未能及时获批，可凭建设单位后补相关审

批手续（造价部门的审查意见亦可）的承诺书办理施工图设计批复，先批复设计内容，待预算审查意见出具后，再批复施工图预算。［责任单位：区住房和城乡建设局，各镇（街）］

六、水运工程设计文件审查（审批）

包括水运工程初步设计审查（审批）及施工图审查（审批）两部分。

（一）水运工程初步设计审查、审批：对政府投资的区管权限水运建设项目，初步设计概算审查因程序上的原因未能及时获批，可凭建设单位后补相关审批手续（造价部门的审查意见亦可）的承诺书办理初步设计批复，先批复技术方案，待后补的概算审查意见出具后，再批复概算；技术较为简单、修改幅度较小的项目，可在专家评审后直接进行初步设计批复，修改意见在批复中一并出具，在施工图设计阶段一并审核确认。对企业投资的区管权限水运建设项目，初步设计概算不再审查，可凭建设单位的承诺书（承诺符合相关法规要求，并按照概算编制办法编制概算）直接办理初步设计批复；并可在专家评审后直接进行初步设计批复，修改意见在批复中一并出具，在施工图设计阶段一并审核确认。［责任单位：区住房和城乡建设局，各镇（街）］

（二）水运工程项目施工图设计审查、审批：对政府投资的区管权限水运建设项目，施工图设计预算审查因程序上的原因未能及时获批，可凭建设单位后补相关审批手续（造价部门的审查意见亦可）的承诺书办理施工图设计批复，先批复设计内容，待预算审查意见出具后，再批复施工图预算。对企业投资的区管权限水运建设项目，施工图设计审查时，不再审查预算，可凭建设单位的承诺书（承诺符合相关法规要求，并按照预算编制办法编制预算）直接办理施工图设计批复手续。［责任单位：区住房和城乡建设局，各镇（街）］

七、公路建设项目施工许可

对于区管公路建设项目，不再对建设资金进行审核；若建设工程用地手续因程序上的原因未能及时获批，可凭建设单位后补建设用地批准手续的承诺书或国土部门出具的建设工程用地不涉及新增建设用地的意见办理施工许可申请；若建设单位无法及时提供工人工资支付分账管理制度材料的，可凭建设单位承诺书（承诺严格按照工人工资相关规定设立专户和完善管理制度）办理施工许可申请。其他条件如质量监督登记手续、设计批复、招投标资料和安全生产许可证等材料要求不变。［责任单位：区住房和城乡建设局，各镇（街）］

八、因工程建设需要拆除、改动、迁移供水、排水与污水处理设施审核

因工程建设确需改装、拆除或者迁移城市公共供水设施审批改为备案制管理。因工程建设需要拆除、改动、迁移排水与污水处理施设的，建设单位必须在开工前，提供规划部门批准的迁改方案，并书面承诺15个工作日内提交具体的施工方案，承诺工程完成后到业务主管部门办理验收手续，业务主管部门予以出具批复文件。［责任单位：区城市管理和综合执法局，各镇（街）］

九、取水许可

建设单位向业务主管部门提交“①取水许可申请书；②建设项目水资源论证报告书（论证表）”申请新发取水许可证，在建设单位承诺许可后30天内补充“①从水库取水的，提交与工程管理单位签订的供水协议；②设置入河排污口的，提交入河排污口批准文件或排污许可文件；退水排入市政管网或污水处理厂的，提供退水协议等相关证明材

料；③与第三者有利害关系的情况说明或相关证明材料；④取水单位或法定代表人的法定身份证明文件、营业执照；⑤授权委托书；⑥申请材料清单”等文件的情况下，业务主管部门予以办理新发取水许可证手续。

建设单位向业务主管部门提交“①取水许可申请书；②原取水许可证”申请延续取水许可证，在建设单位承诺许可后30天内补充“①原取水许可证有效期内历年采取的节水和水资源保护措施、历年取水用途、用水定额、节水水平和退水状况，自来水厂等公共供水单位还应提供历年逐月取水量以及逐年供水管网漏损率，水力发电取水户还应提供历年逐月发电量。同时提供申请延续取水期限内取用水规模预测的分析说明；②取水计量设施运行、检定、监测情况说明；③与第三者有利害关系的相关说明；④取水水源水质和退水水质监测评价结果；⑤如涉及取水权人名称和法定代表人等取水许可事项变更，须提交支撑性文件材料，并在取水许可申请书‘取水理由及依据’栏中提出变更理由；⑥取水单位或法定代表人的法定身份证明文件、营业执照；⑦授权委托书；⑧申请材料清单”等文件的情况下，业务主管部门予以办理延续取水许可证手续。［责任单位：区农业农村和水利局，各镇（街）］

十、工程建设涉及城市绿地、树木审批

建设单位向业务主管部门申请办理工程建设涉及城市绿地、树木审批时，由建设单位向业务主管部门承诺建设工程规划许可证、建设工程施工许可证可在审批后20个工作日内补交，业务主管部门在建设单位签订承诺书后予以办理工程建设涉及城市绿地、树木审批手续。［责任单位：区城市管理和综合执法局，各镇（街）］

十一、建设项目临时使用林地审批

建设单位向业务主管部门申请办理建设项目临时使用林地审批时，由建设单位向业务主管部门承诺用地单位的资质证明或个人的身份证明、森林植被恢复费缴纳凭证、使用林地现场查验表等3项材料在审批后20个工作日内补交，业务主管部门在建设单位签订承诺书后予以办理建设项目临时使用林地审批手续。［责任单位：区自然资源局，各镇（街）］

十二、建设项目选址意见书核发

以划拨方式提供国有土地使用权的建设项目，建设单位向业务主管部门申请核发建设项目选址意见书，在建设单位承诺后续补充相关选址评估报告的情况下，符合城乡规划要求的业务主管部门予以办理选址意见书手续。［责任单位：区自然资源局，各镇（街）］

十三、建设工程规划许可证核发

建设单位向业务主管部门申请城市建（构）筑物建设工程规划许可，对于特殊项目需要环保、消防、人防、市政、水务等相关主管部门的审查意见，在建设单位承诺后续补充相关审查意见的情况下，业务主管部门予以办理建设工程规划许可手续；建设单位向业务主管部门申请市政（道桥、管线、绿化）建设工程规划许可，在建设单位承诺后续补充“对立项、环保、水利、航道、海事、轨道、交通、公交、交警、管线等主管部门和地方政府的相关审查或审批意见的逐条响应情况说明”“有效的国土批文”材料的情况下，业务主管部门予以办理建设工程规划许可手续。［责任单位：区自然资源局，各镇（街）］

十四、建设用地（含临时用地）规划许可证核发

建设单位向业务主管部门申请建设用地（含

临时用地）规划许可证核发时，建设单位承诺后续补充“有关部门的批准、核准、备案文件”和“项目审批（核准、备案）文件”等文件的情况下，业务主管部门予以办理建设用地（含临时用地）规划许可证手续。［责任单位：区自然资源局，各镇（街）］

十五、乡村建设规划许可证

在村庄规划确定的建设用地范围内使用集体所有土地进行建设的，建设单位向业务主管部门申请核发乡村建设规划许可证，在建设单位承诺后续补齐相关建设项目批准、核准文件的情况下，符合城乡规划要求的业务主管部门予以办理乡村建设规划许可证手续。［责任单位：区自然资源局，各镇（街）］

十六、市政及建（构）筑物工程规划验线

建设单位在向业务主管部门申请办理市政及建（构）筑物建设工程规划验线时，承诺在一个月内补齐建设工程规划许可证的情况下，业务主管部门予以办理市政及建（构）筑物建设工程规划验线手续。［责任单位：区自然资源局，各镇（街）］

江门市蓬江区人民政府关于废止和修改部分区政府规范性文件的决定

各镇政府、街道办事处，区直各单位：

为了做好机构改革的工作，深入推进依法行政，加快建设法治政府，根据《江门市蓬江区人民政府办公室关于印发江门市蓬江区涉及机构改革的规范性文件清理工作方案的通知》（蓬江府办函〔2019〕685号）的要求，区政府对涉及我区机构改革的规范性文件进行清理。经过清理，现决定：

对《江门市蓬江区人民政府关于鼓励和扶持五金卫浴产业发展的优惠措施》等14件政府规范性文件予以废止（附件1）。

对《江门市蓬江区节能奖励试行办法》的部分条款予以修改（附件2）。

附件：1．区政府决定废止的规范性文件目录

2．区政府决定修改部分条款的规范性文件

江门市蓬江区人民政府

2019年11月21日

附件1

区政府决定废止的规范性文件目录

序 号	文件名称	文 号	理 由
1	江门市蓬江区人民政府关于鼓励和扶持五金卫浴产业发展的优惠措施	蓬江府〔2004〕21号	该政策内容已不适应现实需要，不再实施。
2	调整蓬江区企业职工最低工资标准	蓬江府〔2008〕7号	该文件适用期已过，其主要内容已不适应当前社会经济发展要求。
3	江门市蓬江区民营工业企业贷款贴息专项扶持资金实施细则（试行）	蓬江府办〔2003〕74号	该文件适用期已过，其主要内容已不适应经济社会发展要求。
4	江门市蓬江区科学技术奖励办法	蓬江府办〔2005〕37号	该文件适用期已过，其主要内容已不适应经济社会发展要求。
5	江门市蓬江区举报恶性群体拖欠工资行为奖励暂行办法	蓬江府办〔2005〕138号	所依据的法律法规有修改，且不适应当前社会经济发展要求。
6	江门市蓬江区重大危险源监督管理办法	蓬江府办〔2006〕147号	重大危险源监督管理办法与当前要求不符；国家已出台新的危险化学品重大危险源监督管理办法（国家安监总局令第79号）。
7	蓬江区有奖举报安全生产事故隐患和违法行为实施办法（试行）	蓬江府办〔2008〕100号	国家已出台新的安全生产事故隐患和违法行为举报奖励办法《国家安全监管总局财政部关于印发安全生产举报奖励办法的通知》（安监总财〔2012〕63号）。
8	江门市蓬江区安全生产责任制实施办法	蓬江府办〔2008〕130号	实施办法与当前要求不符。目前蓬江区已新颁布实施《江门市蓬江区领导班子和领导干部安全生产责任制考核办法》（蓬江委办〔2014〕6号）。
9	关于扶持蓬江区科技型中小企业孵化创业的实施意见	蓬江府办〔2008〕221号	该文件适用期已过，其主要内容已不适应经济社会发展要求。
10	蓬江区知识产权（专利）资助暂行办法	蓬江府办〔2011〕248号	该规范性文件与目前国家关于专利资助的政策不相符，已没有继续实施的必要。
11	蓬江区农村五保供养工作实施细则	蓬江府办〔2012〕163号	建议废止，目前按照《关于进一步建立健全特困人员供养制度的实施意见》（粤府〔2016〕147号）执行。
12	蓬江区食品安全举报奖励实施办法	蓬江府办〔2012〕288号	国家、省、市已出台新的奖励实施办法，需对应上级出台新的奖励实施办法。
13	关于印发划定蓬江区畜禽养殖区域规定的通知	蓬江府办〔2015〕11号	已出台新的划定文件（蓬江府办〔2018〕60号）。
14	江门市蓬江区小型建设项目承（发）包管理暂行办法	蓬江府办〔2016〕49号	与上位文件存在不一致的情形，且已不适应我区工作实际的需要，建议废止。

附件2

区政府决定修改部分条款的规范性文件

江门市蓬江区节能奖励试行办法

（2012年1月11日蓬江府办〔2012〕6号公布）

修改内容：

1．将第二条中的“由区经济促进局会同有关部门负责组织实施”修改为“由区科工商务局会同有关部门负责组织实施”。

2．将第十二条中的“由区经济促进局根据年度节能目标责任评价考核结果”修改为“由区科工商务局根据年度节能目标责任评价考核结果”。

3．将第十三条第（二）款中的“各镇、街节能主管部门对符合条件的单位、个人提出推荐意见后连同申报材料报区经济促进局”修改为“各镇、街节能主管部门对符合条件的单位、个人提出推荐意见后连同申报材料报区科工商务局”。

4．将第十三条第（三）款中的“区经济促进局对申报材料进行资格审查后”修改为“区科工商务局对申报材料进行资格审查后”。

5．将第十五条中的“并由区经济促进局给予通报批评”修改为“并由区科工商务局给予通报批评”。

6．将第十六条中的“本办法由区经济促进局负责解释”修改为“本办法由区科工商务局负责解释”。

江门市蓬江区公共文化事业建设三年工作方案

根据《江门市人民政府关于印发〈江门市公共文化事业建设三年工作方案〉的通知》（江府〔2019〕14号）文件精神，为积极开展“公共文化事业建设年”工作，从补短板、创品牌、争先进等三个推进层次，规划我区公共文化事业发展2019年至2021年达标提质工作方向，推动文化、旅游、体育融合发展，提高社会群众对公共文化事业的参与度和满意度，特制定本工作方案。

一、指导思想

以习近平新时代中国特色社会主义思想为指导，全面贯彻落实党的十九大和十九届二中、三中全会精神，深入贯彻习近平总书记重要讲话精神。认真贯彻落实市委十三届九次全会及蓬江区委九届十次全会精神，积极对接“一带一路”倡议和粤港澳大湾区战略，以创建第三批广东省公共文化服务体系示范区为契机，以重大文化设施建设为抓手，全面提升公共文化服务水平，促进全区文化事业和文化产业全面发展，全面建设宜居宜业宜游美好蓬江，为江门打造成为珠江西岸新增长极和沿海经济带上的江海门户作出蓬江贡献。

二、工作目标

2019年，实施全区公共文化事业补短板计划。规划建设蓬江区文化中心，补齐公共文化事业短板，加大公共文化服务设施投入力度，如公共图书馆（室）藏书购置，解决当前公共图书馆（室）人均藏书册数人均不足1.2册，县级公共图书馆、乡镇（街道）综合文化站（室）藏书人均年新增册数不足0.03册的短板，文化馆、图书馆总分馆制建成率达100%。缩短城乡公共文化服务软指标差距，人均公共文化财政支出达到省对江门的指标要求。

2020年，在全省公共文化服务评价中全面达标，创建我区公共文化事业建设的特色品牌，积极做好我区第三批广东省公共文化服务体系示范区验收工作，对照示范区创建标准，建成蓬江区博物馆并投入使用，公共图书馆（室）人均藏书册数达到人均1.2册，县级公共图书馆、乡镇（街道）综合文化站（室）藏书人均年新增册数达到0.05册。基层文化设施建设和文化专职人员数量、培训均按要求完成。公共文化体育设施提升、文化遗产保护、对外文化交流、文旅体产业融合发展等工作走在全省前列。

2021年，继续巩固我区广东省公共文化服务体系示范区创建成果，进一步加大公共文化事业建设投入力度，力争我区公共文化事业发展在全省处于先进水平。区、镇（街道）、村（社区）三级公共文化设施免费开放，服务内容丰富、方式创新。力争有一批文艺作品获国家级、省级奖项，并产生广泛的影响力。

三、重点任务

（一）公共文化设施提升三年行动工程

为充分发挥公共文化设施保障人民群众基本文化权益、建设幸福侨乡中的带动作用，实施公共文化设施提升三年行动工程，加大各级公共文化设施建设力度，进一步完善区、镇（街）、村（居）三级公共文化设施网络。

1．规划建设蓬江区文化中心。加快规划建设蓬江区文化中心，要高标准规划建设在省内具有先进水平、代表城市形象的公共文化场馆。力争到2021年，完成蓬江区文化中心建设，建成蓬江区文化馆、图书馆、博物馆和美术馆“四馆合一”，并对外开放。（牵头单位：区建管中心，责任单位：区发展和改革局、区财政局、区文化广电旅游体育局）

2．推动基层文化设施提档升级。抓住实施乡村振兴战略有利契机，主要采取盘活存量、调整置换、集中利用等方式，重在完善和补缺，进一步提升基层综合性文化服务中心覆盖率和服务水平。全区范围内有条件的村均建有至少一个文化祠堂，城区范围内以“出门300米见文化活动场地，500米见文化公园”为目标，利用住宅小区配套设施、闲置校舍办公场地以及其他公共服务设施增加市民活动阵地建设，活化文物建筑、祠堂、旧民居开放作为市民休闲活动场所，力争2019年完成总任务的50%，到2021年全面完成基层文化阵地建设任务。完成旅游厕所新建改建任务，2019年至2020年全区每年完成4家新建改建任务。社区文化活动阵地要具备政策宣传、文化娱乐、体育健身等基本功能。农村文化祠堂要作为开展乡风文明建设、文明教育实践、村史展览、村规民约展示、粤曲私伙局、非遗展示及书画艺术创作等活动的场所，成为群众性精神文明建设和文化传播的重要阵地。文化公园要配备阅报栏（或电子阅报屏）、公益广告牌、体育健身设施和夜间照明设备等，有条件的地方可搭建戏台舞台。（牵头单位：各镇政府、街道办事处，责任单位：区委宣传部、区文化广电旅游体育局）

3．维修保护一批重点文物。配合市开展江门市甘化厂工业遗址活化利用建设，实施良溪罗氏大宗祠等一批文物保护单位维修保护工程，同时切实将文化与旅游紧密结合起来，积极策划精品旅游线路，将文物点纳入文旅产业规划发展中去，发挥文物应有

的历史价值和经济价值。（牵头单位：区文化广电旅游体育局，责任单位：各镇政府、街道办事处）

（二）公共文化服务提质增效工程

1. 提高公共文化产品和服务供给能力。深入推进公共图书馆、文化馆（站、室）、纪念馆、非物质文化遗产传习所等免费开放，加快推动民营美术馆、博物馆、民俗文化传承馆等场所免费开放。按照第三批广东省公共文化服务体系示范区创建标准，增加文化供给，到2020年底，全区人均公共藏书达到1.2册以上，区级图书馆、乡镇（街道）综合文化站（室）藏书年新增不少于人均0.05册，每月为每个行政村（社区）提供1次以上电影播映服务。（牵头单位：区文化广电旅游体育局，责任单位：各镇政府、街道办事处、区委宣传部）

2. 完成文化馆、图书馆总分馆制建设。推进和基本完成全区文化馆、图书馆总分馆制建设，建立以区级馆为总馆，乡镇（街道）综合文化站为分馆，村（社区）综合文化室为服务点的总分馆体系，至2019年全部完成区文化馆图书馆总分馆制建设。深化联合图书馆联盟建设，扩展阅读便民范围，全区15间陈垣书屋（自助图书馆）全部加入5U联合图书馆联盟，全面实现图书通借通还。配合市文化广电旅游体育局开展邑起阅读大联盟活动，拓展阅读渠道，促进阅读进咖啡厅、进影院、进商场。（牵头单位：各镇政府、街道办事处，责任单位：区文化广电旅游体育局）

3. 开展“十分钟文化圈”创建活动。利用社区和农村文化公园、文体广场、演出舞台等文化载体，组织开展百姓文化大舞台、高雅艺术进村居、送戏下乡等活动，推动公共文化服务深入融入群众，激发基层群众参与文化活动的热情，全年开展各类文化演出活动50场以上。策划举办好“‘戴爱莲杯’人人跳全国群众舞蹈展演”“陈白沙文化节”“祠堂文化节”等特色文化品牌活动。（牵头单位：区文化广电旅游体育局，责任单位：各镇政府、街道办事处，区委宣传部、区文联）

4. 引进社会力量参与公共文化服务。采取政府招标、项目补贴、定向资助等方式，引进社会力量参与公共文化服务和管理，加大公共文化服务特别是高雅艺术演出、大型文化活动、公益性文化活动等方面的社会采购力度，借助社会力量办文化；积极发动我区民营文化场馆，争取市民办文化场馆扶持资金，支持民办文化场馆利用自有资源开展公益性文化服务。（牵头单位：区文化广电旅游体育局，责任单位：各镇政府、街道办事处）

（三）华侨华人文化交流合作重要平台建设工程

1. 打造有重大影响品牌活动。积极配合市举办中国侨都（江门）华人嘉年华活动、《少年中国说》粤港澳台暨海外华裔青少年系列活动、中国（江门）侨乡文化博览会、粤港澳大湾区世界文化遗产嘉年华等活动。组织策划好“戴爱莲杯”人人跳全国群众舞蹈展演活动，逐步扩大“戴爱莲杯”全国群众舞蹈展演影响力。（牵头单位：区委宣传部，责任单位：各镇政府、街道办事处，区委统战部、区教育局、区文化广电旅游体育局）

2. 组织举办系列文体交流活动。配合市做好中国侨都（江门）华人嘉年华活动、香港江门五邑节活动、国际五人制足球赛事等一系列侨乡文体品牌和文体交流活动，营造强大的平台建设声势。（牵头单位：区文化广电旅游体育局，责任单位：区委宣传部、区委统战部）

（四）传统文化保护传承工程

1. 加大非物质文化遗产宣传力度。积极配合市2020年创建国家级侨乡文化生态保护实验区。完善区非遗中心建设，推进非物质文化遗产综合展馆分馆、各类非遗专题展示馆和传习所建设。推动非遗项目进校园，实现省级以上非遗项目全部进校园，从娃娃抓起培养非遗保护传承群体。推动文旅结合，将荷塘纱龙、罗氏柑普茶、东艺宫灯、卢艺鹿角椅等非物质文化遗产资源转化为文化旅游资源，文化与旅游相互促进发展。推动以荷塘纱龙和东艺宫灯为代表的非物质文化遗产基地建设，打造非遗知名品牌。（牵头单位：区文化广电旅游体育局，责任单位：各镇政府、街道办事处）

2. 加强侨乡特色文物保护。加强江门长堤历史街区、江门墟街、启明里、龙马里等华侨文物的保护与维修，提升我区华侨文化的整体影响力和展示水平。加强对陈白沙、陈垣、戴爱莲等名人纪念馆、故居的修葺维护和利用，充实文化内涵和展示内容，建成具有广泛影响力的爱国主义教育基地。加大国家重点文物保护单位的申报工作，推选省级文物保护单位陈垣故居申报国家重点文物保护单位。做好全区革命文物保护，实施革命旧址维修保护行动、红色革命军事文化遗产维修保护行动。加强主城区历史文化展示，2020年前，结合墟顶和长堤风貌街的改造，融入非遗传承项目打造特色博物馆。（牵头单位：区文化广电旅游体育局，责任单位：区委宣传部、各镇政府、街道办事处）

（五）文化产业加快发展工程

1. 推动文化创意产品开发。引导和支持文创企业开发，推动辖区文化产业经营单位积极争取省、市文化产业扶持资金，促进企业加快发展。深入挖掘陈白沙、陈垣、戴爱莲等名人资源，设计生产特色文创产品、旅游纪念品，将文化价值转化为社会价值、经济价值。（牵头单位：区文化广电旅游体育局，责任单位：各镇政府、街道办事处，区文联）

2. 做好“互联网+”“文化+”。立足我区现有的文化产业基础和优势，着重在印刷出版、工艺美术、文化旅游等发展较好的领域大力实施“互联网+”战略，促进高新科技在文化创作、生产、传播、消费等各环节的应用。引导文化产业与其他业态融合发展，如推进文化+旅游、文化+体育、文化+农业等。组织文化企业组团参加深圳文博会，全面推介我区文化发展成果和城市形象。（牵头单位：区文化广电旅游体育局，责任单位：各镇政府、街道办事处，区委宣传部）

（六）文艺精品创作工程

1. 创作本土文艺经典。重点支持以华侨文化为主题，突出江门地域特色、体现侨乡文化精神的作品；积极培育陈白沙、陈垣、戴爱莲等名人题材，良溪古村落、潮连祠堂群等人文自然题材文艺作品。以舞蹈创排基地为载体，创编、排演反映地方特色文化的舞蹈精品力作。开展中华诗词之乡创建工作，策划反映时代特色的诗词大赛。积极组织有代表性的文艺精品争取省精神文明建设五个一工程和省艺术节评选。（牵头单位：区委宣传部，责任单位：各镇政府、街道办事处，区文化广电旅游体育局、区文联）

2. 提升群众文化创作水平。借助我区承办“戴爱莲杯”人人跳全国群众舞蹈展演契机，切实提升我区群众文艺创演水平。加强对少儿文艺作品创作投排，选拔优秀作品参加省少儿花会，力争取得优异成绩。组织开展文艺作者采风活动，做好年度群众文艺作品评选工作。（牵头单位：区委宣传部，责任单位：各镇政府、街道办事处，区文化广电旅游体育局、区教育局、区文联）

（七）文化人才培育工程

1. 加强人才队伍建设。建立文化系统人才数据库，收集掌握文化各专业类别人才、非遗项目传承人和实用人才等基本情况。组织辖区文化艺术家参加市文化名家、名家工作室评选工作。加强文化干部和农村基层文化队伍人才培训，提高文化工作者的理论水平和业务能力。保障基层文化队伍人才培训时间，达标配备专门的基层文化设施管理人员。（牵头单位：区文化广电旅游体育局，责任单位：各镇政府、街道办事处）

2. 加大专业人才引进力度。加大我区艺术顾问和艺术导师建设，充实我区艺术顾问和艺术导师队伍，加强与艺术顾问和艺术导师的合作，争取在群众文化活动举办和文艺精品创作上有更多突破。（牵头单位：区文化广电旅游体育局，责任单位：区人力资源和社会保障局）

3. 发展壮大文化志愿者队伍。进一步完善我区文化人才库建设，加强与人才库的文艺专家沟通联系，发动文化人才库中的文艺人才加入志愿服务。搭建服务平台，各级文化场馆根据业务特点，创设文化志愿服务品牌，提升文化志愿服务质量。（牵头单位：区文化广电旅游体育局，责任单位：各镇政府、街道办事处，团区委）

四、保障措施

（一）强化组织领导

成立区公共文化事业建设年工作领导小组，由区政府主要领导担任组长，区分管领导担任副组长，成员由各镇人民政府、街道办事处主要负责人，区委宣传部、区委统战部相关负责同志，区发展和改革局、区教育局、区财政局、区人力资源和社会保障局、区自然资源局、区文化广电旅游体育局、区侨务局、团区委、区文联主要负责人组成。工作领导小组下设办公室在区文化广电旅游体育局，负责统筹协调和进度督办工作。

工作领导小组办公室负责制定推进“公共文化事业建设年”工作的具体实施方案，明确总体思路、工作目标、重点任务和时间安排。各镇政府、街道办事处，各有关部门要把“公共文化事业建设年”工作作为江门市建设“四个走在全国前列”示范城市、全面建设小康社会，以及文明城市、文化强区的重要内容，提高思想认识，要作为“一把手”工程全力加以推进。

（二）加大投入保障

加大政府财政投入力度，建立健全同财力相匹配、同人民群众文化需求相适应的政府投入保障机制。抓好人均公共文化财政支出补短板工作，2019年我区人均公共文化财政支出必须达到市对我区财政支出指标要求。创新社会力量投入公共文化事业建设方式，积极引入社会资源参与公共文化事业建设。通过政府购买服务、项目补贴、以奖代补等方式，鼓励和引导社会力量提供公共文化产品和服务。积极发动和引导海外华侨和社会热心人士捐赠公共文化建设事业。

（三）开展督促检查

加强公共文化事业建设督促检查，结合年度考评机制，做好对标督查，对好的做法和经验及时总结、推广，对工作进度不理想的镇（街）和单位进行通报。

（四）浓厚宣传氛围

采取丰富多彩的宣传报道形式，对我区公共文化建设年工作情况进行宣传报道。充分利用微信公众号等新型媒体互动性强、覆盖面广、参与度高的特点，定期推送公共文化事业建设年工作及数据信息，并结合报纸、电视、电台等传统媒体做好宣传，达到传播效果最大化，增强侨乡文化吸引力。

附件：蓬江区公共文化事业建设年（2019—2021年）工作进度汇总表

附件

蓬江区公共文化事业建设年（2019—2021年）工作进度汇总表

指　标	任务清单	责任单位	2019—2021年完成时限	工作节点完成进度情况
一、公共文化设施提升三年行动工程				
规划建设蓬江区文化中心	蓬江区文化中心建设	区建管中心 区发展和改革局 区财政局 区文化广电旅游体育局	2019年启动； 2021年底完成建设	
	蓬江区博物馆建设		2020年底	
推动基层文化设施提档升级	全区范围内有条件的村均建有至少一个文化祠堂	各镇政府、街道办事处 区委宣传部 区文化广电旅游体育局	2019年完成总任务的50%； 2020年底全部完成	
	城区范围内“出门300米见文化活动场地，500米见文化公园”为目标，加大基层文化阵地建设力度		2019年完成总任务的50%； 2020年底全部完成	
	完成旅游厕所新建改建任务，2019年至2020年全区每年完成4家		2020年底	
维修保护一批重点文物	配合市开展甘化厂遗址活化利用建设	区文化广电旅游体育局 各镇政府、街道办事处	2019年底	
	实施良溪罗氏大宗祠等一批文物保护单位维修保护工程		2021年底	
二、公共文化服务提质增效工程				
提高公共文化产品和服务供给能力	每月为每个行政村（社区）提供1次以上电影播映服务	区文化广电旅游体育局 各镇政府、街道办事处 区委宣传部	2019年底	
	推进场馆免费开放，实施品牌文化服务项目，增加文化供给		2020年底	
	全区人均公共藏书达到1.2册以上，藏书年新增量不少于人均0.05册		2020年底	
完成文化馆、图书馆总分馆制建设	推进和完成全区文化馆、图书馆总分馆制建设	各镇政府、街道办事处 区文化广电旅游体育局	2019年底	
	实现市、县（区）、镇（街）公共图书馆（室）通借通还		2020年底	
开展“十分钟文化圈”创建活动	利用农村和社区文化载体组织开展百姓文化大舞台、高雅艺术进社区、送戏下乡等活动，全年开展各类活动50场以上	区文化广电旅游体育局 各镇政府、街道办事处 区委宣传部 区文联	每年	
	策划举办好“‘戴爱莲杯’人人跳全国群众舞蹈展演”“陈白沙文化节”“祠堂文化节”等特色文化品牌		每年	
引进社会力量参与公共文化服务	积极发动我区民营文化场馆开展公益性文化服务	区文化广电旅游体育局 各镇政府、街道办事处	每年	

续上表

指　标	任务清单	责任单位	2019—2021年完成时限	工作节点完成进度情况
三、华侨华人文化交流合作重要平台建设工程				
打造有重大影响品牌活动	积极配合市举办中国侨都（江门）华人嘉年华活动、《少年中国说》粤港澳台暨海外华裔青少年系列活动、中国（江门）侨乡文化博览会、粤港澳大湾区世界文化遗产嘉年华等活动	各镇政府、街道办事处 区委统战部 区教育局 区文化广电旅游体育局	2020年底	
	组织策划好“戴爱莲杯”人人跳全国群众舞蹈展演活动	区委宣传部 各镇政府、街道办事处 区文化广电旅游体育局	每年	
组织举办系列文体交流活动	配合市做好中国侨都（江门）华人嘉年华活动、香港江门五邑节活动、国际五人制足球赛事	区文化广电旅游体育局 区委宣传部 区委统战部	2020年底	
四、传统文化保护传承工程				
加大非物质文化遗产宣传力度	完善区非遗中心建设，推进非物质文化遗产综合展馆分馆、各类非遗专题展示馆和传习所建设	区文化广电旅游体育局 各镇政府、街道办事处	2020年底	
	推动非遗项目进校园，实现省级以上非遗项目全部进校园		2020年底	
	推动文旅结合，将我区非物质文化遗产资源转化为文化旅游资源		2020年底	
	打造非遗知名品牌，推动荷塘纱龙和东艺宫灯为代表的非物质文化遗产基地建设		2020年底	
加强侨乡特色文物保护	打造1条具备侨乡特色历史文化游径	区文化广电旅游体育局 区委宣传部 各镇政府、街道办事处	2019年底	
	加大国家重点文物保护单位的申报工作		2019年底	
	蓬江区结合墟顶和长堤风貌街的改造，融入非遗传承项目打造特色博物馆		2020年底	
五、文化产业加快发展工程				
推动文化创意产品开发	设计生产特色文创产品、旅游纪念品	区文化广电旅游体育局 各镇政府、街道办事处 区文联	2019年底	
做好“互联网+”“文化+”	大力实施“互联网+”战略，推进“文化+旅游”“文化+体育”“文化+农业”	区文化广电旅游体育局 各镇政府、街道办事处 区委宣传部	每年	
	组织文化企业组团参加深圳文博会			

续上表

指　标	任务清单	责任单位	2019—2021年完成时限	工作节点完成进度情况
六、文艺精品创作工程				
创作本土文艺经典	组织创作具有我区特色的文艺作品	区委宣传部 各镇政府、街道办事处 区文化广电旅游体育局 区文联	每年	
提升群众文化创作水平	加强对少儿文艺作品创作投排，组织开展文艺作者采风活动，做好年度群众文艺作品评选工作	区委宣传部 各镇政府、街道办事处 区文化广电旅游体育局 区教育局 区文联	每年	
七、文化人才培育工程				
加强人才队伍建设	建立文化系统人才数据库	区文化广电旅游体育局 各镇政府、街道办事处	2019年底	
	组织辖区文化艺术家参加市文化名家、名家工作室评选工作		2020年底	
	保障农村基层文化队伍人才培训时间，达标配备专门的基层文化设施管理人员		2020年底	
加大专业人才引进力度	加大我区艺术顾问和艺术导师建设	区文化广电旅游体育局 区人力资源和社会保障局	2020年底	
发展壮大文化志愿者队伍	加强沟通，发动我区文化人才加入志愿服务队伍	区文化广电旅游体育局 各镇政府、街道办事处 团区委	2020年底	

社会经济统计资料

SHEHUI JINGJI TONGJI ZILIAO

2019年江门市蓬江区国民经济和社会发展统计公报

2019年，蓬江区坚持以习近平新时代中国特色社会主义思想为指导，全面贯彻党的十九大和十九届二中、三中、四中全会精神，坚持稳中求进工作总基调，践行高质量发展要求，全力稳增长、促改革、调结构、惠民生、防风险、保稳定，紧抓“双区驱动效应”机遇，为全面建成小康社会和“十三五”规划收官之年打下扎实基础。

一、综合

年末全区常住人口77.27万人，其中城镇人口76.95万人，占常住人口的比重（常住人口城镇化率）为99.59%，比上年提高0.01个百分点；乡村人口0.32万人，占常住人口的0.41%。年末人口密度2385人/平方千米，比上年提高11人/平方千米。年末公安户籍人口52.05万人，其中男性人口25.51万人，女性人口26.54万人。

2019年全区及各镇（街）户籍人口数

镇（街）	户籍人口（万人）
全区	52.05
棠下镇	7.93
荷塘镇	4.8
杜阮镇	5.04
环市街	12.22
潮连街	1.35
白沙街	20.71

根据江门市地区生产总值统一核算结果，2019年蓬江区地区生产总值（初步核算数）712.95亿元，比上年增长3.6%。人均地区生产总值达到92754元，增长2.3%。

分产业看，第一产业增加值5.46亿元，增长3.6%；第二产业增加值249.78亿元，增长0.3%；第三产业增加值457.71亿元，增长5.6%。三次产业结构为0.8∶35.0∶64.2。在第三产业中，批发和零售业增加值下降1.9%，住宿和餐饮业增加值增长3.3%，金融业增加值增长9.0%，交通运输、仓储和邮政业增加值增长6%，房地产业增加值增长1%，其他服务业增加值增长8.6%。

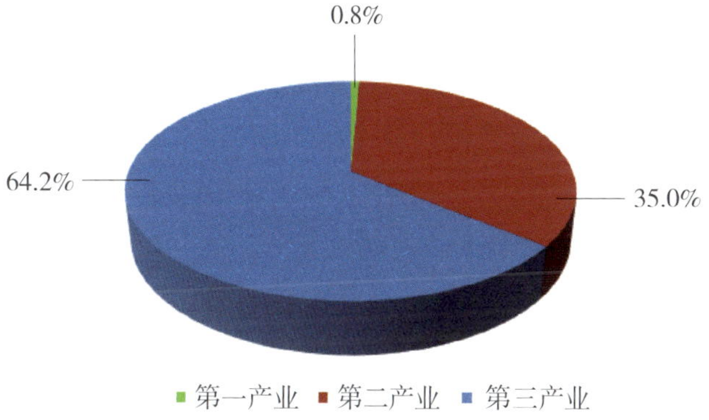

图1　2019年三次产业增加值占地区生产总值比重

全年居民消费价格比上年上涨3.0%。分类别看，食品烟酒类价格上涨7.5%，衣着类价格上涨2.6%，居住类价格上涨0.6%，生活用品及服务类价格上涨2.0%，交通和通信类价格下降1.5%，教育文化和娱乐类价格上涨1.3%，医疗保健类价格上涨2.5%，其他用品和服务类价格上涨3.6%。工业生产者出厂价格下降0.2%，商品零售价格上涨2.2%。

2019年居民消费价格指数

指标名称	价格指数（上年=100）	涨跌幅度（%）
居民消费价格	103.0	3.0
一、食品烟酒类	107.5	7.5
粮食	102.0	2.0
鲜菜	105.5	5.5
畜肉	132.2	32.2
水产品	105.9	5.9
蛋类	105.8	5.8
鲜瓜果	112.6	12.6
二、衣着类	102.6	2.6
三、居住类	100.6	0.6
四、生活用品及服务类	102.0	2.0
五、交通和通信类	98.5	-1.5
六、教育文化和娱乐类	101.3	1.3
七、医疗保健类	102.5	2.5
八、其他用品和服务类	103.6	3.6

全年城镇新增就业8950人，城镇失业人员再就业5110人。城镇登记失业率2.01%，比上年末降低0.37个百分点。促进创业人数1083人。

年末私营企业2.13万户，比上年下降0.93%，从业人数14.39万人，下降5.08%，注册资金484.04亿元，增长8.24%。个体工商户6.55万户，从业人数12.74万人，注册资金19.68亿元，分别比上年增长6.5%、4.86%和32.17%。

全年地方一般公共预算收入27.54亿元，比上年增长3.66%；地方一般公共预算支出43.32亿元，增长7.58%。其中，教育支出9.95亿元，增长8.28%；社会保障和就业支出5.79亿元，增长12.11%；医疗卫生与计生支出3.66亿元，增长10.38%；科学技术支出1.92亿元，增长22.18%。

二、农业

全年粮食作物种植面积6342亩，比上年下降6.65%；甘蔗种植面积86亩，下降21.1%；油料种植面积1201亩，下降9%；蔬菜种植面积4.58万亩，增长持平。

全年粮食产量1711吨，比上年增长2.32%；甘蔗产量693吨，下降7.2%；油料产量236吨，下降8.9%；蔬菜产量6.88万吨，增长5.5%；水果产量3254吨，增长1.6%。

全年肉类产量5832吨，比上年下降19.08%。全年水产品产量1.88万吨，增长7.16%。

三、工业和建筑业

全年规模以上工业增加值比上年增长0.1%。分注册类型看，国有及国有控股企业增长18.4%，外商及港澳台投资企业增长8.4%，股份制企业下降2.8%，集体企业增长16.5%；分轻重工业看，轻工业下降4%；重工业增长3.1%；分企业规模看，大型企业增长6.5%，中型企业下降9.8%，小型企业增长1.3%，微型企业下降22%。

高技术产业增加值比上年增长26.4%，占规模以上工业增加值的比重为9.05%，比上年提高27.3个百分点。其中，电子及通信设备制造业增长26.4%。

先进制造业增加值比上年下降0.7%，占规模以上工业增加值的比重为31.68%。其中，先进装备制造业下降26.7%，高端电子信息制造业增长26.7%，石油化工产业下降10%。先进装备制造业中，智能

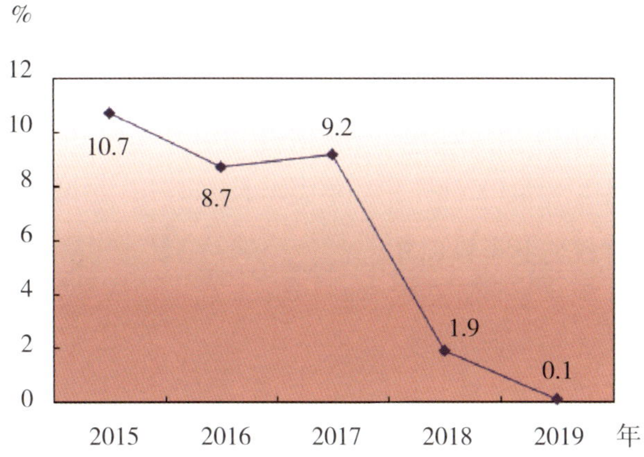

图2 2015—2019年规模以上工业增加值增长速度

制造装备下降52.1%，节能环保装备增长17.9%，新能源装备下降34.8%，汽车制造下降71.1%，卫星及应用增长8.3%，重要基础件下降4%。

优势传统产业增加值比上年下降2%。其中，纺织服装下降32.1%，食品饮料增长86.8%，家具制造业下降67.3%，建筑材料业增长15.5%，金属制品业下降19.4%，家用电力器具制造业增长0.3%。

六大高耗能行业增加值比上年增长9%，其中，非金属矿物制品业增长25.2%，有色金属冶炼及压延加工业增长4.2%。

规模以上工业企业资产负债率40.53%，流动资产周转率3.48次，成本费用利润率5.75%，产品销售率98.7%，全员劳动生产率22.83万元/人。实现利润总额51.82亿元，比上年增长105.1%。企业亏损额2.51亿元，比上年下降82.64%。企业亏损面13.99%，比上年下降2.14个百分点。全年规模以上工业企业每百元主营业务收入中的成本为87.84元，比上年减少1.74元。

全年建筑业增加值25.87亿元，比上年增长1.9%。资质等级以上建筑企业87家，比上年增加3家。

四、服务业

全年批发和零售业增加值比上年下降1.9%，住宿和餐饮业增加值增长3.3%，金融业增加值增长9%，房地产业增加值增长1%，交通运输、仓储和邮政业增加值增长6%，其他服务业增加值增长8.6%。

全年规模以上服务业企业实现营业收入120.12亿元，比上年增长4.32%；利润总额15.68亿元，增长16.42%。其中，规模以上其他营利性服务业实现营业收入35.15亿元，增长12.71%。分行业看，信息传输、软件和信息技术服务业营业收入增长3.23%，水利、环境和公共设施管理业增长8.89%，科学研究和技术服务业下降2.59%，卫生和社会工作增长45.5%，租赁和商务服务业增长10.66%，居民服务、修理和其他服务业下降6.39%。

五、固定资产投资

全年固定资产投资比上年增长4.1%。分投资主体看，国有投资增长68.7%；民间投资下降11.5%；港澳台及外商投资下降46.5%。分产业看，第二产

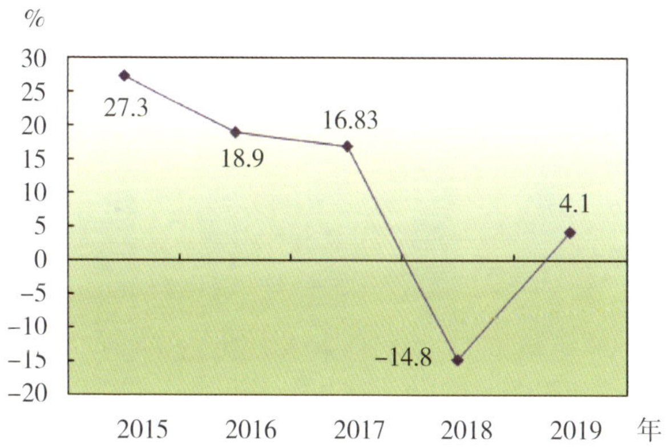

图3 2015—2019年固定资产投资增长速度

业投资下降26.6%，其中工业投资下降26.6%，制造业投资下降37.9%；第三产业投资增长17.4%。

全年房地产开发投资144.47亿元，比上年增长21.2%。商品房施工面积697.7万平方米，下降14.9%；商品房竣工面积69.1万平方米，下降54.5%。商品房销售面积90万平方米，下降23.4%；销售额85.53亿元，下降31.9%。

六、国内贸易

全年社会消费品零售总额303.87亿元，比上年增长5.6%。分行业看，批发和零售业零售额288.87亿元，增长5.49%；住宿和餐饮业零售额15.01亿元，增长8.23%。

在限额以上批发和零售业商品零售额中，粮油、食品、饮料、烟酒类比上年增长11.86%，服装、鞋帽、针纺织品类下降9.56%，化妆品类下降9.08%，金银珠宝类下降16.05%，日用品类增长37.02%，体育、娱乐用品类下降30.78%，电子出版物及音像制品类下降35.16%，书报杂志类增长8.6%，家用电器和音像器材类下降12.36%，中西药品类增长16.02%，文化办公用品类增长49.83%，通信器材类增长115.89%，石油及制品类下降9.48%，家具类增长93.68%，汽车类增长0.66%，建筑及装潢材料类下降48.81%。

图4　2015—2019年社会消费品零售总额及其增长速度

七、对外经济

全年外贸进出口总额383.7亿元，比上年增长3%。其中，进口总额57.6亿元，下降7.9%；出口总额326.1亿元，增长5.2%。全年合同利用外资2.63亿美元，下降43.47%；实际利用外资1.62亿美元，增长4.21%。

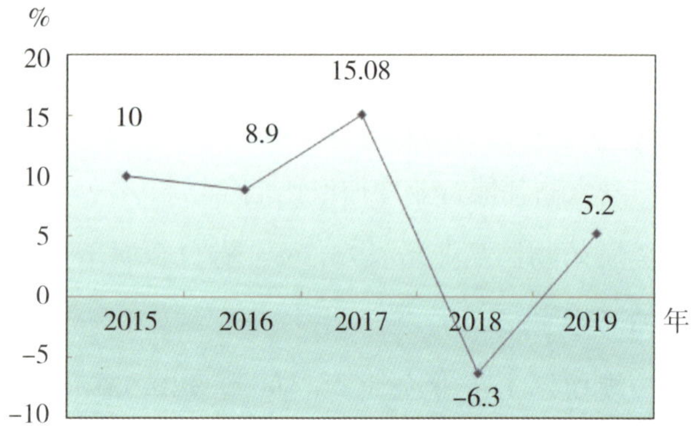

图5　2015—2019年出口总额增长速度

八、科学技术、教育和卫生

全年地方财政科学技术支出（区本级）1.92亿元，比上年增长22.18%。全区高新技术企业377家。年末发明专利拥有量999件。全年专利申请量6519件，其中发明专利948件。专利授权量3545件，其中发明专利161件。

全年中等职业技术学校招生82人，在校学生241

人，毕业生129人。普通高中招生1447人，在校学生3844人，毕业生1051人。初中招生8016人，在校学生22 563人，毕业生6490人。小学招生11 360人，在校学生63 267人，毕业生9172人。幼儿园入园儿童7855人，在园幼儿21 052人。小学学龄儿童入学率103.44%，小学升学率100%，初中适龄少年入学率107.76%，初中升学率100%，高中升学率98.85%。

年末全区拥有医疗卫生机构（含各类门诊，下同）181个，其中医院2个，卫生院3个，社区卫生服务机构6个，村卫生室33个。医疗卫生机构实有床位2006张，其中医院1241张。医疗卫生机构在岗职工2809人，其中卫生技术人员2482人。卫生技术人员中执业医师782人，执业助理医师196人，执业护士1032人，药剂人员170人，检验人员96人。

九、人民生活与社会保障

全年蓬江居民人均可支配收入47 900.9元，比上年增长9.5%。

全年社会保险基金收入49.29亿元，其中企业养老保险24.85亿元，基本医疗保险12.84亿元。城镇职工基本养老保险参保人数28.61万人，城乡居民基本医疗保险参保人数20.80万人，基本医疗保险参保人38.79万人，失业保险参保人数25.64万人，工伤保险参保人数27.93万人，生育保险参保人数27.04万人。年末领取养老金的离休、退休人数8.53万人，养老、失业、医疗、工伤、生育保险基金支出48.49亿元。

年末城乡最低生活保障对象人数583人；全年发放低保救济金531.15万元，比上年下降31.02%。发放医疗救助13 115人次，比上年减少3197人次，下降19.6%；发放救助金337.81万元，下降46.41%。全区特困供养人数192人，比上年增加54人，全年落实供养经费315.75万元，增长45.23%。

十、安全生产

全年共发生各类事故115起、比上年增长16.16%，死亡3人、下降66.7%，受伤0人，直接经济损失474万元、下降62.52%。其中：工矿商贸企业发生事故3起、下降66.7%，死亡3人、下降66.7%，0人受伤，直接经济损失290万元、下降72.27%；消防火灾事故共发生112起、增长25%，死亡0人，0人受伤，直接经济损失184万元、下降16%。

注：

1．本公报中2019年数据为初步统计数。

2．地区生产总值、三次产业及相关行业增加值、人均地区生产总值绝对数按现价计算，增长速度按可比价计算。

3．人口密度为常住人口口径。

4．农业相关历史数据根据第三次全国农业普查结果进行修订。

5．从2011年起，规模以上工业统计口径由年主营业务收入500万元调整为2000万元及以上；固定资产投资项目统计起点由计划总投资50万元提高到500万元，增速为可比口径。限额以上批发和零售业统计标准为：批发业年主营业务收入2000万元及以上；零售业年主营业务收入500万元及以上。

6．规模以上服务业包括年营业收入1000万元及以上，或年末从业人员50人及以上的交通运输、仓储和邮政业，信息传输、软件和信息技术服务业，房地产业（不含房地产开发经营），租赁和商务服务业，科学研究和技术服务业，水利、环境和公共设施管理业，教育，卫生和社会工作；年营业收入500万元及以上，或年末从业人员50人及以上的居民服务、修理和其他服务业，文化、体育和娱乐业法人单位。

资料来源：本公报中户籍人口数据来源于江门市公安局蓬江分局；城镇就业和失业、社会保障数据来源于区人力资源和社会保障局；医疗救助数据来源于市医疗保障局蓬江分局；专利、私营企业和个体工商户数据来源于区市场监督管理局；财政数据来源于区财政局；外贸进出口、高新技术企业和科技计划项目数据来源于区科工商务局；教育数据来源于区教育局；卫生数据来源于区卫生健康局；低保特困数据来源于区民政局；安全事故数据来源于区应急管理局；其他数据来源于市、区级统计局和国家统计局江门调查队。

蓬江区国民经济和社会发展情况统计表

2019年蓬江区主要经济指标

指标名称	单　位	绝对值	同比增长（%）
常住人口	万人	77.27	1.06
户籍人口	万人	52.05	1.3
地区生产总值	亿元	712.95	3.6
第一产业增加值	亿元	5.46	3.6
第二产业增加值	亿元	249.78	0.3
第三产业增加值	亿元	457.71	5.6
人均生产总值	元	92754	2.3
农业总产值	亿元	11.12	6.6
规模以上工业增加值	亿元	203.66	0.1
固定资产投资总额	亿元	—	4.1
社会消费品零售总额	亿元	303.87	5.6
外贸进出口总额	亿元	383.7	3.0
外贸出口总额	亿元	326.1	5.2
新签合同外资	亿美元	2.63	-43.47
实际利用外资	亿美元	1.62	4.21
地方财政一般预算收入	亿元	27.54	3.66
地方财政一般预算支出	亿元	43.32	7.58
全体居民可支配收入	元	47900.9	9.5
人口自然增长率	‰	6.38	—

注：表中“—”为内部数据。

2019年蓬江区各镇（街）户籍人口及其变动情况（一）

单位：户、人

镇（街）	年末总户数	总人口	男	女
棠下镇	28021	79291	38576	40715
荷塘镇	14863	48045	23606	24439
杜阮镇	15572	50365	24692	25673
环市街道办事处	44536	122226	59762	62464
潮连街道办事处	4038	13511	6568	6943
白沙街道办事处	70725	207111	101873	105238

2019年蓬江区各镇（街）户籍人口及其变动情况（二）

单位：人

镇（街）	出生			死亡		
	合计	男	女	合计	男	女
棠下镇	1144	588	556	375	217	158
荷塘镇	545	292	253	274	157	117
杜阮镇	558	308	250	307	168	139
环市街道办事处	1851	976	875	319	192	127
潮连街道办事处	178	96	82	74	48	26
白沙街道办事处	1751	925	826	1357	746	611

2019年蓬江区各行业职工年末人数及年平均人数

单位：人

行业	从业人员年末人数	其中：在岗职工年末人数	从业人员年平均人数	其中：在岗职工年平均人数
合计	185583	170450	184492	168132
（一）按企业、事业、机关分组				
1. 企业	147463	133643	146731	131700
2. 事业单位	22725	21645	22508	21415
3. 行政单位	13596	13380	13466	13247
（二）按国民经济行业分组				
1. 农、林、牧、渔业	63	63	78	78
2. 采矿业	—	—	—	—
3. 制造业	68834	67414	67594	65904
4. 电力、热力、燃气及水生产和供应业	925	925	923	923
5. 建筑业	4774	3683	4844	3609
6. 交通运输、仓储和邮政业	9715	8899	9886	9063

续上表

行　业	从业人员年末人数	其中：在岗职工年末人数	从业人员年平均人数	其中：在岗职工年平均人数
7．信息传输、软件和信息技术服务业	4780	4773	4775	4768
8．批发和零售业	17300	17205	17422	17320
9．住宿和餐饮业	4170	3129	4188	3065
10．金融业	17733	9023	18502	9053
11．房地产业	5254	5004	5246	5043
12．租赁和商务服务业	8591	8279	8129	7805
13．科学研究和技术服务业	2973	2920	2834	2765
14．水利、环境和公共设施管理业	1571	1571	1599	1599
15．居民服务、修理和其他服务业	1525	1495	1508	1497
16．教育	12415	11760	12318	11662
17．卫生和社会工作	10933	10633	10753	10446
18．文化、体育和娱乐业	1053	938	1041	921
19．公共管理、社会保障和社会组织	12974	12736	12852	12609

2019年蓬江区各行业职工工资总额及年平均工资

行　业	从业人员工资总额（万元）	其中：在岗职工工资总额（万元）	从业人员年平均工资（元）	其中：在岗职工年平均工资（元）
合计	1601363	1495768	86798	88964
（一）按企业、事业、机关分组				
1．企业	1112341	1018055	75808	77301
2．事业单位	300673	291169	133585	135965
3．行政单位	176602	174874	131147	132010
（二）按国民经济行业分组				
1．农、林、牧、渔业	466	466	59769	59769
2．采矿业				
3．制造业	464727	455021	68753	69043
4．电力、热力、燃气及水生产和供应业	10490	10490	113649	113649
5．建筑业	30778	26515	63538	73469
6．交通运输、仓储和邮政业	85128	78180	86110	86262
7．信息传输、软件和信息技术服务业	49215	49178	103068	103142
8．批发和零售业	128723	128300	73885	74076
9．住宿和餐饮业	16349	14767	39037	48178
10．金融业	205140	136906	110875	151228

续上表

行　业	从业人员工资总额（万元）	其中：在岗职工工资总额（万元）	从业人员年平均工资（元）	其中：在岗职工年平均工资（元）
11. 房地产业	37884	36696	72215	72738
12. 租赁和商务服务业	53727	51815	66093	66387
13. 科学研究和技术服务业	27368	27055	96571	97848
14. 水利、环境和公共设施管理业	11788	11788	73723	73723
15. 居民服务、修理和其他服务业	6117	6041	40564	40355
16. 教育	129808	124340	105381	106620
17. 卫生和社会工作	162262	159051	150899	152260
18. 文化、体育和娱乐业	8354	8073	80247	87654
19. 公共管理、社会保障和社会组织	173038	171086	134639	135686

2019年蓬江区规模以上工业企业主要指标

单位：亿元

按登记注册分类	企业单位数（个）	工业总产值（当年价格）	工业销售产值（当年价格）	出口交货值	利润总额	所得税费用
内资企业	347	—	670.59	145.64	29.14	3.85
其他企业	32	—	10.23	0.91	0.21	0.06
外商及港、澳、台商投资企业	108	—	265.41	64.75	22.47	4.07
总计	487	—	946.23	211.31	51.82	7.98

注：表中"—"为内部数据。

2019年蓬江区农业主要指标

指　标	单　位	合　计	棠下镇	荷塘镇	杜阮镇	潮连街
乡镇总户数	户	43529	16708	12715	10265	3841
乡镇总人口	人	159890	64966	43183	38198	13543
劳动力资源总数	人	96110	40978	20613	25135	9384
其中：女劳动力	人	47462	20154	10416	12480	4412
乡镇从业人员数	人	86462	32342	26756	21012	6352
其中：农林牧渔业	人	19635	10720	3357	4515	1043
粮食种植面积	亩	6794	3183	978	2633	
稻谷	亩	3786	1911		1875	
粮食产量	吨	1883	565	358	960	
稻谷	吨	828	304		524	

注：表中粮食相关数据为年报数据，与统计公报数据不一致。

附录

FULU

蓬江区行政区划表

镇（街道）	社区名称	社区数	行政村名称	行政村数
棠下镇	棠下、滨江、新昌	3	天乡、五洞、北达、河山、三和、虎岭、横江、仁厚、周郡、大林、石滘、石山、三堡、中心、良溪、沙富、弓田、罗江、乐溪、桐井、迳口、莲塘、石头	23
荷塘镇	荷塘	1	南村、唐溪、为民、塔岗、六坊、三丫、高村、康溪、霞村、篁湾、良村、禾冈、蠕步	13
杜阮镇	中心、新河、金朗、瑶村	4	中和、龙溪、亭园、双楼、井根、子绵、松岭、龙眼、龙安、龙榜、杜阮、杜臂、上巷、松园、北芦、南芦、长乔、木朗、贯溪	19
环市街道	东风、天龙、石冲、篁庄、五福、怡福、耙冲、篁边、龙溪、联合、双龙、群星、里村、怡康、育德、碧桂园、好景、群众、丽苑、丰雅、天福	21	—	—
潮连街道	豸冈、塘边、卢边、坦边、富冈、芝山	6	—	—
白沙街道	良化东、良化南、良化西、良化北、甘化、甘棠、美景、启华、盛华、港口、侧贤、会龙、江华、东华、风潮、江边、长塘、常安、范罗岗、圩顶、石湾、东仓、胜利、东成、象山、农林、丰乐、雅怡、羊桥、迦南、明文、岭梅、花园、复兴、西园、华园、华东、马腾、幸福、杏苑、永盛、兴盛、白沙	43	—	—

蓬江区市级以上非物质文化遗产名录

序　号	级　别	项目类别	项目名称	批次及年份	所在地
1	国家级	传统舞蹈	荷塘纱龙	第一批扩展项目（2008年）	荷塘镇
2		传统技艺	白沙茅龙笔制作技艺	第二批（2008年）	蓬江区 新会区
3	省级	传统技艺	江门东艺宫灯制作技艺	第四批扩展项目（2012年）	蓬江区
4		传统技艺	罗氏柑普茶制作技艺	第六批（2015年）	棠下镇
5		民俗	潮连洪圣庙会	第七批（2018年）	潮连街道
6	市级	传统体育、游艺与杂技	周家拳	第四批（2013年）	棠下镇
7		传统舞蹈	潮连芝山纱龙	第五批（2015年）	潮连街道
8		传统技艺	卢艺鹿角椅制作技艺	第六批（2017年）	蓬江区
9		传统体育、游艺与杂技	白眉拳	第六批（2017年）	棠下镇
10		民间文学	罗贵率众南迁故事	第七批（2019年）	棠下镇

蓬江区市级以上非物质文化遗产传承人名录

序　号	级　别	项目名称	传承人
1	省级	荷塘纱龙	李赞均
2		江门东艺宫灯制作技艺	李仰东
3		罗氏柑普茶制作技艺	罗沛贤
4		潮连洪圣庙会	卢国超
5	市级	周家拳	周宝洪
6		白眉拳	胡海英
7		卢艺鹿角椅制作技艺	卢志江

蓬江区市级以上文物保护单位

序号	名　称	时　代	级　别	批次及年份	所在地
1	陈白沙祠（陈白沙纪念馆）	明万历年间	国家级	第八批（2019年）	蓬江区白沙大道西37号
2	司谏进士坊	明嘉靖年间	省级	第四批（2002年）	蓬江区荷塘镇南村
3	周源李公祠	清代	省级	第四批（2002年）	蓬江区荷塘镇篁湾村
4	陈垣故居	清代	省级	第四批（2002年）	蓬江区棠下镇石头村
5	新宁铁路北街车站旧址	清末	省级	第五批（2008年）	蓬江区北街甘化新村北
6	江门海关旧址	民国初期	省级	第五批（2008年）	蓬江区北街海傍街
7	江门中山纪念堂	民国时期	省级	第六批（2010年）	蓬江区常安路口中山公园内
8	罗氏大宗祠（含罗贵墓）	清康熙年间	省级	第六批（2010年）	蓬江区棠下镇良溪村
9	卢边卢氏宗祠	明成化年间	省级	第九批（2019年）	蓬江区潮连街道卢边社区
10	陈白沙墓	明正德年间	省级	第九批（2019年）	蓬江区杜阮镇瑶村席帽山
11	潮连洪圣殿	明万历年间	省级	第九批（2019年）	蓬江区潮连街道富冈社区
12	钓台故址	明成化年间	市级	第一批（1983年）	蓬江区钓台路1号
13	北街天主教堂	民国时期	市级	第三批（2000年）	蓬江区江北路67号
14	名宦家庙	明万历年间	市级	第三批（2000年）	蓬江区潮连街道卢边社区
15	华丰古庙	清乾隆年间	市级	第三批（2000年）	蓬江区环市街道耙冲水闸旁
16	施氏大宗祠	清乾隆年间	市级	第三批（2000年）	蓬江区环市街道里村祠前里
17	永安按当铺旧址	民国时期	市级	第三批（2000年）	蓬江区东南胜街54号
18	宝和按当铺旧址	民国时期	市级	第三批（2000年）	蓬江区上步路10号
19	米氏太夫人墓	南宋时期	市级	2003年	蓬江区杜阮镇杜阮村三和里
20	黄氏世宦祠	明正统年间	市级	2003年	蓬江区杜阮镇龙榜村龙聚里
21	济川桥	清康熙年间	市级	2003年	蓬江区棠下镇中心村陈田围

续上表

序号	名 称	时 代	级 别	批次及年份	所在地
22	吒石摩崖石刻（含吒石碑刻、吒石大雄宝殿）	清代	市级	2003年	蓬江区杜阮镇吒石岩风景区
23	陶梁民及其家眷墓	明嘉靖年间	市级	2003年	蓬江区杜阮镇贯溪村攀头岭
24	马直北夫妇合葬墓	南宋时期	市级	2003年	蓬江区杜阮镇亭园村“大马洒”山
25	黎宏业墓	明崇祯年间	市级	2003年	蓬江区荷塘镇三丫村龟山
26	文昌阁	清代	市级	第四批（2004年）	蓬江区棠下镇中心村
27	南名谢公祠	清代	市级	第四批（2004年）	蓬江区环市街道群星社区丹井里
28	真壶陆公祠	清代	市级	第四批（2004年）	蓬江区环市街道群星社区东华里
29	美孚石油公司旧址（亚细亚石油公司旧址）	民国时期	市级	第四批（2004年）	蓬江区北街海傍街65号
30	“节孝流芳”坊	清代	市级	第五批（2008年）	蓬江区棠下镇良溪村
31	尹氏宗祠	明代	市级	第五批（2008年）	蓬江区杜阮镇木朗村松芳里
32	接龙桥	清代（重修)	市级	第六批（2010年）	蓬江区棠下镇石头村
33	容氏宗祠	明代	市级	第六批（2010年）	蓬江区荷塘镇良村三良学校内
34	舜举李公祠	明代	市级	第六批（2010年）	蓬江区潮连街道富冈社区
35	莱山梁公祠	清代	市级	第六批（2010年）	蓬江区棠下镇三堡村
36	周氏六世祖祠	清代	市级	第六批（2010年）	蓬江区棠下镇虎岭村
37	篁庄欧阳氏祠堂	清代	市级	第六批（2010年）	蓬江区环市街道篁庄土盛里
38	木朗农会旧址	民国时期	市级	第六批（2010年）	蓬江区杜阮镇木朗村上屋里
39	黎待举公墓及墓群	宋淳祐年间	市级	第七批（2017年）	蓬江区棠下镇虎岭村凤凰山
40	江门市甘化厂制糖分厂及附属码头	近代	市级	第七批（2017年）	蓬江区甘化路56号

2019年蓬江区十大纳税企业

序 号	企业名称	行业门类	登记注册类型
1	广东烟草江门市有限公司	批发和零售业	其他有限责任公司
2	江门保利宏信房地产开发有限公司	房地产业	其他有限责任公司
3	江门市滨江建设投资管理有限公司	房地产业	国有独资公司
4	江门市大长江集团有限公司	制造业	合资经营企业（港或澳、台资）
5	江门越港房地产开发有限公司	房地产业	其他有限责任公司
6	中油碧辟石油有限公司	批发和零售业	中外合资经营企业
7	江门越佳房地产开发有限公司	房地产业	其他有限责任公司
8	天地壹号饮料股份有限公司	制造业	私营股份有限公司

续上表

序　号	企业名称	行业门类	登记注册类型
9	广东电网有限责任公司江门供电局	电力、热力、燃气及水生产和供应业	国有独资公司
10	海信（广东）空调有限公司	制造业	私营有限责任公司

2019年蓬江区民办非企业情况表

序　号	名　称	地　址	机构类型
1	江门市蓬江区华园幼儿园	江门市蓬江区华园中路31号	民办非企业
2	江门市蓬江区蓓龄幼儿园	江门市蓬江区建设二路丽晶花园5号地下	民办非企业
3	江门市蓬江区向日葵幼儿园	江门市蓬江区丰华路44号2楼	民办非企业
4	江门市蓬江区培正幼儿园	江门市蓬江区五福三街19幢	民办非企业
5	江门市蓬江区育德幼儿园	江门市蓬江区育德山庄建德街15幢13—10号	民办非企业
6	江门市蓬江区西园幼儿园	江门市蓬江区西园里下28号	民办非企业
7	江门市蓬江区梧岗幼儿园	江门市蓬江区凤阳里98号之一	民办非企业
8	江门市蓬江区北苑幼儿园	江门市蓬江区良化新村西104号地下	民办非企业
9	江门市蓬江区小太阳实验幼儿园	江门市蓬江区环市二路15号	民办非企业
10	江门市蓬江区红苹果幼儿园	江门市蓬江区幸福新村133号	民办非企业
11	江门市蓬江区农林幼儿园	江门市蓬江区象山新村48号之一	民办非企业
12	江门市蓬江区天河幼儿园	江门市蓬江区白沙河西路1号2楼	民办非企业
13	江门市蓬江区粤华幼儿园	江门市蓬江区炮台新村31座	民办非企业
14	江门市蓬江区长顺幼儿园	江门市蓬江区良化新村北30号	民办非企业
15	江门市蓬江区堤东幼儿园	江门市蓬江区江华里3号	民办非企业
16	江门市蓬江区江华幼儿园	江门市蓬江区水南路65号首层	民办非企业
17	江门市蓬江区雅怡居幼儿园	江门市蓬江区环市一路雅怡居10幢	民办非企业
18	江门市蓬江区金晖幼儿园	江门市蓬江区良化新村西225号	民办非企业
19	江门市蓬江区复格英语培训中心	江门市蓬江区江侨路72号高尔夫上街三楼326—330室	民办非企业
20	江门市蓬江区灏景园幼儿园	江门市蓬江区杜阮镇环镇公路灏景园内	民办非企业
21	江门市蓬江区机械幼儿园	江门市蓬江区凌园里2号	民办非企业
22	江门市蓬江区英才成长幼儿园	江门市蓬江区棠下镇新城区富棠路17号	民办非企业
23	江门市蓬江区新世纪幼儿园	江门市蓬江区北街甘化新村2巷7号	民办非企业
24	江门市蓬江区启明星幼儿园	江门市蓬江区紫坭路58号之一	民办非企业
25	江门市蓬江区童星幼儿园	江门市蓬江区跃进路36号之一	民办非企业
26	江门市蓬江区甘光仪幼儿园	江门市蓬江区白石新巷里	民办非企业
27	江门市蓬江区星河幼儿园	江门市蓬江区双龙大道南星河花园4幢	民办非企业
28	江门市蓬江区荷塘雨露学校	江门市蓬江区荷塘镇康溪村	民办非企业

续上表

序 号	名 称	地 址	机构类型
29	江门市蓬江区协同教育培训中心	江门市蓬江区白沙大道东11号三层301—303号	民办非企业
30	江门市蓬江区水南幼儿园	江门市蓬江区凤凰里5号	民办非企业
31	江门市蓬江区嘉福中英文幼儿园	江门市蓬江区丰康路43号	民办非企业
32	江门市蓬江区儿童心理行为教育指导中心	江门市蓬江区联兴里26号之二201	民办非企业
33	江门市蓬江区棠下镇天河幼儿园	江门市蓬江区棠下镇河山管理区万安新村	民办非企业
34	江门市蓬江区弈镐棋院	江门市港口二路3号胜坚大厦写字楼1101室	民办非企业
35	江门市蓬江区荷塘镇福田私立幼儿园	江门市蓬江区荷塘镇福田区第二栋二楼	民办非企业
36	江门市蓬江区博思教育培训中心	江门市蓬江区天龙一街22座1—3号	民办非企业
37	江门市蓬江区名将棋院	江门市蓬江区农林横路28号首层22—23号	民办非企业
38	江门市蓬江区群星中英文幼儿园	江门市蓬江区环市街群星草元里100号	民办非企业
39	江门市蓬江区练弓场美术教育培训中心	江门市蓬江区育德街48号	民办非企业
40	江门市蓬江区崇文学校	江门市蓬江区港口二路高沙丽苑南奥园小区	民办非企业
41	江门市蓬江区五邑碧桂园中英文学校	江门市蓬江区大西坑风景区水库侧五邑碧桂园内	民办非企业
42	江门市蓬江区骏景幼儿园	江门市蓬江区天福路86号	民办非企业
43	江门市蓬江区中天国际艺术幼儿园	江门市蓬江区白石大道中天国际花园嘉华苑9幢	民办非企业
44	江门市蓬江区翡翠中英文幼儿园	江门市蓬江区翡翠华府11幢101	民办非企业
45	江门市蓬江区青少年宫艺术幼儿园	江门市蓬江区丰乐路125号	民办非企业
46	江门市蓬江区棠下镇旭星学校	江门市蓬江区棠下镇莲塘村	民办非企业
47	江门市蓬江区高速网络数据中心	江门市蓬江区篁庄大道西10号8幢负一层	民办非企业
48	江门市蓬江区百分教育培训中心	江门市蓬江区聚德街70幢二层	民办非企业
49	江门市蓬江区朗训少儿英语培训中心	江门市蓬江区发展大道会展中心东门2—3层	民办非企业
50	江门市蓬江区华师人教育文化培训中心	江门市蓬江区育德街40号1—2层	民办非企业
51	江门市蓬江区杜阮镇信志学校	江门市蓬江区江杜东路239号	民办非企业
52	江门市蓬江区杜阮镇瑶村中心幼儿园	江门市蓬江区杜阮镇瑶村新村	民办非企业
53	江门市蓬江区美景青少年体育俱乐部	江门市蓬江区潮江二横路2号	民办非企业
54	江门市蓬江区金海湾信志幼儿园	江门市蓬江区港口二路166号	民办非企业
55	江门市蓬江区东堤湾幼儿园	江门市蓬江区堤东路94号	民办非企业
56	江门市蓬江区创新创意产业发展中心	江门市蓬江区宏达路12号2幢402	民办非企业
57	江门市蓬江区龙门教育培训中心	江门市育德山庄育德街48号二层	民办非企业
58	江门市蓬江区荷塘镇为民幼儿园	江门市蓬江区荷塘镇为民联芳村育才路1号	民办非企业
59	江门市蓬江区荷塘镇禾冈幼儿园	江门市蓬江区荷塘镇禾冈洪恩里二巷54号	民办非企业
60	江门市蓬江区荷塘镇三丫黎景鸿幼儿园	江门市蓬江区荷塘镇三丫村中心巷8号	民办非企业
61	江门市蓬江区荷塘镇高村幼儿园	江门市蓬江区荷塘镇高村村红棉路7号	民办非企业
62	江门市蓬江区荷塘镇霞村幼儿园	江门市蓬江区荷塘镇霞村大井坊8巷9号	民办非企业
63	江门市蓬江区荷塘镇南村村育德幼儿园	江门市蓬江区荷塘镇白藤路23号	民办非企业
64	江门市蓬江区荷塘镇塔岗幼儿园	江门市蓬江区荷塘镇塔岗村中大街7—8号	民办非企业

续上表

序　号	名　称	地　址	机构类型
65	江门市蓬江区荷塘镇六坊幼儿园	江门市蓬江区荷塘镇六坊村西盛坊11号	民办非企业
66	江门市蓬江区荷塘镇篁湾幼儿园	江门市蓬江区荷塘镇篁湾上直坊25号	民办非企业
67	江门市蓬江区荷塘镇蟠步幼儿园	江门市蓬江区荷塘镇蟠步村大巷坊一巷一号	民办非企业
68	江门市蓬江区希望阳光教育培训中心	江门市蓬江区丰乐路125号市青少年宫A区三楼	民办非企业
69	江门市蓬江区环球教育培训中心	江门市蓬江区广场西路21号104室	民办非企业
70	江门市蓬江区冰与火舞蹈艺术教育中心	江门市蓬江区东华一路42号六楼	民办非企业
71	江门市蓬江区拔萃教育培训中心	江门市蓬江区建设路建业街26号	民办非企业
72	江门市蓬江区怡康华庭中英文幼儿园	江门市蓬江区白石大道怡康华庭小区杜鹃庭8幢	民办非企业
73	江门市蓬江区汇雅教育培训中心	江门市蓬江区迎宾路五邑大学伟伦中心二楼	民办非企业
74	江门市蓬江区高新前景外国语培训中心	江门市蓬江区东华一路天源大厦5层	民办非企业
75	江门市蓬江区发展青少年体育俱乐部	江门市蓬江区江会路23号之三	民办非企业
76	江门市蓬江区丰乐幼儿园	江门市蓬江区丰乐路世纪花源22幢101号	民办非企业
77	江门市蓬江区双龙幼儿园	江门市蓬江区双龙接龙里53号	民办非企业
78	江门市蓬江区杜阮镇杜阮村幼儿园	江门市蓬江区杜阮镇杜阮村枌榆里	民办非企业
79	江门市蓬江区杜阮镇子绵幼儿园	江门市蓬江区杜阮镇子绵村	民办非企业
80	江门市蓬江区荷塘镇良村幼儿园	江门市蓬江区荷塘镇良村均平坊68号	民办非企业
81	江门市蓬江区荷塘镇金逸昱泽幼儿园	江门市蓬江区荷塘镇新区南华路3号	民办非企业
82	江门市蓬江区棠下镇周郡溢趣幼儿园	江门市蓬江区棠下镇周郡象山新村273—277号	民办非企业
83	江门市蓬江区白石第三幼儿园	江门市蓬江区江北路良化里53号	民办非企业
84	江门市蓬江区棠下镇石滘幼儿园	江门市蓬江区棠下镇石滘村板前坊	民办非企业
85	江门市蓬江区丰盛双语幼儿园	江门市蓬江区丰盛苑22幢	民办非企业
86	江门市蓬江区利民社会工作综合服务中心	江门市蓬江区西园里下29号101—102	民办非企业
87	江门市蓬江区篁庄幼儿园	江门市蓬江区篁庄篁滨里1号	民办非企业
88	江门市蓬江区联合幼儿园	江门市蓬江区联合丹灶墟45号	民办非企业
89	江门市蓬江区汲芳居家养老服务中心	江门市蓬江区汲芳里5巷1号	民办非企业
90	江门市蓬江区正念社会服务中心	江门市蓬江区西环路517号侧碧桂园社区居委会内	民办非企业
91	江门市蓬江区杜阮镇贯溪幼儿园	江门市蓬江区杜阮镇贯溪村永安里69号	民办非企业
92	江门市蓬江区棠下镇棠下幼儿园	江门市蓬江区棠下镇棠下见龙里二巷1号	民办非企业
93	江门市蓬江区棠下镇石头萃华幼儿园	江门市蓬江区棠下镇石头蓬社村8号	民办非企业
94	江门市蓬江区棠下镇桐井幼儿园	江门市蓬江区棠下镇桐井小学侧	民办非企业
95	江门市蓬江区棠下镇罗江幼儿园	江门市蓬江区棠下镇罗江村民委员会（原罗江小学）	民办非企业
96	江门市蓬江区杜阮镇井根叶蔼幼儿园	江门市蓬江区杜阮镇井根长安村	民办非企业
97	江门市蓬江区白沙何氏文化活动中心	江门市蓬江区白沙沙富围	民办非企业
98	江门市蓬江区范罗冈青少年体育俱乐部	江门市蓬江区象溪横路12号	民办非企业
99	江门市蓬江区杜阮镇木朗幼儿园	江门市蓬江区杜阮镇木朗村委会上屋村	民办非企业
100	江门市蓬江区恒爱社会工作综合服务中心	江门市蓬江区汲芳里五巷一号六楼	民办非企业

续上表

序 号	名 称	地 址	机构类型
101	江门市蓬江区萃锦园溢杰幼儿园	江门市蓬江区萃锦园27幢	民办非企业
102	江门市蓬江区金瑞小区幼儿园	江门市白沙永盛路金怡居33栋	民办非企业
103	江门市蓬江区德信行社会工作服务中心	江门市蓬江区天沙五路3号206	民办非企业
104	江门市蓬江区祥光社会工作服务中心	江门市蓬江区甘化新村人工湖畔居家养老中心北街站	民办非企业
105	江门市蓬江区伍威权庇护工场	江门市汲芳里5巷1号	民办非企业
106	江门市蓬江区汇景湾幼儿园	江门市蓬江区金怡一路汇景湾华庭35号	民办非企业
107	江门市蓬江区杜阮镇松园幼儿园	江门市蓬江区杜阮镇松园村郭郎里40号	民办非企业
108	江门市蓬江区前进教育培训中心	江门市蓬莱路1号之七首层	民办非企业
109	江门市蓬江区杜阮镇陈玉珍幼儿园	江门市蓬江区杜阮镇龙溪村民委员会龙新村	民办非企业
110	江门市蓬江区棠下中心名品幼儿园	江门市蓬江区棠下中心村委会上湾浪	民办非企业
111	江门市蓬江区篁庄社区卫生站	江门市蓬江区环市街道篁庄商业街晚市里	民办非企业
112	江门市蓬江区爱民外语文化交流社	江门市蓬江区汲芳里五巷一号六楼	民办非企业
113	江门市蓬江区杜阮镇中心幼儿园	江门市蓬江区杜阮镇南街一号	民办非企业
114	江门市蓬江区荷塘镇稻草人社会工作中心	江门市蓬江区荷塘镇良村路1号之三	民办非企业
115	江门市蓬江区新童幼儿园	江门市蓬江区里村施氏祠堂侧	民办非企业
116	江门市蓬江区蓬城社会治理创新中心	江门市蓬江区汲芳里五巷一号六楼	民办非企业
117	江门市蓬江区农林青少年体育俱乐部	江门市蓬江区农林横路21号	民办非企业
118	江门市蓬江区红日社会工作服务中心	江门市蓬江区棠下镇周郡村委会旁	民办非企业
119	江门市蓬江区卓贤励智教育培训中心	江门市蓬江区农林横路26号之五首二层	民办非企业
120	江门市蓬江区盈爱社会工作综合服务中心	江门市蓬江区白沙大地里173号之一地下	民办非企业
121	江门市蓬江区仁爱托老中心	江门市蓬江区海傍街67号	民办非企业
122	江门市蓬江区仁爱社会工作服务中心	江门市蓬江区堤东聚龙里3号一幢102室707号	民办非企业
123	江门市蓬江区凤飞云美术馆	江门市蓬江区杜阮西路凤飞云度假新村办公楼	民办非企业
124	江门市蓬江区潮连乐源幼儿园	江门市蓬江区潮连街富冈德馨学校新校舍	民办非企业
125	江门市蓬江区杜阮镇北芦幼儿园	江门市蓬江区杜阮镇北芦村庙前里北芦幼儿园	民办非企业
126	江门市蓬江区老年公寓	江门市蓬江区汲芳里5号	民办非企业
127	江门市蓬江区北街街居家养老服务中心	江门市蓬江区甘化新村人工湖侧	民办非企业
128	江门市蓬江区华泰教育培训中心	江门市蓬江区建设路49号3楼	民办非企业
129	江门市蓬江区爱善社会工作综合服务中心	江门市蓬江区汲芳里五巷一号	民办非企业
130	江门市蓬江区挚诚社会工作综合服务中心	江门市蓬江区大树里1号	民办非企业
131	江门市蓬江区顾德教育培训中心	江门市蓬江区丰乐路49号之一2楼	民办非企业
132	江门市蓬江区三知堂博物馆	江门市蓬江区幸福新村101号108座首层夹层二层	民办非企业
133	江门市蓬江区康安社会工作服务中心	江门市蓬江区天沙河路29号首层15 16A-D轴	民办非企业
134	江门市蓬江区异地务工人员服务中心	江门市篁庄大道西10号火炬创业园3号楼103室	民办非企业
135	江门市蓬江区泽润田文化艺术服务中心	江门市建设三路75号2幢智荟城6楼611-A室	民办非企业
136	江门市蓬江区杜阮镇王凤珍幼儿园	江门市蓬江区杜阮镇龙眠村大云山村36号	民办非企业

续上表

序 号	名 称	地 址	机构类型
137	江门市蓬江区扬帆青少年社会工作综合服务中心	江门市蓬江区丰乐路125号	民办非企业
138	江门市蓬江区伍威权残疾儿童康复教育中心	江门市蓬江区跃进路100号首层	民办非企业
139	江门市蓬江区志锐社会工作综合服务中心	江门市蓬江区汲芳里五巷一号六楼	民办非企业
140	江门市蓬江区棠下镇大林幼儿园	江门市蓬江区棠下镇大林村市场侧	民办非企业
141	江门市蓬江区棠下镇周郡新苗幼儿园	江门市蓬江区棠下镇周郡海滩围1号	民办非企业
142	江门市蓬江区三良青少年体育俱乐部	江门市蓬江区荷塘镇良村村	民办非企业
143	江门市蓬江区乐怡社会工作服务中心	江门市蓬江区凤阳街26号二楼	民办非企业
144	江门市蓬江区新潮丽人潮连异地务工人员（女职工）活动中心	江门市蓬江区潮连街坦边嘉兴路2号202号商铺	民办非企业
145	江门市蓬江区邑善社会工作服务中心	江门市蓬江区胜利路116号开放大学邦民路209室	民办非企业
146	江门市蓬江区盈康社会工作综合服务中心	江门市蓬江区象溪路4号1355室	民办非企业
147	江门市蓬江区健能教育培训中心	江门市蓬江区建设二路五福二街创新大厦二楼	民办非企业
148	江门市蓬江区棠下镇名品学校	江门市蓬江区棠下镇中心村委会上湾浪	民办非企业
149	江门市蓬江区同乐养老服务中心	江门市蓬江区学校路37号2楼	民办非企业
150	江门市蓬江区环市街社会组织培育和发展中心	江门市蓬江区发展大道81号202	民办非企业
151	江门市蓬江区聚贤苑幼儿园	江门市蓬江区聚源路明文横街4号	民办非企业
152	江门市蓬江区仁爱江华养老中心	江门市蓬江区迎宾大道西23号、25号	民办非企业
153	江门市蓬江区启航青少年体育俱乐部	江门市蓬江区潮连青年路52号	民办非企业
154	江门市蓬江区岭南古民俗文化传承馆	江门市蓬江区棠下镇三和村委会原三和学校	民办非企业
155	江门市蓬江区棠下镇横江陈有彩幼儿园	江门市蓬江区棠下镇横江市场旁	民办非企业
156	江门市蓬江区杜阮镇乐倍儿幼儿园	江门市蓬江区杜阮镇山湖雅苑御苑6幢	民办非企业
157	江门市蓬江区蒲公英儿童阅读服务中心	江门市蓬江区阜元里44号江门市蓬江区文化馆204之一	民办非企业
158	江门市蓬江区杜阮镇惠民社会工作综合服务中心	江门市蓬江区江杜中路29号	民办非企业
159	江门市蓬江区环市艺术团	江门市蓬江区篁庄歧山里1号环市街文化站内	民办非企业
160	江门市蓬江区美联英语培训中心	江门市蓬江区发展大道万达广场2022铺	民办非企业
161	江门市蓬江区篁湾青少年体育俱乐部	江门市蓬江区荷塘镇篁湾村高山下	民办非企业
162	江门市蓬江区黄金海逸幼儿园	江门市蓬江区丰泽路132号	民办非企业
163	江门市蓬江区学雅教育培训中心	江门市蓬江区丰乐路43号三楼	民办非企业
164	江门市蓬江区棠下镇虎岭幼儿园	江门市蓬江区棠下镇虎岭村逗口圩	民办非企业
165	江门市蓬江区恒泰养老中心	江门市蓬江区花园地4号恒昌大厦	民办非企业
166	江门市蓬江区利君母婴健康中心	江门市蓬江区聚德街61幢首层10号	民办非企业
167	江门市蓬江区穗华实验幼儿园	江门市蓬江区宏达路10号	民办非企业
168	江门市蓬江区天健社会工作综合服务中心	江门市蓬江区汲芳里五巷一号六楼	民办非企业
169	江门市蓬江区东湖星火教育培训中心	江门市蓬江区港口一路16、18、20号二层全层及一层102之一铺	民办非企业
170	江门市蓬江区星城少儿活动中心	江门市蓬江区怡景湾1幢首层	民办非企业

续上表

序　号	名　称	地　址	机构类型
171	江门市蓬江区白沙街兴盛社区家庭综合服务中心	江门市蓬江区白沙市升里1号之一	民办非企业
172	江门市蓬江区仁爱佰佳公寓	江门市蓬江区钓台路59号	民办非企业
173	江门市蓬江区穗华实验学校	江门市蓬江区宏达路10号	民办非企业
174	江门市蓬江区江门人才岛博士服务中心	江门市发展大道4号火炬创业园摩根园区805—807	民办非企业
175	江门市蓬江区新向阳幼儿园	江门市蓬江区五邑碧桂园漫绿苑3号	民办非企业
176	江门市蓬江区星汇鸣远幼儿园	江门市蓬江区星汇名庭5号	民办非企业
177	江门市蓬江区棠下镇沙富幼儿园	江门市蓬江区棠下镇沙富村村民委员会观莲村	民办非企业
178	江门市蓬江区邑正社会公益评估与研究中心	江门市蓬江区汲芳里5巷1号	民办非企业
179	江门市蓬江区棠下乐雅幼儿园	江门市蓬江区棠下镇兴棠2号	民办非企业
180	江门市蓬江区侨乡爱乐婆婆合唱团	江门市青少年宫三楼C315室	民办非企业
181	江门市蓬江区恒泰银龄长者服务中心	江门市农林西路109号201室	民办非企业
182	江门市蓬江区精文武理工工业技术研究院	江门市蓬江区建设三路113号6座二楼201	民办非企业
183	江门市蓬江区汇悦城美联英语培训中心	江门市蓬江区白石大道166号汇悦城3楼3F001铺	民办非企业

2019年蓬江区社会团体情况表

序　号	单位名称	地　址	机构类型
1	江门市蓬江区建筑学会	江门市蓬江区建设局	社会团体
2	江门市蓬江区计划生育协会	江门市蓬江区计生局	社会团体
3	江门市蓬江区教育学会	江门市蓬江区教育局—胜利路135号	社会团体
4	江门市蓬江区医学会	江门市蓬江区白石大道66号	社会团体
5	江门市蓬江区教育促进会	江门市蓬江区教育局—胜利路135号	社会团体
6	江门市蓬江个体劳动者协会	江门市蓬江区跃进路26号3楼	社会团体
7	江门市蓬江私营企业协会	江门市蓬江区跃进路26号3楼	社会团体
8	江门市蓬江区房地产业协会	蓬江区群华路15号珠西智谷群华科技园4幢808	社会团体
9	江门市蓬江区印刷业商会	江门市蓬江区江门万达广场16幢1219室	社会团体
10	江门市蓬江区养鸽科学技术协会	江门市蓬江区潮连塘边村荷口闸农业科技培训中心	社会团体
11	江门市蓬江区财政学会	江门市蓬江区北郊天河东路18幢	社会团体
12	江门市蓬江区荷塘镇水产协会	江门市蓬江区荷塘镇中兴路68号	社会团体
13	江门市蓬江区荷塘镇冲菜加工协会	江门市蓬江区荷塘镇中兴路68号	社会团体
14	江门市蓬江区义工联合会	江门市蓬江区怡福苑5幢地下第八卡	社会团体
15	江门市蓬江区安全生产管理协会	江门市蓬江区天河东路17栋首层	社会团体
16	江门市蓬江区法官协会	江门市蓬江区华园东路3号	社会团体
17	江门市蓬江区法官体育协会	江门市蓬江区华园东路3号	社会团体
18	江门市蓬江区慈善会	江门市蓬江区白沙大道东6号二层	社会团体
19	江门市蓬江区老区建设促进会	江门市蓬江区建设二路18号五楼	社会团体
20	江门市蓬江区良溪珠玑巷后裔联谊会	江门市蓬江区棠下镇良溪村委会办公楼内	社会团体

续上表

序 号	单位名称	地 址	机构类型
21	江门市蓬江区五金卫浴行业协会	江门市蓬江区篁庄大道西10号（创业大厦内）	社会团体
22	江门市蓬江区棠下镇天河爱心慈善会	江门市蓬江区棠下镇河山村委会办公楼内	社会团体
23	江门市蓬江区荷塘内衣行业协会	江门市蓬江区荷塘镇中泰西路48号2栋厂房二楼	社会团体
24	江门市蓬江区棠下镇石头村龙船联谊会	江门市蓬江区棠下镇石头村民委员会	社会团体
25	江门市蓬江区棠下镇周郡和谐乡村联谊会	江门市蓬江区棠下镇周郡村民委员会办公楼	社会团体
26	江门市蓬江区杜阮镇木朗乡亲联谊会	江门市蓬江区杜阮镇木朗村松方里尹氏宗祠	社会团体
27	江门市蓬江区肢体残疾人协会	江门市蓬江区建业街15号101	社会团体
28	江门市蓬江区警察协会	江门市蓬江区永盛二街16号	社会团体
29	江门市蓬江区环市街篁庄乡亲公益联谊会	江门市蓬江区环市街篁庄岐山里29号	社会团体
30	江门市蓬江区老年人协会	江门市蓬江区建业街100号	社会团体
31	江门市蓬江区社会工作协会	江门市蓬江区建业街100号	社会团体
32	江门市蓬江区荷塘照明电器行业协会	江门市蓬江区荷塘镇南华东路75号一幢六楼	社会团体
33	江门市蓬江区职工书画协会	江门市建设二路18号八楼	社会团体
34	江门市蓬江区荷塘镇三良和谐乡亲联谊会	江门市蓬江区荷塘镇良村路23-101	社会团体
35	江门市蓬江区会计学会	江门市蓬江区天河东路18号	社会团体
36	江门市蓬江区杜阮镇中和村老年人协会	江门市蓬江区杜阮镇中和村村民委员会同古咀	社会团体
37	江门市蓬江区杜阮镇松园村老年人协会	江门市蓬江区杜阮镇松园村村民委员会	社会团体
38	江门市蓬江区杜阮镇双楼村老年人协会	江门市蓬江区杜阮镇双楼村村民委员会	社会团体
39	江门市蓬江区杜阮镇瑶村村老年人协会	江门市蓬江区杜阮镇瑶村村子礼祖池塘	社会团体
40	江门市蓬江区棠下镇周家拳武术联谊会	江门市蓬江区棠下镇富棠路19号	社会团体
41	江门市蓬江区职工羽毛球协会	江门市蓬江区建设二路18号八楼	社会团体
42	江门市蓬江区棋类协会	江门市港口二路3号胜坚大厦写字楼1101室	社会团体
43	江门市蓬江区杜阮镇龙眠村老年人协会	江门市蓬江区杜阮镇龙眠村村民委员会	社会团体
44	江门市蓬江区荷塘镇良村村老年人协会	江门市蓬江区荷塘镇良村村老年人活动中心	社会团体
45	江门市蓬江区荷塘镇篁湾村老年人协会	江门市蓬江区荷塘镇篁湾村村民委员会内	社会团体
46	江门市蓬江区杜阮凉瓜协会	江门市蓬江区杜阮镇上巷村短嘴山	社会团体
47	江门市蓬江区荷塘镇禾冈村爱心互助会	江门市蓬江区荷塘镇禾冈村文化康乐中心	社会团体
48	江门市蓬江区棠下镇北达村老年人协会	江门市蓬江区棠下镇北达村	社会团体
49	江门市蓬江区棠下镇罗江村老年人协会	江门市蓬江区棠下镇罗江村村民委员会对面	社会团体
50	江门市蓬江区棠下镇大林村老年人协会	江门市蓬江区棠下镇大林红星村	社会团体
51	江门市蓬江区棠下镇河山村老年人协会	江门市蓬江区棠下镇河山村新市	社会团体
52	江门市蓬江区环市丹灶归国华侨侨属联合会	江门市蓬江区环市联合丹灶圩内	社会团体
53	江门市蓬江区荷塘镇塔岗村老年人协会	江门市蓬江区荷塘镇塔岗村委会	社会团体
54	江门市蓬江区荷塘镇霞村村老年人协会	江门市蓬江区荷塘镇同裕路霞村段28号	社会团体
55	江门市蓬江区环市街碧桂园社区梁家拳太极协会	江门市蓬江区西环路五邑碧桂园六期会所侧	社会团体
56	江门市蓬江区婚姻家庭建设协会	江门市蓬江区汲芳里五巷一号	社会团体

续上表

序　号	单位名称	地　址	机构类型
57	江门市蓬江区荷塘镇高村村老年人协会	江门市蓬江区荷塘镇高村洪圣路5号二楼	社会团体
58	江门市蓬江区荷塘镇蠕步村老年人协会	江门市蓬江区荷塘镇蠕步大巷坊一巷2号	社会团体
59	江门市蓬江区曲艺家协会	江门市建设路建安街2号二楼	社会团体
60	江门市蓬江区音乐家协会	江门市建设路建安街2号二楼	社会团体
61	江门市蓬江区基层工会主席联谊会	江门市建设二路18号8楼	社会团体
62	江门市蓬江区美术家协会	江门市建设路建安街2号二楼	社会团体
63	江门市蓬江区舞蹈家协会	江门市建设路建安街2号二楼	社会团体
64	江门市蓬江区荷塘镇观赏鱼行业协会	江门市蓬江区荷塘镇西堤一路33号	社会团体
65	江门市蓬江区书法家协会	江门市建设路建安街2号二楼	社会团体
66	江门市蓬江区作家协会	江门市建设路建安街2号二楼	社会团体
67	江门市蓬江区蔡李佛武术协会	江门市蓬江区篁庄旺天里祠堂100号	社会团体
68	江门市蓬江区职工乒乓球协会	江门市建设二路18号806	社会团体
69	江门市蓬江区荷塘镇篁湾村爱心互助会	江门市蓬江区荷塘镇篁湾村篁湾路27号松柏乐园中心	社会团体
70	江门市蓬江区文艺主持人协会	江门市港口一路13号-2	社会团体
71	江门市蓬江区荷塘镇康溪村爱心互助会	江门市蓬江区荷塘镇康溪村楼巷39号	社会团体
72	江门市蓬江区摄影家协会	江门市建设路建安街2号二楼	社会团体
73	江门市蓬江区荷塘镇六坊村爱心互助会	江门市蓬江区荷塘镇中泰西路7号	社会团体
74	江门市蓬江区荷塘镇霞村村爱心互助会	江门市蓬江区荷塘镇同裕路霞村段28号	社会团体
75	江门市蓬江区太极拳协会	江门市蓬江区甘化路162号127商铺	社会团体
76	江门市蓬江区荷塘镇篁湾村乡亲联谊会	江门市蓬江区荷塘镇篁湾路27号	社会团体
77	江门市蓬江区北街街群众社区爱心互助会	江门市蓬江区甘棠路160号5幢	社会团体
78	江门市蓬江区潮连慈善会	江门市蓬江区潮连卢边码头侧	社会团体
79	江门市蓬江区护理学会	江门市天福路6号江门市第二人民医院门诊大楼五楼第三会议室	社会团体
80	江门市蓬江区白沙街计划生育协会	江门市聚龙横23号	社会团体
81	江门市蓬江区环市街基层工会主席联谊会	江门市蓬江区建设路57号环市街道办事处三楼	社会团体
82	江门市蓬江区家庭环保促进会	江门市蓬江区甘化新村人工湖畔居家养老中心北街站	社会团体
83	江门市蓬江区绿色能源行业协会	江门市蓬江区棠下镇堡棠路52号	社会团体
84	江门市蓬江区北街街群众社区乡亲联谊会	江门市蓬江区港口二路17号	社会团体
85	江门市蓬江区诗词楹联学会	江门市蓬江区建设路建安街2号2楼	社会团体
86	江门市蓬江区民间文艺家协会	江门市建安街2号二楼	社会团体
87	江门市蓬江区足球协会	江门市郊区凤阳里28号	社会团体
88	江门市蓬江区环市街青年联谊会	江门市蓬江区天河东路33号	社会团体
89	江门市蓬江区棠下商会	江门市蓬江区棠下镇大道43号	社会团体
90	江门市蓬江区乒乓球协会	江门市蓬江区丽苑南奥园丽泰居3幢D201室之三	社会团体
91	江门市蓬江区乒乓球联合会	江门市蓬江区篁庄大道西100号优抚和救济股体育活动室（101室）	社会团体

续上表

序号	单位名称	地址	机构类型
92	江门市蓬江区白沙商会	江门市蓬江区胜利路152号1幢6楼（自编601室）	社会团体
93	江门市蓬江区总商会	江门市建设二路18号蓬江会堂五楼	社会团体
94	江门市蓬江区环市慈善会	江门市蓬江区建设路57号环市街道办事处	社会团体
95	江门市蓬江区青年企业家联合会	江门市蓬江区天河东路20号1卡首层	社会团体
96	江门市蓬江区女企业家协会	江门市蓬江区建设二路18号五楼	社会团体
97	江门市蓬江区棠下慈善会	江门市蓬江区棠下镇建棠路达进豪庭109号	社会团体
98	江门市蓬江区政协提案工作研究会	江门市蓬江区建设二路18号	社会团体
99	江门市蓬江区荷塘镇为民村爱心互助会	江门市蓬江区荷塘镇为民村沙溪麻地基西六巷9号	社会团体
100	江门市蓬江区关爱退役军人协会	江门市蓬江区象山新村68号之一，亿利达商务大厦4栋二楼	社会团体
101	江门市蓬江区人民代表大会制度研究会	江门蓬江区建设二路18号	社会团体
102	江门市蓬江区游泳协会	江门市蓬江区迎宾大道中9号	社会团体
103	江门市蓬江区反邪教协会	江门市蓬江区篁庄社区岐山里1号环市街文化站三楼301室	社会团体

蓬江区公园一览表

序号	公园名称	地址
1	东湖公园	港口路7号
2	五邑华博馆	江门市五邑华侨广场
3	陈白沙祠	蓬江区白沙大道西37号
4	棠下公坑寺	乐溪村小蓬莱山
5	陈垣故居	蓬江区棠下镇
6	良溪古村	蓬江区棠下镇
7	棠下公园	蓬江区棠下镇
8	陈垣广场	蓬江区棠下镇
9	园山湖公园	蓬江区棠下镇
10	龙舟山公园	蓬江区棠下镇、蓬江区环市街道
11	周郡码头纪念公园	蓬江区棠下镇
12	荷塘禾冈公园	蓬江区荷塘镇
13	叱石风景区	蓬江区杜阮镇
14	江门植物园兰石珍稀植物园区	蓬江区杜阮镇
15	席帽山森林公园	蓬江区杜阮镇
16	杜阮河滨公园	蓬江区杜阮镇
17	群星（大西坑）公园	蓬江区环市街道
18	鸡爪山（金蟾山）公园	蓬江区环市街道
19	元宝山公园	蓬江区环市街道

续上表

序　号	公园名称	地　址
20	丰乐公园	蓬江区环市街道
21	八卦山公园	蓬江区环市街道
22	育德公园	蓬江区环市街道
23	潮连小海河湿地公园	蓬江区潮连街道
24	潮连公园	蓬江区潮连街道
25	潮连沙滩公园	蓬江区潮连街道
26	洪圣公园	蓬江区潮连街道
27	环岛公园示范段	蓬江区潮连街道

蓬江区旅游景区（点）

序　号	景区（点）名称	所在地	介　绍
1	陈白沙祠（陈白沙纪念馆）	蓬江区白沙大道西37号	陈白沙祠（陈白沙纪念馆）是江门市区一处重要的历史文化旅游景点，省级文物保护单位，为纪念明代陈献章（白沙先生）而兴建。全馆占地面积18 000平方米。以明代建筑白沙祠为中心，由前院、古祠、展览中心、白沙故里、小庐山花园等组成。
2	白沙公园	蓬江区江会路（近人人乐）	位于江会路与环市路交汇处，是为了纪念明代陈献章而修建。公园内有嘉会楼、棠荫亭、碑记亭、仰贤亭等建筑，另外还有一个大棋盘和几棵百年古榕树。
3	长堤风貌街	长堤	全长0.8千米，是江门市老商业区和历史街区。这里的商铺几乎是独具岭南特色的“骑楼”建筑群，充满了浓厚的文化氛围和内涵。街内有江门国际青年旅馆、高档酒吧、咖啡厅以及旅游购物商店等。
4	墟顶老街	兴宁路50号附近	位于本地人俗称“狗山”的蓬莱山西侧，与江门河南岸的烟墩山隔江而望，其地势犹如江门河的门户。元末明初已有墟市在此设立，故称“江门墟”，又因地势较高，被称为“墟顶”。包括墟顶街周边的京果街、卖鸡地、余庆里、泰宁里、接龙里、东南盛街、安龙里等。在大约700年前，墟顶就是“江门”，“江门”就在墟顶。
5	钓台故址	堤中路与钓台路交界处，邻近长堤广场	邻近长堤广场，原为陈白沙所建，为讲学及余暇垂钓之所，故名钓鱼台。1983年，钓台故址列入江门市文物保护单位，是研究陈白沙与江门开埠历史的重要史迹。明成化年间，陈白沙仿效东汉严子陵，在蓬江边筑钓鱼台。江门钓台原为三进深院落式建筑，后因年久失修而毁。清乾隆三年（1738年），钓鱼台复修。1927年，沿江修筑长堤，钓台及前二进建筑被拆掉，仅存后座建筑（第三进建筑），即现在的钓台故址。
6	东湖公园	蓬江区港口路7号	位于江门市区中心，始建于1958年，占地面积50公顷，其中湖水面积16.5公顷，是一个以湖光山色、绿色生态环境、自然景观为主的旅游胜地。在东湖公园宽阔的湖面上，有风格各异的柱桥、五拱桥、亭桥、单拱桥、曲廊桥，流水潺潺的山涧溪、气势磅礴的叠水瀑布，以及大型游乐设备、游船、儿童戏水池、游泳池等娱乐设施。入夜，园内灯光璀璨，粼粼水光与婆娑树影交织出迷人的夜色。

续上表

序号	景区（点）名称	所在地	介绍
7	陈白沙书院	蓬江区白沙大道与港口二路交叉口	位于金蟾山山麓，占地面积6 600平方米，总建筑面积2 500平方米，以江门历史名人并有“岭南一人”之称的陈白沙先生的学术思想、茅龙书法艺术以及古琴文化为主题，按岭南传统建筑风格设计建造，由牌坊、主楼、碑刻、水榭、长廊、园林和广场组成。
8	鸡爪山公园	环市街道办事处丰乐路旁	位于环市街道办事处丰乐路旁，占地面积22公顷，海拔75米，山顶建有凉亭，亭外围周边有石凳石台。整个公园坐落在丰乐路旁的鸡爪山上，是蓬江区重点建设的惠民工程之一。
9	新宁铁路北街火车站旧址	北新路与白沙大道交叉口东北150米	位于江门市北街甘化厂职工生活区内，车站大楼建成于1928年，为新宁铁路终点站——北街火车站候车大楼，是目前新宁铁路唯一保存下来的车站遗址。1998年被江门市政府公布为文物保护单位。2008年被广东省人民政府公布为文物保护单位。
10	江门海关旧址	北街区海傍街现江门海关内	始建于1904年，是清政府在江门北街设关时的办公旧址。海关旧址对研究地方史和进行爱国主义教育有着重要的意义。2008年被公布为广东省文物保护单位。
11	元宝山体育公园	蓬江区发展大道81号	位于市中心北部，地处发展大道、丰乐路、广场环路、篁庄大道所围合的地块内，占地面积300多亩，总投资超5000万元，分三期建成集户外健身、绿色生态、休闲娱乐于一体的综合性体育活动中心，是蓬江区目前面积最大的体育公园。
12	星光公园	蓬江区广场东路与发展大道北210米	于2010年落成，与五邑华侨广场、会展中心、五邑华侨华人博物馆、院士路毗邻，共同构成江门的华侨文化展示中心。该园占地面积14 000平方米，园区采用手印、雕塑和明星墙等形式展示五邑籍歌影视明星风采，目前入园明星有刘德华、梁朝伟等120位。
13	五邑华侨博物馆	蓬江区五邑华侨广场	广东省第一个以国内外华侨华人文物为展示内容的综合性华侨华人博物馆。馆藏文物大概包括以新宁铁路、早期五邑地区建筑、各式出口供簿（纸）、华侨书信、银信（侨批）、五邑海外社团、筹款抗日、航空救国、各类华侨证照及华侨融入当地社会生活过程的实物、史料。所展示的2000多件精品文物，将五邑华侨一个多世纪以来与命运抗争及其与时代俱进的步伐展现在世人面前。
14	万达广场	发展大道与广场西路交叉口北200米路东	江门市首个城市综合体项目。项目总建筑面积61.52万平方米，商业面积达21.45万平方米，由五星级酒店、5A甲级写字楼、大型购物中心、国际X-LAND影院、soho公寓、精品超市、餐饮美食、休闲娱乐等业态组成。
15	卢氏宗祠	潮连卢边庙前大街	始建于明成化二十三年（1487年），总建筑面积1034.8平方米。中堂为东华公之师明翰林院检讨陈献章题额定名“敦本堂”，宗祠主体建筑共三进，砖木构筑，为单檐布瓦硬山顶，绿琉璃瓦剪边，台梁与四柱穿斗相结合的梁架结构。内有木、砖、灰、石雕。宗祠两侧前后原有厢房六间（已拆2间）、左右巡廊2间，宗祠左侧有孝友堂和议事室。2000年9月20日被公布为江门市文物保护单位。
16	潮连公园	蓬江区潮连大道潮连全民健身文化广场后面	位于潮连街道中心地段，潮连大道旁，占地面积约300亩，环境优美，“有近城之利而无闹市之忧”。公园充分利用山地、水塘等自然环境优势，内置石景、水景、观鱼台、观景台、植物区等景观。园内还设有休憩坐椅、健身器械及600多米登山路径连接侨乐小公园，方便市民休闲、健身。

续上表

序 号	景区（点）名称	所在地	介 绍
17	洪圣公园	蓬江区潮连富冈村东厢街	始建于明代，占地面积15 000平方米。原为天后庙，由于潮连四面环海，为保航海平安，乡人立神庙供奉天后娘娘，后改名为洪圣殿。洪圣公园位于潮连街道北面，临西江，1984年在原洪圣殿的基础上扩建而成。公园内主要历史景点有洪圣殿、慈母石碑亭、四眼井等。
18	慈母石碑	潮连富冈村东厢街洪圣公园内	位于蓬江区潮连街道富冈村东厢洪圣公园内。端砚石质地，高1.25米，宽0.7米，厚5厘米。碑文是陈献章为其弟子区越孝顺继母而作，全文约700字，由区越的弟子李翔所书。原碑日久残缺，现存碑刻是清嘉庆二十四年（1819年）由伍有庸仿缮重刻。清宣统二年（1910年），富冈区达名等人集资倡建慈母石碑亭，将碑刻移于亭内。
19	卢肃雍堂码头	潮连富冈村洪圣公园对面	位于蓬江区潮连街道富冈村洪圣公园对面，靠潮连街道北面西江岸边，近西江大埗头。码头长12.3米，宽4.7米，步级21级。1938年由富冈北厢卢肃雍堂公尝及族人捐款建造。该码头时为江门开往广州的民族、民权、民安、樵安等轮船中途停泊码头之一。中华人民共和国成立后，取消在码头泊船，乘客上下轮船改为用小艇接驳。码头现仍立有“卢肃雍堂码头，民国二十七年建”的石匾，码头保存完好。
20	潮连沙滩公园	蓬江区潮连环岛西路北50米	位于潮连北部，沿江拓展而成。这里江水碧蓝，沙滩细柔，空气清新，是一处集游泳、赏景、休闲、娱乐于一体的综合性公园。
21	良溪古村	蓬江区棠下镇北面2千米	良溪村背山而筑，面水而居，构成弓状。村里至今仍完整保存着许多清代到中华人民共和国成立初期的建筑：贞节牌坊、祠堂、庙堂、码头、辊石堂、护村墙、名人故居、商铺等，现已成村里具有历史文化价值的遗迹。良溪村非物质文化遗产丰富，至今还保留着正月十五抢炮头、农历六月十三梁真君诞、十月初一舞火龙等民间习俗。2006年良溪古村被省历史学家誉为“后珠玑巷”，2008年9月被省文联评为首批“广东省古村落”，2009年又被省建设厅定为“广东省历史文化名村”和广东省文物保护单位，2014年初又被定为“中国历史文化名村”。
22	罗氏大宗祠	蓬江区棠下良溪村	罗氏后人为纪念南宋时从南雄珠玑巷迁此定居的先祖罗贵而建。清康熙四十六年（1707年）重建，清乾隆、道光年间曾进行修缮，清咸丰十年（1860年）由罗天池主持重修，清光绪年间又作修缮，至今保存完好。宗祠占地面积2439平方米，建筑面积1370平方米，为硬山顶砖木建筑，面宽三间，三进深，山墙阁檩，为抬梁式木结构。2004年，该宗祠被公布为江门市文物保护单位
23	陈垣故居	棠下镇石头坑塘村	位于棠下石头坑塘富冈里，为清代砖石木结构的平房，一厅四房两廊，厅前有天井，建筑面积141.8平方米。2002年被公布为广东省级文物保护单位。
24	公坑寺	棠下镇西南的乐溪村	位于棠下镇桐井村小蓬莱山。据传宋末一遗臣在此山口自建小篷舍隐居，常到方圆十里乐溪一带悬壶济世，赠医施药，深受村民敬重，百姓感其德，遂称此山为公坑山，并建寺纪念，称公坑寺。内殿供奉弥勒笑佛塑像，邑人苏华撰写“哈哈哈哈”四字匾，旁有楹联。公坑寺旁以禾雀花闻名遐迩，因花状似禾雀而得名。

续上表

序　号	景区（点）名称	所在地	介　绍
25	陈垣广场	棠下新城区	位于棠下新城区，占地面积98亩，由华南理工大学进行园林建筑设计，总投资1000多万元。广场前建有陈垣先生倚书半身塑像，广场内建有走廊、健身路径、两个露天文艺表演舞台和曲艺社，同时配套有公厕、休息点等基础设施。周边青山环绕，绿色满目，鸟语花香，环境优美，每天晚上都有很多群众在广场进行健身活动，是市民休闲娱乐的好地方。
26	婆髻山	群星公园内	又名“婆髻顶”，海拔175米，因山顶上巨型石堆酷似古代妇人盘在头上的发髻而得名，是群星公园的“第一高峰”。登山径起点在知青场，长1.6千米，登山步级约2000级，山径步级陡峭，被游客誉为“天梯”。
27	群星公园	北环路与西环路交叉路口处以西	距江门市汽车总站约2千米，西邻杜阮松园，北邻棠下罗岗。山林总面积3000多亩，水库水面面积380亩，总库容量82万立方米。景区森林覆盖率和空气负离子含量高，原生植物种类繁多，还有不少国家一级、二级野生保护动植物。
28	龙马里古村落	蓬江区五三二县道	龙马古村落地处江门市区（离市中心10分钟车程），现有占地面积5万平方米的民国和晚清建筑、30亩水塘及100亩农田可用作文化创意和旅游休闲开发。目前村民基本外迁，房屋大多闲置，古建筑及土地产权清晰，周边已形成以艺术设计、特色餐饮为主体的文化创意产业聚集区。
29	席帽山郊野公园	蓬江区松园大道附近	位于江门市中心城区西北方向，总占地面积约86.5公顷，东面紧邻江门大道，南面和西面与杜阮镇相邻，北面为碧桂园社区和福泉花园，周边还分布有大西坑风景旅游区、圭峰山国家森林公园、凤飞云风景旅游区等景点。
30	兰石公园	叱石风景区内	蓬江区重点建设的惠民工程，由市、区政府共同出资约4000万元建设而成，2011年至今，新建停车场和全长1.56千米双向两车道沥青兰石路，2.8千米长的环湖路，沿路有大坝风光、观景平台、亲水栈道、凉亭、公厕、休息点等基础设施。
31	叱石风景区	杜阮镇	位于杜阮镇境内，原名羊石坑。相传明末黄公辅借《神仙传》中黄初平叱石成羊典故改为现名叱石，是“岭南百景”之一。叱石风景区始建于明末，群山环抱、苍松挺拔、奇石突兀、松涛啸啸，故有“叱石松涛”之景，又有“芝仙初地”之说；松林山涧、怪石嶙峋，酷似羊群伏于草际，故又有“叱石成羊”之美丽神话传说。更有奇伟壮观之三巨石叠成的天然石室“玉蟾望月”，还有清流飞泻之“一洗红尘”、八秩紫藤、百年丹桂之胜景。沿太子亭再上九十九弯樵路，便登上圭峰山顶，尽揽杜阮风光，也可远眺江门市区。2015年2月叱石景区观光缆车建成投入运营，全长800米，高316米，缆车起点在叱石观音寺牌坊旁，乘坐缆车只需16分钟就可以从景区入口直达山顶，不仅便捷，还可一路观赏美景。登上山顶后可以沿路到达天鹅湖、圭峰山景区等地，沿途游览山泉、湖景、佛教和道教道场等自然人文景观。现在已成为市民游客节假日上山游玩的首选。

2019年蓬江区旅行社一览表

序 号	单位名称	经营地点	分 类
1	江门市大方旅游国际旅行社有限公司	江门市蓬江区建设三路19号2幢1202室	总社
2	江门市腾飞国际旅行社有限公司	江门市蓬江区建设三路19号2幢1206室	总社
3	江门市百嘉国际旅行社有限公司	江门市建设路45号四楼403室	总社
4	江门市恒汇国际旅行社有限公司	江门市蓬江区白沙大道东仓里79号之九首层	总社
5	江门大河国际旅行社有限公司	江门市蓬江区万达广场1幢1003室之一	总社
6	江门市教育旅行社有限公司	江门市蓬江区迎宾大道西108号三楼	总社
7	江门市蓬江区酿百岁科技发展有限公司	江门市蓬江区江门万达广场12幢	总社
8	我想去看看国际旅行社	江门市江华路	分社
9	江门市汇信国际旅行社有限公司	江门市蓬江区港口二路滨港一号写字楼1002室	总社
10	江门市景洋国际旅游有限公司	江门市蓬江区江会路24号正平科技大厦三楼B1-2室	总社
11	江门市山水国际旅行社有限公司	江门市蓬江区聚德街34栋首层	总社
12	江门市四海国际旅行社有限公司	江门市蓬江区杜阮镇江杜东路第六幢市场楼101	总社
13	广东亚太国际旅行社有限公司江门分公司	广东省江门市蓬江区环市街道建设三路75号2幢七层712、713、715	分社
14	嘉兴乐优优旅行社有限公司蓬江区分公司	江门市蓬江区永盛村20号102室自编A6	分社
15	星辰国际旅行社（广东省江门）有限公司	广东省江门市蓬江区环市街道建设三路75号2幢七层室5自编之2	总社
16	江门市延锦旅行社有限公司	江门市蓬江区群华路15号5幢702之十六	总社
17	江门市野协旅游有限公司	江门市蓬江区跃进路100号之三101室全部	总社
18	江门市国旅国际旅行社有限公司	江门市蓬江区江华一路143号二楼	总社
19	中国国旅（广东江门）国际旅行社有限公司	江门市蓬江区江华一路143号二楼	总社
20	江门市青年旅行社有限责任公司	江门市蓬江区建设路30号202	总社
21	江门市假日国际旅行社有限责任公司	江门市东华一路41号201之一	总社
22	江门市白云国际旅行社有限公司	江门市跃进路100号	总社
23	江门市中国旅行社有限公司	江门市蓬江区跃进路长乐里28号一至四楼	总社
24	江门康辉国际旅行社有限公司	江门市蓬江区迎宾大道中131号1009	总社
25	江门市康侨国际旅游有限公司	江门市蓬江区江门万达广场1幢1515室	总社
26	江门市邦程旅行社有限公司	江门市蓬江区胜利路152号1幢自编2号楼第4层2411室A区	总社
27	广州康辉国际旅行社有限公司江门建设营业部	江门市建设路45号四楼406	网点
28	江门市中国旅行社有限公司海逸城邦营业部	江门市蓬江区海逸城邦花园3号1062室	网点
29	江门市中国旅行社有限公司白石营业部	江门市聚德街28幢首层	网点
30	江门市中国旅行社有限公司棠下营业部	江门市蓬江区棠下镇棠下大道1号楼101	网点
31	江门市中国旅行社有限公司杜阮营业部	江门市蓬江区杜阮镇马食田东路第8幢A座首层101	网点
32	江门市中国旅行社有限公司荷塘营业部	江门市蓬江区荷塘镇民丰路17号	网点
33	江门市国旅国际旅行社有限公司白沙营业部	江门市蓬江区白沙大道西2号首层1—7	网点
34	江门市国旅国际旅行社有限公司建设路营业部	江门市建设路42号A02	网点

续上表

序　号	单位名称	经营地点	分　类
35	江门市国旅国际旅行社有限公司荷塘营业部	江门市蓬江区荷塘镇民丰路17号	网点
36	江门市国旅国际旅行社有限公司逸豪营业部	江门市蓬江区迎宾大道中118号2幢逸豪酒店C三层	网点
37	江门市交通国际旅行社有限公司	广东省江门市蓬江区建设路42号	总社
38	江门广之旅国际旅行社有限公司	江门市蓬江区白沙大道西23号102	总社
39	广州广之旅国际旅行社股份有限公司江门分公司	江门市蓬江区白沙大道西23号102之二首层	分社
40	江门广之旅国际旅行社有限公司怡康营业部	江门市蓬江区聚德街28幢首层	网点
41	江门市江之旅旅行社有限公司	江门市蓬江区群华路15号1幢501室	总社
42	江苏乐马国际旅行社有限公司江门分公司	江门市祈安街8号二层	分社
43	黑龙江国之旅游有限公司江门分公司	江门市蓬江区江华二路18号115室自编A2	分社
44	广东甜蜜一号旅游有限公司蓬江区营业部	江门市良化新村东67号一2首层	网点
45	腾邦旅游集团有限公司江门分公司	江门市蓬江区丰康路56号108室之一	分社
46	腾邦旅游集团有限公司江门东湖营业部	江门市蓬江区潮江路108号101室	网点
47	江门市飞扬国际旅行社有限公司	江门市蓬江区建设路49号之十-115	总社
48	江门市飞扬国际旅行社有限公司东华营业部	江门市蓬江区港口一路128号116室	网点
49	江门市飞扬国际旅行社有限公司荷塘营业部	江门市蓬江区荷塘镇新荷路18号102	网点
50	江门市飞扬国际旅行社有限公司棠下营业部	江门市蓬江区棠下镇环镇路一号中心综合市场	网点
51	江门市大方旅游国际旅行社有限公司建设营业部	江门市蓬江区建设三路19号2幢1201室	网点
52	江门市大方旅游国际旅行社有限公司逸豪营业部	江门市迎宾大道中116号102（金汇益华世纪广场新翼通道）	网点
53	江门市大方旅游国际旅行社有限公司江华营业部	江门市江华路94号首层	网点
54	江门市大方旅游国际旅行社有限公司汇悦城营业部	江门市蓬江区白石大道166号汇悦城广场第一层028号商铺	网点
55	江门市大方旅游国际旅行社有限公司胜利营业部	江门市蓬江区白沙大道西6号101室之1卡	网点
56	江门市大方旅游国际旅行社有限公司潮连营业部	江门市潮连镇卢边酒家门口	网点
57	江门市大方旅游国际旅行社有限公司荷塘中心正街营业部	江门市蓬江区荷塘镇良村路7—110号	网点
58	江门市大方旅游国际旅行社有限公司棠下营业部	江门市蓬江区棠下镇富荣路11号	网点
59	广东中旅（江门）旅行社有限公司	江门万达公寓11幢1011	总社
60	盈科美辰国际旅行社有限公司江门分公司	江门市蓬江区江门万达广场16幢2121室	分社
61	盈科美辰国际旅行社有限公司江门杜阮营业部	江门市蓬江区杜阮镇东路第6幢市场楼101	网点
62	盈科美辰国际旅行社有限公司江门中天国际营业部	江门市蓬江区中天国际花园盈翠苑11幢1609室	网点
63	江门广视国际旅行社有限公司	江门市蓬江区建设路19号首层B座	总社
64	江门市欢乐旅行社有限责任公司	江门市建设路42号A05（办公区域）	总社
65	江门市欢乐旅行社有限责任公司东华营业部	江门市东华一路41号201	网点
66	江门市欢乐旅行社有限责任公司丰康分公司	江门市建设路42号A04自编01	分社
67	江门市悦美旅行社有限公司	江门市蓬江区群华路15号5幢702-24室	总社
68	江门市永心研学旅行社有限公司	江门市蓬江区港口一路105号201室B区A户自编002	总社

续上表

序 号	单位名称	经营地点	分 类
69	江门市天露户外旅游有限公司	蓬江区炮台北路17号101	总社
70	江门市中青国际旅行社有限公司	江门市聚德街22幢首层	总社
71	广州市金马国际旅行社有限公司江门中天新地营业部	院士路69号中天新地内一层131室自编144铺	网点
72	广州市金马国际旅行社有限公司江门东华营业部	东华一路49号103室	网点
73	广州携程国际旅行社有限公司江门蓬江跃进路门市部	江门市蓬江区跃进路100号首层6-12 A-B轴	网点
74	广州携程国际旅行社有限公司江门蓬江胜利路门市部	江门市蓬江区胜利路154号首层自编1101铺	网点
75	广州携程国际旅行社有限公司江门蓬江育德街营业部	江门市蓬江区育德街8号首层	网点
76	广东航空观光国际旅行社有限公司江门旗舰店	江门市蓬江区白石大道聚德街56号	网点
77	江西大象国际旅行社有限公司江门分公司	江门市蓬江区港口一路112号109室之二	网点
78	广东洲际国际旅行社有限公司蓬江营业部	江门市蓬江区港口路49号第二至六层半	网点
79	深圳市建南国际旅行社有限公司江门蓬莱营业部	江门市蓬莱路1号首层2-9轴之8-9轴	网点
80	江门市星汇国际旅行社有限公司蓬莱营业部	江门市蓬莱路1号首层8-9轴	网点
81	广州南湖粤途国际旅行社有限公司江门建设营业部	建设路42号B05	网点
82	深圳中国国际旅行社有限公司江门蓬江营业部	白沙大道东3号108室	网点
83	江门市春秋国际旅行社有限公司迎宾店	江门市蓬江区迎宾大道西11号106室	网点
84	江门市春秋国际旅行社有限公司育德营业部	江门市蓬江区建德街41号首层	网点
85	江门市春秋国际旅行社有限公司建设路营业部	江门市建设路42号首层A01、B01	网点
86	江门市春秋国际旅行社有限公司蓬江旗舰店	江门市白沙大道西2号首层	网点
87	广东大粤国际旅行社有限公司江门分公司	江门市蓬江区江门万达广场11幢1920室之二	分社
88	广东风光国际旅行社有限公司江门分公司	江门市蓬江区白沙大道西6号101室之2卡	分社
89	江门市侨光旅行社有限公司建设路营业部	建设路42号首层B01	网点
90	广州途牛国际旅行社有限公司江门育德营业部	江门市蓬江区聚德街22幢首层	网点
91	广州途牛国际旅行社有限公司江门港口路营业部	江门市蓬江区港口一路128号103室自编之一	网点
92	南京途牛国际旅行社有限公司江门分公司	江门市蓬江区港口一路128号东华大厦103室	分社
93	江门市交通国际旅行社有限公司杜阮营业部	江门市蓬江区杜阮镇江杜中路139号水利所办公楼商铺	网点
94	广东省拱北口岸中国旅行社有限公司江门分公司	江门市蓬江区江门万达广场17幢913室	分社
95	广东同程创游国际旅行社有限公司江门分公司	江门市蓬江区东华一路51号101	网点
96	南湖国际旅行社股份有限公司江门蓬江聚德营业部	江门市蓬江区聚德街48幢之二首层	分社

表格索引

主题索引

说 明

1. 本索引采用主题分析方法，按主题词汉语拼音顺序排列。

2. 本刊的“蓬江之最”“大事记”“年度关注”“人物与荣誉”“文献专载”“社会经济统计资料”“附录”等类目未作索引。

3. 索引的主题词后面的数字表示内容所在页码，数字后面的拉丁字母（a、b）表示该页自左至右的栏别。

A

B

C

S

T

W